Wolfgang Beutel, Peter Fauser, Helmolt Rademacher (Hrsg.)

Jahrbuch
Demokratiepädagogik 2012

Demokratiepädagogik:
Aufgabe für Schule und Jugendbildung

Mit Beiträgen von: Hans Berkessel, Wolfgang Beutel,
Josef Blank, Wolfgang Edelstein, Kurt Edler,
Peter Faulstich, Peter Fauser, Constance A. Flanagan,
Mario Förster, Susanne Frank, Hans-Peter Füssel,
Ingrid Gogolin, Marcia Hermann, Gerhard Himmelmann,
Jan Hofmann, Christa Kaletsch, Lothar Krappmann,
Norbert Maritzen, Thomas Olk, Helmolt Rademacher,
Stefan Rech, Volker Reinhardt, Carsten Rohlfs,
Michael Rump-Räuber, Hans-Wolfram Stein,
Thomas Stimpel, Michael Stout, Sonja Student,
Sven Tetzlaff, Hermann Veith, Michaela Weiß,
Werner Wintersteiner

D1722509

**WOCHEN
SCHAU
VERLAG**

Bibliografische Information der Deutschen Nationalbibliothek

Die Deutsche Nationalbibliothek verzeichnet diese Publikation in der Deutschen Nationalbibliografie; detaillierte bibliografische Daten sind im Internet über http://dnb.d-nb.de abrufbar.

www.wochenschau-verlag.de

In dieser Publikation wurden Daten verwendet, die aus dem mit Mitteln des Bundesministeriums für Bildung und Forschung unter dem Förderkennzeichen C-814212 DH geförderten Vorhaben kommen. Die Verantwortung für den Inhalt dieser Veröffentlichung liegt bei den Autoren.

Bundesministerium
für Bildung
und Forschung

Gedruckt mit Unterstützung der GLS-Treuhand Zukunftsstiftung Bildung

Titelfoto: Grit Hiersemann (Jena), Archiv Demokratisch Handeln

Gedruckt auf chlorfreiem Papier
Gesamtherstellung: Wochenschau Verlag
ISBN 978-3-89974735-5

Inhalt

Vorwort der Herausgeber 7

I. Grundlagen

Wolfgang Beutel, Peter Fauser, Helmolt Rademacher
Demokratiepädagogik 17

Wolfgang Edelstein
Demokratie als Praxis und Demokratie als Wert 39

Lothar Krappmann
Das Menschenrecht der Kinder auf Bildung und die Politik 52

Norbert Maritzen
Die Bedeutung von Qualitätsstandards in der
demokratischen Schulentwicklung 66

Ingrid Gogolin
„Lernen, beteiligen, unterstützen, leiten" –
Grundlagen demokratischer Schulentwicklung 82

Constance A. Flanagan, Michael Stout
Schulklima und die Entwicklung von sozialem Vertrauen –
Aspekte zur Förderung des Gemeinsinns bei Schülerinnen und Schülern 94

Hans-Peter Füssel
Eine neue Diskurskultur an Schulen? –
Demokratie zwischen Schulrecht und Schulpraxis 103

Gerhard Himmelmann
Perspektiven des Zusammenwirkens von Politischer Bildung
und Demokratiepädagogik 112

Peter Faulstich
Demokratie lernen – Pragmatismus und kritische Demokratietheorie 125

Christa Kaletsch, Stefan Rech
„Demokratie lernen und Zusammenleben in Vielfalt" –
Zielsetzung, Erfahrung und Entwicklungspotentiale
eines Trainings- und Beratungskonzepts 136

II. Forum

Thomas Stimpel, Thomas Olk
Zivilgesellschaft stärken – Handlungsstrategien gegen
Rechtsextremismus. Ergebnisse einer qualitativen Fallstudie 151

Volker Reinhardt
Demokratie-Lernen und Politik-Lernen –
Politikvernetzte Projektarbeit aus Sicht von Lehrerinnen und Lehrern 161

Hermann Veith
Demokratie und Demokratiekompetenz bei Kindern 174

Carsten Rohlfs
Bildungseinstellungen im Kontext demokratischer Schulqualität 181

III. Praxis

Sonja Student
Der Klassenrat als Motor der Entwicklung zur kindergerechten Schule.
Erfahrungen der Grundschule Süd in Landau 197

Hans-Wolfram Stein
Wählen mit 16 in Bremen – eine Aufgabe der Demokratieerziehung 207

Wolfgang Beutel
Demokratiepädagogik in der Praxis. Projektbeispiele
aus dem Wettbewerb Förderprogramm Demokratisch Handeln 221

IV. Länder und Regionen

Werner Wintersteiner
Jugendpartizipation: politische und pädagogische Dimensionen –
Einige Fallstudien aus Österreich 239

Susanne Frank
Citizenship Education in England – Kontext, Implementierung
und Ergebnisse der Einführung eines Schulfachs 252

Kurt Edler
Eine demokratiepädagogische Partnerschaft im Council of Europe 262

Jan Hofmann, Michael Rump-Räuber
Berlin und Brandenburg – aktiv in der Demokratiepädagogik 266

Helmolt Rademacher
Demokratielernen in Hessen 271

Hans Berkessel, Josef Blank
Demokratie lernen und erleben in Rheinland-Pfalz 275

V. Zivilgesellschaft, Dokumentation und Rezensionen

Wolfgang Beutel, Sven Tetzlaff
DemokratieErleben - Strategie eines zivilgesellschaftlichen Bündnisses 281

Mario Förster, Hermann Veith, Michaela Weiss
Demokratiepädagogik - Quellentexte, Dokumente,
Netzwerke, Initiativen und Aktivitäten .... 285 ✗

Mario Förster, Michaela Weiss
Bildung in der Demokratie - der Mainzer Kongress 2010
der DGfE. Eine Rezension 293

Marcia Hermann, Volker Reinhardt
Leistungsbeurteilung verantwortungshaltig, gerecht, lernförderlich?
Eine Rezension 297

Gerhard Himmelmann
Ein umfassender Blick auf die Demokratiepädagogik. Eine Rezension 300

Dokument
Das Magdeburger Manifest 302

Dokument
Stärkung der Demokratieerziehung -
Beschluss der KMK vom 06.03.2009 303

Dokument
Reform der Erziehung - Reform für Kinder.
Eine Jenaer Erklärung 306

Dokument
Kurt Edler
Die Deutsche Gesellschaft für Demokratiepädagogik - Ein Portrait 313

Autorenverzeichnis 316

Wolfgang Beutel, Helmolt Rademacher, Peter Fauser

Vorwort der Herausgeber

I. Die Diskussion um Begriff, Reichweite und Konsequenzen der „Demokratiepädagogik" ist ein Brennpunkt der jüngeren Debatten über Politische Bildung und Schulpädagogik. Eine konsensuelle Einordnung der Demokratiepädagogik in die Konzepte, Theorien und Praxisfelder dieser beiden Disziplinen ist noch nicht sicher auszumachen. Die Debatte ist noch jung, viele Fragen sind offen. Deutlich erkennbar ist jedoch, dass die im Jahr 2001 aufgekommene und teilweise recht heftig über Jahre ausgetragene Kontroverse zwischen der Fachdidaktik Politischer Bildung und der Demokratiepädagogik inzwischen in ruhigeren und weitgehend konstruktiven Bahnen verläuft. Zunehmend tritt die Frage in den Vordergrund, wie sich die mehr fachunterrichtlich zentrierte Politischer Bildung mit ihrem spezifischen unterrichtsdidaktischen und politikwissenschaftlichen Hintergrund auf der einen Seite und die von Schultheorie und Schulentwicklung, von pädagogisch-anthropologischen und handlungstheoretischen Aspekten des Lernens und der Entwicklung von Kindern und Jugendlichen inspirierte Demokratiepädagogik auf der anderen Seite überschneiden, wie sie einander ergänzen und bereichern können. Dabei richtet sich besondere Aufmerksamkeit auf das Verhältnis von Politischer Bildung und demokratischem Erfahrungslernen.

II. bereits seit den 1990er Jahren ist eine breite Palette von Entwicklungsprojekten und Förderprogrammen in Schule und Jugendbildung entstanden, die sich besonders in den Jahren 2002 bis 2007, also angeregt und unterstützt durch das Bund-Länder-Modellprogramm „Demokratie lernen & leben", durch Bestandsaufnahmen, Zusammenarbeit und Entwicklungsimpulse theoretisch und praktisch jedenfalls partiell haben bündeln lassen. Das hat zu einer Stärkung der Demokratiepädagogik als einem spezifischen Ansatz und Konzept für demokratische Erziehung, Bildung und Demokratie lernen in Wissenschaft und Praxis beigetragen. Zugleich bilden in der Demokratiepädagogik die praxisnahen Projekte, Programme und Initiativen Erkenntnis- und Erfahrungsquellen und Impulsgeber von eigenem Gewicht. Mit ihnen verbindet sich ein Handlungs-, Entwicklungs- und Forschungsfeld, das sehr nahe an der Schule und der Jugendbildung mit ihren Erfahrungen und Institutionen liegt, damit aber vor allem auch die Aufmerksamkeit auf Impulse lenkt, die über staatliche Institutionen hinaus aus der Zivilgesellschaft einschließlich der dort aktiven Stiftungswelt kommen. Es geht über eine Verbesserung von Schul- und Lernqualität hinaus grunsätzlich darum, Wissen, Werthaltungen und Handlungsbereitschaft für die Demokratie bei Kindern und Jugendlichen zu stärken und deshalb die demokratische Erfahrungsqualität in den sie umgebenden pädagogischen Institutionen zu verbessern. Alle Analysen und theoretischen Konzepte sollen deshalb auf ihre Praxisrelevanz hin beleuchtet und beurteilt werden. Damit wird freilich ein großes Aufgabenfeld angesprochen – eine demokratiepädagogische Entwicklungs- und Wirkungsforschung, die dafür erforderlichen größeren Forschungskapazitäten und eine entsprechende Forschungsförderung.

III. Mit all diesen Überlegungen befinden wir uns inmitten der aktuellen Debatte über das Lernen von Demokratie und die demokratische Schulentwicklung, die sich bislang in einer namhaften Zahl an Veröffentlichungen niedergeschlagen hat. Insbesondere in der Zeit seit Beginn des BLK-Modellprogramms „Demokratie lernen und leben" ist die Zahl der Veröffentlichungen, die sich diesem Thema zuwenden, stetig gestiegen. Zugleich haben Förderprogramme wie der Wettbeerb „Demokratisch Handeln", Stiftungsinitiativen wie etwa die der Freudenberg-Stiftung zum „Service Learning" sowie weitere zivilgesellschaftliche Impulse wie beispielsweise die Fortbildungsprogramme des schülernahen SV-Bildungswerkes eine differenzierte Sicht auf die Vielfalt der demokratiepädagogischen Praxisentwicklung in den Schulen und den pädagogischen Institutionen in einem Umfang ermöglicht, wie dies Schulpädagogik und Politische Bildung vordem kaum geleistet haben. Gebündelt wurden Konzepte und Best-Practice-Erfahrungen vor allem in der fünfjährigen Laufzeit des genannten BLK-Programms und im Wettbewerb „Förderprogramm Demokratisch Handeln". Überdies gibt es inzwischen eine internationale Diskussion, die an die angelsächsische Traditionslinien von „civic education" und „social studies" anschließt – mit wachsender Kontinuität und Stabilisierung seit etwa 1997 im Förderprogramm des Europarats (COE) „Education for Democratic Citizenship" und mit dem sichtbaren Höhepunkt des „Europäischen Jahrs der Demokratieerziehung" 2005. Im selben Jahr ist eine eigenständige deutsche Vereinigung zur Stärkung und Förderung dieses Anliegens, die „Deutsche Gesellschaft für Demokratiepädagogik", gegründet worden. Weiter gestärkt wird dieses aktuelle und höchst lebendige Entwicklungsfeld zwischen pädagogischer Praxis, Konzepterprobung und -entwicklung sowie den Erziehungswissenschaften durch die vermehrten Anstrengungen zur Umsetzung der Menschenrechtserziehung und der Kinderrechte auf europäischer Ebene, was ebenfalls durch den Europarat vorangetrieben wird. Vor diesen Hintergrund ist es an der Zeit, diesem Thema und den in diesem Feld engagierten Pädagogen und Pädagoginnen auch ein fachöffentliches Forum und eine eigene Stimme zu geben. Dieses Ziel verfolgt das mit diesem Band erstmals und von nun an alljährlich erscheinende „Jahrbuch Demokratiepädagogik".

IV. Das „Jahrbuch Demokratiepädagogik" basiert auf mehrjährigen Vorüberlegungen und entspringt der Überzeugung, dass bislang in der zunehmend breiter werdenden Publizistik zu diesem Thema ein kritisch-konstruktives und zugleich offenes Medium fehlt, das an keine der bestehenden starken Initiativen, an kein staatlich finanziertes und politisch gebundenes Programm, an keine Stiftungsidee und -programmatik und an keine Interessenvertretung eines Lehrer- oder Wissenschaftlerstandes direkt gebunden ist, ihnen aber ein gemeinsames Forum für Erfahrungsaustausch und kritische Diskussion bieten kann. Hierzu hat sich eine Herausgeberrunde zusammengefunden, in der all diese Aspekte durch Fachlichkeit und Stimme vertreten sind und die sich zugleich der Idee und den Konzepten der Demokratiepädagogik verbunden fühlt: zivilgesellschaftliche und bildungspolitische Erfahrung, praktisches Handeln und wissenschaftliche Analyse, Beratung und Fortbildung, Lehre in Hochschule, Lehrerbildung und Schule selbst.

V. Mit diesem Jahrbuch soll der Diskurs um Entwicklung, wissenschaftliche Begleitung und reformerische Konkretisierung der Demokratiepädagogik angeregt und aufrechterhalten werden. Außerdem sollen richtungsweisende Praxisbeispiele fachöffentlich dokumentiert werden. Schließlich soll auch die öffentliche politische Diskussion um Akzeptanz und Weiterentwicklung der Demokratie und der Bürgergesellschaft mit der Perspektive der Bildung, der Erziehung und des Lernens begleitet und fortgeführt werden. Adressaten des Jahrbuchs sind Fachleute aus der Schulpädagogik in Wissenschaft und Praxis, aus der Demokratiepädagogik, aus der Politischen Bildung sowie aus Schulpolitik und Schulverwaltung. Das Jahrbuch wird deshalb Forschungsergebnisse, Erfahrungen und Entwicklungen aufgreifen, in die Fachöffentlichkeit von Schulpädagogik, Demokratiepädagogik und Politische Bildung hinein vermitteln und kritisch beleuchten. Der Herausgeberkreis bemüht sich darum, möglichst vielfältige Beiträge einzuwerben, die ihre Grenzen und Bezüge in den jährlichen Schwerpunktthemen und der Grundstruktur des Jahrbuchs finden mögen. Dabei unterliegen diese Beiträge einem Peer-Verfahren durch je zwei voneinander unabhängige Personen aus dem Herausgeberkreis.

VI. Die erste Ausgabe des „Jahrbuchs" macht die Demokratiepädagogik als Aufgabe von Schule und Jugendbildung in umfassendem Sinne zum Thema. Hierzu werden Grundlagenbeiträge, Skizzen und Erfahrungsberichten aus aktuellen Anwendungsfeldern, Praxisberichte aus Schule und Jugendarbeit, Forschungsbeiträge sowie Skizzen zu den Entwicklungsfeldern in deutschen Bundesländern und auf europäischer Ebene aufgenommen. Grundlegende Dokumente und Rezensionen runden die Zusammenstellung ab. Das Jahrbuch gliedert sich in fünf Bereiche.
    Der erste Bereich „Grundlagen" widmet sich übergreifenden Fragestellungen und einer perspektivenvariablen Darstellung der Themenschwerpunkte, in diesem Band also der „Demokratiepädagogik" als Konzept mit seinen Verzweigungen.

Wolfgang Beutel, Peter Fauser und Helmolt Rademacher skizzieren den gegenwärtigen Stand der Diskussion um Möglichkeiten und Grenzen eines Lernens in der und für die Demokratie. Sie beleuchten dabei auch Aspekte der Genese pädagogischer Fragestellungen: *Demokratiepädagogik*. Wolfgang Edelstein umreißt den für die Demokratiepädagogik elementaren Zusammenhang zwischen Wertebildung und Handeln. Praxis wird dabei ebenso als Grundlegung des Lernens wie als stetige Bereitschaft gefasst, in der Demokratie nicht eine Systemwelt fern der eigenen Handlungsrealität und individueller Lebensentwürfen zu erkennen, sondern darin die eigene Verpflichtung zum tätigen Engagement für das Gemeinwohl umzusetzen: *Demokratie als Praxis und Demokratie als Wert*. Lothar Krappmann bringt die universelle Normsetzung demokratischer Gesellschaften – die vertragliche und gesetzliche Bindung an unveräußerliche Menschenrechte – mit pädagogischer Perspektive zur Geltung, indem er kritisch danach fragt, wie das in der UN-Kinderrechtskonvention festgeschriebene Recht auf Bildung praktisch und politisch umgesetzt wird. Dabei wird nicht alleine die gravierende internationale Spannung in der Realisierung von Bildungsmöglichkeiten und Schule deutlich. Vielmehr wird auch sichtbar, dass selbst entwickelte Gesellschaften wie die unsere ihre Schwierigkeiten damit haben, dieses Kinderrecht umfassend gültig werden zu lassen: *Das Menschenrecht der Kinder auf Bildung und die Politik*. Eine derzeit besonders aktive Forschungsrichtung der Erziehungswissenschaft ist die auf die Beschreibung von Ergebnissen und Effekten von Schulen und Schulsystemen zielende empirische Bildungsforschung, mit der zugleich auch grundlegende forschungsmethodische und erkenntnistheoretische Prämissen verbunden sind. Norbert Maritzen diskutiert die aus dieser Sicht erkennbaren Grundannahmen und Evaluationsaufgaben der Demokratiepädagogik und verbindet dies mit dem Appell, von der Wunschprogrammatik zu einer Nachweisstruktur demokratiepädagogischer Lernformen und Interventionsinstrumente zu kommen: *Die Bedeutung von Qualitätsstandards in der demokratischen Schulentwicklung*. Dass diese demokratische Schulentwicklung sich auf gängige Kriterien von personen- und organisationsbezogenen Professionalisierungsstrategien stützen muss, scheint allenthalben einzuleuchten. Das dabei entstehende Problem der Integration verschiedener ethnischer und kultureller Verstehenshintergründe, die idealiter eine gemeinsame kommunikative Grundlage erforderlich machen, problematisiert Ingrid Gogolin: *„Lernen, beteiligen, unterstützen, leiten" – Grundlagen demokratischer Schulentwicklung*.

Aus der Perspektive angelsächsischer Diskurse zum Wechselspiel von Vertrauen, Schulklima und Partizipationsbereitschaft berichten Constance A. Flanagan und Michael Stout. Sie betonen dabei die Notwendigkeit, Demokratie in der Schule in eine Atmosphäre von Empathie und Kommunikation einzubinden, weil damit die Orientierung des Einzelnen am Gemeinsinn nachweislich gestärkt werden kann: *Schulklima und die Entwicklung von sozialem Vertrauen – Aspekte zur*

Förderung des Gemeinsinns bei Schülerinnen und Schülern. Eine besondere Dimension demokratischer Schulentwicklung entfaltet Hans-Peter Füssel, indem er Verträge als Rechtsgut und „sich vertragen" als austarierte Wahrnehmung von Sachentscheidungen und Kommunikationsregeln liest. Diese Blickrichtung gibt der schulrechtlichen Sicht auf die Demokratiepädagogik entscheidende Impulse: *Eine neue Diskurskultur an Schulen? – Demokratie zwischen Schulrecht und Schulpraxis*. Im Spannungsfeld zwischen der auf Unterricht durch Wissensvermittlung sowie Wissensaktivierung zielenden Politischen Bildung und der Demokratiepädagogik bewegt sich Gerhard Himmelmann, indem er die aktuellen Themen und Debatten der Politischen Bildung auf Anschlussfähigkeit an demokratiepädagogische Positionen prüft: *Perspektiven des Zusammenwirkens von Politischer Bildung und Demokratiepädagogik*. Die Demokratiepädagogik bezieht wesentliche Impulse aus der Traditionslinie der Reformpädagogik und der „Progressive Education". Demzufolge sind Bildung und Erziehung immer auch Umgang mit den Herausforderungen der Gegenwart. Inwieweit diese pragmatische und auf soziale Erfahrung gründende Position die demokratieadäquate Bildung von Kindern, Jugendlichen und auch Erwachsenen berührt, skizziert Peter Faulstich: *Demokratie Lernen – Pragmatismus und kritische Demokratietheorie*. Der Umgang mit Vielfalt sowie die konstruktive Entwicklung und Bewältigung von Konflikten ist ein Kernelement pluralistischer Demokratie nicht nur im Parteienstaat und im Interessengeflecht von Gesellschaft und Wirtschaft, sondern auch in der alltäglichen Begegnung von Menschen und sozialen Gruppen. Dass und wie hierfür gelernt werden kann, ohne in Konsenserwartungen zu fliehen, davon berichten Christa Kaletsch und Stefan Rech: *„Demokratie lernen und Zusammenleben in Vielfalt" – Zielsetzung, Erfahrung und Entwicklungspotentiale eines Trainings- und Beratungskonzepts*.

VII. Der Bereich „Forum" greift aktuelle Interventionsstrategien und Forschungsaktivitäten auf. Gegenwartstendenzen und Zeiteinschätzungen sowie Forschungsberichte finden hier Platz. Nicht alleine aufgrund der Ende 2011 ans Licht gekommenen Mordserie mit rechtsradikalem Hintergrund steigt in der Pädagogik und der Soziologie die Aufmerksamkeit für Erscheinungsformen und Präventionsnotwendigkeiten gegenüber rechten Ideologien. Hier sind neben dem Staat und seinen Institutionen vor allem die Zivilgesellschaft und die praktische Pädagogik gefordert. Zugleich wissen wir, dass gerade in den wirtschaftlich nicht so starken Flächenländern in Deutschland der Abwanderung von leistungsorientierten Jugendlichen wenig entgegenzusetzen ist. Über die Verbreitung rechter Gesinnung und Gewalttaten in solchen Regionen wird hinreichend berichtet. Welche Strategien können dieser Entwicklung entgegenwirken? Diese Fragen verfolgen Thomas Stimpel und Thomas Olk: *Zivilgesellschaft stärken – Handlungsstrategien gegen Rechtsextremismus. Ergebnisse einer qualitativen Fallstudie*. Dass zwischen demokratiepädagogischer Wirkung der Schule und fachunterrichtlicher Wissensaktivierung stärker als bislang pädagogisch wirksame und kompetenzförderliche Verbindungen gezogen werden müssen, ist ein Ergebnis der kontroversen Diskussionen aus den letzten Jahren. Wie eine solche die Politik mit der Demokratiepädagogik verbindende Arbeit schulpraktisch von Lehrkräften eingeschätzt wird, untersucht Volker Reinhardt an Schweizer Schulen: *Demokratie-Lernen und Politik-Lernen – Politikvernetzte Projektarbeit aus Sicht von Lehrerinnen und Lehrern.* Kompetenzförderung gilt in allen modernen Lern- und Unterrichtsformen als Ziel der Pädagogik. Für das Lernen von Demokratie stellt sich die Frage der Indikatoren und der evaluationsfähigen Merkmale für die demokratische Handlungsbereitschaft. Hermann Veith gibt einen systematischen Überblick zum derzeitigen Diskussionsstand: *Demokratie und Demokratiekompetenz bei Kindern.* Eine die demokratieförderliche Wirkung von Schule leitende Perspektive fragt nach dem Zusammenhang von Bildungseinstellung und Bildungsmotivation im Wechselspiel mit den Lernbedingungen von Schulen. Carsten Rohlfs ist dieser Frage mit einer empirischen Studie nachgegangen und gibt hierzu einen Ergebnisüberblick: *Bildungseinstellungen im Kontext demokratischer Schulqualität.*

VIII. Die nächsten beiden Bereiche stehen unter der Zielrichtung der Praxis mit Blick darauf, durch Beispiel und gelungene Anschauung pädagogisches Engagement und Projekthandeln anzuregen und anzustiften. Deshalb stehen im dritten Teil des Jahrbuchs Projektskizzen zu demokratiepädagogischen Handlungs- und Interventionsstrategien sowie zu dokumentierten Praxiserfahrungen im Mittelpunkt.

Der Klassenrat als Instrument einer in allen Schulstufen und -formen direkt anwendbaren Partizipationsstrategie wird oft als Motor demokratischer Schulentwicklung gesehen, weil er nicht alleine zur Regelung der einer Klasse gemeinsamen Angelegenheiten beiträgt, sondern zugleich viele demokratieförderliche Kompetenzen und Kriterien wie Deliberation, Transparenz, Konfliktfähigkeit und anderes mehr alltagspraktisch und Lehrer- wie Schülerschaft verbindend etabliert. Wie mit diesem Instrument demokratische Schulentwicklung gestaltet werden kann, zeigt Sonja Student: *Der Klassenrat als Motor der Entwicklung zur kindergerechten Schule. Erfahrungen der Grundschule Süd in Landau.* Die große Politik und die demokratische Erfahrungswelt in der Schule und ihrem Lernen können kaum zueinander kommen, so lautet eine der Haupteinwendungen der Politischen Bildung gegen die Demokratiepädagogik. Wie aber doch Schülerinnen und Schüler mit langem Atem, mit konsequenter Begleitung durch den Politikunterricht und mit einer ausgefeilten Projektdidaktik die Politik bis in das Landtagswahlrecht hinein beeinflussen, zeigt Hans-Wolfram Stein: *Wählen mit 16 in Bremen – eine Aufgabe der Demokratieerziehung.* Schließlich wird das „Jahrbuch Demokratiepädagogik" regelmäßig aktuelle Projektskizzen aus der Fülle von guten Praxiserfahrungen des Wettbewerbs „Förderprogramm Demokratisch Handeln" und seinen jeweiligen Jahresausschreibungen präsentieren. Die Breite möglicher Themen und den

Reichtum in der didaktisch-methodischen Varianz des Projektgedankens illustriert Wolfgang Beutel: *Demokratiepädagogik in der Praxis. Projektbeispiele aus dem Wettbewerb Förderprogramm Demokratisch Handeln.*

IX. Der vierte Teil des Jahrbuchs wendet sich der demokratiepädagogischen Praxis unter regionalen Gesichtspunkten zu. Länderberichte aus europäischer Perspektive sollen sich mit Kurzberichten aus den einzelnen Bundesländern verbinden.

Exemplarisch spielt Jugendpartizipation in vielen Projekten in der Jugendbildung und der Schule in Österreich eine bedeutsame Rolle. Die pädagogischen und die praktischen politischen Aspekte diskutiert – eingebettet in eine Situationsanalyse der demokratischen Erziehung in Österreich – Werner Wintersteiner: *Jugendpartizipation: politische und pädagogische Dimensionen – Einige Fallstudien aus Österreich*. Eine ganz andere Perspektive präsentiert sich in der Schule in England, die die Bürgerbildung auch in unterrichtliche Konzepte fasst. Eine praxisgesättigte Anschauung davon gibt Susanne Frank: *Citizenship Education in England – Kontext, Implementierung und Ergebnisse der Einführung eines Schulfachs*. Die aktuelle Handlungsstrategie des Europarates zielt auf eine Verbindung von erfahrungshaltiger Bürgerbildung mit konsequenter Menschenrechtserziehung. Den derzeitigen Diskussionsstand skizziert Kurt Edler: *Eine demokratiepädagogische Partnerschaft im Council of Europe*. Ergänzt wird diese europäische Perspektive aus mehreren Blickrichtungen durch drei Berichte zum Stand und den Aktivitäten in den Bundesländern Berlin und Brandenburg, Hessen und Rheinland-Pfalz.

Mit einer Situationsskizze zu der zivilgesellschaftlichen Initiative „Demokratie Erleben", mit Rezensionen aktueller Grundlagenpublikationen zur Demokratiepädagogik, einer Dokumentation dreier für das Thema zentralen Beschlüsse und Texte sowie einem Portrait der Deutschen Gesellschaft für Demokratiepädagogik bündelt das Jahrbuch seinen umfassenden Blick auf die derzeitige Diskussion.

X. Ein Vorhaben wie dieses Jahrbuch folgt der direkten Übersetzung des aus dem Lateinischen stammenden Begriffs „Projekt" und fühlt sich bei seiner Etablierung an wie ein Wurf in die Zeit, also ein gut begründetes Gestaltungswagnis von – in diesem Falle – einer Schule und dem ihr zugehörigen Lernen, das natürlich die weiteren pädagogisch wirksamen Institutionen möglichst bis hin zur Familie prägen sollte. Dabei sollte die Demokratie eben nicht ein Belehrungsgegenstand unter vielen sein, sondern ein zentrales Merkmal der Erfahrung des Alltags im Miteinander der Menschen und im Umgang mit den Dingen, die das Lernen begründen und ausmachen. Dass Demokratie Gerechtigkeit als Norm beansprucht, ohne in Gleichmacherei zu verfallen, dürfte Konsens sein. Dass sie die Mehrheit zur Entscheidungsgrundlage nimmt und dabei Minderheiten respektiert, schützt und deren Ansprüche zur Geltung bringt, ist ebenfalls Konsens – in der Schule und ihrem unterrichtlichen Alltagsgeschäfts aber schon weit schwerer durchzusetzen.

Dass Transparenz, Öffentlichkeit, Rationalität von Entscheidung und Beurteilung, Anerkennung statt Demütigung und Integration statt Ausschluss Mehrheitserfahrungen in der pädagogischen Institutionenwelt sind, kann bis heute nicht ohne weiteres behauptet werden. Dass aber die Demokratiepädagogik und eine an ihr ausgerichtete professionell gehaltvolle Schulentwicklung ihren Beitrag zur Verwirklichung solcher Ziele leisten kann, ist indes unbestritten. Das „Jahrbuch Demokratiepädagogik" soll diesen Prozess künftig entscheidend mit begleiten.

XI. Zu danken haben wir der freundlichen Geduld und beharrlichen Begleitung durch den Wochenschau Verlag, dem Lektorat von Juliane Niklas und den Autorinnen und Autoren dieser ersten Ausgabe, die nicht nur interessante Texte vorgelegt haben, sondern zugleich doch auch länger auf die Publikation warten mussten, als dies in vorfindlichen Kontexten üblich ist – eben weil das „Jahrbuch Demokratiepädagogik" erst seine Gestalt finden musste. Wir danken dem Bundesministerium für Bildung und Forschung für die Förderung des Wettbewerbs „Förderprogramm Demokratisch Handeln" mit den damit verbundenen Praxisbeispielen, auf die sich mehrere Artikel dieser Ausgabe beziehen und einem daraus resultierenden Zuschuss zur Finanzierung der Druckkosten. Für einen Druckkostenzuschuss danken wir zudem dem Verein „Praktisches Lernen und interkulturelle Begegnungen – P.L.I.B. e.V." Zu danken haben wir zudem der großzügigen Förderung der Drucklegung dieses Buches durch die Zukunftstiftung der GLS-Treuhand.

Wir danken allen Pädagoginnen und Pädagogen sowie ihren Schülerinnen und Schülern, die in den angesprochenen Projekten für eine vorbildliche demokratiepädagogische Praxis mit ihrer Arbeit und ihrem Lernen einstehen. Wir wünschen dem „Jahrbuch Demokratiepädagogik" die interessierte, offene und kritische Leserschaft, derer es zur konstruktiven Weiterentwicklung und zur Verwirklichung des Ziels demokratischer Schulverhältnisse bedarf.

I. Grundlagen

Wolfgang Beutel, Peter Fauser, Helmolt Rademacher

Demokratiepädagogik

Demokratiepädagogik ist seit gut einem Jahrzehnt ein lebhaft diskutiertes Thema für Wissenschaft und Praxis der Erziehung. Sie gehört aber nicht zu den Dreh- und Angelpunkten gegenwärtiger pädagogischer Debatten in der breiten politischen und pädagogischen Öffentlichkeit. Die empirische Bildungsforschung als derzeit vorherrschendes und – je nach Perspektive – richtungsweisendes oder beherrschendes Paradigma von Schulforschung und Schulentwicklung hat vor allem anderen eine auf Basis nachweisbarer Kompetenzförderung effektive Schule im Blick. Sie wendet sich dabei zuvorderst den Schulen eines national oder regional begrenzten Bildungswesens oder auch als Einzelfall zu. Das Effektivitätserfordernis einer Output-orientierten Funktionsanalyse von Schule fragt nicht nach Erfahrungsqualitäten des Lernens in Blick auf Demokratie und die ihr zugehörigen Aspekte von Wissen, Wertebildung, Umgang und Handeln, wenngleich sie diese auch nicht ausschließt.

Auch wenn also demokratiepädagogische Fragen nicht zu den fachlichen und fachpolitischen Brennpunkten zählen: Die Diskussion um die demokratische Schule – ihre Entwicklung und die demokratische Dimension der damit verbundenen Qualitätsfragen – hat inzwischen eine von den bildungspolitischen und fachlichen Konjunkturen und Großwetterlagen unabhängige Dauerhaftigkeit und Intensität gewonnen. Das gilt zunächst und auf prägende Weise bei den Debatten über gute Schule – ob es dabei, wie beim Deutschen Schulpreis, um die Exzellenz einzelner Schulen geht oder, wie beim Begleitprogramm „Ideen für mehr" der Deutschen Kinder- und Jugendstiftung, um ganztägiges Lernen oder integrierte Bildungslandschaften. Aber auch wenn das über sechzig Jahre dominierende dreigliedrige Schulsystem in Deutschland heute eine zunehmende Durchlässigkeit von Bildungsgängen sowie eine Tendenz zu abschlussintegrierenden Schulformen zeigt, wenn selbst die konservative Bildungspolitik das Faustpfand des gegliederten Schulwesens – die Polarität von Hauptschule und Gymnasium – stückweise aufzugeben bereit ist, dann steht dahinter nicht zuerst der Wunsch nach mehr Demokratie und Gerechtigkeit in der Schule. Dabei spielt natürlich eine elementare Rolle, dass vor allem die Kommunen in den großen Flächenländern in Deutschland kaum mehr überall dreigliedrig gesonderte Schulen anbieten können. Deshalb ist – wenn heute über die demokratische Schule gesprochen wird – nicht mehr zwangsläufig das Konstrukt der Gesamtschule als „demokratischer Leistungsschule" (Sander/ Rolff/Winkler 1967) im Blick. Vielmehr geht es um Schulen, in denen Partizipation, Stärkung von Selbstwirksamkeit, Autonomie- und Kompetenzerfahrung, eine lebendige soziale Umwelt sowie die Bereitschaft, sich aktiv und engagiert mit aktuellen Herausforderungen von Öffentlichkeit und demokratischer Politik auseinanderzusetzen, prägend sind. Das trifft sich mit der Blickrichtung der Demokratiepädagogik auf Schule und Lernen.

Was steckt hinter dieser Wendung hin zur schulischen Alltagserfahrung des Schülers und der Schülerin? Was prägt eine Perspektive, die die positive Bildungsbiografie und individuelle Förderung sowie die Schule als Einzelfall stärker in den Blick zu nehmen trachtet, weil diese Faktoren offensichtlich günstige Voraussetzungen dafür schaffen, dass Sozialität und demokratische Handlungskompetenz gefördert werden können?

Im Lichte dieser Fragen wollen wir die Demokratiepädagogik als Begriff und Konzept skizzieren (1.), ihren Stellenwert und ihre Entwicklungsperspektiven zwischen Schule und Bürgergesellschaft umreißen (2.), in einer Bestandsaufnahme den bislang vorliegenden Begründungslinien und den Konzepten der Demokratiepädagogik nachgehen (3.), Anknüpfungspunkte und Perspektiven für Demokratiepädagogik vorstellen (4.) und abschließend mit einem Ausblick bilanzieren (5.).

1. Demokratiepädagogik als Begriff und Konzept

Der Begriff Demokratiepädagogik hat sich in der deutschen Diskussion seit Ende der 1990er-Jahre ausgeprägt. Eine wesentliche Intensivierung der Debatte um das tätige, praktische Lernen in der und für die Demokratie in Schule und Jugendbildung wurde dabei von dem Bund-Länder-Modellprogramm „Demokratie lernen & leben" ausgelöst (Edelstein/Fauser 2001), das von 2002 bis 2007 durchgeführt worden ist. Dieses Programm war durch die Kooperation von Bund und Ländern sowie von Wissenschaft und Praxis geprägt. Kennzeichnend dafür war zudem, dass es ein schon länger „in der Luft" liegendes Thema aufgegriffen und in einer neuen praxisnahen, mit vielen Akteuren verbundenen sowie diskursintensiven Form fachöffentlich dargestellt hat. Noch heute hat die Webseite des Modellprogramms Referenzcharakter und erfährt anhaltend hohe Nachfragen (www.blk-demokratie.de).

Konzepte der Demokratiepädagogik allerdings sind wesentlich früher entstanden; sie sind reformerisch traditionsreich und schließen an verschiedene Vorerfahrungen, an pädagogische Praxismodelle und theoretische Einsichten an. Deren Quellen liegen in der internationalen Erneuerungsbewegung zur Pädagogik. Die „progressive education" steht für die Internationalität der Reformbewegung, wie sie sich in der deutschen Diskussion etwa im „Weltbund für Erneuerung der Erziehung" bis heute niederschlägt (Carlsburg/Wehr 2011), die zugleich aber auch und vor allem vielfältige andere praxiswirksame Strömungen der pädagogischen Schulreform berührt. Hierzu gehört die Reformpädagogik in der deutschsprachigen Tradition (Beutel 2006) und im amerikanischen Pragmatismus (Dewey 1993). „Die ‚neue

Erziehung' hatte einen starken politischen Einschlag. Im Kern ging es um die Demokratisierung der höheren Bildung", so formuliert dies der Dewey-Experte und Bildungshistoriker Michael Knoll, weil Lernende und Studierende „anhand lebensrelevanter Probleme selbst tätig" werden sollten. Der Lernende sollte „die Selbständigkeit und Urteilsfähigkeit erlangen, die er als ‚nützlicher Wissenschaftler' und ‚demokratischer Staatsbürger' brauchte. ‚Lernen durch Tun' war die Devise der ‚neuen Erziehung'" (Knoll 1998, S. 35). Das mit dieser Reform konzipierte Lernen in Projekten und die damit verbundene Projektdidaktik (Frey 2002, Bastian et al. 1997) gehören auch gegenwärtig zum didaktischen Repertoire einer demokratischen Schule. Dazu trägt die Konstruktion und Verlaufsdynamik von Projekten – die idealiter in den fünf Schritten von Ideenfindung, Planung, Durchführung, Ergebnispräsentation und Auswertung beschrieben werden (Emer/Lenzen 2005) – ebenso bei wie die in diesem Lernarrangement liegende partizipationswirksame Notwendigkeit, in einer Lerngruppe mit geteilter Verantwortung diese Schritte umzusetzen (Fauser 2007). Hinzu kommt schließlich die besondere Möglichkeit, in Projekten Themen und Herausforderungen von Demokratie, Politik und Öffentlichkeit direkt und praktisch aufzugreifen – was vom Boden eines reinen Fachunterrichts aus oft schwierig ist.

In der internationalen Reformpädagogik finden sind auch noch andere Elemente der aktuellen Debatte und Entwicklung der Demokratiepädagogik, so etwa der Klassenrat. Der französische Lehrer, Pazifist und Reformpädagoge Celestine Freinet begründete nicht nur in Konsequenz seiner Erfahrung des ersten Weltkrieges mit seiner „École moderne" einen weltlichen, freiheitsbeanspruchenden und schülerorientierten Unterricht, in dessen Mittelpunkt der Druck mit beweglichen Lettern und damit die Herstellung und Gestaltung eigener Texte stand, sondern auch das Medium der Schülerzeitung. Vor allem aber begründete er den Klassenrat, der von Freinet als das entscheidende pädagogische Medium der Zusammenarbeit und der gegenseitigen Verantwortlichkeit verstanden wurde (Hagstedt 1997). Schülerpresse und Klassenrat sind aus einer demokratischen Schulentwicklung heute kaum wegzudenken. Der Klassenrat ist eine Institution, mit der schon sehr frühzeitig alle wesentlichen Anliegen einer Klasse durch die Schülerinnen und Schüler selbst geregelt werden können. Die sich selbst mit freien parlamentarischen Formen des Austauschs und der Mehrheitsbildung regulierende Klasse kann ein Fundament der demokratischen Schule sein - nicht nur für die verfasste Schülervertretung (SV), sondern auch als Dreh- und Angelpunkt demokratischer Schulentwicklung (Edelstein 2007). Dabei werden Partizipation und Verantwortung als zwei Seiten einer Medaille gelesen, die auch in der Grundschule von Anfang an praxisbestimmend und demokratiepädagogisch wirksam sein können (Student 2012). Ein anderer Impuls für Konzepte der Demokratiepädagogik kommt aus der Entwicklung von Pädagogik und Erziehungswissenschaft im Umfeld der Reformen in Wissenschaft, Schule und Gesellschaft seit Ende der 1960er Jahre.

Hierbei wurden in Rezeption der soziologischen Forschungen über den Rollen-
erwerb des Individuums in der Gesellschaft insbesondere durch Talcott Parsons
(1959) soziologische Forschungsansätze und Konstrukte auf die Schule bezogen.
Parsons konnte zeigen, dass die Schule nicht nur durch die in ihr vermittelten
Inhalte und Fachcurricula wirksam wird, sondern dass sie einen zweiten „heim-
lichen Lehrplan" entwickelt und anwendet: Schule als Institution erzieht (Fauser
1997). Mit dieser Fortführung des theoretischen Bezugsrahmens verbindet sich
eine gesellschaftspolitisch-pragmatische Orientierung der Erziehungswissenschaft,
die damit zu einem der Träger einer sich in der Bundesrepublik der 1960er Jahre
beschleunigenden Sozialisationsdebatte wurde. Das bot der seinerzeit jüngeren
Generation die Möglichkeiten, „ ... sich autoritätskritisch mit den weitestgehend
verdrängten nationalsozialistischen Erblasten auseinanderzusetzen. Die expandie-
rende Sozialisationsforschung wurde nunmehr selbst zum Vehikel und Symbol
der Überwindung von Modernitätsdefiziten und Restaurationslasten. Dabei
fanden die kulturpolitischen Erneuerungsversuche in Begriffen wie Emanzipa-
tion und Handlungsfähigkeit ihren wissenschaftlichen Widerhall" (Veith 2001,
S. 9). Erstmals deutlich sichtbar wurde die sozialisationstheoretische Wende der
Pädagogik in dem von Heinrich Roth für den Deutschen Bildungsrat edierten
Sammelband „Begabung und Lernen" (1968), in dem die ungleiche Verteilung von
Bildungschancen als besondere Herausforderung des pädagogisch-professionellen
Handelns in der Schule unter Aspekten der Differenzierung und der individuellen
Förderung aufgegriffen worden ist. Im Spannungsfeld zwischen Parsons und Roth
wird sichtbar, dass die Schule eine politische Sozialisationsfunktion hat. Ob diese
für demokratische Handlungskompetenz förderlich ist oder nicht, ist allerdings
durch diese Einsicht nicht entschieden.

Gerade in der deutschen Reformdiskussion dieser Zeit hat sich der Anspruch
auf eine umfassende Demokratisierung der Gesellschaft mit einem starken Impuls
zur Reform des Bildungswesens verbunden: „Bildung ist Bürgerrecht", so der noch
heute provozierende Titel der Streitschrift von Ralf Dahrendorf (1965), die er als
Plädoyer für eine „aktive Bildungspolitik" verstanden hat. Dass die Eröffnung – oder
besser: die Zuteilung – von Lebenschancen, beruflicher Mobilität und Wohlstand
vor allem von der sozialen, regionalen und kulturellen Herkunft abhängig ist,
war dem demokratischen Freiheitsanspruch des Liberalismus der 1960er Jahre
verdächtig und scheint im Übrigen auch heute noch, fast 50 Jahre nach diesen
Diskussionen und nachfolgenden Reformen, nicht wirklich überwunden. Denn
auch die Ergebnisse der PISA-Studien diagnostizieren anhaltend eine zu starke
Abhängigkeit der Bildungswege von Kindern und Jugendlichen in Deutschland von
ihrer sozialen Herkunft und dem damit verbundenen Status: „Jedem Menschen
unabhängig von seiner Herkunft durch zuvor erhaltene Bildung bis zu seiner
Mündigkeit so weit wie möglich alle Chancen offenzuhalten – das ist Aufgabe
des Gemeinwesens" (Wößmann 2009, S. 15), so lässt sich dieses demokratische

[handwritten annotation:] 1) Schüler „demokratisieren", Partizipation + Verantwortung lernen, erfahren, üben lassen 2) Schule demokratisieren!

Grunderfordernis von der Reformzeit der 1960er Jahre bis zur Gegenwart auch aus bildungsökonomischer Sicht beschreiben.

All diese Aspekte begründen zusammengenommen das, was wir heute bilanzierend unter dem Konstrukt der Demokratiepädagogik erneut als Thema der praktischen Pädagogik und des Lernens in Schule, Institutionen und Familie sehen: Chancengerechtigkeit; Emanzipation von und Aufklärung des historischen Erbes der nationalsozialistischen Herrschaft mit ihrer Zerstörung von Demokratie und Menschenrechten; die pädagogisch produktive Betrachtung von und Aufklärung über Bedingungen, Umgangsformen und Ritualen in der pädagogischen Institutionenwelt – speziell der Schule mit ihrem „hidden curriculum"; die Stärkung von Partizipation und Verantwortung der Schülerinnen und Schüler beim alltäglichen Lerngeschehen und im sozialen Umgang; der Klassenrat; die Schülerpresse und vor allem die Auseinandersetzung mit den Themen und Spannungsfeldern der Gegenwart, für die sich Schülerinnen und Schüler durch praktisches Lernen und tätiges Engagement einsetzen können: Dies sind aktuelle und strukturierende Bezugspunkte der Demokratiepädagogik.

Darüber hinaus verhandeln alle Bewegungen, Projekte und Konzepte, die sich im Feld der Demokratiepädagogik bündeln lassen, natürlich ein erzieherisches Grundmotiv, mit dem sich die Schule als Institution des organisierten Lernens und als Frucht der Aufklärung in doppelter Weise praktisch auseinandersetzt: die Polarität von Freiheit und Führung, von Lernaktivität und Belehrung, von individueller Entwicklung und nivellierender Methodik, von Emanzipation und Repression – beides wesentliche Strukturmerkmale der Schule als Institution in der Moderne. Micha Brumlik spricht im Hinblick auf die scheinbar unauflösbare Spannung von Schule und Demokratie von „einem internen Widerspruch zwischen dem Prinzip schulisch organisierten Lernens und dem Prinzip eines selbstbestimmten Lebens von Menschen, die nach den Gesetzen der Staaten, in denen sie leben, zu demokratischer Teilhabe noch nicht fähig sind" (2004, S. 242). Wenn so argumentiert wird, besteht die Gefahr, dass demokratiepädagogische „Kompetenz" als ein am Idealtypus des mündigen Bürgers abgelesenes Bündel von Wissen und Können als Vorbedingung von Partizipation betrachtet und restriktive Bedingungen für Mitsprache und Beteiligung aufgestellt werden. Demokratiepädagogisch gesehen kommt es auf die produktive Umkehrung dieser Perspektive an: Kompetenz erwächst aus der aktiv ermöglichten, gewissermaßen überschießenden Mitwirkung im geschützten pädagogischen Raum. Die praktische Seite der Demokratiepädagogik besteht darin, Richtung, Bausteine und Entscheidungshilfe für Schulprogrammarbeit und Schulentwicklung zu geben. Aus einer solchen Perspektive ist sie „ein Sammelbegriff, der die gemeinsame Aufgabe zivilgesellschaftlich ausgerichteter Initiativen, Konzepte, Programme und Aktivitäten in Wissenschaft und Praxis beschreibt, die das Ziel verfolgen, die Erziehung zur Demokratie zu fördern" (Fauser 2006, S. 83). Demokratiepädagogik steht also unter dem Anspruch und der Notwendigkeit, pädagogische Praxiserfahrungen und Handlungsmethoden ebenso zu beschreiben wie institutionen- und erziehungsgeschichtlich bedingte normative politische Ordnungsvorstellungen, die die Demokratie begründen und ihr eigen sind.

Der Mehrperspektivität davon, was Demokratie bedeutet und wie Demokratie in der Schule erlernt und vermittelt werden kann, hat Gerhard Himmelmann in der Trias der Demokratie als Herrschafts-, Gesellschafts- und als Lebensform auf ganz entscheidende Weise einen strukturbildenden Impuls gegeben (Himmelmann 2001). Sie umfasst die notwendige Vermittlung von Wissen über die Demokratie, ihre Instrumente, Verfahren und ihre Geschichte, die Einsicht in die durch Kultur, Lebenspraxis und Umgangsform täglich reproduzierte Gegenwartsqualität demokratischer Lebensverhältnisse sowie das Wissen und die Handlungsmöglichkeit des Einzelnen davon, möglichst schon als Kind und als Jugendlicher verantwortlich zur Gesamtgestalt einer demokratischen Praxis in der Gesellschaft beizutragen.

2. Demokratiepädagogik zwischen Schule und Bürgergesellschaft – der Weg zum BLK-Programm „Demokratie lernen & leben"[1]

Für die Bereiche des Lernens und der Kompetenzentwicklung, die in der Schule als Ganzes verankert sind, haben sich in den Debatten von politischer Bildung und wissenschaftlicher Schulpädagogik seit etwa 2001 die Begriffe „Demokratie Handeln" (Beutel/Fauser 1990; 2001), „Demokratie Lernen" (Edelstein/Fauser 2001, Himmelmann 2001) und „Demokratiepädagogik" (Beutel/Fauser 2007; de Haan/Edelstein/Eikel 2007) etabliert. Begleitet wurde diese Entwicklung durch eine zunächst heftige Kontroverse zwischen der schulpädagogisch fundierten Demokratiepädagogik und der fachdidaktisch begründeten Politischen Bildung. Eine bibliografische Übersicht zur entsprechenden Publizistik zwischen 2001 und 2006 listet über 90 Beiträge und Buchtitel (Himmelmann/Beutel 2007) auf.

Diese drei auf die Praxis des Lehrens und Lernens in der Schule zielenden Ansätze beziehen sich auf vorausgehende pädagogische Erfahrungen der 1990er Jahre. Zunächst hatte sich mit dem „Förderprogramm Demokratisch Handeln" eine Initiative etabliert, die praktische Unterstützung und Veränderung der Schulwirklichkeit, wissenschaftliche Einsichten in die Schulentwicklung und einen bundesweiten Wettbewerb für Schüler und Schulen verbinden konnte (Beutel/Fauser 1990). Das Programm wurde im Oktober 1989, kurz vor dem Fall der Mauer, in seinen Grundzügen konzipiert. Ausgangspunkt waren hierbei drei gesellschaftliche, politische und pädagogische Erscheinungen: Einerseits die Diskussionen der 1980er Jahre um die zunehmende Abwendung der Jugendlichen von der Politik - der Beginn der inzwischen vielfältig beschriebenen und beklagten „Politikverdrossen-

---

1   Dieser Abschnitt folgt in wesentlichen Teilen der Argumentation von Beutel 2009, S. 155. ff.

heit" (Wissmann/Hauck 1983; Arzheimer 2002). Zum zweiten trug seinerzeit das Erscheinen einer „Neuen Rechten" insbesondere in den Kommunalparlamenten und bei der Europawahl mit der Partei der „Republikaner" (Funke 1989) und zum dritten ein erfolgreiches Schulentwicklungsprojekt zum „Praktischen Lernen" (Projektgruppe 1998) zur Formulierung des Programms bei. In den ersten zehn Jahren seiner Laufzeit konnte das Förderprogramm Demokratisch Handeln im Feld der Schulentwicklung als Seismograf und Sammelinstrument sowie als Schul- und Schülerwettbewerb etabliert werden, es hat 2001 eine Bilanz aus der bis dahin zehnjährigen Arbeit unter dem Titel „Erfahrene Demokratie" publiziert (Beutel/Fauser 2001).

Zu diesem Zeitpunkt trafen drei Entwicklungen aufeinander: Nebst der Bilanz des „Förderprogramms Demokratisch Handeln" gelang es, auf der Basis einer Expertise von Wolfgang Edelstein und Peter Fauser (2001) das bereits genannte Modellprogramm „Demokratie lernen & leben" der Bund-Länder-Kommission zur Bildungsplanung und Forschungsförderung zu begründen, das seit März 2007 erfolgreich abgeschlossen ist und bis heute eine Leitfunktion in der Weiterentwicklung der Demokratiepädagogik inne hat. Auch diesem Programm liegen Vorüberlegungen bereits seit 1998 zugrunde. Diese wiederum gingen von der seinerzeit neu gewählten rot-grünen Bundesregierung „... und den Länderregierungen sowie von Städten, Kommunen und zivilgesellschaftlichen Einrichtungen" aus, und hatten vor allem das Ziel, „... Rechtsextremismus, Fremdenfeindlichkeit, Antisemitismus und Rassismus entgegenzuwirken" (Welz 2005). Die BLK-Initiative war breit angelegt und zielte auf die bürgergesellschaftlichen Potenziale von Schule und Region.

Ebenfalls in dieser Zeit argumentierte der Politikdidaktiker Gerhard Himmelmann mit seiner Schrift „Demokratie lernen als Lebens-, Gesellschafts- und Herrschaftsform" (2001) in dieselbe Richtung, die Politische Bildung durch Erfahrungslernen an der Norm der Demokratie auszurichten. Allen diesen Ansätzen – dem Förderprogramm Demokratisch Handeln, dem BLK-Programm und Gerhard Himmelmanns Grundlagenschrift „Demokratie Lernen" – geht es wesentlich um drei Aspekte:

- Erstens: Die verstärkte Beachtung der politisch bildenden Wirkung des Lebens- und Erfahrungsraums Schule im Sinne einer Umgebung, alltagsprägenden Kultur und Gelegenheitsstruktur, die für die Kompetenzbildung im Bereich Demokratie und Politik von wesentlicher Bedeutung ist und auf entscheidende Weise förderlich sein kann. Hier steht eine aktive, professionelle und demokratieförderliche Ausgestaltung der empirisch immer (vor)gegebenen „politischen Sozialisationsfunktion" der Schule durch die Demokratiepädagogik im Mittelpunkt.
- Zweitens: Die Wahrnehmung der Schule als Ganzes, als Entwicklungsdimension im Institutionengefüge demokratischer Gesellschaften, die zugleich mehr ist als eine Lern- und Unterrichtsanstalt. Schule in diesem Sinne ist Teil der demokratischen Öffentlichkeit, ein Angebots- und Kommunikationsraum und zugleich auch ein Spiegel demokratischer Kultur in den sie tragenden Kommunitäten. Hier geht

es um die die Schule umgebende „Polis", die bürgerschaftliche Öffentlichkeit und die praktische Nutzung der Kommune für das Demokratielernen.

- Drittens: Die Akzentverlagerung in theoretischer Hinsicht von der Politik hin zur Demokratie und vom unterrichtlichen Wissenserwerb hin zum Erfahrungslernen als Bezugsgrößen des pädagogischen Handelns. Hier geht es um eine normative Grundentscheidung für die Demokratie als Kultur, als Form und Weg des politischen Lebens. Lerntheoretisch geht es um ein Lernen durch Kooperation, Erfahrung und Verantwortung.

Gerhard Himmelmann verbindet mit seiner Konzeption einen kritischen Blick auf die Fachdidaktik der politischen Bildung, deren hauptsächliche Aufgabe darin liegt, Unterrichtskonzepte und Inhaltsentscheidungen für eine wirksame politisch-demokratische Erziehung vorzulegen sowie für die Fachlehrerausbildung zu sorgen. Himmelmann diagnostiziert der fachdidaktischen Diskussion eine zu starke Ausrichtung ihrer Konzepte an der Bezugsgröße „Politik". Dies begründet er auch mit der Tatsache, dass die zivilgesellschaftlichen Bemühungen und die Vitalisierung der Demokratie als Lebens- und Kulturform mit der Topik der wissenschaftlichen Politikbegriffe nicht zureichend erfasst, ausgewertet und weitervermittelt werden, die zivilgesellschaftliche Erweiterung der Demokratie in der Politikdidaktik keinen Boden gewinnen konnte: „Die politische Bildung (könnte) auch zur Kenntnis nehmen, dass das ‚Politische' in der wissenschaftlichen Diskussion seit 1989 nicht mehr allein etatistisch auf der Ebene des politischen Systems nach dem Muster der staatszentrierten Definition ... angesiedelt wird, sondern viel stärker als bisher auch horizontal interpretiert und in die Gesellschaft und in die Lebens- und Sozialformen der Menschen hinein zurückverlagert wird" (Himmelmann 2001, S. 23).

Diese auf Schule und Demokratie erweiterte fachdidaktische Position korrespondiert mit der Konzeption von Erfahrungslernen und Demokratie, die dem Förderprogramm Demokratisch Handeln zugrunde liegt. Dort geht es „... um Demokratie als Lebensform, es geht um die Chance, in die Demokratie hineinzuwachsen. Die Schule soll Erfahrungen mit Demokratie ermöglichen und weitergeben, eigenes Handeln und Mitwirkung fördern. Schulpädagogisch gesehen ist mit dieser Forderung eine ganz besondere Lernqualität und eine ganz besondere Schulqualität angesprochen: ein Lernen, das nicht nur auf Wissen, sondern auf beidem, auf Wissen und auf Erfahrung, beruht, und eine Schule, die ein solches Lernen durch Erfahrung ermöglicht" (Beutel/Fauser 2001, S. 28). Dieser Linie folgt auch die Begründung des BLK-Programms. Dessen Thema „Demokratie lernen & leben" wird als „zusammenfassende Formel und Leitlinie für den Analyse- und Handlungsrahmen verstanden, innerhalb dessen die demokratiepädagogische Aufgabenstellung verläuft". Das Programm strukturiert dabei den Entwicklungsrahmen der schulischen Modelle unter drei Aspekten:

1. Demokratie als Aufgabe und Ziel von Erziehung, Schule und Jugendarbeit.
2. Demokratie als politischer und als pädagogischer Begriff.
3. Demokratie und Schulentwicklung: Lernqualität und Schulqualität.
(Edelstein/Fauser 2001, S. 17).

Das Demokratiekonzept des BLK-Programms folgt einem weit gefassten Rahmen und ist einer lebenspraktischen, kulturell fundierten und aufklärerischen Tradition der westlichen Moderne verpflichtet: „„Demokratie' wird in ihrer umfassenden modernen Bedeutung als Qualität des gelebten Alltags sowie der gesellschaftlichen und staatlichen Ordnung begriffen, als Lebensform und als Verfassung, die sich am Anspruch humaner Verhältnisse misst und entsprechend den Verzicht auf (innergesellschaftliche) Gewalt fordert" (ebd., S. 18).

Bei der Halbzeitkonferenz des BLK-Programms „Demokratie lernen & leben" im Frühjahr 2005 wurde die „Deutsche Gesellschaft für Demokratiepädagogik" gegründet. Eine wichtige Aufgabe sieht diese Fachgesellschaft in der „Förderung der Demokratie als Thema und als Prinzip schulischen und außerschulischen Lernens und als Ziel der Schulentwicklung. (...) Im Mittelpunkt steht dabei das Wohl jedes einzelnen Kindes und Jugendlichen und seine Fähigkeit zu Selbstbestimmung in sozialer Verantwortung in allen Bereichen der Gesellschaft" (DeGeDe 2010, S. 3). Eines der Gründungsdokumente der DeGeDe ist das „Magdeburger Manifest zur Demokratiepädagogik" (Beutel/Fauser 2007, S. 200 ff.). Zur Umsetzung ihrer Ziele will die Gesellschaft die Verbindung zwischen Akteuren und Initiativen herstellen und stärken sowie eigene Innovationsprojekte entwickeln. Diese Gründung einer eigenständigen Vereinigung wurde innerhalb der fachlichen und institutionellen Strukturen der etablierten politischen Bildung mit großer Skepsis aufgenommen (GPJE 2004), obwohl die DeGeDe weder eine akademische Fachgesellschaft im engeren Sinne wie die Vereinigung der Fachdidaktiker der deutschen Hochschulen GPJE, noch ein Fachlehrerverband wie die DVpB ist, also in deren Handlungs- und Interessenfeldern keine direkte Konkurrenz stiftet.

Insgesamt wesentlich auch für die weitere Entwicklung ist jedoch: Ohne dass die Protagonisten und Akteure in diesem Feld vordem intensiv zusammengewirkt haben, ist doch eine bemerkenswerte Übereinstimmung in der kritischen politik-didaktischen Sicht Himmelmanns sowie in der schulpädagogischen Begründung und Auswertung des Förderprogramms Demokratisch Handeln und des BLK-Programms „Demokratie lernen & leben" zu erkennen. Wir können rückblickend festhalten, dass damit auf zunächst eher zufällige Art ein neues politikdidaktisches Konzept mit der bereits mehrere Jahre laufenden schulpädagogischen Arbeit zur Frage der Demokratiepädagogik und mit einer Bund-Länder-Initiative aus dem Raum der praktischen Politik korrespondiert. Neben allen kontroversen Diskussionen ist der Gewinn dabei, dass der gemeinsame Blick auf das Ziel politischer Bildung neu justiert worden ist und nunmehr in eine Richtung geht, in der die aktive Beteiligung an der Demokratie durch die Förderung der demokratischen Handlungskompetenz in der Schule mittels Lernen und Erfahrung ein besonders wichtiges schulisches Lernziel geworden ist.

3. Warum Demokratiepädagogik – eine begründende Bestandsaufnahme

Die Demokratiepädagogik als schulpraktische Entwicklungsperspektive und als Aufgabe zur Verbesserung von Lernqualität und Schule beruht auf mehreren Zeiterscheinungen in Gesellschaft, Pädagogik und Schule. Davon sind vier Begründungslinien besonders bedeutsam: Phänomene der Jugendgewalt (a.), Rechtsextremismus und Fremdenfeindlichkeit (b.), kulturelle Vielfalt und Umgang mit Heterogenität in der Schule (c.) sowie die Partizipation von Kindern und Jugendlichen auf Basis der Kinder- und Menschenrechte (d.). Welchen Bezug haben diese Begriffe zur Demokratiepädagogik?

a. Phänomene der Jugendgewalt bzw. der Gewalt an Schulen werden in demokratischen Gesellschaften immer wieder sichtbar. In gewissem Maße sind sie der Schule latent eigen, weil diese selbst von ihrer Tradition her eine Institution des „besonderen Gewaltverhältnisses" war und damit ein Aufsichts- und Erziehungsverhältnis mit erheblicher Einschränkung der Grundrechte begründet hat, so dass man von struktureller Gewalt sprechen kann. Heute fordert das Recht, dass auch in der Schule Verhältnisse gelten müssen, die der parlamentarische Gesetzgeber eindeutig regelt. In diesem gesetzlichen Rahmen bindet besonders die Schulpflicht, indem sie von den Kindern und Jugendlichen eine den Schulgesetzen der Länder folgende Präsenzpflicht verlangt und damit der Schule einen besonderen Status gegenüber den Grundrechten einräumt. Dieses Sonderstatusverhältnis ist ein Ausfluss staatlicher Gewalt. Darüber hinaus hat die Tradition der Lehrerautorität bis vor noch nicht allzu langer Zeit Schule selbst zu einem Haus gemacht, in dem Gewalt als Mittel der Disziplinierung anerkannt war und ausgeübt worden ist. Insofern gilt: „Zur Gewalt hat die Schule ein besonderes Verhältnis" (Tillmann 1995, S. 90).

Neu aber ist seit 1990 die Dominanz des Themas der Jugendgewalt in den Schulen. Seit den 1990er Jahren gibt es eine wissenschaftliche Forschung zur Gewalt in der Schule, die sowohl Gewalt gegen Sachen (Vandalismus) als auch gegen Personen, insbesondere Mitschülerinnen und Mitschüler, aufgreift, wobei sowohl körperliche als auch immer stärker psychische Gewalt in den Fokus rückt. Dabei wird deutlich, dass Gewalt vor allem Jungensache und variantenreich in den Erscheinungsformen ist (ebd., S. 94) sowie Täter- und Opferrollen sich stark vermischen und biografieprägend sind (Melzer/Oertel 2011, S. 483). Mit der Gewaltforschung konnte nachgewiesen werden, dass zwar einerseits defizitäre Sozialisationsbedingungen in Familie und Peer-Kulturen wirksam werden, der Schule jedoch zugleich als Erfahrungsraum und Sozialisationsagentur in dieser Frage viel zu wenig Bedeutung beigemessen wird – sowohl im Sinne der Risikowelt als auch im Sinne einer präventiv nutzbaren Sozialisationsagentur. Zugleich nimmt psychische Gewalt in Form von Mobbing- und Bullying-Phänomenen sowohl real im sozialen Leben als auch in den Medienwelten von SMS bis Facebook zu. Wobei diese massive Gewalt nicht an Schularten und deren abgestufte soziale Wertigkeit wie etwa die Hauptschule sowie alleine an Lebensweltverhältnisse der jeweiligen Jugendlichen gebunden ist. Die Lage ist ambivalent: Die Sensibilität für Gewalt als Thema und Aufgabe schulischer Erfahrung und Erziehung ist vorhanden. Viele verschiedene und produktive Projekte sind inzwischen entwickelt worden und werden fallweise auch eingesetzt. Insbesondere zeigt sich die schulische Gewaltintervention und -prävention als ein Feld, in dem Initiativen aus Bürgergesellschaft und Stiftungswelt verankert sind. So etwa Mediationsprogramme, die vom Bundesverband Mediation (BM) durch Qualitätsstandards untermauert sind oder das Buddy-Programm der Vodafone-Stiftung. Die Landesschulverwaltungen haben Programme und Strategien der Gewaltprävention entwickelt und auch der Bund hat seit Ende der 1990er Jahre mit Förderprogrammen wie anfangs Xenos und Entimon beim BMBF, jetzt im Rahmen des „Nationalen Aktionsplans für ein kindgerechtes Deutschland" (BMFSFJ 2010, S. 43) das Thema zu einem Aspekt des politischen Handelns gemacht. Dennoch konnte in der Schulpädagogik und der Politischen Bildung der Zusammenhang von demokratischem Erfahrungslernen und Gewaltprävention noch kaum systematisch entfaltet oder gar durch Forschungen unterlegt werden. Letztere hat sich bisher eher mit der Wirksamkeit einzelner Programme auch im Sinne der Nachhaltigkeit und der Entwicklung einer positiven Schulkultur beschäftigt. Dabei spielt systematische Schulentwicklung mit entsprechender Ausstattung für langfristige Beratung eine wesentliche Rolle, wenn vermieden werden soll, dass Programme zur Gewaltprävention nach massiven öffentlich diskutierten Vorfällen wenig langfristig wirksam und nur reflexartig angefordert werden.

Insgesamt gesehen kommt der Demokratiepädagogik sowohl im Hinblick auf die strukturelle Gewalt der Institution Schule als auch hinsichtlich der gegenwärtigen Formen der Jugendgewalt in zweierlei Richtung eine besondere Bedeutung zu: Im Hinblick auf Erforschung und Beschreibung des Zusammenhangs zwischen Gewalt und Demokratie sowie hinsichtlich der Begleitung, Anerkennung und Verbreitung wirksamer Präventions- und Interventionsstrategien.

b. Der Rechtsextremismus als Phänomen von Jugendleben und Jugendkultur ist – in Wechselwirkung zur Jugendgewalt – insbesondere seit den 1990er Jahren ein Thema auch in der Pädagogik. Er hat in Deutschland eine lange und unheilvolle

Tradition, die mit der fehlenden grundlegenden Auseinandersetzung mit der NS-Diktatur unmittelbar nach dem zweiten Weltkrieg und in der nachfolgenden politischen Blockkonfrontation zwischen Ost und West zusammenhängt. Rechtsradikalismus heute als Gefahr für die Demokratie und die Menschenrechte ist besonders seit den Gewalttaten und Angriffen auf Asylbewerber und Migranten in Hoyerswerda (1991), Rostock (1992) und Solingen (1993) wieder präsent. Er hat sich insbesondere nach der politischen Wiedervereinigung in Deutschland ausgebreitet. Das gilt für die stark angestiegene Zahl an Gewalttaten und Morden ebenso wie für die rechtsradikalen Parteien, ihre partiellen parlamentarischen Erfolge, ihre informellen Erscheinungsformen wie Aktionsbündnisse und Heimatbünde sowie das Phänomen einer scheinbar intellektuell unterfütterten „Neuen Rechten" (Gessenharter/Pfeiffer 2004). Ein besonders brutaler Höhepunkt zeigt sich gegenwärtig mit der Terrorgruppe NSU bzw. „Zwickauer Zelle", die zehn Bürgerinnen und Bürger ermorden konnte, ohne dass der Verfassungsschutz des Bundes und der Länder den Handlungskontext und die ideologischen Hintergründe dieser Mordtaten erkannt haben.

Die sozialwissenschaftliche Rede vom „modernen Rechtsextremismus in Deutschland" (Klärner/Kohlstruck 2006) betont die Reichweite extremistischer Ideologie, die eben nicht erst in der praktischen, öffentlich oder politisch sichtbaren Aktion von Gruppierungen, rechten Parteien oder rechten Gewalttätern erkennbar wird. Vielmehr meint sie die mentale Disposition größerer Bevölkerungskreise, innerhalb derer letztlich ein Resonanzraum entsteht, der rechte Ideologie und Gewalt nicht nur duldet, sondern durch Duldung im Sinne stiller Übereinkunft mit populistischen Motivlagen – wie Angst um Wohlstand und Arbeit, Furcht vor Globalisierung und multiethnische Entwicklung – fördert und damit rechtsextreme Gewalt ermöglicht. Der Markierungspunkt dieser Einsicht ist die SINUS-Studie (1981), die von der Diagnose eines rechtsextremen Einstellungspotenzials von 5 Millionen (damals noch West-)Deutschen ausgeht. Unabhängig von den soziologischen Zweifeln an der Validität der Ergebnisse dieser Studie hat dies eine eigenständige Forschung und Diskussion zum Rechtsextremismus als Jugendphänomen beschleunigt.

Rechtsextremismus ist heute eine politische und eine soziale Gefahr zugleich. Ein Konsens über Präventions- und Interventionskonzepte ist nicht sichtbar, sieht man davon ab, dass es als sozialwissenschaftlich und schulpädagogisch unbestritten gilt, positive lebensweltliche Erfahrungen zu fördern und damit die Hemmschwelle zur möglichen Identifizierung mit ausländerfeindlichen, rassistischen und rechtsextremen Einstellungen bei gefährdeten Jugendlichen zu erhöhen. Nicht zuletzt aus diesen Gründen hat auch das BLK-Programm „Demokratie lernen & leben" eine starke Begründungslinie aus der Prävention gegen rechte Ideologien in Jugend und Jugendkulturen bezogen (Edelstein/Fauser 2001, S. 9 ff.). Insofern ist es eine wichtige Aufgabe, Präventionsarbeit nicht nur als Aufklärung, sondern als aktive Auseinandersetzung und Bereitstellung von Alternativen zu betreiben, um junge Menschen vor rechtsextremem Einfluss zu bewahren und deren Rekrutierung durch Rechtsextreme zu verhindern. Schule kann hier eine Leitfunktion übernehmen, indem sie nicht nur im Unterricht aufklärt, die geschichtliche Bildung entsprechend anschaulich und lebensnah gestaltet, sondern als Schulgemeinde ganz entschieden gegen rechtsradikale Gedanken auftritt. Das ist ein gewichtiger Teil demokratiepädagogischen Handelns.

c. Die moderne Gesellschaft in den Beziehungen und Strukturen der Globalisierung ist durch kulturelle Vielfalt und Heterogenität im Sinne einer starken Ausprägung individueller Lebensentwürfe, Lebensverläufe und Erfahrungswelten gekennzeichnet. Der Anspruch unserer Gesellschaft, mit den kodifizierten Kinder- und Menschenrechten universell gültige Normen umzusetzen, wird dabei oftmals brüchig. Diese Normen finden noch lange nicht ihre Entsprechung in einer selbstverständlich gelebten Praxis der Akzeptanz, Toleranz und Gleichberechtigung von Menschen aus verschiedenen Kulturkreisen, mit unterschiedlichen religiösen oder auch sexuellen Orientierungen. Im gesellschaftlichen Alltag wird kulturelle Differenz eher als Bedrohung denn als Bereicherung erlebt. Globalisierung ist zugleich eine meist beängstigende, weil als nicht gestaltbar erlebte Kategorie der weltweiten Verflechtungen von Ökonomie und Politik, von Mobilität und Migration. Die damit verbundenen Risiken werden als weltweit wirksame Bedrohungen erlebt – sei es in Umweltkatastrophen wie dem Reaktor-GAU im japanischen Fukushima, sei es die Mobilität der Finanzmärkte mit der ihrem Diktat unterliegenden Beweglichkeit von Arbeitsplätzen und Wohlstandskorridoren, die heute kaum mehr national und kulturell begrenzbare Sicherheiten bieten. Die demokratische Gesellschaft hat ihre territoriale Integrität verloren, die „Gleichsetzung von Ort und politischem Selbst" (Beck 2000, S. 36), die die Nationalstaaten der westlichen Moderne mit ihrer Errungenschaft der Demokratie geprägt hat, gilt nicht mehr. Individualisierung sowie die damit verbundene Ausprägung von Vielfalt überschneidet sich mit der Globalisierung, zum Teil gewollt, zum größeren Teil in Blick auf Migration – auch Arbeitsmigration –, Flucht und Vertreibung, erzwungen oder gar in Not. Eine Folge dieser Entwicklung sind Schulen in Städten und stadtnahen Ballungsgebieten, die einen sehr hohen Anteil von Kindern mit unterschiedlicher Herkunft, mit unterschiedlichem kulturellen und religiösen Hintergrund haben. Gerade hier ist die Frage der wenigstens partiellen Integration unterschiedlicher Interessen, Erwartungen und Erfahrungen eine der großen Herausforderungen einer im Leben und Lernen alltäglich neu zu gestaltenden demokratischen Gesellschaft im Kleinen.

Hinzu kommt die pädagogische Einsicht, dass Lernen eine individuelle Tatsache und der Umgang mit der Heterogenität der Lernvoraussetzungen ein zentraler Aspekt individueller Lernförderung und einer an Kriterien der Gerechtigkeit orientierten schulischen Praxis sind. Hier findet sich gegenwärtig eine der Hauptlinien pädagogischer Schulentwicklung sowie der Verbesserung von Lern- und Schulqualität – von der Didaktik und Methodik des Unterrichts, der zugehörigen Form und Praxis einer lernförderlichen und näherungsweise gerechten Leistungsbeurteilung (Beutel/Beutel 2010) bis hin zur Fähigkeit, das Lernen selbst zu reflektieren und Probleme als lösbare Herausforderungen im Sinne einer metakognitiven Begleitung des Lernens und des Lehrerhandelns zu bewältigen (Fauser et al. 2010). In diesen hier nur skizzenhaft angesprochenen Aspekten wird deutlich, wie stark das Heterogenitätsprinzip eine demokratisch gehaltvolle Schulpraxis herausfordert, weil sich die Schule jedem einzelnen ihrer Schülerinnen und Schüler professionell vertiefend zuwenden sowie sie an ihrem Lernen und an ihrer Leistungsentwicklung beteiligen muss.

d. Seit dem Ende der 1980er Jahre gibt es eine Bewegung, der die Jugendbeteiligung in Form von einer Stärkung des Jugendwahlrechts auf lokalen, kommunalen oder auch der Landesebene ein Anliegen ist und die zugleich die Entwicklung meist kommunaler Kinder- und Jugendparlamente fördert. Diese Initiativen – die vielfach aus der offenen Kinder und Jugendarbeit stammen – wollen einen Beitrag dazu leisten, dass Kinder und Jugendliche frühzeitig in Partizipationsprozesse eingebunden werden und damit Verantwortung übernehmen. Das soll einerseits gegen die zunehmende Politikverdrossenheit wirken. Es soll andererseits das Beteiligungsanliegen im Hinblick auf die 1989 von der UN verabschiedete und im April 1992 von der Bundesregierung ratifizierte Kinderrechtskonvention (KRK) stärken. Die zeichnenden Vertragsstaaten sichern in diesem Dokument in Art. 12 „dem Kind, das fähig ist, sich eine eigene Meinung zu bilden, das Recht zu, diese Meinung in allen das Kind berührenden Angelegenheiten frei zu äußern" und das Kind „angemessen und entsprechend seinem Alter und seiner Reife" zu berücksichtigen. Kinderpartizipation ist also in den sie betreffenden Lebensräumen kein wohlwollendes Zugeständnis, sondern ein rechtswertes Erfordernis, denn Art. 12 KRK „bringt in besonderer Weise zum Ausdruck, dass Kinder als Rechtssubjekte ernst zu nehmen und am gesellschaftlichen Leben zu beteiligen sind" (Cremer 2011, S. 14).

Die Partizipationsfrage auch für Kinder und Jugendliche ist infolgedessen nicht alleine aus pädagogischer Sicht, sondern auch aus juristischen und politischen Gründen ein wichtiger Anknüpfungspunkt, um frühzeitig das Bewusstsein dafür zu schulen, dass Rechte für Kinder ein unverrückbares Gut sind, das seine gelebte Entsprechung im Alltag erfordert. Es ist absehbar, dass das Thema Kinderrechte in Zukunft in den Schulen eine größere Rolle als bislang spielen wird. Hier kommt der demokratischen Schulentwicklung eine große Bedeutung darin zu, Handlungsansätze zu entwickeln, zu erproben und auf ihre Wirksamkeit hin zu evaluieren. So wird bspw. im Rhein-Main-Gebiet vom Verein Makista (Macht Kinder stark für Demokratie) mit Unterstützung der Ann-Kathrin-Linsenhoff-Unicef-Stiftung und der Flughafenstiftung Frankfurt von 2010 bis 2012 ein Modellprojekt zum Thema Kinderrechte mit insgesamt zehn Schulen durchgeführt, in denen die demokratische Umsetzung von Kinderrechten im Zentrum steht. Es gibt weitere Einzelprojekte, jedoch steht eine generelle Entwicklung hin zur Schulpraxis, die auf den Kinderrechten alltagsfest basiert, noch aus. Die Demokratiepädagogik sieht hier eine wichtige Entwicklungsaufgabe.

4. Perspektiven: Anknüpfungspunkte für demokratiepädagogisch gehaltvolles Lernen

Zieht man eine Zwischenbilanz, lässt sich sagen, dass die pädagogische Praxis Erfahrungen vorhält und zugleich auf Modelle und Handlungsmuster sowie Projekte und Programme verweist, die insgesamt darzustellen den vorgegebenen Rahmen sprengen würde. Deshalb müssen neben der Genese von Konzept und Begriff der Demokratiepädagogik auch exemplarische Praxismuster und aktuelle Herausforderungen angesprochen werden: Dazu gehören Programme zur Gewaltprävention (a.), das BLK-Programm „Demokratie lernen & leben" (b.), das Förderprogramm Demokratisch Handeln (c.) sowie die gegenwärtige Diskussion um Stärkung und Begrenzung von Demokratie durch „Digitale Welten" (d.).

a. Schon seit den 1980er Jahren ist Gewaltprävention ein Thema nicht nur im öffentlichen Diskurs um Pädagogik und Schule, sondern in der pädagogischen Praxis. Es gibt hierzu unterschiedliche Programme und Methoden (Rademacher/ Altenburg-van Dieken 2011). Dazu gehören die inzwischen schon fast klassisch gewordenen Strategien und Methoden der Mediation, das Olweus-Programm, das Programm Lions-Quest und das Betzavta-Konzept. Diese Programme, die allesamt auf eine Stärkung der kommunikativen und interaktiven Kompetenzen der Beteiligten setzen und darauf, dass die Konflikte niederschwellig und regelhaft im engeren sozialen Kontext ausgeglichen und gelöst werden können, haben eine große Verbreitung in Schulen gefunden. Dort, wo sie kontinuierlich eingesetzt und Teil einer Strategie der Schulentwicklung werden, befördern sie ein gutes Schulklima. Dies ist aber nicht in allen Schulen der Fall. Es mangelt insgesamt gesehen noch an Bewusstsein davon, dass Gewaltprävention und damit auch soziales Lernen fester und umfassender Bestandteil des Lernens in Schulen sein müssen und damit dem Lernen in den Fächern gleichwertig sind. Gewaltpräventive Programme, die soziale Kompetenzen und Partizipation fördern, bilden deshalb einen wichtigen Baustein für die Entwicklung einer demokratischen Schulkultur.

b. Das BLK-Projekt „Demokratie lernen & leben" hatte zum Ziel, demokratiepädagogische Modelle zu entwickeln und in Schulen möglichst nachhaltig zu verankern. Hierbei wurden viele unterschiedliche Modelle für den Unterricht, für die Projektarbeit, für die demokratische Entwicklung von Schule sowie die Umsetzung demokratischer Ideen mit Partnern außerhalb von Schule erprobt und realisiert. Insgesamt wurden über 150 Ansätze aufgegriffen, die in 50 ausführlichen Projektbeschreibungen mündeten und auch heute noch als „Praxisbausteine" im Internet (www.blk-demokratie.de) zur Verfügung stehen. Da schon zur Mitte des Projektzeitraums klar geworden war, dass es keine der bis dahin üblichen Transferphasen für dieses Programm geben würde, hat die DeGeDe sich das Ziel gesetzt, den Transfer der BLK-Erfahrungen zu unterstützen. Sie hat seither eine Reihe von Tagungen sowie Seminaren durchgeführt und einen „Master-Studiengang Demokratiepädagogik" an der FU Berlin auf den Weg gebracht (Erkrath/Edelstein/Kuper 2012). Der Transfer im Sinne der Sicherung und Weiterentwicklung der in diesem Programm gewonnenen Erfahrungen, Handlungsmodelle und Handlungspartnerschaften verläuft in den einzelnen Bundesländern sehr unterschiedlich. Am weitesten ausgeprägt sind demokratiepädagogische Beratungs- und Unterstützungssysteme in Hamburg, Hessen, Rheinland-Pfalz und Thüringen. In Berlin, Brandenburg, Mecklenburg-Vorpommern und Nordrhein-Westfalen gibt es ebenfalls Ansätze, die teilweise von der DeGeDe unterstützt werden. Im Rahmen des BLK-Programms wurden etwa 100 Beraterinnen und Berater für Demokratiepädagogik ausgebildet. Allerdings gibt es nur in einzelnen Bundesländern noch funktionierende Netzwerke dieser Personengruppen.

c. Eine weitere Bezugsgröße des Demokratielernens ist das Förderprogramm Demokratisch Handeln, das bereits seit 22 Jahren arbeitet. Schulen und Jugendinitiativen haben dort die Möglichkeit, im Rahmen eines jährlich ausgeschriebenen Wettbewerbs Projekte einzureichen. Eine Jury wählt aus den rund 250 bis 300 Bewerbungen rund 60 aus, die zu einer Lernstatt Demokratie eingeladen werden. Eine Fülle regionaler, wissenschaftlicher und fördernder Aktivitäten für Lehrerinnen und Lehrer ebenso wie für Schülerinnen und Schüler ergänzt das Programm, das seit Jahren eine Leitfunktion in der Erschließung demokratiepädagogischer Entwicklungspotenziale in Schule und Jugendarbeit einnimmt (Beutel/Fauser 2001; 2007; 2009; 2012). Dabei gilt ein besonderes Augenmerk der Aufgabe, die demokratiepädagogischen Entwicklungspotenziale in den Schulen stets aktuell sichtbar zu machen. Überdies ermöglichen dieser Wettbewerb und sein Rahmenprogramm den einzelnen Projektgruppen, Lehrkräften, vor allem aber auch den beteiligten Schülerinnen und Schülern den Einstieg in die Verbesserung von Schul- und Lernqualität durch demokratische Schulentwicklung ohne strukturelle und programmatische Vorgaben.

Neben diesem Förderprogramm gibt es andere Wettbewerbe, die sich der Förderung demokratischer Handlungskompetenz verpflichtet sehen wie etwa den Geschichtswettbewerb um den Preis des Bundespräsidenten der Körber-Stiftung (Frevert 2006), den Wettbewerb zur politischen Bildung der Bundeszentrale (Bundeszentrale 2011) und den Wettbewerb „Jugend debattiert" (Hielscher/Kemann/Wagner 2010). Darüber hinaus gibt es mehrere Stiftungsinitiativen, die einen engen Bezug zum Demokratielernen haben. So fördert die Deutsche Kinder- und Jugendstiftung (DKJS) in verschiedenen Ländern Serviceagenturen für Ganztägiges Lernen. Einige davon haben demokratiepädagogische Schwerpunkte wie beispielsweise den Klassenrat gesetzt. Die Bertelsmann-Stiftung hat das Programm „jungbewegt" etabliert, innerhalb dessen vom Elementarbereich an bis in kommunale Bildungsschwerpunkte hinein Engagementlernen stabilisiert werden soll. Die Körber-Stiftung, Demokratisch Handeln und DKJS tragen mit einem großen Verbund an Partnern die Initiative „DemokratieFestMachen" (Beutel/Tetzlaff 2012). Auch der seit 2006 erfolgreiche und öffentlich vielbeachtete Deutsche Schulpreis würdigt Schulen, bei denen demokratiepädagogische Elemente eine tragende Rolle spielen – Umgang mit Vielfalt, Schulleben, Verantwortung und Schule als lernende Institution sind alleine vier der sechs Qualitätskriterien, die auf demokratischer Schulentwicklung basieren oder damit direkt zusammenhängen (Fauser/Prenzel Schratz 2010; Prenzel/Schratz/Schultebraucks 2011).

d. Eine immer größere Rolle spielen auch im Kontext des Demokratielernens die Neuen Medien. Die Komplexität digitaler Welten schürt Ängste angesichts ihrer bedrohlichen Potenziale zur Entfremdung des Subjekts vor der sozialen Realität insbesondere bei Kindern und Jugendlichen. Befürchtungen wecken auch die Möglichkeiten zur Überwachung von Datenströmen und die Irreversibilität von Informationen in den globalen Netzen, die zum Machtmissbrauch und zur Begrenzung von Freiheitsrechten einladen. Auf der anderen Seite wird die Demokratisierungskraft der digitalen Netzwelten, ihre Unvoreingenommenheit gegenüber Herkunft und Kultur, ihre Offenheit für alle sowie das universelle Interesse, das die globale Netzarchitektur erzeugt, als große Partizipationschance beschrieben. Der Beitrag zur Gefährdung repressiver politischer Herrschaft hat sich nach der intransparenten Präsidentschaftswahl im Iran 2009 sowie im „arabischen Frühling" – den seit Dezember 2010 die Herrschaftsstrukturen und Regimes verändernden Protest- und Bürgerkriegsbewegungen in Tunesien, Ägypten, Libyen, Jemen, Algerien und weiteren Ländern und Regionen – zumindest für die globale Wahrnehmung des Konfliktverlaufs gezeigt, wenngleich die Politikwissenschaft darauf verweist, dass die Neuen Medien als Bewegungskraft in diesem revolutionären und gewalthaltigen politischen Prozess „nicht überschätzt" (Asseburg 2011, S. 6) werden dürfen.

Auch in Deutschland gibt es Ansätze, Beteiligung mittels des Internets zu organisieren. „Frankfurt gestalten" ist ein Beispiel dafür, wie Bürger per Internet an
der Entwicklung ihres Stadtteils beteiligt werden. Der Wahlerfolg der Partei der
„Piraten" und die Ausbreitung vergleichbarer Gruppierungen in anderen Staaten
wird stark mit der digitalen Kultur, ihrem Anspruch auf Transparenz, schnellen
Informationsaustausch und freiem Zugriff auf Wissen in den Netzen (open
access) verbunden. Der derzeit im Internet und bei den „Piraten" diskutierte
Ansatz einer „liquid democracy" soll ein personennahes und flexibles System
der Mitbestimmung mit fließenden Übergangen zwischen direkter und indirekter
Demokratie etablieren (von Gehlen 2010). Ziel ist eine Partizipationsform, in
der jeder Teilnehmer und jede Teilnehmerin selbst entscheiden können soll, wie
weit er oder sie eigene Interessen wahrnehmen oder wie weit er von anderen
vertreten werden möchte. Die Diskussion darum, ob die derzeit populäre Kritik
am schnellen Wandel der Medienwelt nicht doch von Verlustängsten geprägt
ist, scheint offen. „Digital ist besser" (Renner/Renner 2010) ist die Forderung
der einen Seite, die kritische Begleitung der entfremdenden Wirkung sozialer
Netzwerke im Internet bei jungen Menschen steht auf der anderen Seite. Denn
unübersehbar sind die sozialen Gefährdungen durch den unbedachten Umgang
mit den Neuen Medien und Gefährdungen wie Cybermobbing, Gewaltvideos
und -spiele sowie die unreflektierte und irreversible Veröffentlichung und Frei-
gabe persönlicher Daten gerade von Kindern und Jugendlichen in Sozialen
Netzwerken. Es ist noch lange nicht entschieden, ob der Gewinn an Freiheit
mit der Netzwelt durch die repressiven Überwachungspotenziale und die Ent-
mündigungstendenzen des Internet überwogen wird (Kurz/Rieger 2011). Dass
die Demokratiepädagogik ihr Anliegen im Kontrast zu den digitalen Welten
nicht übergehen kann, liegt allerdings auf der Hand.

5. Bilanz und Ausblick

Die bislang angesprochenen Aspekte der Genese, der Modelle und der Praxis der
Demokratiepädagogik insbesondere in der Schulentwicklung müssen fragmentarisch
bleiben. Demokratiepädagogik verspricht kein geschlossenes Konzept, sondern
begründet sich aus praktischen Erfahrungen sowie pädagogischen Projekten und
Handlungskontexten vor allem in der Schule, aber auch in der Jugendarbeit. Es ist
deutlich geworden, dass sie eine erzieherische Wirkung verspricht, die insbesondere
die Distanz Jugendlicher zur Politik und ihren Praxissphären und -formen in der
Demokratie begrenzen oder gar minimieren sowie präventive Wirkungen gegen
Gewalt und Rechtsextremismus entfalten kann.

Unbestreitbar ist auch, dass der verbreitete Alarmismus und Aktionismus, mit
dem Politik, Medien und Gesellschaft auf politische Abstinenz, den Ansehens-
verlust der Institutionen in der Demokratie und vor allem auf die gegenwärtig

massiven, aber schon in den letzten beiden Jahrzehnten immer wieder brutal sichtbar gewordenen rechtsextremen Ereignisse und Verbrechen reagieren, meist schnell verpuffen, praktisch also wirkungslos sind. Wir wissen, dass Kinder und Jugendliche gegen Rechtsextremismus, Rassismus, Fremdenfeindlichkeit und Gewalt stark werden, wenn sie in einer Umgebung aufwachsen, die schützende Zugehörigkeit, Aufklärung und gegenseitige Achtung miteinander verbindet. Die „Einbeziehung des Anderen" (Habermas 1996) ist die wichtigste Grundlage der Demokratie und einer offenen, partizipatorischen Gesellschaft. Gewalt ist immer eine Folge unbewältigter Angst. Und Angst entspringt mangelnder Zugehörigkeit und Anerkennung. Beides können Kinder nur durch die direkte Zuwendung und verlässliche Präsenz von Erwachsenen erfahren.

Das Gegenmodell zur Gewalt und zu Rechtsextremismus ist deshalb die Erfahrung von Zugehörigkeit und Ankerkennung im Kontext von Aufgaben, die im Interesse des Gemeinwohls liegen: Es ist die Demokratie. Die Schule bietet dafür organisatorisch die besten Voraussetzungen. Alle Kinder und Jugendlichen besuchen sie. Zudem haben die Schulen den gesetzlichen Auftrag, zur Demokratie zu erziehen und die Menschenrechte zu achten. Das steht in jedem Schulgesetz. Aber auch in der Schule herrscht noch zu viel Angst, zu viel Vorbehalt, zu viel Konkurrenz und zu viel Dominanz des Fachlernens. Sie setzt zu ungebrochen und teilweise verstärkend herkunftsbedingte Unterschiede und Vorurteile fort, sie bietet zu wenig Gelegenheit zum gemeinsamen Handeln. Demokratie, Rechtsextremismus, Rassismus – das sind oft nur Unterrichtsstoffe. Um Demokratie zu lernen, brauchen Kinder und Jugendliche (ebenso wie Erwachsene) die Erfahrung praktischen Handelns mit anderen. Sie benötigen die Erfahrung, Kompromisse zu schließen, in Abstimmungen zu unterliegen. Sie müssen wissen, was es heißt, bei unterschiedlicher Auffassung gemeinsame Ziele zu erarbeiten und was es bedeutet, Schwache oder Minderheiten wirksam zu schützen. Gute Schulen wissen, wie das geht – aber eben nicht alle.

Wir benötigen deshalb viel mehr Schulen und jugendpädagogische Projekte, die praxisnah, bewusst und absichtlich daran arbeiten, dass Demokratie vom abstrakten Unterrichtsstoff und vom Gremienleerlauf zum gelebten Alltag, von der Sonntagspredigt zur Werktagspraxis wird. Es fehlt weder am Wissen noch an praktikablen Konzepten, aber es fehlt an Ressourcen – an Lehrerstunden, an Geld, an Programmen für die langfristig notwendige, schwerpunktmäßige demokratiepädagogische Entwicklungsarbeit. Darüber hinaus benötigt die Demokratiepädagogik eine Stärkung der wissenschaftlichen Analyse und Begleitung demokratischer Schulentwicklung und eine entsprechend diesem Aufgabenfeld zugewandte Forschungsförderung.

Auch im Hinblick auf die Demokratie als politisches System zur Regelung des gemeinsamen gesellschaftlichen Lebens aus politikwissenschaftlicher Perspektive gibt es keine eindeutigen Antworten und Perspektiven. Die Demokratietheorie ist sich ihrer Diagnose über Systemeffekte, Systemerhalt und insbesondere die Zukunft der Demokratie keinesfalls sicher. Neuere Analysen und Theorien setzen vor allem die Effizienz des Systems im Sinne seiner Potenz, politische Probleme schnell zu lösen, in den Vordergrund. Sie sind Output-orientiert und damit nicht ohne Gefahr. Denn sie verführen dazu, Demokratie in Frage zu stellen, wenn bestimmte Leistungen – bspw. der Erhalt des gegenwärtigen Wohlstandniveaus im europäischen Wirtschaftsraum – nicht mehr ohne weiteres erbracht werden und sie laden dazu ein, die Begrenzung des Partizipationsversprechens der Demokratie als Effektivitätssteigerung zu verstehen (Buchstein 2011, S. 57).

Hinter den partizipativen Anspruch der Demokratie dürfen wir jedoch nicht zurücktreten, weder in der Politik, noch in der Pädagogik. Nach wie vor sind der Erhalt und die Verbesserung der Demokratie stetige und für alle Generationen notwendige Aufgaben. Die Demokratiepädagogik in Schule und Jugendbildung ist so gesehen eine der wichtigen Herausforderungen der Gegenwart und der Zukunft.

Literatur

Arzheimer, K. (2002): Politikverdrossenheit. Bedeutung, Verwendung und empirische Relevanz eines politikwissenschaftlichen Begriffs. Opladen.

Asseburg, M. (Hrsg.) (2011): Proteste, Aufstände und Regimewandel in der arabischen Welt: Akteure, Herausforderungen, Implikationen und Handlungsoptionen. Berlin.

Bastian, J./Gudjons, H./Schnack, J./Speth, M. (Hrsg.) (1997): Theorie des Projektunterrichts. Hamburg.

Beck, U. (2000): Die postnationale Gesellschaft und ihre Feinde. In: Perger, W./Assheuer, Th. (Hrsg.): Was wird aus der Demokratie? Opladen, S. 35-50.

Beutel, S.-I./Beutel, W. (Hrsg.) (2010): Beteiligt oder bewertet? Leistungsbeurteilung und Demokratiepädagogik. Schwalbach/Ts.

Beutel, W. (2006): Reformpädagogik und Politische Bildung. In: Lange, D. (Hrsg.): Konzeptionen politischer Bildung, Bd. 1 aus Lange, Dirk/Reinhardt, Volker (Hrsg.): Basiswissen Politische Bildung. Hohengehren, S. 31-40.

Beutel, W. (2009): Demokratisch Handeln - Schulpädagogik und Demokratiepädagogik. In: Oberreuter, H. (Hrsg.): Standortbestimmung Politische Bildung. Schwalbach/Ts., S. 151-173.

Beutel, W./Fauser, P. (Hrsg) (2001): Erfahrene Demokratie. Wie Politik praktisch gelernt werden kann. Opladen.

Beutel, W./Fauser, P. (Hrsg.) (2007): Demokratiepädagogik: Lernen für die Zivilgesellschaft. Schwalbach/Ts.

Beutel, W./Fauser, P. (Hrsg.) (2009): Demokratie, Lernqualität und Schulentwicklung. Schwalbach/Ts.

Beutel, W./Fauser, P. (Hrsg.) (2012): Demokratie erfahren: Analysen, Berichte und Anstöße aus dem Wettbewerb „Förderprogramm Demokratisch Handeln". Schwalbach/Ts.

BMFSFJ (Hrsg.) (2010): Perspektiven für ein kindergerechtes Deutschland. Berlin.

Brumlik, M. (2004): Demokratie/demokratische Erziehung. In: Historisches Wörterbuch der Pädagogik. Weinheim/Basel, S. 232-243.

Buchstein, H. (2011): Demokratie. In: Göhler, G./Iser, M./Kerne, I. (Hrsg.): Politische Theorie. 25 umkämpfte Begriffe zur Einführung. Wiesbaden.

Bundeszentrale für Politische Bildung (Hrsg.) (2011): Projektunterricht mit dem Schülerwettbewerb zur politischen Bildung. Bonn.

Cremer, H. (2011): Die UN-Kinderrechtskonvention. Geltung und Anwendbarkeit in Deutschland nach der Rücknahme der Vorbehalte. Hrsgg. vom Deutschen Institut für Menschenrechte. Berlin.

Carlsburg, G.-B./Wehr, H. (2011): Der Weltbund für Erneuerung der Erziehung und sein Beitrag für die internationale Reformpädagogik. In: Pädagogische Rundschau 65. Jg., S. 627-636.

Dahrendorf, R. (1965): Bildung ist Bürgerrecht. Plädoyer für eine aktive Bildungspolitik. Hamburg.

DeGeDe (Hrsg.) (2010): Demokratie erfahrbar machen. Selbstverständnis und Selbstdarstellung der Deutschen Gesellschaft für Demokratiepädagogik e. V. Berlin (Eigendruck).

Dewey, J. (³1993): Demokratie und Erziehung. Eine Einleitung in die philosophische Pädagogik. (1916), übersetzt von Erich Hylla (1930). Neu hrsgg. von Jürgen Oelkers. Weinheim/Basel.

de Haan, G./Edelstein, W./Eikel, A. (Hrsg.) (2007): Qualitätsrahmen Demokratiepädagogik, Demokratische Handlungskompetenzen fördern, demokratische Schulqualität entwickeln. Weinheim/Basel.

Edelstein, W./Fauser, P. (2001): Demokratie lernen & leben. Gutachten zum BLK-Modellprojekt „Demokratie lernen & leben". Bonn.

Edelstein, W./Frank, S./Sliwka, A. (Hrsg.) (2009): Praxisbuch Demokratiepädagogik. Weinheim/Basel.

Emer, W./Lenzen, K.-D. (2005): Projektunterricht gestalten – Schule verändern. Projektunterricht als Beitrag zur Schulentwicklung. Baltmannsweiler.

Erkrath, M./Edelstein, W./Kuper, H. (2012): Demokratiepädagogik und Lehrerweiterbildung. Bericht über ein neues Studienkonzept. In: Journal für LehrerInnenbildung, Schwerpunktheft „Demokratie und Lehrerbildung", hrsgg. von: Beutel, W./Fauser, P./Schratz, M.; Heft 3 (im Druck).

Fauser, P. (2007): Schülerwettbewerbe tragen zur Werteerziehung und zum Handeln bei. In: Fauser, P./Messner, R. (Hrsg.): Fordern & Fördern. Was Schülerwettbewerbe leisten. Hamburg, S. 31-54.

Fauser, P. (2006): Demokratiepädagogik. In: Lange, D. (Hrsg.): Konzeptionen politischer Bildung, Bd. 1 aus Lange, Dirk/Reinhardt, Volker (Hrsg.): Basiswissen Politische Bildung, Hohengehren, S. 83-92.

Fauser, P. (1997): Politische Bildung: Movens für Schule und Demokratie. In: kursiv – Journal für politische Bildung 1, H. 1, S. 44-47.

Fauser, P./Heller, F./Rißmann, J./Schnurre, St./Schwarzer, M./Thiele, J./Waldenburger, U./Weyrauch, A. (2010): „Verstehen zweiter Ordnung" als Professionalisierungsansatz. Das Entwicklungsprogramm für Unterricht und Lernqualität – ein Arbeitsbericht. In: Müller, F./Eichenberger, A./Lüders, M./Mayr, J. (Hrsg): Lehrerinnen und Lehrer lernen. Konzepte und Befunde zur Lehrerfortbildung. Münster, S. 125-143.

Fauser, P./Prenzel, M./Schratz, M. (Hrsg.) (2010): Was für Schulen! Individualität und Vielfalt – Wege zur Schulqualität. Seelze.

Fend, H. (1986): „Gute Schulen – schlechte Schulen". Die einzelne Schule als pädagogische Handlungseinheit. In: Die Deutsche Schule 78. Jg, H. 3, S. 275-293.

Frevert, U. (Hrsg.) (2006): Geschichte bewegt. Über Spurensucher und die Macht der Vergangenheit. Hamburg.

Frey, K.(⁹2002): Die Projektmethode. Der Weg zum bildenden Tun. Weinheim/Basel.

Funke, H. (1989): Republikaner. Rassismus, Judenfeindschaft, nationaler Größenwahn. Berlin.

Gehlen, D. von (2010): Liquid Feedback: Die Piraten machen Demokratie flüssig. In: jetzt.de. Süddeutsche Zeitung, 13. Mai 2010, abgerufen am 21. November 2011.

Gessenharter, W./Pfeiffer, Th. (Hrsg.) (2004): Die Neue Rechte – Eine Gefahr für die Demokratie? Wiesbaden.

GPJE (2004): Demokratie-Lernen ist Teil der Politischen Bildung – Wider den Aufbau von Alternativstrukturen in der Politischen Bildung in Deutschland. In: Polis, H. 4/2004, S. 27.

Habermas, J. (1996): Die Einbeziehung des Anderen. Studien zur politischen Theorie, Frankfurt/M.

Hagstedt, H. (1997): Freinet-Pädagogik. Weinheim/Basel.

Hielscher, F./Kemman, A./Wagner, T. (2010): Debattieren unterrichten. Seelze.

Himmelmann, G. (2001): Demokratie als Lebens-, Gesellschafts- und Herrschaftsform. Schwalbach/Ts.

Himmelmann, G./Beutel, W. (2007): Die Kontroverse um das Demokratie-Lernen –„Demokratiepädagogik versus Politische Bildung". Eine Bibliographie 2001-2007. Typoskript.

Klärner, A./Kohlstruck, M. (Hrsg.) (2006): Moderner Rechtsextremismus in Deutschland. Hamburg.

Knoll, M. (1998): Zwischen bürgerlicher Demokratie und demokratischem Kollektivismus. Die amerikanische ‚progressive education' in ihren politischen Optionen In: Rülcker, T./Oelkers, J. (Hrsg.): Politische Reformpädagogik. Frankfurt, S. 349-378.

Kurz, C./Rieger, F. (2011): Die Datenfresser. Wie Internetfirmen und Staat sich unsere persönlichen Daten einverleiben und wie wir die Kontrolle darüber zurückerlangen. Frankfurt/M.

Melzer, W./Oertel, L. (2011): Gewalt in der Schule. In: Horn, K.-P. et al. (Hrsg.): Klinkhardt Lexikon Erziehungswissenschaft, Bd. 1, S. 482-483.

Parsons, T. (1959/1977): Die Schulklasse als soziales System: Einige ihrer Funktionen in der amerikanischen Gesellschaft. In: ders.: Sozialstruktur und Persönlichkeit. Frankfurt/M., S. 297-318.

Prenzel, M./Schratz, M./Schultebraucks, G. (Hrsg.) (2011): Was für Schulen! Schule der Zukunft in gesellschaftlicher Verantwortung. Seelze.

Projektgruppe Praktisches Lernen (Hrsg.) (1998): Bewegte Praxis. Praktisches Lernen und Schulreform. Weinheim, Basel.

Rademacher, H. (2007): Leitfaden konstruktive Konfliktbearbeitung und Mediation: Für eine veränderte Schulkultur. Schwalbach/Ts.

Rademacher, H./Altenburg-van Dieken, M. (Hrsg.) (2011): Gewaltpräventive Konzepte in Schulen. Berlin.

Renner, K.-H./Renner, T. (2011): Digital ist besser. Warum das Abendland auch durch das Internet nicht untergehen wird. Frankfurt/New York.

Roth, H. (Hrsg.) (1968): Begabung und Lernen. Ergebnisse und Folgerungen neuer Forschungen – Gutachten und Studien der Bildungskommission. Stuttgart.

Sander, T./Rolff, H.-G./Winkler, G. (1967): Die demokratische Leistungsschule. Grundzüge der Gesamtschule. Hannover.

Student, S. (2012): Der Klassenrat als Motor der Entwicklung zur kindergerechten Schule. Erfahrungen der Grundschule Süd in Landau. In: Beutel, W./Fauser, P./Rademacher, H. (Hrsg.): Jahrbuch Demokratiepädagogik. Schwalbach/Ts., S. 197-206.

Tillman, K.-J. (1995): Gewalt in der Schule – Situationsanalyse und Handlungsperspektiven. In: Beutel, W./Fauser, P. (Hrsg.): Politisch bewegt? Schule, Jugend und Gewalt in der Demokratie. Seelze, S. 89-104.

Thissen, Th./Wiedemann, J. (2011): Rechtsextreme Szene: Die Generation Hoyerswerda radikalisiert sich. In: Welt Online. 21. November 2011, abgerufen am 30.01.2012.

Veith, H. (2001): Sozialisationsforschung. In: Staatsinstitut für Frühpädagogik (IFP) (Hrsg.): Online-Familienhandbuch. www.familienhandbuch.de/cms/Kindheitsforschung-Sozialisationsforschung. pdf, abgerufen am 28.01.2012.

Welz, E. (2005): Genese des BK-Programms „Demokratie lernen & leben". Hrsgg. von der RAA, Berlin.

Wissmann, M./Hauck, R. (Hrsg.) (1983): Jugendprotest im demokratischen Staat. Bericht der Enquete-Kommission des Dt. Bundestages. Stuttgart.

Wößmann, L. (2009): Bildung ist Bürgerrecht. In: Handelsblatt v. 27.07., Nr. 141, S. 15.

Wolfgang Edelstein

Demokratie als Praxis und Demokratie als Wert[1]

Das Wort „Demokratie" geht uns in der Schule leicht von den Lippen, ohne dass wir uns besondere Gedanken über seine Bedeutung machen. Meist haben wir eine Form konventioneller Teilhabe der Schülerinnen und Schüler an der Organisation der Schule im Sinn. Es gibt eine rechtlich geregelte Schülervertretung, eine formale Mitbestimmung der Lehrpersonen, eine Vertretung der Eltern. Dabei verbinden wir damit zugleich einen Wert, ein positiv bewertetes Ziel: Wir wollen, dass Schüler in unseren Schulen mit demokratischen Überzeugungen ins Leben gehen. Wir wollen, dass die Schule dazu beiträgt, aus Schülern Demokraten zu machen.

Demokratie ist also einerseits ein Sachverhalt, den wir beschreiben können, andererseits ein Wert, den wir aus Überzeugung realisieren wollen. Den Sachverhalt beschreiben die Formen der Beteiligung der Bürger am Gemeinwesen. Es ist diese Beteiligung, die sie zu Bürgern des Gemeinwesens, zu Citoyens macht; Unterschiede der Beteiligungsform unterscheiden Formen der Demokratie voneinander.

Ein Wert hingegen ist eine emotional positiv besetzte Option, eine mit innerer Zustimmung versehene Präferenz. Demokratie als Wert verpflichtet, motiviert uns, aus eigenem Antrieb demokratisch zu handeln. Demokratie als Wert fordert Anerkennung der Demokratie als Handlungsziel, legt uns Optionen und Präferenzen auf, bindet den Willen an bestimmte Zwecke. Es ist ein Fehler, Werte mit Sachverhalten gleichzusetzen, Werte gleichsam als Gegenstände der Information zu behandeln, um sie zu „vermitteln", wie dies für die Aneignung von Sachverhalten im Unterricht geschieht. Als Sachverhalt ist Demokratie Gegenstand des Unterrichts und ruft nach der erforderlichen Information. Werte dagegen haben ihre Basis in der Erfahrung. Demokratie als Wert ist auf Erfahrung angewiesen. Diese muss in demokratieförderlichen Lebenswelten kultiviert werden, die solche Erfahrung vermitteln. Die Schule soll eine solche Lebenswelt sein.

Demokratie als Wert, als emotional positiv besetzte und verinnerlichte Präferenz, bezeichnet die Verpflichtung auf demokratieförderliche Handlungsziele, im weiteren Sinne die Verpflichtung und den Willen, mit demokratiepädagogisch wirksamen Mitteln Demokratie zu realisieren. Dafür bedarf es überzeugter Demokraten, also

---

1 Gekürzte und überarbeitete Fassung des Einleitungskapitels aus Edelstein/Frank/Sliwka (Hrsg.): Praxisbuch Demokratiepädagogik, Beltz 2009.

solcher Menschen, die demokratisch handeln und demokratische Überzeugungen und Werte kultivieren. Zu Demokraten werden wir nicht geboren, zu Demokraten werden wir durch Erziehung und Bildung, durch nachhaltige Prozesse in Kindheit und Jugend, die unsere Kompetenzen prägen und unseren Erfahrungen ihre Bedeutung verleihen. Wir müssen junge Menschen durch das Angebot einer demokratisch strukturierten Erfahrungswelt zu Demokraten erziehen.

Bildungspolitische Leitlinien

Bis zum Erreichen des Ziels einer demokratisch-partizipativen Schule, die ihren Schülern kraft gelebter Erfahrung einen demokratischen Habitus und demokratische Überzeugungen vermittelt, ist es ein langer Weg. Wie andere Schulsysteme sind auch wir auf diesen Weg verwiesen. Denn die Europäische Union, der Europarat mit seinen 47 Mitgliedern, die OECD haben sich in strategischen Entscheidungen auf zentrale Leitwerte festgelegt, die ihre Entwicklung bestimmen sollen: Demokratie, Menschenrechte, soziale Inklusion und Nachhaltigkeit. Diese Leitwerte lassen sich unter dem Prinzip der Demokratie bündeln: Ohne Menschenrechte ist Demokratie nicht denkbar, ohne soziale Inklusion hat Demokratie keinen Bestand, nur eine nachhaltige Entwicklung kann die natürlichen Ressourcen als Voraussetzungen für das Überleben demokratischer Gesellschaften bewahren. Alle beteiligten Institutionen nehmen zur Verwirklichung dieser Leitwerte die Strukturen und Prozesse des Bildungssystems in Anspruch, die selbst diesen Prinzipien entsprechend weiterentwickelt werden sollen. Der für die EU verbindliche Lissabon-Prozess, der die Union zu der am weitesten entwickelten Region der Welt machen soll, fordert von ihren Mitgliedsländern, Grundbildung, Berufsbildung und Hochschulbildung nachhaltig zu demokratisieren (Rodrigues 2003). Der Europarat hat die Demokratiebildung – Education for Democratic Citizenship – in einer Charta für Demokratie- und Menschenrechtsbildung niedergelegt (Council of Europe 2010, vgl. Bîrzéa et al. 2004, Dürr et al. 2001). Die OECD hat Schlüsselkompetenzen für die erfolgreiche Teilnahme an einer wohlgeordneten, d.h. demokratisch strukturierten, menschenrechtlich verfassten und nachhaltig handelnden Gesellschaft definiert und diese den gemeinsamen PISA-Evaluationsstudien zugrunde gelegt (OECD 2002, Rychen/Salganik 2003).

Was ist Demokratiepädagogik?

Anerkennung, Überzeugung eigener Wirksamkeit und Verantwortungsbereitschaft sind grundlegende Dispositionen des sozialen Handelns und Tugenden des zivilgesellschaftlichen Engagements, das der Demokratie als Lebensform ihre Kraft und ihren Bestand sichert: Überzeugung eigener Wirksamkeit setzt Anerkennung voraus; ohne Überzeugung eigener Wirksamkeit gibt es keine Verantwortungsübernahme.

Demokratie als Lebensform gründet in der Kooperation sozial verantwortlicher Individuen. Die Erfahrung gelebter Demokratie bildet den demokratischen Habitus aus, auf den Demokratie als Gesellschaftsform und Demokratie als Herrschaftsform angewiesen sind. Demokratiepädagogik umfasst pädagogische Bedingungen und Aktivitäten zur Förderung von Kompetenzen, die Menschen benötigen,

- um an Demokratie als Lebensform teilzuhaben und diese in Gemeinschaft mit anderen aktiv zu gestalten;
- um sich für eine demokratische Gesellschaftsform zu engagieren und diese durch Partizipation und Mitwirkung in lokalen und globalen Kontexten mitzugestalten;
- um Demokratie als Regierungsform durch aufgeklärte Urteilsbildung und Entscheidungsfindung zu bewahren und weiterzuentwickeln.

Diesen Bestimmungen entsprechend ist Demokratiepädagogik ein Repertoire von Lerngelegenheiten, die zum Erwerb demokratischer Kompetenzen der Individuen und zur Entwicklung demokratischer Schulqualität beitragen. Dabei geht es um den Erwerb von Kenntnissen über Demokratie, den Erwerb von Kompetenzen für Demokratie und um Prozesse des Lernens durch Demokratie im Kontext gemeinsamer Erfahrung demokratischer Verhältnisse (Bîrcéa u.a. 2004).

Der Erwerb einer verlässlichen Urteils- und Entscheidungskompetenz setzt *erstens* Gelegenheiten zum Erwerb von Kenntnissen und zur Aneignung von Wissen voraus. Dies ist vor allem die Aufgabe des Politikunterrichts, sei es in fachlichen, sei es in fächerübergreifenden und projektdidaktischen Kontexten. „Politikdidaktisch" in diesem Sinne ist neben dem Politikunterricht im engeren Sinne ein entsprechender Unterricht in den gesellschaftskundlichen Fachbereichen, doch darüber hinaus jeder Unterrichtsbereich, der politisch relevante Problembereiche zum Thema macht. Das gilt z.B. für Biologie, Physik oder Technik, sofern der Erwerb einer demokratischen Urteils- und Entscheidungskompetenz die Auswahl der Gegenstände und die Gestaltung des Unterrichts bestimmen oder aber kontrovers und rational aktuelle „Schlüsselprobleme" (Klafki 1986) der Moderne diskutiert werden sowie daraus und dazu gelernt wird.

Zu den Lernanlässen und Kontexten des Demokratielernens gehören zweitens Gelegenheiten zum Erwerb von Kompetenzen für demokratisches Handeln. Dies ist die Aufgabe einer schulischen Lernkultur, die durch die Gestaltung des Schullebens und durch Kooperation mit dessen Akteuren, aber auch mit außerschulischen Partnern Gelegenheiten zur Partizipation, zur Übernahme von Verantwortung und zur Mitarbeit im Gemeinwesen bietet. Aushandlungs-, Feedback- und Konfliktlösungsprozesse kennzeichnen eine demokratieförderliche Lernkultur, vor allem durch die Verständigung über Erfahrungen von Lernenden und Lehrenden im Unterricht oder in Situationen der Leistungsbewertung.

Eine besonders wichtige Funktion für die Entfaltung einer demokratieförderlichen Lernkultur besitzen Projekte. Die Planung, Durchführung, Präsentation und Evaluation von Projekten (Beutel/Fauser 2011) stellen herausgehobene Gelegenheiten dar zur Anwendung und Verstärkung der von der OECD nachdrücklich herausgestellten und für den Erwerb demokratischer Handlungsfähigkeit zentralen Kompetenzen zum autonomen Handeln, zur Nutzung moderner Instrumentarien, Medien und Informationstechnologien sowie zur Interaktion in heterogenen Gruppen (Rychen/Salganik 2003).

Zu einer demokratischen Schulkultur gehören die Organisation von Mitbestimmungsprozessen und die Mitwirkung an Selbstverwaltungsgremien und -institutionen, insbesondere der Klassenrat als basisdemokratische Form kollektiver Aushandlungs- und Entscheidungsprozesse (Kiper 1997, Friedrichs 2004, 2009). Verschiedene Formen repräsentativer Demokratie in Gremien der schulinternen wie der schulübergreifenden Mitbestimmung und Schülervertretung führen über die basisdemokratischen Formen direkter Demokratie hinaus: Die Mitwirkung in kommunalen Projekten, politischen Foren und zivilgesellschaftlichen Initiativen des bürgerschaftlichen Engagements repräsentieren Schritte zur Teilhabe an Demokratie als Gesellschaftsform und an Demokratie als Herrschaftsform. Analoge Gesichtspunkte gelten übrigens für die Aktivierung der Teilhabe und Mitbestimmung von Lehrpersonen.

Zu den Lerngelegenheiten und Kontexten gehören drittens Gelegenheiten zum Aufbau und zur Entwicklung demokratischer Werte, Orientierungen und Einstellungen. Der Unterricht und das Schulleben sollen für Kinder und Jugendliche Gelegenheitsstrukturen bieten, um soziale, moralische und demokratische Kompetenzen und Werte zu entwickeln, Orientierungen zu erwerben und Einstellungen aufzubauen, die sie befähigen, diese in kritischen Situationen zu bewahren und gegen demokratiekritische Einwände mit Argumenten zu verteidigen (Becker 2008).

Zusammenfassend können Kontexte eines demokratieförderlichen Lernens und Lebens in der Schule als die schulischen Erfahrungsbereiche bestimmt werden, die Information *über* Demokratie, Kompetenzen *für* Demokratie und Erfahrung *durch* Demokratie vermitteln. Wer in einer demokratischen Lern- und Lebenswelt aufwächst, kann einen demokratischen Habitus erwerben. Die Schule soll einen überschaubaren Erfahrungsraum darstellen, der Gelegenheit bietet, im Kleinen – durchaus als Ernstfall – einzuüben, was hernach im Großen die zivilgesellschaftliche Praxis bestimmen soll.

Schule als demokratische Lebensform: Bildung eines demokratischen Habitus

Für die Demokratiepädagogik kann jetzt das Ziel näher bestimmt werden, Schule als demokratische Lebensform zu gestalten, um – mit einem Ausdruck von Jürgen Habermas – „entgegenkommende Verhältnisse" für die Entwicklung von Kompetenzen herzustellen, die zur Teilhabe an einer demokratischen Gesellschaftsform und zur Mitwirkung an ihrer Gestaltung befähigen. Wo Schulen entgegenkommende Verhältnisse für die Entwicklung einer zivilgesellschaftlichen Praxis, für Kooperation und Partizipation entwerfen, werden sie selbst zu Kristallisationskernen der Demokratie. Schule als demokratische Lebensform beansprucht dabei keineswegs, zwischen der partizipatorischen Regulierung der Schulgemeinschaft und ihrer Konflikte und der demokratisch-parlamentarischen Herrschaftsform eine Analogie herzustellen; Demokratiepädagogik führt nicht unmittelbar von der demokratischen Lebenswelt in der Schule zur Organisation einer demokratischen Gesellschaft. Es geht nicht in erster Linie darum, demokratisch verfasste Herrschaft in der Schule zu simulieren. Schule soll nicht als Selbstzweck demokratische Herrschaftsformen nachahmen, sondern so gestaltet werden, dass sie einen demokratischen Habitus erzeugt.

Was kann die Schule tun, um bei ihren Schülern einen demokratischen Habitus zu erzeugen? Mit dieser Frage sind wir auf einen Weg verwiesen, den verschiedene europäische Länder bereits erfolgreich eingeschlagen haben. Diesen Weg hat der Europarat herausgestellt (Council of Europe 2010); die englische Schulreform hat ihn vor Jahren mit beachtlichem Erfolg beschritten (Kerr 2003); auf ihn verweisen die amerikanischen Debatten über die Civic Mission of Schools (CIRCLE and Carnegie Corporation 2003) und die so genannte Character Education (Berkowitz/Bier 2004), d.h. schulische Strategien zum Erwerb sozialer, moralischer und demokratischer Kompetenzen. Dies sind Wege, den die deutsche Reformpädagogik bereits vor hundert Jahren eingeschlagen und in Landerziehungsheimen und Modellschulen erprobt hat (Herrmann 2010, Skiera 2010). Solche Erfahrungen hat auch das BLK-Modellprogramm „Demokratie lernen & leben" genutzt, um Schülern je individuell, vor allem jedoch gemeinsam in Gruppen Ziele demokratischer Handlungskompetenz nahezubringen (Edelstein/Fauser 2001). Es geht dabei um die Entwicklung demokratischer Schulqualität, die in verschiedenen Ausprägungen und Formen die Praxis demokratischen Handelns in Schulen bestimmt. Der demokratische Habitus, der durch diese Erfahrung erworben wird, lässt sich beschreiben und in entsprechenden Studien empirisch messen (de Haan/Edelstein/Eikel 2007). Die demokratische Schule, die Schule *als* Demokratie, hat den Auftrag, bei allen an der Schule beteiligten Akteuren - Lehrern, Schülern, Eltern und anderen Mitwirkenden aus der zivilen Gesellschaft - den Prozess der Bildung zur demokratischen Handlungskompetenz zu fördern.

Bereiche der Demokratiepädagogik

Demokratiepädagogische Praxis braucht eine nachvollziehbare Beschreibung, um praxistaugliche Anregungen für die Schulen geben zu können. Es gibt Angebote demokratiepädagogischer Maßnahmen, Institutionen, Praktiken und Methoden in großer Zahl, aus denen eine begründete Auswahl zu treffen eine Herausforderung für die Entwicklung einer Schule darstellt. Der Europarat stellt für die Realisierung seines Charter for Citizenship Education – Human Rights Education eine Anzahl Instrumente ("Tools") zur Verfügung, das Bildungsministerium (DES) in London hat den Schulen Anleitungen für die Gestaltung von *citizenship education* in Unterricht und Schulleben gegeben, die ihnen zwar große Freiheit bei der Implementierung im schulischen Handeln und im Unterricht lassen, jedoch verpflichtender Gegenstand der Schulinspektion sind. Ein Zusammenschluss von Stiftungen in Europa (ILDE = Initiative for Learning Democracy in Europe) hat ein Handbuch für Demokratiepädagogik veröffentlicht (Frank/Huddleston 2009). Es liegt ein Kompendium zur schulischen Förderung sozialer, moralischer und demokratischer Kompetenzen vor (Becker 2008). Im BLK-Programm "Demokratie lernen & leben" haben 43 der etwa 170 teilnehmenden Schulen aus 13 Bundesländern demokratiepädagogische Praxisbausteine entwickelt, die ein breites Spektrum partizipatorischer, sozialer, regulativer und didaktischer Prozesse repräsentieren (www.blk-demokratie.de/materialien/praxisbausteine.html). Ein bundesweit aktives "Förderprogramm Demokratisch Handeln" dokumentiert seit mehr als zwanzig Jahren demokratiepädagogische Projekte und sichert so die Potenziale zur demokratiepädagogischen Schulentwicklung, die in den Erfahrungen und Handlungskontexten der vielen Einzelschulen selbst liegen (Beutel/Fauser 2001; 2007; 2009; 2011).

Das "Praxisbuch Demokratiepädagogik" (Edelstein/Frank/Sliwka 2009) präsentiert sechs paradigmatische Bereiche schulischen Handelns für die demokratiepädagogische Praxis: den Klassenrat als Organisationsform einer basisdemokratischen Selbstregulation und, auf deren Grundlage, des sozialen Entrepreneurship und des bürgerschaftlichen Engagements, insbesondere in Gestalt sozialer Projekte; die demokratische Schulgemeinschaft zur deliberativen Mitgestaltung der gesamten Schule; Partizipation und Mitwirkung im Umfeld der Schule; Projekte des Service-Learning ("Lernen durch Engagement") zur Verbindung von sozialen Projekten der Schüler mit dem fachübergreifend aufklärenden Unterricht zum Thema des Projekts; Mediation und konstruktive Konfliktbearbeitung einschließlich der Ausbildung von Konfliktlotsen; schließlich Deliberationsforen zur diskursiven Aufklärung politischer Fragen, Probleme oder Dilemmata.

Im Blick auf die Entwicklung demokratischer Handlungskompetenzen und demokratischer Schulqualität im Kontext von Schulentwicklungsprozessen werden die im "Praxisbuch" beschriebenen Themenbereiche zu vier Handlungsfeldern bzw. Prozessdimensionen schulischen Handelns zusammengefasst: Unterricht als "Kerngeschäft" der Schule; die Organisation des didaktischen Handelns in Projekten, die über den konventionell regulierten Ablauf des Unterrichts unter Nutzung kooperativer Arbeitsformen hinausgehen; "Schulinnenpolitik" als Aufgabenbereich der inneren Strukturierung der schulischen Kultur; "Schulaußenpolitik" als

Aufgabenbereich der sozialen Kommunikation mit dem kommunalen Umfeld der Schule und der operativen Aufgaben, die durch Öffnung der Schule erforderlich werden. Jeder dieser taxonomischen Bereiche bietet vielfältige Möglichkeiten einer demokratischen Praxis, und von jedem, doch vor allem von ihnen gemeinsam, sollte eine Dynamik ausgehen können, welche die Schule insgesamt demokratisch umgestalten kann (Edelstein/Fauser 2001). Die vier Handlungsfelder werden im Folgenden kurz beschrieben.

Unterricht: Unterricht wird hier weniger als Prozess der didaktischen Vermittlung denn als Ort für Aushandlungsprozesse und Feedback bestimmt, als Ort demokratischer Deliberation und Kooperation, in der die teilnehmenden Lehrerinnen und Lehrer sowie Schülerinnen und Schüler im Geist gegenseitiger Anerkennung miteinander umgehen. Die demokratiepädagogische Perspektive ist dabei zwar auch auf die Wahl demokratieförderlicher Inhalte, vor allem freilich auf die Gestaltung der Unterrichtsprozesse gerichtet. Zwar können wir davon ausgehen, dass der Unterricht, insbesondere der Politikunterricht, gelegentlich demokratierelevante Inhalte transportiert, doch weder Lehrpläne noch Standards enthalten bisher klare Hinweise oder gar Vorschriften für demokratierelevante Inhalte, geschweige denn die Forderung, Unterrichtsprozesse und damit die schulische Praxis demokratieförderlich zu gestalten.

Projekte: Als kooperative Strukturen bieten Projekte Gelegenheit zu gemeinsamer Planung, gleichberechtigter Beteiligung, gemeinsam abgestimmter Organisation, kommunikativer Evaluierung und diskursiv gerechtfertigter Bewertung in Gruppen. Damit sind sie geradezu paradigmatische Gelegenheitsstrukturen für eine demokratisch gestaltete Praxis. Kooperation in Projekten dürfte dazu beitragen, die von der OECD definierte Schlüsselkompetenz „Fähigkeit zur Kooperation in heterogenen Gruppen" nachhaltig einzuüben. Projekte müssen dann freilich im Kontext eines demokratiepädagogischen Schulprogramms bzw. als pädagogische Einrichtung eines fächerübergreifenden Projektlernens eine bedeutsame Funktion im geistigen Leben der Schule und ihrer Schüler erfüllen und nicht die von der Zeitökonomie der Halbtagsschule definierte Aufgabe, leere Tage am Rande des Schuljahres mehr oder weniger opportun zu füllen.

Schulinnenpolitik: Partizipation steht für eine zentrale Kategorie der Demokratie und ein grundlegendes Strukturmerkmal einer zivilen Gesellschaft. Die gesamte Schule kann von der Basis ausgehend partizipativ gestaltet werden, sogar ohne vorab viel an ihrer Organisation ändern zu müssen, und doch wird sie durch den Aufbau partizipatorischer Legitimationsformen von Grund auf verändert. So kann der Klassenrat als grundlegende Formation einer partizipatorischen Organisation gelten, die Kommunikation, Deliberation, Problemlösen, Delegation und Repräsentation und damit alle relevanten demokratischen Prozesse intern miteinander verbindet. Doch während der Klassenrat ein herausragendes Element einer demokratischen Lebensform der Schule ist, gibt es darüber hinaus oder unabhängig davon eine Vielzahl weiterer Gelegenheiten, in einer Schule ihrer je spezifischen Kultur und Identität entsprechend Elemente einer partizipatorisch gestalteten Lebenswelt zu etablieren, die den Habitus demokratischen Handelns im Alltag der Institution verankern.

Schulaußenpolitik: Durch die Öffnung der Schule zur Gemeinde lässt sich unter Einsatz sozialer oder politischer Projekte, die Formen der Partizipation über die Schule hinaus in unterschiedlichen Handlungsfeldern der Zivilgesellschaft einüben, sinnhaftes Handeln in der sozialen Welt mit der Aufklärung des Handlungskontexts im projektbegleitenden Unterricht verknüpfen. Hierbei kann das so genannte Service Learning bzw. Lernen durch Engagement eine herausragende demokratiepädagogische Rolle spielen, indem es Unterricht und soziales Projekt verbindet. Projekte des Service Learning sind in der Regel gemeinwesenorientierte Vorhaben, die den Schülern die Struktur kommunaler Probleme, kommunaler Politik und die Voraussetzungen demokratischen Handelns in der Kommune aus eigener Erfahrung erschließen, während diese Probleme zugleich Gegenstand der Klärung im Unterricht werden (Sliwka/Frank 2004).

Kontexte der demokratischen Schulentwicklung

Demokratiepädagogische Handlungsweisen und Organisationsformen in Schulen können als Ausgangspunkte für die Entfaltung einer Dynamik betrachtet werden, welche die ganze Schule ergreifen und diese im Idealfall in eine demokratische Polis transformieren können. Allerdings begünstigen Tradition und Organisation der Schule den Alleingang der Akteure, erschweren die Kooperation, bringen das Prinzip der Anerkennung als leistungsfeindlich in Verruf und belasten die Verwirklichung demokratischer Verhältnisse mit der in jede einzelne Schule hineinwirkenden Trägheit des Systems. Ein praktisch wirksames Hindernis für die Entwicklung einer demokratischen Schulkultur ist die Vereinzelung eines isolierten Ansatzes; das größte Hindernis ist freilich die Isolierung der Akteure. Eine demokratische Schulkultur erfordert deshalb den Zusammenhalt und die Zusammenarbeit im Kollegium, das Interesse und das Engagement der Schulleitung und den Austausch mit Gleichgesinnten. Fast immer ist Fortbildung eine Voraussetzung des Erfolgs. Fortbildung muss kompetenzorientiert sein, d.h. Handlungsfähigkeit für schulische Transformationskontexte ausbilden. Fortbildungsangebote für die Förderung einer demokratiepädagogisch motivierten Schulentwicklung sind zwar immer noch ein Desiderat, doch in der Folge des BLK-Programms „Demokratie lernen & leben" sind viele demokratiewirksame Ansätze und Initiativen entstanden. So ist die Deutsche Gesellschaft für Demokratiepädagogik (DeGeDe) aus dem Programm hervorgegangen, die ihrerseits solche Initiativen starten, bündeln und implementieren, Formen der Partizipation und des bürgerschaftlichen Engagements in Schulen weiterentwickeln (Hugenroth 2010) und demokratische Handlungskompetenzen sowie demokratische Schulqualität als Ziel von Schulentwicklungsprozessen fördern will. Ein besonderer Fortschritt ist hierbei ein Masterstudiengang „Demokratiepädagogische Schulentwicklung und Soziale Kompetenzen" an der Freien Universität Berlin. Er bringt die Kompetenzorientierung in drei Modulen zur Geltung: Modul „Demokratietheorie und demokratiepädagogische Interventionsprogramme"; Modul „Entwicklung sozialer Kompetenzen"; Modul „Projekte demokratischer Schulentwicklung". Das Modell dieses Masterstudiengangs könnte für zwei Weiterentwicklungen Pate stehen: die Entwicklung einzelner Module zur Inkorporation in die konsekutiven Studiengänge der lehrerbildenden Fächer; und die Übernahme ggf. modifizierter Masterstudiengänge des Berliner Typs an anderen Universitäten. Dabei könnte die in Berlin ins Auge gefasste Kooperation zwischen Universität und realen Schulentwicklungsvorhaben neue Wege erschließen, in denen die Entwicklung von Schulen unter Mitwirkung von Wissenschaft und Universität, die Förderung der professionellen Kompetenz und Expertise der an Schulentwicklung beteiligten Pädagogen sowie die Weiterentwicklung einer professionellen Lehrerbildung über die traditionelle fachdidaktische Ausbildung hinaus wirksam werden.

Soziale Kompetenzen in einer demokratischen Schulgemeinschaft

Demokratische Schulen zeichnen sich durch eine Anzahl institutioneller Vorkehrungen und demokratiepädagogischer Praxisformen aus, die soziales Lernen, politisches Verständnis, moralisches Urteil und Fairness fördern. Die verschiedenen Formen kooperativen Lernens (Green/Green 2005) sind äußerst wirksame Aspekte sozialen Lernens, die in demokratiepädagogisch engagierten Schulen zum Instrumentarium der Alltagspraxis gehören sollten. Denn sie integrieren das soziale Lernen bereits in die Mikroebene der sozialen Interaktion und transformieren damit den in den Schulen üblicherweise durch und durch individualistisch begriffenen Lernprozess in ein soziales Geschehen, in dem wechselseitige Perspektiven- und Verantwortungsübernahme die normative Basis für Rücksichtnahme, Verständnis und Anerkennung des Anderen und seiner je eigenen Lernwege bildet. Dies ist die psychologische Grundlage, auf der sich die individuell lebensgestaltende und sozial wirkungsvolle Wertschätzung des Helfens, der gegenseitigen Unterstützung und der Kooperation als grundlegendes Prinzip sozial verantwortlichen Handelns in Gruppen zu entwickeln vermag.

Dem kooperativen Lernen fügt eine systematisch betriebene Projektdidaktik einen institutionellen Organisationskontext hinzu, in dem gemeinsame Planung, diskursiv begründete Arbeitsteilung, verantwortliche Durchführung, gemeinsam evaluierte Ergebnissicherung sowie eine kollektiv organisierte Präsentation und die Anerkennung einer gemeinsamen Leistung den gemeinschaftlichen Ansatz des konstruktiven Erfahrungslernens bestätigt. Das „Chefsystem" (Althof/Stadelmann 2009) ist eine unaufwendig einsetzbare Form der Verteilung von Kompetenzen. In Verbindung mit dem Klassenrat dient es einer verantwortlichen Arbeitsteilung im kollektiven Auftrag, in deren Rahmen soziale Aufgaben im Wechsel an unterschiedliche Akteure vergeben werden, die für deren Erledigung Verantwortung auf Zeit übernehmen und vor der Klasse darüber berichten. Hier verbinden sich für junge Kinder in geradezu klassischer Form Anerkennung, Selbstwirksamkeit und Verantwortung. Einen höheren Anspruch an methodische Kompetenz erheben Dilemmadiskussionen, die Gelegenheitsstrukturen für das Austragen von Sachkonflikten in Form deliberativer Abwägungs- oder Wahrheitsdiskurse darstellen oder als moralische Wertkonflikte ausgetragen werden können (Lind 2000, Edelstein/Oser/Schuster 2001). Dilemmadiskussionen stellen folglich günstige Gelegenheiten zur kognitiven und sozialen Aktivierung des Fachunterrichts dar, aber auch zur Verhandlung von Dissensen und Konflikten in Gruppen, Klassen oder eben auch in schulischen Institutionen im Ganzen. Letzteres war der Ursprung der schulischen Versammlungen, durch die L. Kohlberg vom Konzept der Diskussion moralischer Dilemmata im Rahmen der moralkognitiven Entwicklungsförderung zum moralpädagogischen Konzept der Just Community, der Gerechten Gemeinschaft, gelangte (Kohlberg 1986, Oser/Althof 2001).

Partizipation im schulischen Umfeld

Wenn Demokratie als Lebensform an der Substanz einer demokratischen Gesellschaftsform und an den Wesenszügen der Demokratie als Herrschaftsform teilhaben soll, müssen Eigenschaften der Demokratie angesprochen sein, die über die Besonderheiten der jeweiligen Erscheinungsformen der Demokratie hinaus allgemeine und universelle Merkmale und Kennzeichen der Demokratie sind und dennoch für die jeweilige Erscheinungsform konkret und spezifisch. Ein demokratischer Habitus wird in einer Erfahrungswelt erworben, in der zentrale Maximen der Demokratie Geltung beanspruchen und zugleich die zentralen Funktionen von Schule verwirklicht sind. Dazu gehören gleichberechtigte Interaktion und faire Kommunikation, Anerkennung und Wertschätzung, Teilhabe, Mitbestimmung und Verantwortungsübernahme.

Eine demokratische Gesellschaft ist darauf angewiesen, dass ihre Mitglieder sich an ihrer Gestaltung kompetent beteiligen können. Daher kann, etwa im Anschluss an die Kompetenzdefinition von F. E. Weinert – derzufolge sie zu fassen sind als „[...] die bei Individuen verfügbaren oder von ihnen erlernbaren kognitiven Fähigkeiten und Fertigkeiten, bestimmte Probleme zu lösen, sowie die damit verbundenen motivationalen, volitionalen und sozialen Bereitschaften und Fähigkeiten, die Problemlösungen in variablen Situationen erfolgreich und verantwortungsvoll nutzen zu können" (Weinert 2001, 27 f.) – konkret, praktisch, präzise und doch übergreifend und allgemein bestimmt werden, welche didaktischen, handlungsrelevanten und organisationsbezogenen Aspekte der Lernkultur damit gefordert werden. Da demokratiepädagogische Praxis insgesamt auf das Ziel demokratischer Handlungskompetenz gerichtet ist, wie sie in einer demokratischen Schulkultur erfahrungsbasiert erworben wird, werden die praxisrelevanten Implikationen dieser Kompetenzdefinition hier nach Schirp (2009) aufgeführt:

- Kompetenzen beziehen sich auf Handlungssituationen. Sie zielen darauf ab, in spezifischen Situationen erfolgreiches Handeln zu ermöglichen.
- Kompetenzen sind inhaltsbezogen. Sie sind an fachliche Kenntnisse, Wissensbestände und Einsichten gebunden. Lehrpersonen müssen folglich im Rahmen „situierten Lernens" entscheiden, welche Kompetenzaspekte in einer Lernsituation gefördert werden sollen.
- Kompetenzen sind komplex. Sie stellen ein Ensemble kognitiver, emotionaler, methodischer, prozeduraler, verhaltens- und handlungsbezogener Fähigkeiten und damit verbundener Bereitschaften dar.
- Kompetenzen beinhalten Prozesse der Reflexion. Zum Kompetenzbegriff gehört, dass man einschätzen kann, welche Kompetenzen in einer bestimmten Situation sinnvoll genutzt werden können.
- Kompetenzen sind entwicklungsabhängig. Fähigkeiten und Handlungsbereitschaften sind von alters- und sozialisationsbedingten Prozessen zunehmender Differenzierung abhängig, die ihrerseits gefördert werden müssen, damit sie sich weiterentwickeln.
- Kompetenzen fördern die Selbstwirksamkeit. Die Erfahrung, dass man eine Handlungssituation gestaltet, ein Problem bewältigt oder einen Konflikt gelöst hat, steigert das Bewusstsein der eigenen Handlungsfähigkeit.
- Kompetenzen entwickeln sich abhängig von ihrem Gebrauch. Gerade im Bereich des sozialen Lernens sind durchgängige Erfahrungs- und Handlungsmuster von besonderer Bedeutung. Zur Entwicklung sozialer und demokratischer Fähigkeiten müssen sie in unterschiedlichen Kontexten gebraucht werden.
- Kompetenzen können operational definiert werden. Weil sie sich auf Handlungssituationen beziehen und damit in unterschiedlichen Handlungs- und Sachkontexten stehen, lassen sie sich jeweils konkret bestimmen.

Die situativen didaktischen und handlungspraktischen Bestimmungen der Kompetenzen zeigen, wie demokratiepädagogisch wirksame, also kooperative, handlungsorientierte und partizipatorisch angelegte Projekte der Kompetenzförderung praktisch nützen: Die Förderung demokratischer Handlungskompetenzen dient tatsächlich dem Erwerb leistungsrelevanter Kompetenzen auch über politische und soziale Kompetenzen hinaus. Mit dem demokratischen Habitus fördert eine demokratische Schulkultur ein Lernen für das Leben.

Literatur

Althof, W./Stadelmann, T. (2009): Demokratische Schulgemeinschaft. In Edelstein, W./Frank, S./ Sliwka, A. (Hrsg.), Praxisbuch Demokratiepädagogik. Weinheim. S. 20-53.

Becker, G. (2008): Soziale, moralische und demokratische Kompetenzen fördern: Ein Überblick über schulische Förderungskonzepte. Weinheim.

Beutel, W./Fauser, P. (Hrsg.) (2007): Demokratiepädagogik. Lernen für die Zivilgesellschaft. Schwalbach/Ts.

Beutel, W./Fauser, P. (Hrsg.) (2009): Demokratie, Lernqualität und Schulentwicklung. Schwalbach/Ts.

Beutel, W./Fauser, P. (Hrsg.) (2011): Demokratie erfahren: Analysen, Berichte und Anstöße aus dem Wettbewerb „Förderprogramm Demokratisch Handeln". Schwalbach/Ts.

Berkowitz, M./Bier, M. (2004): Research-based character education. In: The Annals of the American Academy of Political and Social Science, 591, 1, S. 72-85.

Bîrzéa, C./Kerr, D./Mikkelsen, R. u.a. (2004): All-European Study on Education for Democratic Citizenship Policies. Council of Europe, Strasbourg.

CIRCLE and Carnegie Corporation of New York (2003): The civic mission of schools (www.civicmissionofschools.org), New York. (abgerufen am 31.7.2011)

Council of Europe (2010). Charter on Education for Democratic Citizenship and Human Rights Education.

Dewey, J. (1963): Experience and education. New York.

Dewey, J. (2004): Democracy and education. Mineola, NY.

Diemer, T. (2007). Das Schülerparlament – ein Modell der Erweiterung innerschulischer Partizipation. In Eikel, A./de Haan, G. (Hrsg.), Demokratische Partizipation in der Schule. Schwalbach/Ts. S. 93-108.

Dürr, K./Ferreira Martins, I./Spajic Vrkas, V. (2001): Demokratie-Lernen in Europa. Council for Cultural Cooperation, Strasbourg.

Edelstein, W./Fauser, P. (2001): Gutachten zum Programm „Demokratie lernen & leben" der Bund-Länder-Kommission für Bildungsplanung und Forschungsförderung. Materialien zur Bildungsplanung und zur Forschungsförderung, Bonn, Heft 96.

Edelstein, W./Frank, S./Sliwka, A. (Hrsg.) (2009): Praxisbuch Demokratiepädagogik. Weinheim.

Edelstein, W./Oser, F./Schuster, P. (Hrsg.) (2001): Moralische Erziehung in der Schule. Weinheim.

Eurydice (2005): Citizen education at school in Europe. Brussels.

Frank, S. (2007): Strategien demokratischer Schulentwicklung. Eine Auswertung der Praxisbausteine des BLK-Modellprogramms „Demokratie lernen & leben". Unveröffentlichtes Manuskript. Berlin..

Frank, S./Huddleston, T. (2009): Schools for society. Learning democracy in Europe. A handbook of ideas for action, ed. by Network of European Foundations. London.

Friedrichs, B. (2004): Kinder lösen Konflikte. Klassenrat als pädagogisches Ritual. Baltmannsweiler.

Friedrichs, B. (2009): Praxisbuch Klassenrat. Gemeinschaft fördern, Konflikte lösen. Weinheim.

Green, N./Green, K. (2005): Kooperatives Lernen im Klassenraum und im Kollegium. Seelze-Velber.

de Haan, G./Edelstein, W./Eikel, A. (Hrsg.) (2007): Qualitätsrahmen Demokratiepädagogik. Weinheim.

Herrmann, U. (2010): Demokratiepädagogische Praxis in der Reformpädagogik. Vortrag anlässlich der Tagung „Reformpädagogik und Demokratie" in der Evangelischen Akademie Bad Boll am 13.12.2010.

Himmelmann, G. (2007): Demokratie Lernen als Lebens-, Gesellschafts- und Herrschaftsform. Ein Lehr- und Arbeitsbuch. 3. Aufl. Schwalbach/Ts.

Hugenroth, R: (2010). Schule und bürgerschaftliches Engagement – Lernallianzen in Nordrhein-Westfalen und Rheinland-Pfalz als Beitrag zu einer aktiven Bürgergesellschaft? Unveröffentlichte Dissertation, Universität Duisburg-Essen.

Kerr, D. (2003): Citizenship education in England: The making of a new subject. In: Journal of Social Science Education (JSSE), 2 (http://www.sowi-online.de/journal/2003-2/england_kerr.htm) (abgerufen am 10.04.2011).

Kiper, H. (1997): Selbst- und Mitbestimmung in der Schule. Das Beispiel Klassenrat. Baltmannsweiler.

Klafki, W. (1985): Konturen eines neuen Allgemeinbildungskonzepts. In: Ders.: Neue Studien zur Bildungstheorie und Didaktik. Weinheim/Basel. S. 12-30.

Kohlberg, L. (1986): Der „Just Community"-Ansatz der Moralerziehung in Theorie und Praxis. In: Oser, F./Fatke, R./Höffe, O. (Hrsg.): Transformation und Entwicklung. Frankfurt/M. S. 21-55.

Kultusministerkonferenz (2004): Standards für die Lehrerbildung: Bildungswissenschaften. (Beschluss vom 16.12.2004).

Kultusministerkonferenz (2006): Erklärung zur Umsetzung des Übereinkommens der Vereinten Nationen über die Rechte des Kindes (Beschluss vom 03.03.2006).

Lind, G. (2000): Ist Moral lehrbar? Berlin.

OECD (Hrsg.) (2002): DeSeCo Strategy Paper – An Overarching Frame of Reference for a Coherent Assessment and Research Program on Key Competencies. http://www.portal-stat.admin.ch/deseco/deseco_strategy_paper_final.pdf. (abgerufen am 10.04.2011).

Oser, F./Althof, W. (2001): Die Gerechte Schulgemeinschaft: Lernen durch Gestaltung des Schullebens. In: Edelstein, W./Oser, F./Schuster, P. (Hrsg.): Moralische Erziehung in der Schule. Weinheim. S. 233-268.

Overwien, B./Prengel, A. (Hrsg.) (2007): Recht auf Bildung. Zum Besuch des Sonderberichterstatters der Vereinten Nationen in Deutschland. Opladen & Farmington Hills.

Rodrigues, M. J. (2003): European policies for a knowledge economy. Cheltenham.

Rychen, D. S./Salganik, L. H. (Hrsg.) (2003): Key competencies for a successful life and a well-functioning society. Cambridge, MA.

Schirp, H. (2009): Partizipation im schulischen Umfeld. In: Edelstein, W./Frank, S./Sliwka, A. (Hrsg.): Praxisbuch Demokratiepädagogik. Weinheim. S. 114-150.

Skiera, E. (2010): Reformpädagogik in Geschichte und Gegenwart. München.

Sliwka, A./Frank, S. (2004): Service-Learning. Verantwortung in Schule und Gemeinde. Weinheim.

Weinert, F. E. (Hrsg.) (2001): Leistungsmessung in Schulen. Weinheim und Basel.

Weinert, F. E. (2001): Concept of competence: a conceptual clarification. In: Rychen, D. S./Salganik, L. H. (Hrsg.): Defining and selecting key competencies. Seattle. S. 45-65.

Lothar Krappmann

Das Menschenrecht der Kinder auf Bildung und die Politik[1]

In diesem Aufsatz wird ein Ausschnitt der weltweiten Anstrengungen einer Politik geschildert, die sich um die Verwirklichung der Menschenrechte der Kinder müht, um ihnen national und international einen vorrangigen Platz zu sichern. Internationale Bemühungen, Überleben, Gesundheit, Entwicklung und Bildung der Kinder zu garantieren, reichen bis an den Anfang des letzten Jahrhunderts zurück und gipfelten schließlich in der Verabschiedung einer Kinderrechtskonvention durch die Vereinten Nationen im Jahr 1989, die inzwischen alle UN-Mitgliedsstaaten bis auf die USA und Somalia ratifiziert haben.

Auf der Grundlage dieser vertraglich verpflichtenden Garantie erscheint es einfach, den Rechten der Kinder in der Politik einen Platz einzuräumen, der Elend, Unbildung und Ausbeutung von Kindern beendet. Trotz mancher Schreckensmeldung wurden durchaus Fortschritte erreicht. Es gibt jedoch auch ein zähes Ringen darum, was Kindern wirklich zusteht, da die Konvention weithin nicht ausdefiniert, was Kindern rechtlich zugesichert ist – zum einen, weil die Konvention Kompromisse unter den sie aushandelnden Regierungen widerspiegelt, zum anderen, weil sie Raum für die kulturelle und soziale Situation in den Staaten lassen musste, und des Weiteren, weil angesichts dieser vielfältigen Realitäten viele Rechte nur schrittweise umgesetzt werden können.

Folglich war die Annahme der Konvention einerseits das Ende langwieriger Bemühungen um die Rechte der Kinder, eröffnete aber andererseits neue Auseinandersetzungen darüber, was die unbedingt und zuvorderst zu erfüllenden Rechtsansprüche der Kinder sind. Diese Konflikte betreffen nicht nur internationale Kontroversen um einzuhaltende Verpflichtungen, sondern gehören in den politischen Diskurs eines jeden Landes. Sie fordern Antworten heraus auf Fragen nach sozialer Gerechtigkeit, Solidarität und wechselseitiger Anerkennung der Generationen, also Klärungen von konstitutiven Elementen demokratischer Kultur.

Die Zivilgesellschaft ist ein wesentlicher Mitwirkender in diesem Diskurs und ebenfalls die Kinder selbst, deren Meinung nach eben dieser Konvention Gewicht zu geben ist. Ein Beispiel für diese Anstrengungen sollen die elementaren Aspekte

---

1 Aktualisierte Fassung eines Vortrags, der bei der Tagung „Was ist elementar?" anlässlich des 60. Geburtstag von Peter Fauser am 8. März 2008 in Jena gehalten wurde.

des Rechts auf Bildung sein, denn dieses Thema macht besonders offensichtlich, dass die zu findenden Konsense in einer Demokratie Folgen bis in die Bildungseinrichtungen hinein haben müssen und die Forderung massiv stützen, in Schulen und Tageseinrichtungen demokratischen Prozessen einen Platz zu geben, der pädagogisch reflektiert werden muss.

Weltweite Anstrengungen um das Recht auf Bildung

Zu den Menschenrechten der Kinder gehört zentral das Recht auf Bildung. In Deutschland scheint es erfüllt. Mit überwiegender Entrüstung wurden von den Kultusministern der Länder Nachfragen und Zweifel eines UN-Berichterstatters für das Menschenrecht auf Bildung, Vernor Muñoz (2007), zurückgewiesen. Diese Abwehr verwunderte umso mehr, als auch andere Beobachter Schwachpunkte und Versäumnisse im Bildungswesen Deutschlands benennen, so regelmäßig die OECD in ihren Bildungsberichten und viele weitere Bildungsforscher im Land (Allmendinger/Leibfried 2003, Baumert et al. 2006, Edelstein 2006). Hierzulande herrscht in der Politik die Meinung vor, dass, von einigen Unzulänglichkeiten abgesehen, Probleme, die Rechte der Kinder zu verwirklichen, vor allem die Entwicklungsländer betreffen, nicht aber Deutschland (Overwien/Prengel, 2007).

Weltweit ist die Bildung der Kinder und Jugendlichen bis zum Alter von 18 Jahren der Kinderrechtskonvention zufolge eines der vorrangigen menschenrechtspolitischen Themen. In mehreren großen Konferenzen suchten Regierungen sowie internationale staatliche und zivilgesellschaftliche Organisationen nach Mitteln und Wegen, dieses Menschenrecht durchzusetzen. Wenig wurde davon hierzulande wahrgenommen, obwohl nicht nur der Schulbesuch aller Kinder verhandelt wurde, sondern auch Bildungsinhalte. Meilensteine auf dem Weg zu einer qualitativ wertvollen Schulbildung für alle Kinder, Mädchen ebenso wie Jungen, sind die Konferenzen in Jomptien, Thailand, 1990 (Education for All), in Dakar 2000 (Framework of Action), die Verabschiedung der Millennium Development Goals 2000, die Fast Track Initiative 2004 und zuletzt 2010 ein Gipfeltreffen der Vereinten Nationen über diese Jahrtausendziele.

Trotz dieser Anstrengungen ist das Ziel in vielen Ländern noch bei weitem nicht erreicht, wie der 2011 von den Vereinten Nationen herausgegebene Zwischenbericht zeigt: Etwa 60 Länder dieser Welt sind noch weit davon entfernt, allen Kindern im Jahr 2015 eine vollständige „primary education" anbieten zu können (EFA Global Monitoring Report 2011).

Offensichtlich handelt es sich um ein entscheidendes Problem der gesellschaftlichen und politischen Entwicklung im globalen Maßstab. Wie immer in der Politik stellt sich die Frage, was das Grundlegende, das Wichtige ist, das zuerst realisiert werden muss. So wird allen Staaten, die die Umsetzung dieses Rechts zugesichert haben, abverlangt, zuerst und vor allem ihre „core obligations", den Kern ihrer Verpflichtungen, einzulösen. Diesen Kern aus den Artikeln der Kinderrechtskonvention herauszuarbeiten, ist nicht einfach. Ihn zu bestimmen, ist keinesfalls nur eine spielerische Übung, denn der Druck auf Staaten in der Umsetzung der Menschenrechtsverträge ist dort am höchsten, wo es um das Elementare dieser Rechte geht, wenn Nichterfüllung nicht nur ein Abstrich am Recht wäre, sondern es zerstören würde. Bevor ich diese Probleme erläutere, will ich darauf eingehen, was in diesen politischen Prozessen der Begriff des Elementaren, was also die Grundlagen dabei bedeuten können.

Elementar

Elementar, so liest man im Wörterbuch, verweist auf das Einfache, auf das, womit man anfängt, auf das, was gradlinig und ohne Schnörkel ist. Das Elementare ist Ausgangspunkt weiterer Entfaltung und Ausgestaltung. Daher ist das Elementare auch das Grundlegende und in diesem Sinne auch das Wesentliche, somit das, was man beachten, beherrschen und verstehen sollte, wenn man mitreden oder erfolgreich tätig werden will. Auch ein Moment von Kraft, Energie steckt in diesem Wort, denn das Elementare, dieses Einfache und Fundamentale, ist etwas nicht zu Leugnendes. Elementar ist etwas, dem sich niemand entziehen kann, das anzuerkennen ist, dem man nachkommen muss. Das Elementare lässt keine Weigerung und Ausreden, kein Abwiegeln und keine Ausflüchte zu. Die elementaren Gewalten der Natur sind ein Beispiel dafür; denn sie sind nicht rücksichtsvoll und höflich, sondern brechen sich Bahn.

Wenn man daher von einer Einsicht, von einer Regel, von einer Handlungsweise behaupten kann, sie sei elementar, hat man gegen Kritiker ein starkes Argument. Es ist fast ein Totschlagargument im Streit, dem anderen nachweisen zu können, dass er die elementarsten Zusammenhänge nicht kennt bzw. für sich selber in Anspruch nehmen zu können, der eigene Vorschlag beruhe auf elementaren Tatbeständen oder Gesetzen des Denkens. Dann muss das Gegenüber zeigen, dass das angeblich Elementare keineswegs unumstößlich ist, sondern aus einer Interessenlage hervorgeht, einen Konflikt verschweigt oder eine fragwürdige These immunisiert.

Diese Argumentationsfigur ist weithin zu finden. Wenn Menschen in Kontroversen nicht nur pragmatisch oder opportunistisch reagieren wollen, müssen sie nach Sätzen, Prinzipien, Fakten suchen, die niemand übergehen kann. Das gilt gerade auch in politischen Auseinandersetzungen. Also suchen alle nach Sätzen, Prinzipien, Fakten, die grundlegend sind, so grundlegend, dass die andere Seite ihnen, wie man hofft, folgen muss. Diese Vorgehensweise wird durch mächtige Interessen immer wieder konterkariert. Der Mächtige kann auch das Unbezweifelbare, das Grundlegende übergehen, es sei denn, er nimmt wahr, dass die Leugnung der Fakten und Zusammenhänge, auf die verwiesen wird, seine Macht gefährden könnte. Aber es kann dauern, bis es zu dieser Einsicht kommt. Was bleibt dann demjenigen übrig, der nicht bestimmen, sondern nur überzeugen kann? Ihm bleibt nur, das Grundlegende, das Elementare herauszuarbeiten, um etwas zu bewegen.

Das Monitoring-System der Menschenrechte

Die Ausschüsse, die von den Vertragsstaaten eingesetzt werden, um ihre Menschenrechtsvereinbarungen zu überwachen, sind solche machtlosen Gremien. Sie bestehen aus unabhängigen Experten aus aller Welt, im Falle des UN-Ausschusses für die Rechte des Kindes sind es 18 von den Vertragsstaaten gewählte, nicht delegierte Frauen und Männer mit unterschiedlichem Erfahrungshintergrund. Sie analysieren die Berichte der Staaten zur Umsetzung der vertraglich vereinbarten Menschenrechte, erkennen Erreichtes an und mahnen, wenn sie Fragwürdiges oder Menschenrechtsverletzungen entdecken.

Regierungen müssen daraus keine Folgerungen ziehen, denn die Ausschüsse haben keine zwingenden Möglichkeiten, Regierungen zur Vertragstreue anzuhalten. Sie können Verstöße öffentlich machen; sie können politische Glaubwürdigkeit anzweifeln, sie können die Kreditwürdigkeit eines Landes schädigen. Aber Regierungen haben viele Ausflüchte: die Lage der Wirtschaft, traditionelle Einstellungen der Bevölkerung, Kriegsfolgen, Naturkatastrophen und so weiter. Im Grunde ist erstaunlich, dass sie sich überhaupt dem Gespräch stellen. Sie tun es möglicherweise wirklich um der Kinder willen, aber viele nicht um der Kinderrechte willen. Diese machtlosen Ausschüsse sind darauf angewiesen, gut zu argumentieren. Entscheidend ist, dass ihre Fragen, Zweifel, Kritik und ihre Vorschläge auf dem aufbauen, was nicht zu widerlegen ist, also auf dem Grundlegenden, dem Wesentlichen, dem Elementaren.

Es ist schon gesagt worden, dass der Kinderrechtsvertrag nicht abschließend definiert, was die Umsetzung des Rechts auf Bildung und vieler anderer Rechte hier und jetzt zuerst und unbedingt gebietet. Es gibt Ausnahmen: Bei der untersagten Todesstrafe für das Recht brechende Kinder gibt es keine schrittweise Anpassung an kulturelle und soziale Verhältnisse, aber bei der Verwirklichung des Rechts des Kindes „auf das erreichbare Höchstmaß an Gesundheit" (Artikel 24) durchaus.

Also müssen die Ausschüsse herausarbeiten, was sie für das Grundlegende, das Elementare halten. Dies formulieren sie im Übrigen nicht erst in den Aussprachen mit Regierungen, sondern in intensiven internen Diskussionen, die manches Mal zu rechtsrelevanten Kommentaren führen, in denen die Ausschüsse ihre Auffassungen darüber darlegen, was die wesentlichen Forderungen bestimmter Artikel der von ihnen überwachten Konvention sind. Mit dem Recht auf Bildung befassen sich zwei Kommentare des Ausschusses für die wirtschaftlichen, sozialen und kulturellen Rechte und ein Kommentar des Ausschusses für die Rechte des Kindes (zu finden über die Webseite www.ohchr.org).

Die Allgemeine Erklärung der Menschenrechte als Fundament

Das Recht auf Bildung war bereits in der Allgemeinen Erklärung der Menschenrechte enthalten. Sie ist allerdings nur eine Erklärung, obwohl viele Regierungen sich schon damals einen verbindlichen Vertrag wünschten. Es blieb bei einer Erklärung dessen, was in der Gemeinschaft der Menschen und der Völker überall und für jeden Menschen gesichert werden muss: die Menschenrechte.

Als elementare Rechte müssten die Menschenrechte eigentlich aus sich heraus die Kraft entfalten, das Leben der Völker und das Handeln ihrer Regierungen anzuleiten. Darauf vertrauten die Mitgliedsstaaten der Vereinten Nationen jedoch schon von Beginn an nicht. Die damals eingesetzte Kommission bereitete drei Dokumente zur Abstimmung vor: zum einen eine Erklärung, eben diese Allgemeine Erklärung, zum anderen einen Vertrag, in dem die Mitgliedsstaaten sich zur Erfüllung der Rechte verpflichten, und des Weiteren eine Vereinbarung, die Maßnahmen der Vertragserfüllung spezifizierte. Nur die Erklärung wurde im Dezember 1948 angenommen und in Kraft gesetzt. Zwar wurde diese Allgemeine Erklärung nicht leichthin verabschiedet, sondern erst nach strittigen Auseinandersetzungen. Das Gewicht dieser Erklärung war offenkundig. Aber es entstand keine rechtliche Verpflichtung. Erst 1976 trat der für das Recht auf Bildung entscheidende Vertrag in Kraft: der Pakt über die wirtschaftlichen, sozialen und kulturellen Rechte, oft abgekürzt als Sozialpakt (englische Abkürzung: CESCR). 1989 folgte die Konvention über die Rechte der Kinder (englische Abkürzung CRC). Das Recht auf Bildung behandeln die Artikel 13 und 14 des Sozialpakts und die Artikel 28 und 29 der Kinderrechtskonvention.

Worin besteht die Verpflichtung?

Allerdings fragten manche Regierungen, welcher Art denn nun ihre Verpflichtung aus diesen Verträgen sei. Manche meinten, sie hätten gar keine Pflichten, denn die Kinder müssten sich letztlich selber bilden und dafür müssten vor allem die Eltern sorgen. Andere sahen sich für günstige Voraussetzungen verantwortlich, und viele wiesen darauf hin, dass das Recht auf Bildung nicht allein durch einen Gesetzesakt umgesetzt werden könne, wie dies bei klassischen Freiheitsrechten der Fall sei, sondern nur Schritt für Schritt, „progressively", nach Maßgabe vorhandener Mittel.

Das Ergebnis langer Diskussionen lautet, dass Staaten stets zu dreierlei verpflichtet seien, nämlich Menschenrechte zu *respektieren,* zu *schützen* und zu *erfüllen* („respect, protect, and fulfil": Committee on Economic, Social and Cultural Rights, 2000). Im Hinblick auf Respektierung und Schutz von Rechten gäbe es nie Entschuldigung und Aufschub. Erst beim Erfüllen entstehe das Problem, zu unterscheiden, was sofort verlangt werden müsse und was nur schrittweise erfüllt werden könne. Aber auch beim Erfüllen gibt es Aspekte von Rechten, so wurde festgestellt, bei denen schrittweise Lösungen nicht anerkannt werden können. Diskriminierung sei immer unmittelbar zu beseitigen. Und wenn Rechte nur schrittweise umgesetzt werden können, sei zu prüfen, wo die Kernverpflichtungen liegen. UN-Texte sprechen von „essential elements", „minimum content" und jetzt fast einheitlich von „core obligations". Die Formulierung „minimum" wurde verworfen, weil sie nach Abschlag und Entlastung klinge; es gehe aber um Essenz und nicht um Reduktion. „Obligation" wurde gegenüber „content" bevorzugt, weil „obligation" unterstreiche, dass der Staat zu handeln habe. Was aber sind nun die Kernverpflichtungen?

Recht auf Bildung in den Menschenrechtsverträgen

Der Artikel 26 der Allgemeinen Erklärung stellt fest, dass Bildung das Recht eines jeden sei. Mindestens in ihrer Grundlegung soll Bildung kostenlos sein und diese grundlegende Bildung auch verpflichtend. Auch alle weiterführenden Bildungswege sollen allen offen stehen, die höhere Bildung denjenigen, die dazu fähig sind. Die Bildungsziele umfassen nach der Allgemeinen Erklärung die gesamte Person, ihr Zusammenleben mit anderen in Toleranz, Freundschaft und Frieden, gegründet in der Anerkennung der Menschenrechte. Eltern haben das Recht, die Bildung ihrer Kinder zu wählen.

Manches ist in diesem Artikel vage, etwa die Frage, was eigentlich zur grundlegenden Bildung gehört. Manches klären der Sozialpakt und die Kinderrechtskonvention. Artikel 13 des Sozialpakts beginnt mit den Bildungszielen. Er fügt auch noch zwei wichtige Aspekte hinzu: Bildung sei darauf auszurichten, dass Menschen ein Gefühl für die Würde der Person („a sense of its dignity") entwickeln und dass sie befähigt werden, „sich erfolgreich in einer freien Gesellschaft zu beteiligen" („to participate effectively in a free society"). Hinsichtlich der Schulbildung unterscheidet der Artikel eine „primary education", die verpflichtend und kostenlos sein muss und eine „secondary education", die auch technische und berufliche Bildung anbieten und ebenfalls allen offenstehen muss. Kosten müssen zunehmend abgebaut werden. Auch die höhere Bildung, also das Studium, soll zunehmend ohne Kosten den dafür Fähigen offen sein.

Um das Schulangebot beurteilen, gegebenenfalls auch gerichtlich überprüfen zu können, hat die erste UN-Berichterstatterin für das Recht auf Bildung, Katarina Tomasevski, vier Dimension entwickelt: Schulen müssen (1) in ausreichender Zahl vorhanden sein, sie müssen (2) Kinder ohne Diskriminierung aufnehmen und für alle erreichbar sein, sie müssen (3) nach akzeptablen Standards arbeiten und (4) ein für das Leben und die Probleme der Menschen sinnvolles Bildungsangebot machen. Katarina Tomasevski (2006) hat dafür ein so bezeichnetes „4-A Scheme" präsentiert: Bildungseinrichtungen müssen sein: available, accessible, acceptable, adaptable (vorhanden, zugänglich, akzeptabel, anpassungsfähig). Ferner fordert der Pakt, dass der Schulbesuch von schulfernen Kindern mit geeigneten Mitteln gefördert wird, dass diejenigen, die ihre Schulbildung nicht abschließen konnten, Möglichkeiten erhalten, dies nachzuholen. Zusätzlich wiederholt der Pakt das Recht der Eltern, für ihre Kinder eine Bildungsstätte zu wählen, die ihren moralischen oder religiösen Überzeugungen entspricht. Diese Schulen müssen allerdings Standards beachten, die der Staat festzulegen hat. Staaten, denen es nicht gelungen ist, eine kostenfreie verpflichtende „primary education" aufzubauen, müssen einen detaillierten Plan darüber vorlegen, bis wann sie mit welchen Mitteln dieses Ziel erreichen wollen.

Die Kinderrechtskonvention schließt sich daran nahtlos an. Artikel 28 verlangt, den regelmäßigen Schulbesuch zu sichern und vorzeitigen Abbruch zu verringern. Kinder müssen Bildungs- und Berufsberatung erhalten. Schuldisziplin muss mit Mitteln aufrechterhalten werden, die die Würde des Kindes respektieren. Artikel 29 geht ausführlich auf die Bildungsziele ein. Er verlangt, dass alle Fähigkeiten des Kindes gefördert werden sollen. Achtung vor den Menschenrechten soll vermittelt werden, aber auch Achtung vor den Eltern, vor den Werten und der Kultur des eigenen Landes und anderer Kulturen und auch vor der natürlichen Umwelt. Die Staatengemeinschaft ist in der Pflicht, für die Einlösung dieser Verpflichtungen zu sorgen.

Elementare Verpflichtungen hinsichtlich des Rechts auf Bildung

Welche sind nun die elementaren unter diesen vielen Verpflichtungen? Fons Coomans (2002, S. 245f.) hat vorgeschlagen, die genannten drei Arten staatlicher Verpflichtungen, respektieren, schützen, erfüllen, und die vier Dimensionen eines guten Schulangebots nach Katarina Tomasevski zu verbinden, um Verpflichtungen zu spezifizieren (vgl. das Schaubild im Anhang). Ich will nur einige der in dem Schaubild unterstrichenen Kernverpflichtungen kommentieren, um ihren elementaren Charakter herauszustellen.

„Primary education" (Grundbildung) für alle und kostenlos

Die erste Kernverpflichtung, massiv von beiden Verträgen gefordert, besteht darin, unverzüglich eine „primary education", eine Grundbildung für alle Kinder verpflichtend und ohne Kosten anzubieten (CESCR Art. 13, 2a, CRC Art. 28, 1), gegebenenfalls mit internationaler Hilfe (CRC Art. 28, 3). Falls das Ziel nur schrittweise zu erreichen ist, ist ein detaillierter Plan erforderlich, der den Weg zu diesem Ziel konkretisiert (CESCR Art. 14).

– wirklich für alle?

Nehmen vorhandene Schulen dieser Welt alle Kinder unterschiedslos auf? Nein, denn Diskriminierung von Kindern ist im Bildungswesen weit verbreitet: Mädchen, Kinder anderer ethnischer Herkunft, Migranten- und Flüchtlingskinder werden oft nicht eingeschult. Außerdem gibt es indirekte Diskriminierung durch mangelnde

Unterstützung des Lernens von Kindern, die sich aus einem gruppenspezifischen Grund nicht erfolgreich beteiligen können: Sprache, kulturelle Gewohnheiten, andere Lernmuster. Da das Bildungsrecht *allen* Kindern zusteht, sind die Staaten zur unmittelbaren Abhilfe verpflichtet. Dies ist eine elementare Verpflichtung. Das Recht auf Nicht-Diskriminierung wird generell als ein Recht betrachtet, das unmittelbar und nicht nur schrittweise durchzusetzen ist.

Auch in Deutschland sind die Schulen nicht für alle in gleicher Weise offen: Vernor Muñoz, der UN-Berichterstatter zum Menschenrecht auf Bildung, hat den deutschen Landesregierungen den geringen Schulerfolg der Migrantenkinder und die mangelnde Inklusion von Kindern mit Behinderungen vorgehalten. Das sind indirekte Diskriminierungen. Nun hat sich allen abwehrenden politischen Reaktionen auf die UN-Berichterstattung zum Trotz in Deutschland immerhin doch einiges getan: Nach der Ratifikation der Behindertenrechtskonvention wird in allen Bundesländern die Aufgabe, behinderte Kinder in die allgemeinen Bildungseinrichtungen aufzunehmen, akzeptiert. Besonders herausfordernd ist dabei die angemessene Ausstattung, die curriculare Differenzierung der Lerninhalte, ein fördernd-differenzierender Unterricht und für all dies eine entsprechende Lehrerbildung und Personalausstattung.

Seit Jahren kämpfen Kinderrechtsorganisationen um die Verwirklichung des Rechts auf Bildung für Flüchtlingskinder und Kinder, die sich, allein oder mit ihren Familien, illegal in Deutschland aufhalten. Während die Schulbildung bis zum 16. Lebensjahr jetzt wohl überall ermöglicht wird, gibt es immer noch Restriktionen für weitere Bildung und Ausbildung. Kinder leben unter der Furcht, aus Bildungsprozessen herausgerissen und abgeschoben zu werden, möglicherweise in ein Land, dessen Sprache sie nie gelernt haben. Der Streit, ob die Sechzehn- und Siebzehnjährigen noch die Unterstützung der Jugendhilfe erhalten, ist immer noch nicht abgeschlossen. Im Jahr 2010 hat die Bundesrepublik einen rechtlich relevanten Vorbehalt gegen die Konvention, der die Rechte ausländischer Kinder betraf, zurückgenommen, aber gesetzliche und andere Regelungen nicht korrigiert. Die Behandlung dieser Kinder verstößt nach wie vor gegen die Konvention.

– wirklich kostenlos?

Elementar ist auch die Verpflichtung der Staaten, alle direkten und indirekten Kosten, die durch „primary education" entstehen, abzuschaffen: Dazu gehören das Schulgeld, aber auch Kosten für Lernmaterialien, Transport, Schulkleidung, Renovierung usw. Katarina Tomasevski hat erbittert gegen die (Wieder-)Einführung von Schulgebühren in armen Ländern auf Grund von Auflagen der Weltbank gekämpft, und zwar mit Erfolg (Tomasevski 2003).

Selbst die Schule in Deutschland ist nicht frei von Kosten, die den Anspruch auf kostenfreie „primary education" verletzen. Denn die Lernmittelfreiheit wird in Ländern und Kommunen eingeschränkt. Transportkosten, die durch Schulschließungen steigen, werden zunehmend auf Eltern abgewälzt, Schulen versuchen, Nebenkosten den Eltern anzulasten (spektakulär der Plan einer Schule, Gebühren für die Toilettennutzung zu erheben). Diese Beträge können sich auf 100 bis 150 Euro pro Jahr und Kind summieren, für arme Haushalte ein beachtlicher Betrag.

– Was ist „primary education"?

„Primary education", Grundbildung, ist nicht definiert. Gemeint ist jedoch eine Schulstufe, die bis zu einer Sekundarschule führt, in der sich Schülerinnen und Schüler nach Interessen oder Berufswünschen spezialisieren. In der „primary education" wird folglich allen das Elementare vermittelt, das, was jeder und jede wissen, verstehen, beurteilen und können soll: Neben den so genannten Kulturtechniken vor allem basale Kompetenzen zu selbständiger, verantwortlicher Lebensgestaltung, zum kooperativen, friedfertigen Zusammenleben mit anderen und zur Beteiligung im Gemeinwesen, wie von den Staaten in Art. 29 der Konvention beschlossen.

International üblich ist eine sechs- bis zehnjährige Schule aller Kinder, weil gemeinsame Bildung der Kinder weithin für eine Voraussetzung gehalten wird, diese Bildungsziele zu erreichen. Etliche Staaten sind inzwischen entschlossen, auch ein kostenfreies Vorschuljahr einzuführen. Man kann diskutieren, ob eine frühe schulische Aufteilung der Kinder gegen das Kinderrecht verstößt. Die Kinderrechtskonvention nennt mehrmals die zu fördernden Ziele schulischer Bildung: volle Entfaltung der mentalen, geistigen, sozialen, moralischen, kulturellen, spirituellen und physischen Fähigkeiten (CRC Art. 17, 23, 27and 32). In Deutschland streiten die Bildungspolitiker und die Öffentlichkeit seit langem, ob auch bei früh einsetzender Auslese ein breites Spektrum an Fähigkeiten und die Entwicklung der Persönlichkeit aller Kinder bestmöglich gefördert werden kann. Der UN-Berichterstatter erntete bei den zuständigen Ministern viel Ablehnung, als er seine Zweifel äußerte. Inzwischen gehen viele Bundesländer vom dreigliedrigen auf ein zweigliedriges Schulsystem über. Ist es ein stilles Eingeständnis, dass das Recht der Kinder auf Bildung bei früher Aufteilung in Schulzweige nicht zufriedenstellend erfüllt wird?

– Qualität der Bildung: annehmbar („acceptable")
und anpassungsfähig („adaptable")

Diese Frage ist deswegen so schwer zu diskutieren, weil sehr verschiedene Vorstellungen darüber existieren, welche Bildung jungen Menschen zusteht. Die UN-Menschenrechtsverträge haben mit erstaunlicher Radikalität die Vorstellung verworfen, dass Bildungsziele mit Blick auf akademische Leistungen oder wirtschaftlichen oder technischen Fortschritt zu definieren seien. Stattdessen rücken sie an die erste Stelle die Fähigkeiten, die alle Menschen für ein respektvolles, kooperatives und friedfertiges Zusammenleben von Menschen verschiedener Lebenslage und kulturelle Orientierung brauchen. Darauf bezieht sich die Forderung, das Bildungswesen müsse „adaptable" sein: Es muss zu dem Leben passen, das auf die Kinder wartet – mit seinen Problemen und Konflikten.

Das ist eine demokratiepädagogisch bedeutsame Zielbeschreibung von Schule. Durch die Akzeptanz der Konvention stellen die Staaten sich die Aufgabe, allen Kindern in ihren Schulen die zivilgesellschaftlichen Befähigungen zu vermitteln, die sie brauchen, um die soziale Welt, in der sie leben werden, verantwortlich mitzugestalten. Aus dieser Sicht ist vorrangig, dass das Bildungswesen Menschen hervorbringt, die von der Würde eines jeden Menschen überzeugt sind, die andere verstehen wollen, zur Toleranz bereit sind sowie Konflikte interessenausgleichend und gerechtigkeitsorientiert lösen wollen. Wissenschaftliche, wirtschaftliche und technische Leistungen werden nicht für unwichtig erklärt. Doch sie sind sekundär, weil sie nicht helfen, wenn Menschen andere verachten, übervorteilen oder gar vernichten. Die Kinderrechtskonvention formuliert in ihrem Artikel 29 eine gewaltige Aufgabe für die globalisierte Welt, die alle Menschen in wechselseitige Beziehungen und Abhängigkeiten bringt. Diese Aufgabe fordert auch die Bildungseinrichtungen der Bundesrepublik heraus, die angesichts der Ergebnisse internationaler Vergleichsstudien sehr viel mehr an Leistungssteigerung als an den menschen- und bürgerrechtlichen Kompetenzen orientiert sind. Menschenrechtsbildung wird zumeist mit ein paar Unterrichtsstunden in irgendeiner Klassenstufe abgetan. Das reicht nicht aus, um die vereinbarten menschenrechtlichen Bildungsziele zu erfüllen.

Die Schule muss insgesamt von diesen Bildungszielen her gestaltet werden. Sie stecken nicht nur im Artikel 29 der Konvention. Viele weitere Artikel der Konvention enthalten Rechte, die Kindern in der Schule erfahrbar gemacht werden müssen: die Nicht-Diskriminierung, der Vorrang von Kindeswohl und weiterer Entwicklungsmöglichkeiten des Kindes, die physische und psychische Gewaltfreiheit, also auch das Recht, nicht herabgesetzt und beschämt zu werden. Partizipation der Schülerinnen und Schüler in Unterricht und Schule ist kein kinderfreundlicher Zusatz, sondern essentielles Recht der Schülerinnen und Schüler, das ihre zivilgesellschaftliche Kompetenz herausfordert. Jede Schule sollte die Artikel der Kinderrechtskonvention als eine Prüfliste benutzen, ob die Schule kinderrechtskonform arbeitet. Es wird sich zeigen, dass viele Rechte der Kinder in den Schulen noch besser zu schützen und zu erfüllen sind.

Initiativen dafür hat es in den letzten Jahren immer wieder gegeben – leider nur als Sonder- und Zusatzprogramme, wie etwa Programme und Modelle für soziales Engagement, bürgerschaftliche Beteiligung, Demokratie lernen und leben,

Streitschlichtung, Mut gegen rechte Gewalt. Sie wurden in den letzten Jahren mit viel Engagement aufgebaut und waren dennoch nur punktuell erfolgreich, weil sie nicht in den Strukturen des Bildungswesens verankert wurden. Aus Menschenrechtsperspektive gehören sie zum unverzichtbaren Kern der Bildung.

Weiterhin ist aus Menschenrechtsperspektive ein Grundelement der Akzeptabilität des Bildungswesens, dass Kinder in Schulen und Tagesstätten ein Bewusstsein ihrer Würde entwickeln können (CESCR Art. 13, 1, und CRC Art. 28, 2). Würde ist ein schwieriger Begriff, und das Bewusstsein von der Würde des Menschen ist nicht zu lehren. Respekt vor Menschen in ihrer Würde als verantwortungsfähige Partner (Bielefeldt 2008) muss erlebt werden. Das Klassenzimmer ist ein besonders geeigneter Ort, an dem ein Kind in die Interaktionskultur einer sozialen Gruppe hineinwachsen und in ihr seine Fähigkeiten entwickeln kann. Dies zu begreifen und aktiv zu nutzen, ist das Anliegen der Demokratiepädagogik.

Meine eigenen Beobachtungsstudien in Schulklassen dokumentieren, dass Unterrichts- und Schulleben sich weit von den autoritären Anstaltsverhältnissen entfernt haben, die auch nach dem Nationalsozialismus noch die Schulen prägten. Neben interessanten und kreativen Lernsituationen findet man jedoch immer noch Kränkungen und Herabsetzungen, ausgeübt von Kindern untereinander, aber auch von Lehrern und Lehrerinnen, die Grundregeln des gemeinsamen Lebens verletzen. Es muss offensichtlich noch viel Bewusstsein geweckt und Kompetenz vermittelt werden, bis alle Schulen zum Ort werden, an dem Kinder sich als junge Menschen mit Würde und Rechten wahrnehmen und sich zugleich als Mitbürger einer lernenden Einrichtung erleben können.

Kinderpolitik auf Menschenrechtsbasis

Diese elementaren Verpflichtungen voranzubringen, müht sich der UN-Ausschuss für die Rechte des Kindes. Wie tut er das? Wie ist die Tätigkeit dieser Menschenrechtsausschüsse zu charakterisieren? Handelt es sich um eine Art Gerichtsverfahren, in dem ein Staat nachweisen muss, dass er seinen freiwillig übernommenen Verpflichtungen nachkommt?

Das Vorgehen ähnelt einem solchen Verfahren, aber ist doch kein Gerichtsprozess, denn der Ausschuss fällt kein Urteil und hat keine Möglichkeiten, seine Feststellungen in Anordnungen zu verwandeln. In der UN-Terminologie gesprochen führen die Ausschüsse Dialoge. Sie fragen, sie insistieren, sie drängen, aber geben am Schluss nur Empfehlungen, über deren Umsetzung sie erneut Bericht verlangen.

Dieser Wortwechsel dient dem klaren Ziel des Ausschusses, den Verpflichtungen, die der Staat übernommen hat, einen hohen Rang in dessen politischer Agenda zu sichern. Ihm hilft dabei, dass der Staat den Vertrag ratifiziert hat und keine Regierung sich nachsagen lassen möchte, sie vernachlässige die Kinder. Die Mehrzahl der Regierungen hört zu, und oft, leider nicht immer, wird aus Fragen und Antworten ein Dialog, in dem Regierung und Ausschuss über Probleme sprechen, die beide Seiten beunruhigen und bekümmern.

Der Ausschuss hat Chancen, Gehör zu finden, wenn er das Unanfechtbare, das Elementare, ins Zentrum stellen kann und so die unausweichlichen Verpflichtungen des Staates unterstreichen kann. Dafür muss der Ausschuss konkret werden, und das kann er dann, wenn er gute Informationsquellen hat. Sie stehen im Bildungsbereich zur Verfügung, denn UNESCO und UNICEF und zahlreiche Nicht-Regierungsorganisationen beobachten die Situation im Bildungswesen sehr genau. Sie alle senden dem Ausschuss Kommentare zum Bericht der Regierungen. Auch das Internet ist voll von Informationen.

Die Nicht-Regierungsorganisationen erwarten, dass der Ausschuss etwas tut, was sie nicht tun können: Er hat den Auftrag der UN-Vollversammlung, Regierungen an ihre Pflichten zu erinnern. Die regierungsunabhängigen Expertinnen und Experten sind nicht unter Druck zu setzen, wie UN-Organisationen oder NGOs, die im Land arbeiten und auf ein gutes Verhältnis zur Regierung angewiesen sind. Dennoch geht es in allen Ausschüssen um wirkliche Auseinandersetzungen, nicht nur um diplomatisches Geplänkel. Das zeigen die Reaktionen nach den Sitzungen: etwa Mitteilungen, dass Vorschläge akzeptiert werden, Angebote, einen neuen Gesetzestext mit Ausschussmitgliedern zu diskutieren oder Einladungen zu nationalen Seminaren, um die Empfehlungen des Ausschusses zuständigen Gremien und Organisationen zu erläutern.

Es gibt auch einige versteckte Bemühungen, sich den elementaren Verpflichtungen zu entziehen und sie in freiwillige Leistungen umzudefinieren. So hat das Abschlussdokument des Weltkindergipfels 2002 an einigen Stellen den Bezug zur Kinderrechtskonvention vermieden, der klar gemacht hätte, dass die Abmachungen nicht nur Ausdruck guten Willens, sondern bestehender Verpflichtungen sind. Es gibt Grund zur Annahme, dass die USA den verpflichtenden Charakter der Konvention herunterspielen wollen, denn sie betonen des Öfteren, dass nicht alle Staaten der Konvention beigetreten sind – allerdings außer ihnen nur Somalia. Es gibt dennoch viele Regierungen, die die Kinderrechte verteidigen und in den letzten Jahren dafür gesorgt haben, dass die Kinderrechte zum festen Bestandteil der internationalen Politik geworden sind. Auch die Erfüllung der Kernverpflichtungen des Kinderrechts auf Bildung macht Fortschritte. Die Zahlen zum Schulbesuch zeigen, dass die Zahl der Kinder ohne Schulbesuch zurückgeht, vor allem auch die Zahl der Mädchen, denen der Schulbesuch oft erschwert wird. Immer noch behindern Armut und die durch sie erzwungene Kinderarbeit eine volle Durchsetzung des Schulbesuchs in vielen Ländern. Die Hälfte der Kinder, die derzeit keine Schule besuchen, lebt übrigens in militärischen oder humanitären Krisengebieten. Kinder in die Schule zu bringen, ist nicht nur ein Problem der Bildungspolitik.

Im Hinblick auf die Qualität der Bildung, die zu achtende Würde des Kindes und die Vorbereitung auf ein selbständiges, verantwortliches, friedlich-kooperatives

Leben mit anderen, ist es noch schwerer, einen Überblick zu gewinnen. Es gibt sicherlich mehr Menschenrechtsbildung in den Schulen, auch sehr eindrucksvolle Projekte und Aktionen. Zweifelhaft aber ist, ob die Schulen in ihrer gesamten Arbeit fest in den Rechten der Kinder gegründet sind. Die Einsicht wächst jedoch, dass nicht nur die Technik und Wirtschaft, sondern auch das demokratische Gemeinwesen auf entwickelte Fähigkeiten angewiesen sind. Seit vielen Jahren versuchen die Vereinten Nationen, nicht zuletzt die UNESCO und auch der Europarat, die Menschenrechtsbildung zu stärken. Nicht nur Unterrichtsstunden sind gemeint, sondern Schulen, die das Zusammenleben und Zusammenlernen praktizieren, das die Menschen- und Kinderrechte in sich enthalten. Wie viele Länder mit ihren Schulen hinter diesen Erwartungen zurückbleiben, ist schwer zu bemessen; von unserem Land, von Deutschland wissen wir es alle.

Hier liegt eine große kinderrechtliche und zugleich demokratiepädagogische Aufgabe. Die Verbindung der pädagogischen Aufgabe mit den Bemühungen um die Durchsetzung der Kinderrechte herzustellen, ist so dringend, weil der Blick auf das Gesamt der Kinderrechte dazu beiträgt, die Demokratiepädagogik nicht auf ein Unterrichtsfach zu reduzieren, sondern in der Schulklasse und im Schulleben die Aufgaben zu entdecken, an denen die Kinder reflexive und praxistaugliche Fähigkeiten der Beteiligung am Gemeinwesen entwickeln können.

Literatur

Allmendinger, J./Leibfried, S. (2003): Bildungsarmut. Aus Politik und Zeitgeschichte. B 21/22, S. 12-18.

Baumert, J./Stanat, P./Watermann, R. (2006): Herkunftsbedingte Disparitäten im Bildungswesen. Wiesbaden.

Bielefeldt, H. (2008): Menschenwürde – Der Grund der Menschenrechte. Deutsches Institut für Menschenrechte. www.institut-fuer-menschenrechte.de

BMFSFJ (Hrsg.) (2007): Übereinkommen über die Rechte des Kindes. UN-Kinderrechtskonvention im Wortlaut und mit Materialien. Bundesministerium für Familie, Senioren, Frauen und Jugend, Pressestelle.

Committee on Economic, Social and Cultural Rights (2000): Substantive Issues arising in the implementation of the International Covenant on Economic, Social and Cultural Rights. UN-Dokument E/C.12/2000/13.

Coomans, F. (2002): In Search of the Core Content of the Right to Education. In: Chapman, A/ Russel, S. (Eds.): Core Obligations. Building a Framework for Economic, Social and Cultural Rights (217-246). Antwerpen.

Edelstein, W. (2006): Bildung und Armut. Zeitschrift für Soziologie der Erziehung und Sozialisation 26, S. 120-134.

Global Monitoring Report (2011): Improving the Odds of Achieving the MDGs. Ed. by The International Bank for Reconstruction and Development and The World Bank. Washington DC.

Muñoz, V. (2007): Mission to Germany. UN-Dokument A/HCR/$/29/Add. 3.

OECD (2011 und früher): Bildung auf einen Blick 2011. Bielefeld.

Overwien, B./Prengel, A. (2007): Recht auf Bildung. Zum Besuch des Sonderberichterstatters der Vereinten Nationen in Deutschland. Opladen.

Tomasevski, K. (2003): Education denied. Costs and remedies. London.

Tomasevski, K. (2006): Human Rights Obligation in Education. Nijmegen.

Staatliche Verpflichtungen
hinsichtlich des Rechts auf Bildung

Art. 13 und 14 des Sozialpakts (CESCR) sowie der Art. 28 und 29 der Kinderrechtskonvention

Dimensionen des Rechts	Soziale Dimension		Qualitätsdimension	
Art der Verpflichtung	Vorhandensein	Zugänglichkeit	Annehmbarkeit	Anpassungsfähigkeit
Respektieren		Respektierung - des Rechts auf Nicht- diskriminierung mit Blick auf den Zugang zu öffentlichen Bil- dungseinrichtungen in Politik, Gesetzgebung und Praxis	Respektierung - der Würde des Kindes, auch in Disziplinarange- legenheiten - des Rechts des Kindes, sich frei zu äußern und mit seiner Meinung in es berührenden Ange- legenheiten angemes- sen berücksichtigt zu werden	Respektierung - des Kindeswohls, das eine vorrangige Erwägung bei allen Handlungen, die Kinder betreffen, zu sein hat
Schützen		Aufrechterhaltung des gleichen Zugangs zu Bildungseinrichtungen gegenüber Rechtsver- letzungen durch Dritte (Eltern, Arbeitsgeber) in Politik, Gesetzgebung und Praxis; Gesetzgebung gegen Kinderarbeit.	Schutz für Kinder gegen Gewalt und sexuelle Be- lästigung in der Schule und auf dem Schulweg; Schutz für Kinder gegen Einseitigkeit und Überfor- derung, damit ihr Recht auf Spiel, Erholung und kulturelle Aktivität ge- wahrt bleibt.	Schutz des Bildungs- systems gegen Zumu- tungen von außerhalb, die guten Entwicklungs- chancen der Person und ihrer körperlichen und geistigen Fähigkeiten widersprechen
Erfüllen	Gewähr freier und verpflichtender Grundbil- dung aller Schrittweiser Einführung kostenloser Sekundar- und Höherer Bildung einschließlich Berufs- bildung Förderung von Alphabe- tisierung und Erwachse- nenbildung Bei Schwierigkeiten der Umsetzung formelle Annahme eines detail- lierten Plans Aufbau internationaler Kooperation	Unterstützung für Per- sonen mit besonderem Bildungsbedarf (Migran- tenkinder, Kinder mit Behinderungen, Straßen- kinder) Einführung inklusiver Bildung Bereitstellung von - Lehr- und Lernmaterial; - Transport zur Schule Angebot von Stipendien und finanzieller Unter- stützung	Sicherung der Men- schenrechte in den Zielen und der Arbeit der Bildungseinrichtungen Einführung von Lern- methoden, die Kinder aktivieren Einrichtung von Schü- lerbeteiligung in Klasse und Schule mit ange- messener Berücksich- tigung ihrer Meinungen und Vorschläge Zufriedenstellende Aus- stattung der Bildungs- einrichtungen (Wasser, Elektrizität, sanitäre Anlagen)	Revision von Curricula, um Kinder auf eine erfolgreiche Beteiligung am wirtschaftlichen, sozialen und kulturellen Leben vorzubereiten; Zugang und Hilfen zum Gebrauch von Medien, Internet und anderen Informationsquellen, die Kinder und ihre Entwick- lung fördern; Angebot von Bildungs- und Berufsberatung; Stärkung der Lehreraus- bildung in Bildungsstät- ten und Weiterbildung

Fons Coomans, 2002, S. 245 f., überarbeitet von LK

Unterstrichen Kernverpflichtungen der Staaten
Respektieren Der Staat ist verpflichtet, nicht gegen die im Vertrag anerkannte Rechte und Freiheiten zu verstoßen;
Schützen Der Staat muss mit Gesetzen oder anderen Mitteln dafür sorgen, dass Rechtsverlet- zungen durch Dritte verboten und verhindert werden;
Erfüllen Langfristige Aktionspläne und - programme, die Politik, Gesetzgebung und Haus- haltsmittel umfassen.

Norbert Maritzen

Die Bedeutung von Qualitätsstandards in der demokratischen Schulentwicklung[1]

Die Frage nach der Bedeutung von Qualitätsstandards in der demokratischen Schulentwicklung ist in mehrerlei Hinsicht schwierig. Sie verweist darauf, dass offensichtlich an demokratische Schulentwicklung bestimmte Anforderungen gestellt werden. Warum ist diese Frage überhaupt virulent? Warum ist sie insbesondere im Kontext der Demokratiepädagogik von Bedeutung? Wenn man entsprechende Papiere oder Projektberichte liest, stellt man fest, dass das Fach oder die Domäne der Demokratiepädagogik, wenn es denn eine Domäne ist, offensichtlich Schwierigkeiten hat, ein eigenes Profil zu konstituieren. Was ist der Geltungsanspruch dieses Ansatzes? Erschöpft er sich in einer neuen, besonders akzentuierten schulischen Fachorientierung oder interessiert sich der Ansatz eher für systemische Fragen der Schulgestaltung? Man stellt – von außen betrachtet – fest, dass Vertreter der Demokratiepädagogik zwischen verschiedenen Referenztheorien und Gestaltungsfeldern hin- und her pendeln, als sei ihnen eine theoretische Heimatlosigkeit gemein. Die Demokratiepädagogik muss sich abgrenzen gegenüber konkurrierenden oder komplementären wissenschaftlichen Diskursen, muss sich positionieren zwischen affinen Fachdidaktiken, sozial- und erziehungswissenschaftlichen Ansätzen und diversen „Erziehungskomposita": Konflikterziehung, Geschlechtererziehung, Friedenserziehung usw.

Warum nun sucht die Demokratiepädagogik nach Qualitätsstandards in der demokratischen Schulentwicklung? Ein böswilliger Betrachter könnte zu dem Schluss kommen, der Demokratiepädagogik gehe es mit dieser Fragestellung um den Versuch, wissenschaftliche Dignität dadurch zu gewinnen, dass sie sich gleich einem „Konjunkturritter" an ein dominierendes Diskursparadima, nämlich die schulische Qualitätsdiskussion, andockt. Wenn man eher gutwillig ist, bedeutet die Aufnahme des Themas Qualitätsstandards vielleicht doch auch, dass es um die Lösung vorfindlicher praktischer pädagogischer Probleme geht.

Im Folgenden soll diesen Fragen nachgegangen werden aus der Position dessen, der gewissermaßen „nicht vom Fach" ist, sich den thematischen Bereich erstmals erschlossen hat. Das birgt Risiken, an denen zu scheitern kaum zu vermeiden ist.

---

1 Ausarbeitung eines Vortrags bei der Tagung „Demokratiepädagogik als gesellschaftliche Aufgabe" am 3. Dezember 2010 in Berlin. Der Vortragsduktus wurde beibehalten.

Es verbürgt aber auch Chancen, weil auf der Grundlage einer eher kursorischen Zurkenntnisnahme der Grundlagenliteratur relativ unbefangen gefragt werden kann, mindestens aber ein vielleicht bisher kaum genutztes Wissen mobilisiert werden kann in der Hoffnung, weiterführende Fragen zu stellen.

Ich gehe folgendermaßen vor: Ich beginne mit der Explikation einer Grundannahme zum theoretischen Kern demokratischer Schulentwicklung und begründe diese. Im nächsten Schritt, entfalte ich auf dieser Grundlage Exemplarisches zur empirischen Erfassung möglicher Bedingungen und Gegenstände demokratischer Schulentwicklung und schließe mit einem resümierenden Fazit. Zur Warnung sei gesagt: Dies alles geschieht aus der Perspektive dessen, der sich staunend und Fragen stellend den stetig anwachsenden Corpus demokratiepädagogischer Literatur, sowohl der belletristischen wie der wissenschaftlichen und ihrer Mischformen, nur bruchstückhaft hat erschließen können.

1. Theoretische Vorannahme

Demokratiepädagogik bietet mit der Übernahme des Qualitätsthemas - von außen betrachtet - ein ambivalentes Bild: Es gibt eine Vielfalt der Konzepte, Akteure, Adressaten, Aktivitäten; es gibt forschungsstrategische Desiderata; es gibt nicht zuletzt in vielen Grundlagenpapieren eine Art Ad-hoc-Plausibilität: Wer möchte schon den Anspruch negieren, dass Schulentwicklung demokratisch sein sollte? Gleichwohl gibt es aber auch - dazu ist in den letzten Jahren vieles geleistet worden (siehe die Literaturliste, die u.a. die einschlägigen Grundlagentexte enthält, die von mir zur Kenntnis genommen werden konnten) - eine deutliche Konturierung des theoretischen Rahmenkonzeptes von Demokratiepädagogik, eine stärkere Vernetzung von Akteuren und Institutionen, d.h. insgesamt eine gesteigerte Sichtbarkeit.

Wenn es also um die Bedeutung von Qualitätsstandards in der demokratischen Schulentwicklung geht, ist zuvörderst zu fragen, was der Gegenstand demokratischer Schulentwicklung ist, wenn es nicht all die Gegenstände sind, die Schulentwicklung auch allgemein ausmachen, nämlich Kompetenzen, Einstellungen und Haltungen von Schülerinnen und Schülern, lernförderlicher Unterricht, persönlichkeitsentwickelnde Erziehungsleistungen, professionelle Kompetenzen des Schulpersonals, Kooperations- und Leitungsstrukturen in der Schule, systemische Gelegenheits- und Steuerungsstrukturen u.a.m. All dies ist Gegenstand von Schulentwicklung. Zu allen genannten Gegenständen lassen sich Qualitätsstandards finden, zu vielen existieren sie bereits. Was ist also das Spezifikum demokratischer Schulentwicklung? Worauf konzentriert sich demokratische Schulentwicklung, wenn mit dem Rückgriff auf das Attribut „demokratisch" mehr als eine emphatische Beschwörung intendiert ist? Was ist das Unterscheidungsmerkmal, auf das sich besondere Standards demokratischer Schulentwicklung beziehen sollten? Welche Referenztheorien sind dazu eigentlich bekannt und unabdingbar? Verträgt sich ein theoretisches Konzept demokratischer Schulentwicklung überhaupt mit einem Operationalisierungsanspruch, der mit der Bezugsetzung zu Standards immer einhergeht? Sollen solche Standards, die gesucht werden, auch Ansprüche wie theoretische Begründbarkeit, Operationalisierbarkeit und empirische Überprüfbarkeit erfüllen? Solchen Fragen ist ernsthaft nachzugehen. Mit Blick auf die empirische Überprüfung von Standards muss man dabei von grundlegenden theoretischen Überlegungen ausgehen, nämlich

- dass demokratische Schulentwicklung ihren Ausgang zu nehmen hat von einer Diagnose der Gefährdung des sozialen Zusammenhalts in der Gesellschaft;
- dass Schule Austragungsort und Schauplatz solcher Gefährdung, mehr noch: teilursächlich an ihr beteiligt ist;
- schließlich dass diese Diagnose insofern von Bedeutung ist, als demokratische Schulentwicklung dem Grundauftrag der Schule, für Zusammenhalt und Solidarität zu sorgen, stärken muss.

Ich kann nicht hinreichend einschätzen, inwieweit diese oder ähnliche Annahmen in der Diskussion, die von Protagonisten demokratischer Schulentwicklung geführt wird, eine im wörtlichen Sinne grund-legende Bedeutung haben. Wenn die Gefährdung des sozialen Zusammenhalts eine Signatur der Moderne ist, wofür es vielfache Plausibilität gibt (siehe exemplarisch die Arbeiten von Dahrendorf 1997, Imbusch u.a. 2009, Honneth 1994a und 1994b oder Sennett 1998), dann ist allerdings ein Kern demokratischer Schulentwicklung insofern berührt, als damit ein Konstituens der einzigen formalen Institution berührt ist, die in der Moderne noch den Generationenvertrag moderiert.

Die Behauptung, demokratische Schulentwicklung müsse von der Diagnose der Gefährdung des sozialen Zusammenhalts ausgehen, enthält die kontrafaktische Annahme, dass Schulentwicklung immer stattfindet, demokratische Schulentwicklung hingegen dann, wenn etwas fehlt, wenn ein Manko zu konstatieren ist. Dieses Fehlen ist mit Bezug auf ausgewiesene Kriterien zu spezifizieren, damit es einer nachvollziehbaren Beschreibung zugänglich wird. Für eine solche Diagnostik, für die Diagnostik der Gefährdung des sozialen Zusammenhalts, soweit sie sich in der Schule zeigt, braucht man einen begrifflichen Ausgangs- und Fluchtpunkt. Dieser kann die Idee der Gerechtigkeit sein.

- Gerechtigkeit im Sinne einer distributiven Gerechtigkeit, z.B. hinsichtlich der Fragestellung: Verteilen wir im Bildungsbereich öffentliche Güter gerecht?
- Gerechtigkeit im Sinne einer sozialen Gerechtigkeit: Reduzieren wir in Schulen soziale Disparitäten?
- Gerechtigkeit im Sinne von Leistungsgerechtigkeit: Vergeben wir für gleiche Leistungen gleiche Berechtigungen und Zertifikate?

• aber vor allem auch im Sinne einer Befähigungsgerechtigkeit im Anschluss an Konzepte von Amartya Sen (2010): Ermöglichen wir faktisch durch die Bereitstellung praktischer Gelegenheitsstrukturen die Verwirklichung individueller Bildungsaspirationen?

Auf der Grundlage solcher normativer Orientierungen hat man dann alle üblichen Anforderungen an eine professionelle Diagnostik zu stellen:
• Es braucht zur Unterfütterung demokratischer Schulentwicklung quantitativer und qualitativer empirischer Verfahren.
• Es ist davon auszugehen, dass demokratische Schulentwicklung ein Mehrebenenprojekt ist. Es schließt lernende und lehrende Individuen, Unterricht, Schule, Kooperations- und Steuerungsebenen ein.
• Demokratische Schulentwicklung ist mehrdimensional: Kognitive Kompetenzen von Schülerinnen und Schülern sind ebenso tangiert wie motivationale Einstellungen, Haltungen und emotionale Dispositionen.
• Demokratische Schulentwicklung kommt ohne Standards nicht aus. Erst in Bezug auf klare, explizite, differenzierte Standards können diagnostische Befunde strukturiert, eingeordnet, interpretiert und bewertet werden.
Eine solche Entwicklungsdiagnostik bedarf mit Blick auf die Ausgangsthese, dass demokratische Schulentwicklung von der Diagnose der Gefährdung des sozialen Zusammenhalts ausgehe, vielfältiger theoretischer Referenzen: z.B.
• einer bildungstheoretischen Fundierung von Demokratiekompetenzen, die systematisch aufnimmt, was in der kritisch-konstruktiven Didaktik etwa zu Konzepten wie Mündigkeit, pluralistischer Diskursfähigkeit oder kritischer Reflexionsfähigkeit seit Langem erarbeitet wurde;
• eines mehrdimensionalen und graduierten Modells demokratischer Handlungskompetenz innerhalb einer bewusst gestalteten Schulkultur als Grundlage für die Konzipierung zu fördernder und zu messender Teilkompetenzen (siehe grundlegend Diedrich 2008);
• entwicklungspsychologischer, evtl. auch moraltheoretischer Konzepte der Herausbildung von Selbstwirksamkeitskonzepten, von denen vermutet wird, dass sie für die Herausbildung von demokratischer Handlungskompetenz konstitutiv sind (Bandura 1997, Krapp u.a. 2002);
• einer sozialphilosophischen Fundierung intersubjektiver Anerkennungsverhältnisse, um im Lichte entsprechender Grundlagen (z.B. Honneths Hegel-Interpretation 2003) eine ethische Dimension demokratischer Schulentwicklung zu begründen;
• einer organisationstheoretischen Fundierung demokratisch zu nennender Aufbau- und Ablaufstrukturen der Schule;
• einer schultheoretischen Begründung dafür, dass Schule, als ein von der Lebenswelt Unterschiedenes, dennoch die Gefährdungen gesellschaftlicher Integration

im Rahmen ihres Auftrags aufzunehmen und zu bearbeiten hat, paradoxerweise obwohl und weil sie die Signatur der Gefährdungen in sich trägt;
• auch bildungsökonomischer Modelle von Allokationsstrukturen, z.B. um in den Blick zu nehmen, inwieweit die Verteilung von Ressourcen auf die unterschiedlichen Ebenen, Jahrgangsstufen und Phasen des Durchgangs durch das Bildungssystem von der frühen Kindheit bis ins Erwachsenenalter Gerechtigkeitsprinzipien entspricht.

Bisher muss man den Eindruck gewinnen, dass trotz vielfältiger Anstrengungen die Konzepte demokratischer Schulentwicklung theoretisch noch nicht hinreichend differenziert begründet sind, jedenfalls ist mir nicht gelungen, eine solche systematische Fundierung, die ein interdisziplinäres Entwicklungsprogramm voraussetzte, zu erkennen. Das ist für eine so junge Disziplin nichts Ungewöhnliches.

2. Exemplarisches zur empirischen Erfassung möglicher Bedingungen und Gegenstände demokratischer Schulentwicklung

Die von mir postulierte Diagnostik der Gefährdung des sozialen Zusammenhalts als konstitutivem Element demokratischer Schulentwicklung muss auf unterschiedliche Bereiche bezogen werden. Dies soll exemplifiziert werden anhand der Inaugenscheinnahme von Schülerkompetenzen, von Unterrichtsqualität, von Partizipationsstrukturen und von Systemsteuerungsfragen. Dazu werden exemplarische Befunde unter der Leitfrage präsentiert: Liefert die Diagnose Hinweise auf ungerechtfertigte Einschränkungen von Gerechtigkeitspostulaten?

2.1 Erfassung von Schülerkompetenzen

Abbildung1 (siehe Seite 72) zeigt exemplarisch Befunde des PISA-Schülerleistungstests (2006) in Hamburg in den Bereichen Mathematik, Lesen und Naturwissenschaften (Prenzel u.a. 2008, S. 190).

Das PISA-Framework zur Testung von Schülerleistungen ist für die uns interessierende Fragestellung insofern interessant, als mit dem PISA-Literacy-Ansatz dezidiert Kompetenzen zur Wirklichkeitserschließung und Wirklichkeitsbewältigung erfasst werden, die Grundvoraussetzung dafür sind, dass Chancen einer gesellschaftlichen Teilhabe überhaupt realisiert werden können. Wenn wie in unserem Beispiel in Hamburg ca. 75 Prozent der Hauptschülerinnen und Hauptschüler Mindeststandards im Lesen nicht erreichen, so bedeutet das konkret Folgendes:
• Schülerinnen und Schüler auf diesem Niveau sind keine Analphabeten. Sie erkennen Hauptgedanken in klar gegliederten Texten mit hinreichender Informationsredundanz.

- Sie erreichen als Fünfzehnjährige ein Verständnisniveau, das etwa die Hälfte der Zehn- bis Elfjährigen am Ende der Grundschulzeit bereits hinter sich gelassen hat.
- Schwierigkeiten häufen sich bei der Anforderung, die interne Logik eines längeren Textabschnittes zu erschließen oder mehrere Textabschnitte aufeinander zu beziehen.
- Die Schülerinnen und Schüler sind nicht in der Lage, selbständig mit Texten zu arbeiten oder mit verschiedenen Texten am Thema weiterzulernen.
- Den Schülerinnen und Schülern fehlen elementare Voraussetzungen, eine Berufsausbildung mit Aussicht auf Erfolg überhaupt zu beginnen.
- Sie haben keine Chance, bei Einstellungstests für Ausbildungsplätze zu bestehen.
- Mit hoher Wahrscheinlichkeit müssen sie sich auf persönliche und soziale Gefährdung und extrem prekäre Erwerbsverhältnisse einstellen.

Im Rahmen unserer Fragestellung stellt sich nicht nur die Frage, welche Prognose mit diesem exemplarischen Befund für die künftige gesellschaftliche Teilhabe dieser Schülerinnen und Schüler verbunden ist. Vielmehr muss mit Blick auf Konzepte von Standards für die demokratische Schulentwicklung gefragt werden, inwieweit entsprechende Konzepte überhaupt solchen Befunden nachgehen und deren Implikationen für die Konzeptbildung systematisch ausbuchstabieren. Konkreter formuliert: Spielt eine Messung von Schülerleistungen und deren kriteriale Beschreibung innerhalb von Kompetenzmodellen überhaupt eine Rolle bei der Gestaltung einer demokratischen Schule? Werden die Erkenntnisse aus Monitoringmaßnahmen unter dem Gesichtspunkt der eigenen Erkenntnisinteressen von Vertretern der Demokratiepädagogik systematisch rezipiert und für demokratische Schulentwicklungskonzepte genutzt? Welche Relevanz hat für die Qualitätsdebatte, für die theoretische Fundierung und für die Entwicklung von Verfahren der Praxisgestaltung innerhalb Demokratiepädagogik der Umstand, dass erhebliche Anteile unserer Jugendlichen kognitive Grundvoraussetzungen als Bedingung der Möglichkeit von gesellschaftlicher Teilhabe nur höchst unzureichend erwerben?

2.2 Erfassung der Unterrichtsqualität

Nicht nur problematische Leistungsergebnisse von Schülerinnen und Schülern erhalten – so unsere Behauptung – eine brisante Bedeutung für die Qualitätsdebatte in der Demokratiepädagogik, sofern man in ihrem Rahmen überhaupt beginnt, sich dafür systematisch zu interessieren. Das gleiche gilt vielleicht noch eindrücklicher für Aspekte der Unterrichtsqualität, dem auf Schulebene am besten gehüteten Geheimnis. Auf empirischer Grundlage lassen sich für die Unterrichtsqualität ebenfalls Standards beschreiben, mit denen man die vorfindliche Wirklichkeit dahingehend befragen kann, inwieweit in ihr Hinweise auf ungerechtfertigte Einschränkungen von Gerechtigkeitspostulaten zu identifizieren sind.

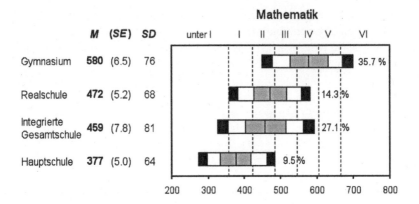

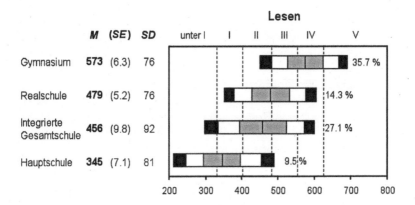

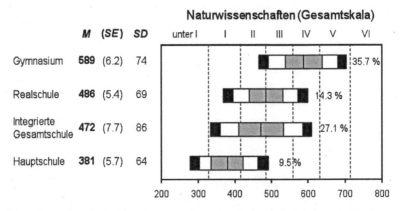

Abb. 1: Perzentilbänder der Kompetenzen und prozentualer Anteil der Schularten in Hamburg

Im Unterricht begegnen Schülerinnen und Schüler heterogene Bedingungen auf Schritt und Tritt, und zwar nicht nur aufgrund unterschiedlicher eigener Herkunftsaspekte (z.B. soziale oder migrationsspezifische Merkmale) oder unterschiedlicher Leistungsmerkmale, sondern auch in Form erheblicher Unterschiede in der Angebotsqualität des Unterrichts. Hier greifen tradierte Homogenitätsfiktionen insofern besonders stark, als solche konkreten Unterschiede in argumentativem Rekurs auf standardisierte Lehrerausbildung (»Wir sind alle gleich qualifiziert«), auf gleichförmige curriculare Vorgaben (»Wir orientieren unseren Unterricht an den gleichen Vorgaben«) oder auf den »Durchschnittsschüler« bzw. die »Durchschnittsschülerin« traditionell eher tabuisiert, mindestens aber kaum folgenreich in Augenschein genommen werden. Im Rahmen des Bildungsmonitorings in Hamburg versuchen die systematischen, standardisierten Unterrichtsbeobachtungen der Schulinspektion hier Licht in das Dunkel zu werfen (siehe zu den methodischen Grundlagen im Einzelnen Freie und Hansestadt Hamburg 2009 und Pietsch 2010), indem sie – hier für Hamburg – empirisch abgesicherte Qualitätsstufen des Unterrichts (Abbildung 2) auf der Grundlage von Tausenden beobachteter Unterrichtssequenzen beschreiben und schul- sowie systembezogen analysieren.

Abb. 2: Stufen der Unterrichtsqualität

Die Qualitätsstufen sind im Rahmen von Expertendiskussionen kriterial beschrieben worden und durch Verfahren der Itemanalysen mittels Rasch-Skalierung empirisch bestätigt worden. Zwischen den Stufen besteht ein probabilistisch robuster und sich immer mehr als stabil erweisender Zusammenhang. Stellt man die Verteilung von Qualitätsstufen des Unterrichts (1 = niedrigste Stufe; 4 = höchste Stufe) innerhalb einer Schule dar, zeigt sich – im Folgenden das Ergebnis einer Beispielschule (Abbildung 3) – ein Verteilungsmuster von 30 standardisierten Items der Unterrichtsbeobachtung[2], das für unsere Fragestellung aufschlussreich ist:

---

2 Unterrichtsbeobachtungsbogen abrufbar unter www.schulinspektion.hamburg.de/index.php/article/detail/1006

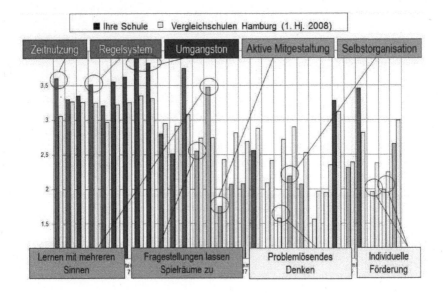

Abb. 3: Verteilung der Unterrichtsqualität einer Beispielschule im Vergleich zu Vergleichsschulen

Es gibt leichter zu erreichende Merkmale der Unterrichtsqualität (z.B. Zeitnutzung, Umgangston) und solche, die offensichtlich schwerer zu verwirklichen sind (z.B. problemlösendes Denken, individuelle Förderung). Dieser Befund entspricht den Erwartungen, die man aufgrund des oben genannten Stufenmodells der Unterrichtsqualität formulieren kann. Aspekte der Unterrichtsqualität, die – so würde ich behaupten – im Rahmen der Qualitätsdebatte in der Demokratiepädagogik besondere Aufmerksamkeit genießen sollten (z.B. individuelle Förderung, selbstgesteuertes Lernen), scheinen in der Realität des beobachtbaren Unterrichts eher besonders anspruchsvoll und herausfordernd zu sein. Im Bereich der Qualitätsstufen 3 und 4 unterschreitet die Beispielschule unter Berücksichtigung des Schwierigkeitsgrads der Qualitätsanforderung die in Vergleichsschulen festgestellten Mittelwerte zum Teil deutlich, das gilt aber auch für andere Stufen.

Der Befund auf Einzelschulebene kann auch in Beziehung gesetzt werden zu Referenzdaten, die man auf Systemebene gewinnen kann, indem man den Anteil der beobachteten Unterrichtssequenzen nach Qualitätsstufe in Prozent anhand eines repräsentativen Samples von 35 Hamburger Schulen vergleicht und beispielsweise die Schulen nach ihrem Anteil an Kindern und Jugendlichen mit Migrationshintergrund gruppiert (Abbildung 4):

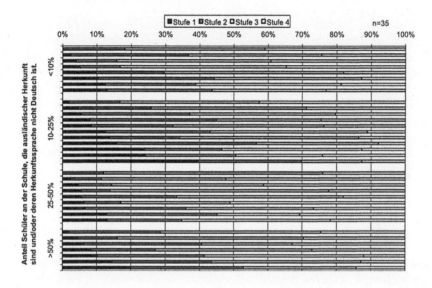

Abb. 4: Varianz der Unterrichtsqualität auf Ebene der Einzelschule im Verhältnis zum Anteil von Schülerinnen und Schülern mit nicht-deutscher Herkunftssprache

Zwei Befunde interessieren in unserem Zusammenhang:
- Innerhalb von Einzelschulen variiert die Qualität des vorgefundenen Unterrichts erheblich, und zwar mit günstigen, aber auch sehr ungünstigen Verteilungsmustern. Auf Systemebene lässt sich in Hamburg – wie wir aus Varianzzerlegungen wissen – feststellen, dass fast 90 Prozent der gesamten Qualitätsvarianz zwischen einzelnen Unterrichtssequenzen innerhalb von Schulen liegen.
- Der Anteil an Schülerinnen und Schülern mit Migrationshintergrund spielt für die Verteilung keine Rolle. Guter Unterricht, der hohe Ansprüche an individualisierte Förderung erfüllt, kann überall gelingen, auch unter schwierigen Rahmenbedingungen, ebenso wie Unterricht unter vergleichsweise besseren Rahmenbedingungen scheitern kann, weil trotz potenziell günstiger Kontexte die Realisierung eines optimalen lernförderlichen Unterrichts verfehlt wird.

Diese exemplarischen Ergebnisse des Bildungsmonitorings zum Unterricht lassen sich mit Blick auf die Frage von Qualitätsstandards in der demokratischen Schulentwicklung in vielfacher Hinsicht befragen: Was bedeutet das Erleben dieser Unterschiede potenziell für die Nutzung von Lern- und Entwicklungsgelegenheiten durch Schülerinnen und Schüler, d.h. für Teilhabechancen? Lassen sich heterogenitätsverstärkende, -nutzende oder -abmildernde Effekte des Unterrichts identifizieren? Wie werden durch Unterricht innerschulisch Gelegenheitsstrukturen mit günstigen oder ungünstigen Folgen für die Nutzung von Lernchancen verfestigt? Welche Implikationen haben solche Befunde für die unterrichtsbezogene Qualitätsdebatte in der Demokratiepädagogik oder auch für professionelle Entwicklungs- und Steuerungsstrategien des schulischen Personals? Inwieweit wagen es Demokratiepädagogen, „hausgemachte" eklatante Unterschiede der Unterrichtsqualität mit ihren Implikationen für ihre pädagogischen Konzepte überhaupt ins Auge zu fassen und folgenreich zu thematisieren?

2.3 Erfassung von Partizipationsmöglichkeiten

Schulische Beteiligungsgelegenheiten und -strukturen für Schülerinnen und Schüler sind ein zentrales Thema der Demokratiepädagogik. Die Begründungsansätze für eine Stärkung der Beteiligung sind vielfältig und nutzen unterschiedliche konzeptionelle, zum Teil normative Referenzen. Was weiß man über die Realität? Im Rahmen systematischer Schüler- und Lehrkräftebefragungen kann man in Hamburg feststellen, dass beispielsweise die Einschätzungen beider Personengruppen zur Leistungsbewertung oder zur Beteiligung an der Unterrichtsevaluation erheblich differieren (Freie und Hansestadt Hamburg 2011). Während Lehrkräfte Fragen zur Einbeziehung von Schülerinnen und Schülern in die Besprechung von Leistungsbeurteilungen in der Regel hohe Zustimmungswerte geben, sehen Schülerinnen und Schüler dies skeptischer. Sie beurteilen auch viel zurückhaltender, inwieweit Lehrkräfte vergleichbare Kriterien der Leistungsbeurteilung anwenden. Auch hinsichtlich der Evaluation des Unterrichts unterscheiden sich die Einschätzungen der beiden Personengruppen deutlich. Lehrkräfte geben an, dass sie ihren Unterricht mit Teampartnern häufig evaluieren. Schülerinnen und Schüler bestätigen allerdings viel seltener, dass sie von ihren Lehrkräften gefragt werden, was sie zum Unterricht zu sagen haben. Im Übrigen ist vielfach belegt, dass das Schülerurteil im Mittel wesentlich zuverlässiger ist als Selbstauskünfte von Lehrkräften.

Hinsichtlich der Partizipation kann es also – das sollten die Beispiele andeuten
- mit standardisierten Erhebungsinstrumenten gelingen, praktische Defizite einer durchgreifenden Beteiligungsorientierung zu identifizieren und zu beschreiben. Dabei ist sicherzustellen,
- dass die empirische Fundierung der Diagnostik theoretisch abgesichert ist und den üblichen Gütestandards verpflichtet ist;
- dass die Diagnostik auf einen ausgewiesenen und transparent gemachten normativen Rahmen von Sollensvorstellungen von „gutem Unterricht" und „guter Schule" bezogen ist und

• dass in der Gegenstandsbestimmung der Diagnostik eine Fokussierung auf die unterrichtsnahen Lehr-/Lerngelegenheiten vorgenommen wird, um in ihnen den Grad substanzieller Beteiligung am eigenen Lernen aufzuweisen.

Der letzte Punkt richtet sich gegen eine auch in der Demokratiepädagogik vielfältig anzutreffende Praxis, die Einlösung von Beteiligungsansprüchen weitgehend unkontrolliert, sprich unevaluiert in allen möglichen Bereichen des Schullebens zu thematisieren, den zentralen Bereich des Unterrichts aber mit sehr viel mehr Diskretion zu behandeln. Die Anwendungsfelder einer systematischen Partizipatonspädagogik „verrechnen" sich im Qualitätsurteil zu einer Schule nämlich so lange nicht gegeneinander, solange unabgegoltene Leneransprüche im zentralen „Kerngeschäft" der Schule fortbestehen, aber tendenziell eskamotiert werden. Im Gegenteil, es spricht vieles dafür, dass letzteres dazu führt, Effekte ohnehin vorhandener sozialer Disparitäten in der Schule zu verschärfen.

2.4 Erfassung von systemischen Problemlagen

Auch mit Blick auf die Systemsteuerung ist zu fragen, inwieweit die an Qualitätsstandards orientierte Diagnose Hinweise auf die ungerechtfertigte Einschränkung der Verwirklichung von Gerechtigkeitspostulaten liefert und wie eine solche Perspektive genuiner Bestandteil demokratischer Schulentwicklung werden sollte. In diesem Zusammenhang muss man einmal mehr auf den engen Zusammenhang eingehen, der in Deutschland und dort in einigen Bundesländern noch einmal schärfer zwischen Leistungen der Schülerinnen und Schüler in verschiedenen Domänen und ihren sozio-ökonomischen Herkunftsmerkmalen besteht. Das skandalöse Ausmaß dieses Zusammenhangs ist nicht zuletzt durch die großen Large-Scale-Assessments PISA oder TIMSS ins Bewusstsein gehoben worden.

Es darf aber bezweifelt werden, ob in systematischen Schulentwicklungsprogrammen, auch solchen der Demokratiepädagogik, die Tatsache bereits „angekommen" ist, dass bedeutenden Anteilen von Schülerinnen und Schülern aufgrund mangelnder kognitiver Voraussetzungen der Zugang zu lebensbiografisch entscheidenden Teilhabemöglichkeiten verschlossen bleibt, weil es der Schule nicht gelingt, ihre sozio-ökonomische Benachteiligung zu mildern. J. Douglas Willms (2006) hat für unterschiedliche Optimierungsstrategien, die Leistungssteigerung und Disparitätsausgleich verbinden sollen, Simulationen vorgelegt. Danach wäre für Deutschland die Strategie der Wahl, leistungsschwache Schülerinnen und Schüler, die deutliche Entwicklungsrückstände in den Kernbereichen des Leseverständnisses und der mathematischen Grundlagen aufweisen, unabhängig von ihrer sozialen und ethnischen Herkunft systematisch und massiv zu fördern. Gelingt dies, würden ein erheblicher mittlerer Niveauanstieg und die Verringerung aller Disparitäten die Folge sein. Es bedürfte eines strategischen Gesamtpakets, für das einige Elemente nur angedeutet seien:

- deutliche Konzentration der Mittel und Fokussierung konzertierter Maßnahmen auf regionale und soziale Problemzonen, in denen Leistungsbenachteiligungen verstärkt auftreten (Bildungsbenachteiligte und Migranten in städtischen Ballungsbereichen);
- d.h. Abkehr von einer breiten und eher unspezifischen Förderung zugunsten einer zeitlich befristeten Fokussierung der Entwicklungsprogramme und -mittel auf diejenigen Problemgruppen, die bisher trotz aller Anstrengungen nicht Anschluss an ein Mindestniveau der Kompetenzentwicklung gewinnen konnten und von dauerhaftem Verlust einer befriedigenden und eigenständigen Berufs- und Lebensperspektive bedroht sind;
- durchgreifende Intervention in strukturelle Rahmenbedingungen: z.B. Reduzierung problematischer schulformbezogener Lernentwicklungsmilieus, für bestimmte Lerner eine drastische Ausweitung obligatorischer Lern- und Betreuungszeiten (Ganztagsbildung, Ferien), dabei eine Konzentration des curricularen Programms auf „Basics", Ausweitung des lernbiografischen Zeitfensters nach vorn (Dreijährige), stringentere, kognitiv herausfordernde frühe Lern- und Förderprogramm usw.;
- Optimierung des Übergangs vom Kindergarten zur Grundschule: 1. Ausbau struktureller Verzahnungen, 2. Weiterentwicklung der systematischen Kooperation an Schnittstellen zwischen Kinder- (u. Jugend)hilfe und Schule: z.B. durch Harmonisierung der Sprachförderkonzepte und family-literacy-Programme; 3. curriculare Abstimmungen: längsschnittlicher Blick auf kindlichen Kompetenzerwerb; 4. Aus- und Fortbildung: Professionalisierung des Personals im Bereich Diagnostik und Förderung (Qualifikationsvoraussetzungen und Qualifikationsstrukturen);
- Berücksichtigung deutlicher Schulformunterschiede im Professionswissen der Lehrkräfte, die Folgen für die Bereitstellung von optimalen Lerngelegenheiten und für die Lernunterstützung hat (siehe Kunter u.a. 2011);
- Behörden- und zuständigkeitsübergreifende Weiterentwicklung und Spezifizierung sozialraumbezogener Entwicklungsstrategien (d.h. weg vom „Breitband-Antibiotikum") von Bildungs-, Förder- und Erziehungsmaßnahmen in Problemquartieren.

Gehen solche systembezogenen Fragestellungen die Demokratiepädagogik etwas an, insbesondere auch dann, wenn sie Qualitätsstandards der demokratischen Schulentwicklung erarbeiten will? Jedenfalls kommen diese Fragen notwendigerweise in den Blick, sobald man – wie eingangs geschehen – den Ausgang von bestimmten theoretischen Annahmen nimmt.

3. Fazit

Es stellt sich immer – in unseren Überlegungen auch – die Frage, wieweit sich der Geltungsanspruch eines mehrdimensional definierten Modells demokratischer Schulentwicklung erstreckt, ferner welches auch pragmatische Abgrenzungen sind, um sich mit den eigenen Anstrengungen nicht in allem und jedem zu verlieren. Letzteres scheint mir im Feld der Demokratiepädagogik kein geringes Risiko zu sein. Gleichwohl scheint entscheidend zu sein, dass eine stringente, hinreichend komplexe theoretische Begründung und Strategien einer so geleiteten empirischen Mehr-Ebenen-Diagnostik überhaupt Voraussetzung sind für die Gegenstandskonstituierung der demokratischen Schulentwicklung. Die vorliegenden Überlegungen haben dafür nur einige wenige Suchrichtungen aufzeigen können. Resümierend lässt sich sagen:

- Demokratische Schulentwicklung im umfassenden Sinne braucht operationalisierbare Qualitätsstandards, wenn sie an den richtigen Stellen ansetzen und nachhaltig wirksam werden will.
- Demokratische Schulentwicklung ist angewiesen auf regelmäßige Überprüfung der Einlösung von Qualitätsstandards. Qualitätsstandards sind bei weitem nicht alles, aber ohne sie ist alles nichts.
- Demokratische Schulentwicklung kommt ohne eine anspruchsvolle theoretische Fundierung nicht aus. Diese muss vor allem bildungstheoretisch begründet sein. Die Geschichte der Bildungstheorie bietet dazu eine reichhaltige Grundlage. Von Knigges Vorstellung, *„sich für die Welt zu bilden"*, (Adolph Freiherr Knigge „Bildung als Umgang des Menschen mit sich selbst und mit anderen", 1790) bis zu Saul Benjamin Robinsohns berühmtem Diktum aus dem Jahre 1975, Bildung sei *„die Ausstattung zum Verhalten in der Welt"* gibt es genug Belege dafür, dass die Entkopplung des Bildungsgedankens von praktischen Zwecken der Teilhabe an der Welt nur eine Folge historisch erklärbarer, aber problematischer bildungstheoretischer Verengung ist. Die Demokratiepädagogik tut gut daran, dieses verschüttete Erbe systematisch zu erschließen und zu nutzen.
- Demokratische Schulentwicklung muss auch gesellschaftstheoretisch und philosophisch begründet sein. Auch dazu gibt es hinreichende Bezugspunkte, auf die Konzepte demokratischer Schulentwicklung rekurrieren können. „Gesellschaftliche Ungleichheiten sind nur dann gerechtfertigt, wenn und soweit sie auch dem am schlechtesten gestellten Mitglied der Gesellschaft noch zum Vorteil gereichen" (John Rawls „Justice as Fairness", Philosophical Review 1958). Allein dieses Prinzip einer Gerechtigkeitstheorie böte hinreichend Potenzial, um dem Konzept demokratischer Schulentwicklung Impulse zu geben.
- Demokratische Schulentwicklung muss darüber hinaus schulentwicklungstheoretisch begründbar sein, wenn ihr Proprium einer präzisen Beschreibung

zugänglich gemacht werden soll. Dabei sind Theorien der Schulentwicklung, auch in ihrer governancetheoretischen Variante (siehe exemplarisch Heinrich 2007, Rahm 2005, Rolff 2007, Warnken 2001) ebenso aufzunehmen wie die wenigen empirischen Studien auf längsschnittlicher Basis (Klieme u.a. 2008 und 2010).

• Schließlich: Demokratische Schulentwicklung ist weniger eloquenz- als evidenz-basiert. Die Demokratiepädagogik täte deshalb gut daran, in ihren eigenen Reihen mit worthubernder Geschwätzigkeit und emphatischem Beschwörungsjargon streng zu verfahren, jedenfalls strenger als bisher.

Literatur

Bandura, A. (1997): Self-efficacy. The exercise of control. New York.

Busch, M./Grammes, T. (2010): Demokratie und Bildung. Forschungstrends und Theorieprofile auf dem Kongress der Deutschen Gesellschaft für Erziehungswissenschaft (DGfE) 2010 und ihre Bedeutung für sozialwissenschaftliche Didaktiken. In: JSSE Journal of Social Science Education, 9, 1, S. 94-109.

Dahrendorf, R. (1997): Die Globalisierung und ihre sozialen Folgen werden zur nächsten Herausforderung einer Politik der Freiheit. An der Schwelle zum autoritären Jahrhundert. In: Die ZEIT v. 14.11.1997.

De Boer, H. (2008): Klassenrat im Spannungsfeld von schulischer Autorität und Handlungsautonomie. In: Breidenstein, G./Schütze, F. (Hrsg.): Paradoxien in der Reform der Schule. Neue Sichtweisen durch qualitative Forschung. Wiesbaden, S. 127-140.

De Haan, G./Edelstein, W./Eikel, A. (Hrsg.) (2007): Qualitätsrahmen Demokratiepädagogik. Demokratische Handlungskompetenzen fördern, demokratische Schulqualität entwickeln. Weinheim/Basel.

Diedrich, M. (2008): Demokratische Schulkultur. Messung und Effekte. Münster.

Edelstein, W. (2010): Ressourcen für die Demokratie. Die Funktionen des Klassenrats in einer demo-kratischen Schulkultur. In: Aufenanger, S./Hamburger, F./Ludwig, L./Tippelt, R. (Hrsg.): Bildung in der Demokratie. Beiträge zum 22. Kongress der Deutschen Gesellschaft für Erziehungswissenschaft. Opladen, S. 65-78.

Freie und Hansestadt Hamburg (2009): Jahresbericht der Schulinspektion Hamburg 2008. Hamburg: Institut für Bildungsmonitoring.

Freie und Hansestadt Hamburg (2011): Jahresbericht der Schulinspektion Hamburg 2009 – 2010. Hamburg: Institut für Bildungsmonitoring.

Füssel, H.-P. (2004): Demokratie und Schule, Demokratie in der Schule. Rechts- und schulpoli-tische Überlegungen. In: Edelstein, W./Fauser, P. (Hrsg.): Beiträge zur Demokratiepädagogik. Eine Schriftenreihe des BLK-Programms „Demokratie lernen & leben" (abrufbar unter www. blk-demokratie.de).

Grammes, T./Busch, M. (2010): Demokratiepädagogik und politische Bildung. In: ZfE Zeitschrift für Erziehungswissenschaften, H. 2, S. 317-327.

Heinrich, M. (2007): Governance in der Schulentwicklung. Von der Autonomie zur evaluationsba-sierten Steuerung. Wiesbaden.

Himmelmann, G. (2004): Demokratie-Lernen: Was? Warum? Wozu? In: Edelstein, W./Fauser, P. (Hrsg.): Beiträge zur Demokratiepädagogik. Eine Schriftenreihe des BLK-Programms „Demokratie lernen & leben" (abrufbar unter www.blk-demokratie.de).

Himmelmann, G. (2005): Was ist Demokratiekompetenz? Ein Vergleich von Kompetenzmodellen unter Berücksichtigung internationaler Ansätze. In: Edelstein, W. /Fauser, P. (Hrsg.): Beiträge zur Demokratiepädagogik. Eine Schriftenreihe des BLK-Programms „Demokratie lernen & leben". (abrufbar unter www.blk-demokratie.de)

Honneth, A. (2003): Kampf um Anerkennung. Zur moralischen Grammatik sozialer Konflikte. Frankfurt/M.

Honneth, A (1994a), (Hrsg.): Pathologien des Sozialen. Die Aufgaben der Sozialphilosophie. Frankfurt/M

Honneth, A. (1994b): Desintegration. Bruchstücke einer soziologischen Zeitdiagnose. Frankfurt: Fischer.

Imbusch, P./Heitmeyer, W. (2009): Integration – Desintegration. Ein Reader zur Ordnungsproblematik moderner Gesellschaften. Wiesbaden: VS Verlag für Sozialwissenschaften.

Klieme, E./Steinert, B. (2008): Schulentwicklung im Längsschnitt. In: Prenzel, M./Baumert, J. (Hrsg.): HG. Vertiefende Analysen zu PISA 2006. Wiesbaden, S. 221-238.

Klieme, E./Steinert, B./Hochweber, J. (2010): Zur Bedeutung der Schulqualität für Unterricht und Lernergebnisse. In: Bos, W./Klieme, E./Köller, O. (Hrsg.): Schulische Lerngelegenheiten und Kompetenzentwicklung. Festschrift für Jürgen Baumert. Münster, S. 231-255.

Krapp, A./Ryan, R. M. (2002): Selbstwirksamkeit und Lernmotivation. Eine kritische Betrachtung der Theorie von Bandura aus der Sicht der Selbstbestimmungstheorie und der pädagogisch-psychologischen Interessentheorie. In: Jerusalem, M./Hopf, D. (Hrsg.): Zeitschrift für Pädagogik. Selbstwirksamkeit und Motivationsprozesse in Bildungsinstitutionen. 44. Beiheft, S. 54-82.

Kunter, M./Baumert, J./Blum, W./Klusmann, U./Krauss, W./Neubrand, M. (Hrsg.) (2011): Professionelle Kompetenzen von Lehrkräften. Ergebnisse des Forschungsprogramms COACTIV. Münster.

Pietsch, M. (2010): Evaluation von Unterrichtsstandards. In: Zeitschrift für Erziehungswissenschaft 13(1), S. 121-148.

Prenzel, M./Artelt, C./Baumert, J./Blum, W./Hammann, M./Klieme, E./Pekrun, R. (Hrsg.) (2008): PISA 2006 in Deutschland. Die Kompetenzen der Jugendlichen im dritten Ländervergleich. Münster.

Rahm, S. (2005): Einführung in die Theorie der Schulentwicklung. Weinheim und Basel.

Reinhardt, S. (2004): Demokratie-Kompetenzen. In: Edelstein, W./Fauser, P. (Hrsg.): Beiträge zur Demokratiepädagogik. Eine Schriftenreihe des BLK-Programms „Demokratie lernen & leben" (abrufbar unter www.blk-demokratie.de).

Reinhardt, S. (2010): Was leistet Demokratie-Lernen für die Politische Bildung? Gibt es empirische Indizien zum Transfer von Partizipation im Nahraum auf Demokratie-Kompetenz im Staat? Ende einer Illusion und neue Fragen. In: Lange, D./Himmelmann, G. (Hrsg.): Demokratiedidaktik. Impulse für die politische Bildung. Wiesbaden, S. 127-143.

Rolff, H.-G. (2007): Studien zu einer Theorie der Schulentwicklung. Weinheim und Basel: Beltz.

Schirp, H. (2004): Werteerziehung und Schulentwicklung. Konzeptuelle und organisatorische Ansätze zur Entwicklung einer demokratischen und sozialen Lernkultur. In: Edelstein, W./Fauser, P. (Hrsg.): Beiträge zur Demokratiepädagogik. Eine Schriftenreihe des BLK-Programms „Demokratie lernen & leben" (abrufbar unter www.blk-demokratie.de).

Sennett, R. (1998): Der flexible Mensch. Die Kultur des neuen Kapitalismus. Berlin: Berlin Verlag.

Sen, A. (2010): Die Idee der Gerechtigkeit. München.

Warnken, G. (2001): Theorien zur Schulentwicklung. Eine Landschaftsskizze. Oldenburg.

Willms, J. D. (2006): Learning Divides: Ten Policy Questions about the Performance and Equity of Schools and Schooling Systems. Montreal: UNESCO Institute for Statistics.

Ingrid Gogolin

„Lernen, beteiligen, unterstützen, leiten" – Grundlagen demokratischer Schulentwicklung[1]

Vorbemerkung

Der folgende Beitrag stammt aus der Feder einer Person, die im Bereich der Demo-kratiepädagogik nicht bewandert ist. Meine erste nähere Beschäftigung mit diesem Feld stand im Zusammenhang mit meinen Vorbereitungen auf die Konferenz, in deren Rahmen dieser Beitrag vorgetragen wurde. Nach Durchsicht einschlägiger Veröffentlichungen wurde mir jedoch rasch deutlich, dass mich vieles mit diesem Anliegen verbindet. Ganz prominent geht es dabei um das gemeinsame Interesse daran, gesellschaftliche Teilhabe zu ermöglichen.

Meine eigene Arbeit dreht sich um die Frage, welche Beiträge Schule und Unterricht zu leisten haben, um gesellschaftliche Teilhabe auch denjenigen zu ermöglichen, denen sie nicht *per se* offensteht. In Deutschland ist bekanntlich die Abhängigkeit zwischen Erfolgschancen im Bildungssystem und der sozialen Herkunft besonders groß. Eine zweite Quelle herkunftsbedingter Benachteiligung, die mit der ersten eng verwoben ist, ist die Zugehörigkeit zu einer Familie mit Migrationshintergrund. Allerdings ist nach dem vorliegenden Forschungsstand nur ein Teil des Bildungsnachteils, den Kinder und Jugendliche mit Migrationshin-tergrund in deutschen Schulen haben, durch sozio-ökonomischen Hintergrund und kulturelles Kapital der Familie zu erklären. Meine Forschung gilt der Frage, welche Rolle Merkmale der Schule und des Unterrichts für das Zustandekommen von Bildungsbenachteiligung spielen.

Diese Frage konkretisiert sich im Rahmen der Forschung in meinem Institut am Fall der Sprache – allerdings in einem weiten Verständnis: Es geht nicht allein um Wörter, Sätze, Texte, sondern um Sprache als Ausdrucksmittel kultureller und sozialer Tradition und Eingebundenheit ebenso wie der Individualität. Unsere These lautet, dass die sprachliche Bildung, die in deutschen Schulen – insbesondere im Anschluss an die Grundschule – üblich ist, zum Entstehen des Bildungsnachteils der Schülerinnen und Schüler mit Migrationshintergrund erheblich beiträgt. Dies

---

1 Überarbeitete Fassung eines Vortrags bei der Tagung „Demokratiepädagogik als gesellschaftliche Aufgabe" am 3. Dezember 2010 in Berlin.

liegt, so meinen wir, vor allem daran, dass die Konsequenzen, die ein Leben mit mehr als einer Sprache für das Lernen besitzt, beim Lehren zu wenig berücksichtigt werden.

Mein Beitrag beleuchtet im ersten Teil die aktuelle sprachliche Lage in Deutschland; dies soll illustrieren, dass Mehrsprachigkeit eine allgemeine und alltägliche Konstellation in deutschen Schulen ist und keineswegs die Ausnahme. Gründe dafür, dass diese Konstellation im Unterricht berücksichtigt werden müsste, wenn Bildungsbenachteiligung vermieden werden soll, stelle ich im zweiten Teil vor. Es geht hierbei um das Problem, dass Schülerinnen und Schüler im Bildungssystem nur erfolgreich sein können, wenn sie bildungssprachliche Fähigkeiten besitzen. Was wir darunter verstehen, werde ich erläutern. Im dritten Teil illustriere ich an Texten, die die Aufgaben der Demokratiepädagogik beschreiben, warum gerade sie nicht darum herumkommt, wesentliche Beiträge zur Förderung bildungssprachlicher Fähigkeiten zu leisten.

Es sei darauf hingewiesen, dass dieser Beitrag kein Originalbeitrag ist. Die Inhalte der beiden folgenden Kapitel habe ich selbst und haben andere Mitglieder meiner Forschungsgruppe in mehreren Publikationen, zum Teil wesentlich ausführlicher, bereits dargestellt (Gogolin 2009; Gogolin 2010; Gogolin and Lange 2010; Gogolin, Dirim et al. 2011). Meine Überlegungen zur Demokratieerziehung sind neu und schließen daran an.

1. Sprachliche Realität

Immer wieder wird man daran erinnert, dass das heutige Deutschland und seine Vorgängerstaaten spätestens seit dem 19. Jahrhundert ein monolinguales Selbstverständnis pflegten. Ein Land, eine Sprache – das ist nicht nur hierzulande eine gebetsmühlenartig vorgetragene Vorstellung von sprachlicher Normalität. Ihre Ursachen hat diese Vorstellung in der Mythenbildung, die sich mit der Gründung der klassischen Nationalstaaten europäischer Prägung im 18. und 19. Jahrhundert verbindet (Hobsbawm 1991).

Die interessante Geschichte der Erfindung, Sicherung und Habitualisierung der Vorstellung, es gebe so etwas wie eine natürliche Bindung zwischen einem Staat und einer Sprache – und demzufolge: ein natürliches Verhältnis zwischen den Menschen, die auf dem Territorium dieses Staates leben und seiner Sprache, kann hier nicht ausführlicher berichtet werden (Gogolin 1994). Faktum ist jedenfalls, dass die Vorstellung von Einsprachigkeit als Normalfall für einen Staat und die Menschen, die in ihm leben, nicht der empirischen Wirklichkeit entspricht – dies gilt heute ebenso wie in der Vergangenheit.[2] Es handelt sich um ein normatives

---

2 Über die Sprachenverteilung in heutigen Gesellschaften informiert die Website „Ethnologue – Languages of the World": http://www.ethnologue.com/, Zugriff August 2011.

Konstrukt, eine Sollensbekundung, gegründet auf einen Mythos: Der National-
staat und die in ihm lebenden Menschen *sollten* einsprachig sein, weil sich (unter
anderem) darin ihre Gemeinschaft manifestiere.

Wie tief diese Setzung in Alltagsauffassungen über sprachliche Normalität
verankert ist, kann immer wieder festgestellt werden, wenn ‚Volkes Stimme' dazu
vernommen wird. Ein Beispiel: eine Kampagne der Bild-Zeitung zum Thema
Integration, die im September 2010 über mehrere Tage publiziert wurde. Am
4.9.2010 war auf der Titelseite der Bild-Zeitung zu lesen[3]: „Neun unbequeme
Meinungen und die Fakten. Diese Sätze muss man sagen dürfen, (weil...). Es sind
Sätze, die die Mehrheit der Deutschen unterschreiben würde. Sätze, die Ausdruck
von oft katastrophalen Missständen in unserem Land sind. Und trotzdem Sätze,
die in Deutschland immer noch Ärger, Streit und wütende Debatten auslösen.
BILD aber meint: Es darf keine Sprechverbote geben. Auch nicht bei diesen
unbequemen Sätzen!

> ‚Auf den Schulhöfen muss Deutsch gesprochen werden'
> Fakt ist: Kinder und Jugendliche, die nicht richtig Deutsch sprechen, haben
> kaum Aufstiegschancen, sind anfälliger für Gewalt und Kriminalität. Bei den
> Mehrfachtätern (fünf und mehr Gewalttaten) belegen zum Beispiel türkisch-
> stämmige Jugendliche mit 8,3 Prozent einen vorderen Platz. Dort, wo türkische
> Jugendliche schulisch gut integriert sind, sinkt ihre Gewaltrate deutlich. Auslän-
> dische Jugendliche sind doppelt so häufig von Arbeitslosigkeit betroffen wie
> deutsche. Einer der Hauptgründe: mangelnde Deutschkenntnisse."

Weder die journalistische Qualität der genannten Zeitung noch ihre Beziehungen
zur prüfbaren Realität sind für meinen Beitrag relevant. Wichtig ist lediglich, dass
hier ein *common sense* über sprachliche Normalität zum Ausdruck kommt, der
in der Bevölkerung tief verankert ist. Faktum ist zugleich, dass dieser Mythos und
die an ihn geknüpfte normative Setzung nicht nur die Struktur des Bildungswesens
mitbestimmt, sondern auch die Gestaltung von Inhalten und einen nennenswerten
Teil der Annahmen darüber, wie der Mensch sprachlich lernt.

Wenn nun diese Normalitätsvorstellung mit der empirisch prüfbaren Realität
konfrontiert wird, ist rasch zu merken, dass die Beziehung ausgesprochen lose
ist. Eine mehr oder weniger ausgeprägte Mehrsprachigkeit in den Nationalstaaten
ist historisch immer schon vorfindlich. Die genaue Identifizierung der Zahl der
Sprachen in einer Nation ist schwierig, weil es keine klaren Abgrenzungen gibt.
Die Frage, ob es sich bei einer Ausdrucksform um die Variante einer Sprache
(also z.B. einen Dialekt) oder eine „eigenständige" Sprache handelt, ist linguistisch
umstritten (Cuseriu 1988). Die Bestimmung von Sprachen und ihren Beziehungen
sind oft politische Akte – unberührt von linguistischen Kriterien. Ein jüngeres

---

3   Diese Kampagne ist nachlesbar unter http://www.bild.de/politik/2010/politik/neun-unbequeme-
meinungen-und-fakten-13851388.bild.html; Zugriff August 2011.

Beispiel dafür ist die Entwicklung, die in den Nachfolgestaaten Jugoslawiens stattfand. „Serbokroatisch", das ehedem als gemeinsame Landessprache galt, ist nach den Nachfolgestaatsgründungen aufgespalten in vier „eigenständige", ethnisch legitimierte Sprachen: Serbisch, Kroatisch, Bosnisch und Montenegrinisch (Brozović 1992). Die immer schon vorhandene Differenziertheit der vormals als Varietäten *einer* Sprache definierten Ausdrucksweisen gilt heute als Beleg für die Notwendigkeit ihrer Abgrenzung voneinander.

In ethnisch bestimmten Konzepten von Nation – wie auch dem deutschen – ist die Normalvorstellung Einsprachigkeit besonders ausgeprägt. Folgerichtig ist wenig empirisch gesättigtes Wissen über die tatsächliche sprachliche Lage in Deutschland greifbar. Lediglich die staatlich anerkannten autochthonen Minderheiten wie die Sorben in Sachsen und Brandenburg oder die Dänen im deutsch-dänischen Grenzgebiet werden als Sprecher einer anderen Sprache als des Deutschen offiziell (mindestens in Länderstatistiken) berücksichtigt. Sprachen hingegen, die durch Zuwanderung nach Deutschland gekommen sind, werden bislang kaum systematisch registriert. In den bundesweiten amtlichen Bevölkerungsstatistiken wird Zuwanderung nur durch die Kategorie der Staatsangehörigkeit erfasst. Lediglich für die Repräsentativerhebung Mikrozensus kommt die Frage nach dem Geburtsort hinzu (Statistisches Bundesamt 2010). Beide Informationen jedoch sind kaum aussagekräftig mit Blick auf sprachliche Fragen. Dies sei am Beispiel von Hamburger Daten illustriert:

Türkei	Polen	Ghana	Philippinen	China	Indien	Südafrika	Malaysia	Uganda	Lesotho
55.000	20.000	5.000	4.500	3.500	2.500	400	300	42	1

Abb. 1: Menschen mit nicht-deutscher Staatsangehörigkeit in Hamburg im Jahr 2009 (ausgewählte Staatsangehörigkeiten, nach Daten des Statistischen Landesamts Hamburg)

In Abbildung 1 ist die Zahl der Menschen festgehalten, die den Pass einer der ausgewählten Nationen besitzen. Stellt man sich die Frage, was die Information über Staatsangehörigkeit zur sprachlichen Zusammensetzung der Bevölkerung Hamburgs besagen, so ist die Antwort: recht wenig. Angaben der Datenbank Ethnologue zufolge ist in den erfassten Staaten folgende sprachliche Situation zu finden:

Türkei	Polen	Ghana	Philippinen	China	Indien	Südafrika	Malaysia	Uganda	Lesotho
34	14	79	171	292	438	24	137	43	5

Abb. 2: Anzahl der Sprachen, die in den erfassten Staaten gesprochen werden (nach Ethnologue a.a.O., Zugriff August 2011).

Es ist gewiss nicht davon auszugehen, dass sich in Hamburg Sprecherinnen und Sprecher aller ca. ein- bis zweihundert Sprachen versammeln, die in den erfassten Herkunftsländern gesprochen werden. Zugleich aber ist die sprachliche Komposition der Bevölkerung durch den vorhandenen Datenbestand nur sehr unvollkommen abgebildet. Zwar gehört Hamburg zu den wenigen Bundesländern, die seit jüngerer Zeit Fragen zum sprachlichen Hintergrund bei der Anmeldung von Schulanfängern erfassen. Nach der jüngsten „Herbststatistik" der Hamburger Behörde für Schule und Berufsbildung (BSB) sind unter Schulanfängern in Hamburg im Herbst 2011 etwa 120 verschiedene Herkunftssprachen vertreten. Dennoch sind zumindest für Aktivitäten der Sprachbildung und Sprachplanung die Informationen unzureichend, wenn nicht gar irreführend.

2. Sprachbildung, Bildungssprache

Warum aber ist es für die Gestaltung von Sprachbildung wichtig, die sprachliche Komposition einer Region, Schule oder Klasse zu kennen? Zu den wesentlichen Antworten auf diese Frage gehört das Wissen über Sprachentwicklung. Für den Bildungs- und Erziehungszusammenhang besonders wichtig ist, dass das Aufwachsen und Leben unter Zwei- oder Mehrsprachigkeitsbedingungen[4] die Sprachwahrnehmung und Sprachaneignung nachdrücklich beeinflussen. Mit den Besonderheiten mehrsprachiger Sprachentwicklung sind überwiegend Vorteile für die sprachliche und kognitive Entwicklung eines Kindes verknüpft (Tracy and Gawlitzek-Maiwald 2000). Der für den potentiellen Schulerfolg wohl bedeutendste Vorteil besteht darin, dass mehrsprachige Kinder metasprachliche Fähigkeiten - also ein Wissen über Sprache - früher und intensiver erwerben als einsprachig Aufwachsende (Bialystok 2009). Damit ist eine sehr gute Voraussetzung gegeben für die abstrakten, zerlegenden und reflektierenden Strategien, die beim schulischen Lernen - zum Beispiel beim Lernen von Lesen und Schreiben - eine herausragende Rolle spielen. Der einzige wiederkehrende und in der Forschung belegte Nachteil mehrsprachigen Aufwachsens besteht darin, dass die Betroffenen in jeder ihrer Sprachen einen geringeren Wortschatz erwerben als (jeweils) Einsprachige. Insgesamt gesehen verfügen Mehrsprachige durchaus über ein größeres Repertoire an Wörtern. Aber diese verteilen sich eben auf zwei oder mehrere Sprachen, und sie sind keineswegs in den beteiligten Sprachen deckungsgleich. Anders als die Entwicklung der syntaktischen Struktur von Sprachen, die sehr weitgehend auf angeborenen Fähigkeiten zu beruhen scheint, wird das sprachliche Repertoire in Abhängigkeit von den konkreten Spracheinflüssen und Kontexten erworben, die

---

4   Dabei ist die Zahl der Sprachen, die beim Aufwachsen eines Menschen eine Rolle spielen, unbedeutend. Ich benutze deshalb im Folgenden den Ausdruck Mehrsprachigkeit, der zweisprachige Lebenskonstellationen einschließt.

einen Menschen umgeben. Da mehrsprachige Menschen ihre Sprachen in der Regel in unterschiedlichen Kontexten einsetzen, wäre es sehr ungewöhnlich, wenn sie identische sprachliche Repertoires erwürben.

Die mit mehrsprachigem Aufwachsen und Leben verbundenen Vorteile könnten für das schulische Lernen genutzt werden – vorausgesetzt, dass sie systematisch beim Unterrichten berücksichtigt würden. Insbesondere das früh angelegte Wissen über Sprache kann hilfreich für die weitere Sprachentwicklung sein, nicht nur in Bezug auf die sprachlichen Mittel im engeren Sinne, sondern auch hinsichtlich des mit der Mehrsprachigkeit verbundenen Weltwissens. Sprachliche Kenntnisse und Fähigkeiten, die mit der Aneignung der schulischen Inhalte und Verständigungsformen verbunden sind, werden nicht ohne weiteres aus dem praktischen Leben in der mehrsprachigen Lebenspraxis mitgebracht. Dies gilt, darauf sei ausdrücklich verwiesen, nicht nur für mehrsprachig aufwachsende Kinder. Der Hintergrund für diese Feststellung ist folgender: Mit den internationalen Schulleistungsvergleichsstudien ist die Bedeutung, die sprachlichem Können für schulisches Lernen zukommt, in die allgemeine Aufmerksamkeit gerückt worden. Die Zusammenhänge zwischen potentiellem Schulerfolg und den dafür erforderlichen sprachlichen Voraussetzungen waren vor PISA hauptsächlich für Spezialisten interessant, deren Forschungsinteresse sich auf die besondere Lage von Bildungsbenachteiligten richtete, insbesondere auf Benachteiligungen sozialer Provenienz oder durch Migration bzw. die Zugehörigkeit zu einer sprachlichen Minderheit. In der Forschung zu diesen Fragen ist schon seit den 1970er Jahren die Frage zum Thema gemacht worden, welche Merkmale der schulischen Sprachanforderungen es genau sind, die dazu führen, dass Kinder und Jugendliche, die mehrsprachig leben, bildungsbenachteiligt sind (Bernstein 1977; Cummins 1979).

Dass die unzureichende Beherrschung der Schul- und Unterrichtssprache zu den Ursachen für Bildungsbenachteiligung gehört, ist unstreitig. In den internationalen Schulleistungsvergleichsstudien wie PISA oder IGLU/PIRLS ist auf die Bedeutung der Lesekompetenz für das Lernen in allen – jedenfalls den getesteten – Fächern aufmerksam gemacht worden. Eine unzureichende Lesekompetenz in der Unterrichtssprache klärt einen erheblichen Teil des Leistungsnachteils auf, der zwischen Jugendlichen mit und ohne Migrationshintergrund in diesen Studien ermittelt wurde, so etwa exemplarisch in PISA 2009 (Stanat et al. 2010). Allerdings liefern diese Untersuchungen insgesamt keine zufriedenstellenden Erklärungen zur Frage, welche Schwierigkeiten es genau sind, die die Unterrichtssprache bereitet. Insbesondere lassen sie offen, warum diese Schwierigkeiten bei Kindern oder Jugendlichen mit Migrationshintergrund offenbar auch dann bestehen, wenn sie – wie das etwa bei den in PISA Getesteten in zunehmendem Maße der Fall ist – sich auch im Elternhaus der deutschen Sprache bedienen und ihre gesamte Bildungskarriere in deutscher Sprache absolvierten.

Klärungen dieser Frage sind das Anliegen der migrations- und mehrsprachigkeits-
bezogenen Forschung. Ein Ergebnis dieser Forschung lautet, dass eine allgemeine,
für alltägliche Kommunikation taugliche Sprachkompetenz – also die Fähigkeit
zur Verständigung im Alltag – zwar wichtig, aber für den schulischen Erfolg
nicht entscheidend ist. Dieser setzt vielmehr den Besitz spezifischer sprachlichen
Fähigkeiten voraus, die wir mit ‚Bildungssprache'[5] bezeichnen.[6]

Die Unterscheidung zwischen Bildungssprache und Alltagssprache geht auf
eine Theorie der funktionalen Sprachbetrachtung zurück (Halliday [2]1994), die
sich daran orientiert, dass Äußerungen nach ihrer jeweiligen Funktion nicht nur
inhaltlich, sondern auch formal unterschiedlich ausfallen. So haben Äußerungen
eine andere Gestalt, je nachdem, ob sie in formellem oder in informellem Kontext
fallen; ob sie ein Fachpublikum gerichtet sind oder an Laien; ob sie an Kinder
gerichtet sind oder an Erwachsene – und so weiter. Nach der Funktion des Sprach-
gebrauchs bestimmen sich die Gestaltungsregeln, die jeweils angemessen sind. Die
Differenzierung von alltags- und bildungsrelevanter Sprache ist zudem durch die
mit Sprache und Sprechen verbundenen kognitiven Leistungen begründet. Der
kanadische Forscher Jim Cummins hat die Unterscheidung zwischen „BICS – Basic
interpersonal communicative skills" und „CALP – Cognitive academic language
proficiency" vorgeschlagen, um auf die unterschiedlichen Leistungen aufmerksam
zu machen, die mit funktional unterschiedlichem Sprachgebrauch verbunden
sind. Mit „BICS" sind alltagstaugliche, überwiegend mündliche Sprachfähigkeiten
gemeint; „CALP" verweist auf das sprachliche Können und Wissen, das wir als
Bildungssprache bezeichnen.

Die Forschung aus diesem Kontext verweist zugleich darauf, dass die Aneignung von alltagstauglichen Sprachfähigkeiten in der Zweitsprache in recht kurzer
Zeit gelingt; je nach Kontext sind dafür zwischen einem halben und zwei Jahren
erforderlich. Die Erwerbsdauer bildungssprachlicher Fähigkeiten ist viel länger.
Nach einschlägigen Studien, erneut je nach Kontext und Umständen des Spra-
cherwerbs, sind fünf bis acht Jahre vergangen, bis Kinder und Jugendliche sichere
bildungssprachliche Kompetenzen in der Zweitsprache erworben haben. Dies
kann erklären, warum Kinder mit Migrationshintergrund sich häufig mündlich in
Alltagssituationen fließend verständigen, aber an den sprachlichen Anforderungen
der Bildungseinrichtungen dennoch scheitern.

Bildungssprache ist also ein spezieller Ausschnitt sprachlicher Kompetenz: eine
Art und Weise Sprache zu verwenden, die bestimmte formale Anforderungen beachtet. Sehr grob charakterisiert kann man sagen, dass Bildungssprache auch dann,

---

5   Im Englischen werden die Begriffe „academic language" und „academic discourse" benutzt. Die
    deutsche Analogbildung Bildungssprache trägt unter anderem dem Umstand Rechnung, dass „aca-
    demic" im Englischen eine umfassendere Bedeutung hat als das deutsche Adjektiv ‚akademisch'.

6   Die folgende Darstellung beruht auf: Gogolin/Lange 2010.

wenn sie im Mündlichen vorkommt, an den Regeln des Schriftsprachgebrauchs orientiert ist. Das folgende Beispiel soll die Unterschiede illustrieren:

In alltagssprachlichen Situationen können sich die Sprecherinnen und Sprecher meist auf einen gemeinsamen Kontext, auf das Hier und Jetzt beziehen. Daher ist zum Beispiel die Verwendung von sogenannten deiktischen Mitteln (Mitteln, die von Zeigegesten begleitet sein könnten, wie „das da", „hier") oder von Sätzen, die im strengen Sinne „grammatischer Korrektheit" unvollständig sind, durchaus angebracht. Ein Dialog wie der folgende ist im Alltag funktional und korrekt:

Frage: „Wie komme ich denn zur X-Schule?" Antwort: „Erste rechts, dritte links" oder „Hier rechts, dahinten links".

Im bildungssprachlichen Kontext beziehen sich die Sprecherinnen und Sprecher auf Inhalte, die sie nicht unmittelbar erleben oder aus dem Augenschein kennen. Daher muss der Kontext sprachlich hergestellt werden. Die erforderlichen sprachlichen Mittel müssen präzise gewählt sein, um gemeinsame, universale Bedeutungen zu konstruieren. Dies geschieht beispielsweise durch die ausdrückliche Formulierung von Zusammenhängen. Hier wäre die Antwort aus dem Beispieldialog sprachlich komplexer gestaltet:

Antwort: „Biegen Sie in die erste Querstraße rechts ab. Gehen Sie dann geradeaus bis zur dritten Kreuzung. Biegen Sie nach der Tankstelle links ab."

Bildungssprache wird in Lernaufgaben, in Lehrwerken und anderem Unterrichtsmaterial verwendet; sie wird in vielen Unterrichtsgesprächen eingesetzt und in Prüfungen erwartet. Je weiter eine Bildungsbiografie fortschreitet, je weiter sich der Unterricht also in Fächer oder Fächergruppen ausdifferenziert, umso höher sind die Anforderungen an bildungssprachliche Fähigkeiten.

Entscheidend für die Frage nach der Relevanz dieser Erkenntnisse für die Schule und den Unterricht ist es, dass die spezifischen bildungssprachlichen Redemittel in alltäglicher mündlicher Kommunikation eher ungebräuchlich sind. Gebräuchlich sind sie, wenn im Medium der Schrift kommuniziert wird; und hier sind es auch nicht die Schriftprodukte, die uns alltäglich umgeben – etwa auf Werbeplakaten, in Unterhaltungsmedien –, die die bildungsspezifischen Merkmale aufweisen. Vielmehr sind es genau jene Texte, die im Kontext der schulischen Kommunikation gebraucht werden, um Lerninhalte zu präsentieren. Es ist aus diesem Grund auch *Sache der Schule*, die speziellen sprachlichen Fähigkeiten zu vermitteln, die für die Aneignung der Inhalte erforderlich sind.

Hier komme ich nochmals auf die Bemerkung zurück, dass das Problem der Bildungssprache nicht nur für Kinder und Jugendliche bedeutsam ist, die selbst mehrsprachig leben. Alle Kinder wachsen in mehr oder weniger großer Distanz zu diesen besonderen sprachlichen Mitteln auf. Daher ist für alle Kinder die Aneignung bildungssprachlicher Fähigkeiten eine Art Fremdsprachenlernprozess. Je mehr aber der Umgang mit Schrift und Schrifttum im alltäglichen Leben eines Kindes eine Rolle spielt, oder –anders gesagt – je bildungsnäher seine Familie ist, desto geringer ist die Distanz zwischen gewohnter alltäglicher Sprachpraxis und bildungssprachlicher Praxis, die zu überwinden ist. Für die anderen ist die Schule (beinahe) der einzige Ort, an dem sie Bildungssprache kennenlernen, entwickeln und gebrauchen. Studien in England, Australien, den USA und Kanada sind der Frage nachgegangen, welche Merkmale eine bildungssprachförderliche Schule und ein guter sprachbildender Unterricht aufweisen. Knapp zusammengefasst ergab sich Folgendes:

In einem ersten Zugriff finden sich wiederkehrend jene Merkmale, die immer wieder als allgemeine Kennzeichen guter Schulen ermittelt werden, insbesondere für Schulen, die in benachteiligten Lagen arbeiten. Positive Wirkungen auf affektive Faktoren und auf die Leistung der Schülerschaft haben:
- eine engagierte und starke Schulleitung,
- ein gemeinsam getragenes, positives und respektvolles Schulethos,
- ein herausforderndes und reichhaltiges Schulprogramm,
- hohe Leistungserwartungen, die den Schülerinnen und Schülern entgegengebracht werden,
- eine Strategie, durch die die Schülerinnen und Schüler lernen, sich als erfolgreiche Lerner zu erfahren,
- klare, für alle Beteiligten transparente Ziele,
- regelmäßige Prüfungen der Erfolge von Maßnahmen,
- eine freundliche, ansprechende und anregende Gestaltung der Schule als Raum,
- die kontinuierliche Qualifizierung des Personals,
- eine enge Zusammenarbeit mit den Eltern,
- eine enge Zusammenarbeit mit anderen unterstützenden Partnern und
- eine gute Unterstützung durch die Schulaufsicht und andere externe Einrichtungen (Muijs, Harris et al. 2004).

Mit engerem Bezug auf die Gestaltung der Sprachbildung sind folgende Merkmale als förderlich ermittelt worden:
- Alle Lehrerinnen und Lehrer haben das Selbstverständnis, zugleich Fach- und Sprachlehrer zu sein.
- Die Schule entwickelt gemeinsam geteilte Strategien zur Förderung der Schul- und Bildungssprache im gesamten Curriculum.
- Die Schule achtet Mehrsprachigkeit und bringt den mehrsprachigen Kindern und Jugendlichen Wertschätzung entgegen; sie sorgt dafür, dass Mehrsprachigkeit als positive Quelle und Kraft für das gemeinsame Lernen erfahren wird.
- Ein Grundprinzip des Unterrichts ist die systematische Abwechslung der Anforderungen. Bei neuem Stoff und hohen kognitiven Herausforderungen wird der sprachliche Anspruch gesenkt; nach bewältigter kognitiver Herausforderung und erstem Verstehen wird der sprachliche Anspruch gehoben und Gewicht auf die Förderung der bildungssprachlichen Mittel gelegt (Bourne 2011). Anregungen

hierfür bietet die Methode des Scaffolding, die speziell mit Blick auf sprachliche Bildung in mehrsprachigen Konstellationen ausgearbeitet wurde (Gibbons 2006).

Beispiele einer Unterrichtspraxis, die die Förderung bildungssprachlicher Fähigkeiten in deutschen Schulen zum Ziel hat, wurden im Modellprogramm FörMig entwickelt, einem Projekt zur „Förderung von Kindern und Jugendlichen mit Migrationshintergrund", Laufzeit von 2004 bis 2009. Diese Entwicklungen werden vorangetrieben in den nachfolgenden FörMig-Transferprojekten, die das FörMig-Kompetenzzentrum Hamburg betreut[7].

3. Sprachbildung, Demokratieerziehung

Wo nun liegen die Zusammenhänge zwischen den oben vorgestellten Überlegungen und den Grundsätzen oder Ansprüchen der Demokratieerziehung? Die Durchsicht durch einschlägige Dokumente und Schriften lässt zunächst einmal Ähnlichkeiten auf der Ebene von Stellenwert und Funktion für das schulische Lernen erkennen. Exemplarisch sei hier auf Grundzüge der Demokratieerziehung verwiesen, die in einem Beschluss der Konferenz der Kultusminister der Länder vom 6.3.2009 festgehalten worden sind.[8] Demnach soll Demokratieerziehung als Grundprinzip in allen Bereichen schulischer Arbeit und als Aufgabe aller Fächer verstanden werden. Dieses Postulat wird auch für die durchgängige Sprachbildung geltend gemacht.

Für die Demokratieerziehung wird beansprucht, dass ihre Inhalte wissens- und handlungsrelevant sind. Ihre Umsetzung erfordere verstärkte Auseinandersetzung mit Geschichte und politischen Systemen; sie verlange die fundierte Auseinandersetzung mit Formen des Extremismus, der Gewalt und Intoleranz; sie richte sich auf die Verantwortungsübernahme durch die Lernenden selbst und habe deren aktive Wahrnehmung von Mitwirkungs- und Mitgestaltungsmöglichkeiten zum Ziel.

Keiner der hier erhobenen Ansprüche wäre realisierbar ohne ein ausgeprägtes, weit entfaltetes sprachliches Können und Wissen. Ergo müsste sich die Demokratieerziehung selbst als Feld der Sprachbildung betrachten. Ob überhaupt und in welchen Aspekten dies in der Realität der Fall ist, vermag ich nicht zu beurteilen. In den Texten, die ich zur Vorbereitung auf die Konferenz studiert habe, wurde die sprachliche Anforderung, die Demokratieerziehung stellt, nicht zum Thema gemacht (Beutel/Fauser 2011). Lediglich Enja Riegel verweist auf eine grundlegende Lese- und Sprachförderung als Basis für die „Bürgerschule" (Riegel 2007, S. 157f.).

---

7 Auf der Website des Zentrums finden sich reichhaltige Anregungen zum Thema: www.foermig. uni-hamburg.de.

8 http://www.kmk.org/fileadmin/veroeffentlichungen_beschluesse/2009/2009_03_06-Staerkung_Demokratieerziehung.pdf, Zugriff August 2011

Dass die sprachlichen Erwartungen an die Schülerinnen und Schüler hoch sind, ließe sich aber vielfach anhand von Texten illustrieren, die auf die Unterrichtspraxis zielen und an Schülerinnen und Schüler gerichtet sind; ein Beispiel mag genügen: „Das Förderprogramm Demokratisch Handeln", so heißt es in einem an Lehrkräfte und Schüler gerichteten Dokument, „hat einen Fragebogen entwickelt, der nach verschiedenen Aspekten Deines Engagements in der Schule, Deinem Projekt und darüber hinaus fragt. Wir erhoffen uns von dieser Befragung Einsichten in die Wirksamkeit und die Wirkungswege unseres Angebotes, aber auch in die Wirksamkeit schulischer Projektarbeit überhaupt".[9]

Diese Einleitung zum Fragebogen richtet sich an Grundschülerinnen und Grundschüler. Sie ist sprachlich hochkomplex, nicht nur durch grammatische Konstruktionen wie die verketteten oder die elliptischen Äußerungsteile und die Substantivierungen, sondern auch durch die Wortwahl, die teilweise eher an einen wissenschaftsnahen Fachtext erinnert als an eine Kommunikation mit Zehnjährigen.

Es geht mir hier aber nicht um eine Kritik des Textes, sondern darum, darauf aufmerksam zu machen, dass die selbstgesetzten Ansprüche der Demokratieerziehung ohne eine Sprachbildung, wie ich sie oben skizziert habe, gar nicht erreichbar sein können. Demokratisch handeln ist zugleich – wenn auch nicht ausschließlich – sprachliches Handeln. Es müsste also, so meine ich, so etwas wie eine natürliche Allianz geben zwischen denen, die durch Demokratieerziehung zur gesellschaftlichen Teilhabe befähigen wollen, und „uns", die wir daran arbeiten, dass die Schule ihrer Verantwortung für die Vermittlung der sprachlichen Fähigkeiten nachkommt, die eine Voraussetzung sine qua non für Teilhabe sind.

Literatur

Bernstein, B. (1977): Class, codes and control. Towards a theory of educational transmissions. London.

Beutel, W./Fauser, P: (Hrsg.) (2007): Demokratiepädagogik. Lernen für die Zivilgesellschaft. Schwalbach/Ts.

Bialystok, E. (2009): Effects of Bilingualism on Cogitive and Linguistic Performance. Streitfall Zweisprachigkeit. In: Gogolin, I./Neumann, U. (Hrsg.) The Bilingualism Controversy. Wiesbaden, S. 53-67.

Bourne, J. (2011): Making the Difference. Teaching and learning strategies in multi-ethnic schools. In: Gogolin, I. et al. (Hrsg.): Herausforderung Bildungssprache. Münster, New York (in Vorbereitung).

Brozović, D. (1992): Serbo-Croatian as a pluricentric language. In: Clyne, M. (Hrsg.): Pluricentric Languages: Differing Norms in Different Nations. Berlin, S. 347-380.

---

9 http://www.demokratisch-handeln.de/archiv/lernstatt/2007/fragebogen.html. Der Link zum „Fragebogen für Grundschüler", aus dem dieser Text im Dezember 2010 entnommen wurde, ist im August 2011 nicht mehr in Funktion.

Cummins, J. (1979): Cognitive/academic language proficiency, linguistic interdependence, the optimum age question and some other matters. Working Papers on Bilingualism 19, S. 121-129.

Cuseriu, E. (1988): „Historische Sprache" und „Dialekt". Energeia und Ergon. Sprachliche Variation – Sprachgeschichte – Sprachtypologie. In: Albrecht, J./Lüdtke, J./Thun, H. (Hrsg.): Studia in honorem Eugenio Coseriu. Tübingen.

Gibbons, P. (2006): Unterrichtsgespräche und das Erlernen neuer Register in der Zweitsprache. In: Mecheril, P./Quehl, T. (Hrsg.): Die Macht der Sprachen. Englische Perspektiven auf die mehrsprachige Schule. Münster:, S. 269-290.

Gogolin, I. (1994): Der monolinguale Habitus der multilingualen Schule. Münster.

Gogolin, I. (2009): „Bildungssprache" – The Importance of Teaching Language in Every School Subjekt. In: Tajmel, T./ Starl, K. (Hrsg.): Science Education Unlimited. Approaches to Equal Opportunities in Learning Science. Münster, S. 91-102.

Gogolin, I. (2010): „Stichwort: Mehrsprachigkeit." In: Zeitschrift für Erziehungswissenschaft (ZfE) 13(4): 529-547.

Gogolin, I. (2011): Förderung von Kindern und Jugendlichen mit Migrationshintergrund. Bilanz und Perspektiven eines Modellprogramms. Münster.

Gogolin, I./ Lange, I. (2010): Bildungssprache und Durchgängige Sprachbildung. In: Fürstenau/Gomolla, M. (Hrsg.): Migration und schulischer Wandel: Mehrsprachigkeit. Wiesbaden, S. 69 – 87.

Halliday, M. A. K. (²1994). An Introduction to Functional Grammar. London.

Hobsbawm, E. J. (1991): Nationen und Nationalismus. Mythos und Realität seit 1780. Frankfurt/M.

Muijs, D. et al. (2004): „Improving Schools in Socioeconomically Disadvanteaged Areas. A Review of Research Evidence." In: School Effectiveness and School Improvement 15(2), S. 149-175.

Riegel, E. (2007): Mit der Erfahrung von „Demokratie" mündig werden. Aspekte einer „Bürgerschule". In: Beutel/Fauser 2007, S. 154-170.

Stanat, P./ et al. (2010). Schülerinnen und Schüler mit Migrationshintergrund. In: Klieme, E. et al. (Hrsg.): Pisa 2009 – Bilanz nach einem Jahrzehnt. Münster, S. 200-230.

Statistisches Bundesamt (2010): Bevölkerung und Erwerbstätigkeit. Bevölkerung mit Migrationshintergrund. Ergebnisse des Mikrozensus 2009. Wiesbaden.

Tracy, R./Gawlitzek-Maiwald, I. (2000): Bilingualismus in der frühen Kindheit. In: H. Grimm, H. (Hrsg.): Sprachentwicklung (Enzyklopädie der Psychologie 3). Göttingen, S. 495-535.

Constance A. Flanagan, Michael Stout

Schulklima und die Entwicklung von sozialem Vertrauen

Aspekte zur Förderung des Gemeinsinns bei Schülerinnen und Schülern[1]

In seinem Buch „Demokratie und Erziehung" (1916) postuliert der amerikanische Philosoph und Reformpädagoge John Dewey die These, dass Demokratie im lokalen Gemeinwesen stattfindet. Sein Fokus auf das lokale Gemeinwesen eignet sich besonders, um zu erklären, wie Kinder Partizipation lernen und Mitglieder einer demokratischen Gesellschaft werden. In unserer wissenschaftlichen Arbeit zu Entwicklung der demokratischen Haltung und Identität junger Menschen argumentieren wir, dass Erfahrungen in vermittelnden Institutionen – wie Schulen, Gemeinden, kultur- und glaubensbasierten Gruppen – von Bedeutung sind, um die gesellschaftliche Identität der nachwachsenden Generation und die soziale Verantwortung für das Gemeinwohl zu fördern. Im Besonderen haben wir die Rolle von Schulen als Mikro-Gemeinschaften untersucht, in denen Heranwachsende erfahren können, was es bedeutet, Mitglied einer politischen Gemeinschaft zu sein und die Rechte und Pflichten von Bürgerinnen und Bürgern im Staat auszuüben.

Schulen als Mikro-Gemeinschaften

Als eine Mikro-Gemeinschaft ist die öffentliche Schule ein Teil dessen, was Hannah Arendt als öffentlichen Bereich beschreibt, in dem Menschen eine Welt erfahren, die zwar für alle gleich ist, in der jedoch jede Person das Gemeinsame von einem unterschiedlichen Standpunkt aus erfährt. Die Herausforderung dabei ist es, einen gemeinsamen Raum zu bestimmen, in dem unterschiedliche Perspektiven auf die gemeinsame Welt oder unterschiedliche Vorstellungen des Gemeinwohls geteilt werden können; einen Ort, an dem die Menschen ein Gefühl der kollektiven, ihre Unterschiede überwindenden Identität entwickeln können.

---

1 Von den Autoren gekürzter Beitrag auf Basis des Textes: Flanagan, C.A./Stout, M. (2010): Developmental patterns of social trust between early and late adolescence: Age and school climate effects. Journal of Research on Adolescence. 20(3), 748-773. Übersetzung von Monika Buhl.

Wir argumentieren, dass die Prozesse und Beziehungen in Schulen, die häufig mit dem Konstrukt des Schulklimas beschrieben werden, bedeutsam dafür sind, demokratische Haltungen von SchülerInnen zu fördern und das Gefühl der Zugehörigkeit zu einem großen Ganzen aufzubauen, das wir als „Gemeinschaftsgefühl" beschreiben. Auch wenn Gesetze und Institutionen wichtige strukturelle Funktionen in demokratischen Gesellschaften einnehmen, sind dennoch bestimmt psychische Dispositionen der Menschen – z.B. Partizipationsbereitschaft, Toleranz, Offenheit, Vertrauen in Andere – wesentlich für das Funktionieren der Demokratie (Sullivan/ Transue 1999).

Die demokratische Haltung, die im Zentrum unseres Interesses steht, lässt sich als soziales Vertrauen junger Menschen oder ihren Glauben an die Menschlichkeit beschreiben. Hierzu gehört die Überzeugung, dass Menschen im Allgemeinen vertrauenswürdig und fair sind und nicht nur zu ihrem eigenen Nutzen handeln. Soziales Vertrauen ist entscheidend für das Funktionieren einer demokratischen Gesellschaft. Denn bei Menschen mit einem höheren sozialen Vertrauen zeigt sich eine höhere Wahrscheinlichkeit der politischen Partizipation, der Bereitschaft zur Beteiligung an oder Leitung von gesellschaftlichen Organisationen. Darüber hinaus sind sie offener für die Sichtweisen von Menschen mit einem anderem sozialen Hintergrund. Das Wissen darüber, unter welchen Bedingungen zu anderen Vertrauen aufgebaut wird, ist bislang jedoch noch recht begrenzt. Wir haben Zusammenhänge erforscht, die zeigen, dass die Erfahrungen, die Heranwachsende in der Schule machen, einen Beitrag dazu leisten, anderen Menschen zu vertrauen. Hierbei argumentieren wir, dass das Bewusstsein darüber, dass das eigene Schicksal mit dem von anderen verknüpft ist, dass „wir alle Teil des Ganzen sind", durch Erfahrungen entsteht, die das Gefühl der Mitgliedschaft, der Zugehörigkeit und der Solidarität vermitteln.

Partizipation innerhalb der Schule, die wir als Mikro-Gemeinschaft verstehen, schafft für Heranwachsenden die Grundlage, von der aus sie ein Zugehörigkeitsgefühl zur größeren Gemeinschaft entwickeln können und lernen, ihre Rechte und Verantwortlichkeiten als Staatsbürgerinnen und Staatsbürger auszuüben (Flanagan 2003; Flanagan et al. 2007). Die Art und Weise, in der verantwortliche Erwachsene ihre Schülerinnen und Schüler behandeln, wie sie mit Unterschieden umgehen und auf gemeinsame Ziele hinarbeiten, sind die Basis, auf der junge Menschen ihre Vorstellungen über Demokratie und die Zivilgesellschaft gründen. Nachfolgend diskutieren wir daher die theoretische Bedeutung erwachsener Autoritäten beim Aufbau eines demokratischen Lernklimas und schulischer Solidarität im Zusammenhang mit der Entwicklung von sozialem Vertrauen.

Erwachsene Autoritäten

Die Vorstellungen, die junge Menschen von politischen Autoritäten haben, werden durch ihre Erfahrungen mit erwachsenen Autoritäten, die Einfluss auf ihr Leben haben, in diesem Fall im Kontext der Schule, geprägt. Bandura spielt auf diese Idee in einer seinen Beobachtungen an: „[...] Die Überzeugungen von Kindern, das Wirken der Regierung beeinflussen zu können, mögen teilweise Verallgemeinerungen von Erfahrungen mit Erwachsenen in erzieherischen und anderen institutionellen Kontexten sein, in die die Kinder eingebunden sind" (1997, S. 491). Ähnlich wie in der politischen Sozialisationstheorie entwickelt sich die Unterstützung der jüngeren Generation für das politische System aus den Überzeugungen über die Loyalität politischer Autoritäten gegenüber Menschen wie sie selbst bzw. gegenüber Menschen aus ihrem sozialen Umfeld, d.h. Eltern und andere Erwachsene (Easton/Dennis 1967). Wir stimmen dem zu, behaupten jedoch, dass anstelle der eher distanzierten, entfernt wirkenden Beziehungen zu gewählten Regierungsvertretern eher die unmittelbaren Erfahrungen junger Menschen mit Lehrkräften und anderen lokal bedeutsamen erwachsenen Autoritäten (z.B. Jugendleiterinnen, Trainer, die Polizei oder Vertreterinnen und Vertreter der kommunalen Politik) die Basis für ihre Vorstellungen über die Loyalität politischer Autoritäten gegenüber Menschen „wie sie" bilden (Flanagan et al. 2007).

Lehrerinnen und Lehrer sind erwachsene Autoritätspersonen, die Macht über das Leben junger Menschen ausüben. Folglich spielen sie für Kinder eine bedeutsame Rolle bei der Vermittlung demokratischer Prinzipien wie Toleranz und Offenheit gegenüber unterschiedlichen Sichtweisen sowie beim Prozess der demokratischen Entscheidungsfindung. Empirische Studien zeigen einen positiven Zusammenhang zwischen Schülerberichten über offene Klassenklimata, in denen Lehrkräfte SchülerInnen ermutigen, ihre Ansichten auszudrücken, und der Toleranz und Offenheit von Schülern (Berman 1997; Torney-Purta et al. 2001). Gleiches gilt für die soziale Verantwortung (Flanagan et al. 1998) und die Verpflichtung zu demokratischen Idealen wie Patriotismus, Toleranz und Hilfe bedürftiger Menschen (Flanagan et al. 2007). Wir bezeichnen dieses offene Klassenklima als „ziviles Lernklima" und argumentieren, dass Heranwachsende durch entsprechende Erfahrungen wichtige Erkenntnisse erlangen. Zum einen geschieht dies über das Phänomen des Vertrauens und der Erkenntnis, dass Vertrauen auf Freiheit basiert – auf der Freiheit der eigenen Person ebenso wie auf der Freiheit der anderen – und daher ein gewisses Maß an Unsicherheit mit sich bringt (z.B. Kontrollverlust bzw. Abhängigkeit von der Freiheit der anderen, zu entscheiden, wie sie es für richtig halten). Zum anderen argumentieren wir, dass Schülerinnen und Schüler ein Bewusstsein für die reziproke Beziehung zwischen Vertrauen und Vertrauenswürdigkeit entwickeln.

Um ein offene Klassenklima zu erzeugen und aufrechtzuerhalten, ist sowohl von den Lehrkräften als auch von den Schülerinnen und Schülern Einsatz erforderlich. Für Lehrpersonen ist dieses Engagement sowohl philosophischer als auch pädagogischer Natur. Es geht dabei weniger um das Modell der reinen Wissensvermittlung an die Lernenden. Vielmehr sind Lehrerkräfte, die effektiv ein offenes Klassenklima fördern, von ihrer erzieherischen Verantwortung überzeugt.

Dies bedeutet nicht, dass diese Lehrerinnen und Lehrer ihre Aufgabe, fachspezifische Inhalte zu vermitteln, vernachlässigen oder aufgeben würden. Es bedeutet vielmehr, dass Lehrkräfte, die von der Idee des offenen Lernklimas überzeugt sind, den Heranwachsenden die Zeit geben, ihre eigenen Meinungen zu äußern, wenn neue Ideen und Prinzipien erforscht werden – selbst dann, wenn diese Meinungen ihre eigenen Ansichten in Frage stellen.

Wenn Lehrerinnen und Lehrer ein ziviles Lernklima und einen offenen Meinungsaustausch in ihrem Klassenraum fördern, können hierbei verschiedene Aspekte von Vertrauen deutlich werden. Dies gilt einerseits dann, wenn Meinungen und Einstellungen von Schülerinnen und Schülern eine ernsthafte Erwägung durch die Lehrperson erfahren, vor allem auch dann, wenn diese Meinungen und Einstellungen nicht von der Lehrperson geteilt werden. Dadurch bekommen die Heranwachsenden ein Modell an die Hand, offen mit einer den eigenen Vorstellungen entgegenstehenden Meinung umzugehen und die Deutungshoheit über den Sachverhalt argumentativ auszuhandeln. Zum anderen gilt dies für das Gefühl des Vertrauens in die Heranwachsenden selbst. Die Lehrkraft, die ihre Autorität durch das Aufstellen und Durchsetzen von Regeln und Abläufen aufrechterhalten könnte, lädt die SchülerInnen stattdessen dazu ein, gemeinsam den Klassenraum als den eigenen Lernraum zu gestalten. In diesem Sinn behandelt die Lehrperson die SchülerInnen als ihresgleichen und ermutigt sie, die Rechte und Verantwortlichkeiten zu teilen, die sich aus der Möglichkeit der Mitbestimmung ergeben. Demokratie bedeutet Regierung durch das Volk und in einer demokratischen Gemeinschaft ist das Volk der Souverän. Lehrkräfte, die im Klassenzimmer auf gemeinschaftliche Führungspraktiken setzen, fördern bei ihren SchülerInnen ein Gespür für demokratisches Regierungshandeln. In diesem Prozess lernen diese, was es bedeutet, von einer erwachsenen Autorität als vertrauenswürdig betrachtet zu werden. Im Gegenzug entwickeln sie Vertrauen in ihre Fähigkeiten, sich an demokratischen Entscheidungsprozessen zu beteiligen. Dies setzt sich letztendlich bis in ihr staatsbürgerliches Handeln in der politischen Gemeinschaft fort. Die Entscheidung, auf diese Art und Weise zu unterrichten, erzeugt für die Lehrerin oder den Lehrer ein gewisses Risiko. Die SchülerInnen können sich der Situation als nicht gewachsen erweisen und der Glaube der Lehrkraft in sie kann unterlaufen werden. Vertrauen basiert jedoch auf Freiheit – und weil Menschen frei für sich selbst entscheiden können, ist Vertrauen eine Grundlage demokratischer Führung. Durch die Förderung eines offenen Lernklimas schaffen die Lehrerinnen und Lehrer praktische Erfahrungsräume für den Umgang mit Freiheit und das Respektieren der Rechte der anderen Mitglieder der Schul- oder Klassengemeinschaft. Die SchülerInnen lernen so die Verletzlichkeit und Verantwortung kennen, die sich aus der Idee der Freiheit innerhalb einer demokratisch organisierten Gemeinschaft ergibt.

Zum anderen drücken LehrerInnen durch die Erzeugung eines offenen Klimas der Kommunikation und Meinungsvielfalt ihre Erwartung den SchülerInnen gegenüber aus, mit gegenseitigem Respekt vor der jeweils anderen Überzeugung zu handeln. Dabei erzeugen sie gemeinsam Maßstäbe für den Umgang mit einzelnen Mitgliedern einer Zivilgesellschaft. Indem sie Respekt gegenüber unterschiedlichen Meinungen einfordern, vermitteln Lehrkräfte Regeln der Toleranz und Offenheit, die als Grundlage einer demokratischen Gesellschaft verstanden werden können. In solchen Lernkontexten sollten die Schülerinnen und Schüler ein Stadium erreichen, in dem sie lernen, die wechselseitige Beziehung zwischen Vertrauen und Vertrauenswürdigkeit wertzuschätzen. Das kann zum Beispiel heißen: „Die Lehrerin hat uns ihr Vertrauen geschenkt und wir sollten den damit einhergehenden Erwartungen an unser Verhalten entsprechen, indem wir unsere Mitschüler respektieren". Soziales Vertrauen, wie es hier beschrieben wird, hängt positiv mit dem Gefühl zusammen, Teil einer moralischen Gemeinschaft zu sein (Uslaner 2002). Folglich behaupten wir, dass Lehrkräfte ihren Schülerinnen und Schülern durch das Angebot eines offenen Lernklimas und durch einen respektvollen Meinungsaustausch ermöglichen, sich als Teil derselben moralischen Gemeinschaft anzuerkennen und wertzuschätzen. Das ist eine Einsicht, die ihr soziales Vertrauen verstärken sollte.

Schulische Solidarität: „Wir, die Schülerschaft"

Laut Aristoteles existiert eine ganz bestimmte Form der Freundschaft, die als Bindeglied für das Staatsgebilde fungiert. Diese staatsbürgerliche Freundschaft hält den Staat zusammen. Es sind nicht die Institutionen allein, auch nicht die Gesetze oder andere formale Charakteristika eines politischen Systems, die einen Staat aufrechterhalten, sondern der Respekt und das Vertrauen in den Beziehungen der Bürgerinnen und Bürger zueinander, indem sie anerkennen, dass sie ein gemeinsames Schicksal teilen. Zuneigung und gegenseitige Rücksicht in Freundschaften werden durch die Zugehörigkeit zum selben Kontext, durch das Arbeiten an gemeinsamen Projekten und durch gemeinsame Ziele ausgebildet. Dieses soziale Vertrauen wird verstärkt durch das Gefühl, dass „wir alle Teil des Ganzen sind" (Phan 2008, S. 28) und dass wir ein gemeinsames Schicksal teilen.

In der Lebenswelt von Heranwachsenden kann sich das Gefühl des gemeinsamen Schicksals in der Erfahrung ausdrücken, als Schülerschaft vereint zu sein – dass man als Schülerin und Schüler in seiner Gruppe oder Klasse Erfahrung und Interessen teilt. Eine Schülerschaft kann sich insbesondere in der Auseinandersetzung mit der offiziellen Schulleitung oder den Lehrerkräften formieren oder aber als eine Gruppe, die von eben diesen Erwachsenen als ein wesentlicher Teil der Schule respektiert wird. Wir heben Letzteres hervor und wählen das Konstrukt „schulische Solidarität", um das Zugehörigkeitsgefühl der Heranwachsenden zu ihrer Schule auszudrücken, also ihr Empfinden, dass sie wesentliche und respektierte Mitglieder

der Schulgemeinschaft sind und sich folglich auch stolz mit der Institution identifizieren. Unter schulischer Solidarität ist sowohl der Stolz der Schülerinnen und Schüler auf die Schule, als auch die Identifikation mit ihrer Bildungseinrichtung und ihren Mitschülerinnen und Mitschüler zu verstehen.

Nationale Längsschnittstudien haben gezeigt, dass das Erleben institutioneller Verbundenheit bei High School-Absolventinnen und Absolventen einen signifikanten Prädiktor für verschiedene Formen des politischen und gesellschaftlichen Engagements im jungen Erwachsenenalter darstellt (Duke et al. 2008). Darüber hinaus haben Psychologen auf die Wichtigkeit der „Identifikation" mit einer Organisation oder Gruppe hingewiesen, insbesondere in Bezug auf das zugrundeliegende dynamische Miteinander, die Verpflichtung und das Verantwortungsbewusstsein für das Ganze (Brewer/Gardner 1996; Dawes/van de Kragt/Orbell 1990; Pearce/Larson 2006). Die Solidarität unter Schülerinnen und Schülern und das Gefühl von Verbundenheit mit der Schule stehen in fünf verschiedenen Ländern nachweislich in positivem Zusammenhang mit den gesellschaftlichen Verpflichtungen von High School-Schülerinnen und Schülern (Flanagan et al. 1998) und gelten als Prädiktor für ziviles Engagement im jungen Erwachsenenalter bei amerikanischen Jugendlichen (Duke et al. 2008). Aus diesen Studien leiten wir ab, dass die Wahrnehmung schulischer Solidarität das soziale Vertrauen der Heranwachsenden stärkt, weil es die Einsicht über die gegenseitige Abhängigkeit mit anderen Menschen fördert.

Ergebnisse unserer empirischen Arbeit

Unsere empirischen Befunde entstammen dem „Social Responsibility and Prevention Project (SRPP)", einer Längsschnittstudie, in deren Rahmen mehr als 1 500 Heranwachsende aus acht Schulbezirken im frühen, mittleren und späten Jugendalter über drei Jahre begleitet wurden. Die Stichprobe weist ethnische und sozio-ökonomische Varianz auf. Wir nutzen die Längsschnittdaten, um neben der Analyse von Zusammenhängen mit sozialem Vertrauen über die Zeit Veränderungen in Abhängigkeit von der Wahrnehmung des Schulklimas zu untersuchen. Wir haben den Grad des sozialen Vertrauens im zweiten und im dritten Jahr unserer Längsschnittstudie erfasst. Zusätzlich dazu haben wir die Schülerinnen und Schüler gebeten, das Schulklima in zwei Perspektiven zu beurteilen: erstens danach, ob sie die Autoritätsstruktur in ihrem Klassenzimmer als demokratisch erleben und zweitens in Blick auf ihre Wahrnehmung der schulischen Solidarität.

Es zeigte sich, dass schulisches Solidaritätsempfinden das soziale Vertrauen über einen Zeitraum von zwei Jahren fördert. Unter Kontrolle multipler Faktoren, inklusive des in der Eingangsbefragung berichteten Grades an sozialem Vertrauen und schulischer Solidarität, dem demokratischen Klima der Schulen und ihrem interpersonellen Vertrauen, sagen die Berichte der Jugendlichen über schulische

Solidarität und Stolz auf die Zugehörigkeit zu ihrer Schule signifikante Anstiege ihres sozialen Vertrauens über einen Zeitraum von zwei Jahren voraus (Flanagan/Stout 2010). Obwohl der Grad an sozialem Vertrauen mit dem Alter abnimmt, gelten diese Effekte der schulischen Solidarität für alle Altersgruppen. Wir folgern daraus, dass das soziale Vertrauen von Jugendlichen von einem Gefühl der Zugehörigkeit und vom Empfinden einer kollektiven Schulidentität geprägt wird.

Die Wahrnehmung eines demokratischen Schulklimas beeinflusst das soziale Vertrauen indirekt über die Wahrnehmung schulischer Solidarität. Mit anderen Worten: Wenn die Heranwachsenden das Gefühl haben, dass ihre Lehrkräfte die Meinungen der Schülerinnen und Schüler respektieren und einen respektvollen, pluralen Meinungsaustausch unterstützen, führt das zu einer Steigerung des schulischen Solidaritätsempfindens. Dies wiederum mündet in eine Zunahme des sozialen Vertrauens.

Der positive Effekt, den der durch erwachsene Autoritäten erfahrene Respekt auf das soziale Vertrauen Heranwachsender hat, wird durch andere Längsschnittdaten bestätigt. Diese zeigen, dass das soziale Vertrauen unter Erwachsenen dann höher ist, wenn sie als Jugendliche darüber berichteten, dass ihre Eltern und Lehrkräfte ihre Autonomie respektiert haben (Damico et al. 2000; Uslaner 2002). In den Forschungen über erfolgreiche städtische Schulen zeigt sich zudem, dass der entgegengebrachte Respekt der Schulleitung gegenüber dem Kollegium ein kritisches Element bezüglich des gegenseitigen Vertrauens und der Verpflichtung gegenüber dem Schulkonzept darstellt (Bryk/Schneider 2002).

Allerdings führt der indirekte Effekt von Unterrichtspraktiken, die über das Solidaritätsempfinden der Schülerinnen und Schüler wirksam werden, zu einer weiteren Schlussfolgerung darüber, wie die soziale Dynamik einer Klasse auch das soziale Vertrauen stärken kann. Unterrichtspraktiken, die einen respektvollen und pluralen Meinungsaustausch fördern, können das Gefühl kollektiver Identität aufbauen, das seinerseits das Vertrauen Jugendlicher in ihre Mitmenschen stärkt. Diese Interpretation stimmt mit experimentellen Arbeiten überein, die das Gefangenen-Dilemma (Rapoport/Chammah 1965) nutzen. Sie zeigen, dass ein Diskussionszeitraum, der dem Spiel vorausgeht, oft zum Aufbau von Gruppenidentitäten und Kooperation führt (Orbell/van de Kragt/Dawes 1988).

Aus den Ergebnissen lassen sich zwei Folgerungen für die Schulpolitik ableiten. Die erste ist: Es kommt auf das Unterrichts- und Schulklima und die Qualität der Schüler-Lehrer Beziehung an. Inhalte zu unterrichten, Prozesse jedoch zu ignorieren, untergräbt die Rolle, die den Schulen beim Aufbau demokratischer Haltungen zukommt. Die zweite lautet: Die Unterrichtspraktiken müssen auf die Wahrnehmung einer geteilten bzw. kollektiven Identität der Schülerinnen und Schüler zielen, um das soziale Vertrauen zu stärken.

Folglich ist es wichtig, nicht nur auf fürsorgliche Schüler-Lehrer-Beziehungen zu achten, sondern auch auf Praktiken, die die Aufmerksamkeit und Rücksichtnahme von SchülerInnen gegenüber den Ansichten ihrer MitschülerInnen fördern. Vor diesem Hintergrund ist es notwendig, abwägende Dialoge und Diskussion über kontroverse Themen, den Umgang mit vielfältigen Lebenspraxen und unterschiedlichen Schülerbiografien in didaktische Konzeptionen und die Unterrichtspraxis zu implementieren, die dann mit einer Förderung der Perspektivenübernahme einhergehen (Hess 2009).

Fazit

Dewey betont die Bedeutung der Kommunikation bei der Schaffung eines Sinns für die Allgemeinheit und bei der Übertragung lokaler Gemeinschaftserfahrungen auf die „Große Gemeinschaft". Er schreibt: „Ohne diese Kommunikation wird die Allgemeinheit schattenhaft und formlos bleiben [...]. Bis die große Gesellschaft in eine Große Gemeinschaft umgewandelt ist, wird die Allgemeinheit in Finsternis verbleiben. Kommunikation allein kann eine Große Gemeinschaft erschaffen" (Dewey 1927, S. 142).

Die Tatsache, dass Dewey Bezüge zu Kommunikation und Gemeinschaft herstellt und sich auf den gemeinsamen Ursprung beider Begriffe – gemeinsam etwas zu entwickeln – bezieht, steht in Zusammenhang mit unseren das Schulklima und das soziale Vertrauen betreffenden Befunden. Für die nachwachsenden Generationen ist es wichtig, wertzuschätzen, dass sie Teil einer größeren Gemeinschaft sind. Sie brauchen Gelegenheiten, eine Gemeinschaft geteilter Interessen und Ziele aufzubauen, eine Stimme zu haben, der Sichtweise von anderen Gehör zu schenken und darin Gemeinsamkeiten zu finden.

Literatur

Aristotle (1947): Nicomachean Ethics, trans. W.D. Ross. In: McKeon, R. (ed.): Introduction to Aristotle. New York: Random House.

Bandura, A. (1997): Self-efficacy. The exercise of control. New York: Freeman.

Bryk, A. S./Schneider, B. (2002). Trust in schools: A core resource for improvement. New York: Russell Sage.

Damico, A. J./Conway, M. M./Damico, S.B. (2000): Patterns of political trust and mistrust Three moments in the lives of democratic citizens. Polity, 32 (3), 377-400.

Dawes, R.M./van de Kragt, A.J.C./Orbell, J. (1990): Cooperation for the benefit of us. Not me, or my conscience. In Mansbridge, J. J. (ed.): Beyond self-interest. Chicago: University of Chicago Press.

Dewey, J. (1916): Democracy and education. New York: The Free Press.

Duke, N. N. et al.(2008): From adolescent connections to social capital. Predictors of civic engagement in young adulthood. Journal of Adolescent Health, 44, 161-168.

Easton, D./Dennis, J. (1967): The child's acquisition of regime norms. American Political Science Review, 61, 25-38.

Flanagan, C. A. et al.(1998): Ties that bind: Correlates of adolescents' civic commitments in seven countries. Journal of Social Issues, 54, 457-475.

Flanagan, C. et al. (2007): School and community climates and civic commitments. Processes for ethnic minority and majority students. Journal of Educational Psychology, 99, 421-431.

Flanagan, C. A./Stout, M. (2010): Developmental patterns of social trust between early and late adolescen ce. Age and school climate effects. Journal of Research on Adolescence. 20(3), 748-773.

Hess, D. (2009): How schools can foster a new intellectual freedom. Preventing tyranny by nurturing controversy. Philadelphia.

Orbell, J. M./van de Kragt, A./Dawes, R. M. (1988): Explaining discussion-induced cooperation. Journal of Personality and Social Psychology, 54, 811 – 819.

Pearce, N. J./Larson, R. W. (2006): How teens become engaged in youth development programs. The process of motivation change in civic activism organization. Applied Developmental Science, 10, 121-131.

Phan, M. B. (2008): We're all in this together. Context, contacts, and social trust in Canada. Analyses of Social Issues and Public Policy, 8, 23 – 51.

Rapoport, A./Chammah, A. (1965): Prisoner's dilemma: a study in conflict and cooperation. University of Michigan Press.

Sullivan, J. L./Transue, J. E. (1999): The psychological underpinnings of democracy. A selective review of research on political tolerance, interpersonal trust, and social capital. Annual Review of Psychology, 50, 625-650.

Torney-Purta, J. (2002): The school's role in developing civic engagement: A study of adolescents in twenty-eight countries. Applied Developmental Science, 6, 203-212.

Uslaner, E. M. (2002): The moral foundations of trust. Cambridge, U. K.

Hans-Peter Füssel

Eine neue Diskurskultur an Schulen? – Demokratie zwischen Schulrecht und Schulpraxis[1]

1. Vor über 50 Jahren formulierte das Bundesverfassungsgericht in einer durchaus pathetischen Sprache: „Das Grundrecht auf freie Meinungsäußerung ist als unmittelbarster Ausdruck der menschlichen Persönlichkeit in der Gesellschaft eines der vornehmsten Menschenrechte überhaupt (un des droits les plus precieux de l'homme nach Art. 11 der Erklärung der Menschen- und Bürgerrechte von 1789). Für eine freiheitlich-demokratische Staatsordnung ist es schlechthin konstituierend, denn es ermöglicht erst die ständige geistige Auseinandersetzung, den Kampf der Meinungen, der ihr Lebenselement ist. ... Es ist in gewissem Sinne die Grundlage jeder Freiheit überhaupt...“[2]

Diese Hervorhebung der grundlegenden Bedeutung der Meinungsfreiheit, wie sie in Art. 5 Abs. 1 des Grundgesetzes niedergelegt ist, prägt seit jener Entscheidung aus dem Jahre 1958 die verfassungsrechtliche Rechtsprechung. Ging es damals darum, dass der Leiter der Hamburger Senatspressestelle vor dem Besuch von Filmen von auch in der Nazizeit aktiven Regisseurs Veit Harlan – der u.a. die (Propagana)-Filme „Jud Süß" von 1940 und „Kolberg" von 1945 gedreht hat – in der Nachkriegszeit gewarnt hatte (was dann in dieser Entscheidung das Bundesverfassungsgericht als zulässig erachtete!), so stellt sich heute die Frage, ob die Strafbarkeit der „Auschwitzlüge" und anderer Formen der Verunglimpfung, wie sie das Strafgesetzbuch vorsieht[3], mit dem Grundsatz der Meinungsfreiheit vereinbar ist oder nicht. Dass das Bundesverfassungsgericht in einer Entscheidung vom November 2009[4] eine

---

1 Überarbeitete Fassung eines Vortrages, der am 15. März 2010 in Mainz beim Symposium „Demokratiepädagogik, Lernqualität und Schulentwicklung" im Rahmen des 22. Kongresses der Deutschen Gesellschaft für Erziehungswissenschaft gehalten wurde; die Vortragsform wurde weitgehend beibehalten.

2 Urteil vom 15. Januar 1958, BVerfGE 7, 198 (208); vgl. jüngst auch Berka (2010), der insoweit von der „‚Magna Charta' geistiger Freiheit" sprach (Rdnr. 1452).

3 § 130 Abs.4 des Strafgesetzbuches (in der seit dem 1. April 2005 geltenden Fassung) lautet : „Mit Freiheitsstrafe bis zu drei Jahren oder mit Geldstrafe wird bestraft, wer öffentlich oder in einer Versammlung den öffentlichen Frieden in einer die Würde der Opfer verletzenden Weise dadurch stört, dass er die nationalsozialistische Gewalt- und Willkürherrschaft billigt, verherrlicht oder rechtfertigt."

4 Beschluss vom 4. November 2009, BVerfGE 124, 300; hierzu nur Volkmann (2010a) und Schaefer (2010).

entsprechende Meinungsäußerung, mit der „die nationalsozialistische Gewalt und Willkürherrschaft (gebilligt, verherrlicht oder gerechtfertigt)" wurde, für unzulässig erachtete und dessen Strafbarkeit bejahte, ist im Ergebnis zweifelsohne zu billigen, auch wenn die Argumentation, dass eine solche Meinungsäußerung außerhalb des grundgesetzlichen Rahmens stände[5], rechtsdogmatisch zumindest schwierig zu begründen ist (Volkmann 2010a, S.419 f.). Im vorliegenden Zusammenhang ist jedoch von Interesse, dass das Bundesverfassungsgericht in der benannten Entscheidung die strafrechtliche Sanktion als „ultima ratio" betrachtet. Den mit der Verbreitung nationalsozialistischen Gedankenguts „begründeten Gefahren entgegenzutreten, weist die freiheitliche Ordnung des Grundgesetzes primär bürgerschaftlichen Engagements im freien politischen Diskurs sowie der staatlichen Aufklärung und Erziehung in den Schulen gemäß Art. 7 des Grundgesetzes zu."[6]

Die Formulierung zeigt, dass der eigentlich doch so schlanke Satz, dass „das gesamte Schulwesen unter der Aufsicht des Staates (steht)" – so Art. 7 Abs. 1 des Grundgesetzes – letztlich weitergehende inhaltliche Anforderungen in sich birgt, die, wie sich im Beispiel der Auseinandersetzung mit nationalsozialistischen Gedankengut zeigt, der Schule zugeschrieben werden. Die „Wertordnung des Grundgesetzes" bedeutet mithin, dass der Staat nicht nur – wie anerkannt[7] – ein Recht hat, Bildungs- und Erziehungsziele zu bestimmen, sondern dass sich aus der Verfassung selbst auch unmittelbare Verpflichtungen ergeben (Avenarius 2010, S.110 ff.), durch „Aufklärung und Erziehung" bestimmte Verfassungsziele in und mit Hilfe der Schule zu erreichen.

2. Eine solche Anforderung mag diejenigen erschrecken, die sich in den Schulen entsprechenden Anforderungen quasi bei jedem (neu) aufkommenden gesellschaftlichen Problem gegenübersehen; wird doch allzu oft die Schule zu derjenigen Stätte erklärt, die durch „Aufklärung und Erziehung" ihren Beitrag zur Lösung gesellschaftlicher Probleme erfüllen soll. Die Forderungen nach der Einführung neuer Schulfächer sind zahlreich, von „Ernährung" bis hin zu „Theater"; das einzuführende Pflichtfach „Wirtschaft" ist dabei schon fast ein „Klassiker". Kann und gegebenenfalls wie soll Schule diese Aufgabe erfüllen?

Nun ist das, was das Bundesverfassungsgericht in seiner Entscheidung vom November 2009 ausdrücklich verlangt und gefordert hat, keineswegs neu. Vielmehr zeigt ein Blick in die entsprechenden landesverfassungsrechtlichen und schulrechtlichen Vorgaben, dass in diese Richtung weisende Bildungsziele bereits in den Bundesländern anzutreffen waren und sind (Avenarius 2010, S. 110). Nimmt

---

5 S. BVerfGE 124, 300 (329).

6 BVerfGE 124, 300 (321).

7 BVerfGE 34, 165 (183); 52, 223 (236); 108, 282 (301); ausführlich hierzu Avenarius (2010), S.108 ff., sowie Niehues/Rux (2006), Rdnr. 695 ff., und Nebel (2011), S. 118 ff., jeweils m.w.N.

man etwa die Verfassung von Rheinland-Pfalz als Beispiel, so verlangt diese von der Schule eine Erziehung „in freier, demokratischer Gesinnung im Geiste der Völkerverständigung"[8], das Schulgesetz des Landes Rheinland-Pfalz spricht von Erziehung „zum gewaltfreien Zusammenleben und zur verpflichtenden Idee der Völkergemeinschaft" (§1 Abs. 2 SchulG RP 2004). In ähnlicher Weise, wenn auch mit anderen Formulierungen, lassen sich entsprechende Bildungsziele in den Landesverfassungen und den Schulgesetzen der anderen fünfzehn Bundesländern finden[9]. Mithin knüpft die Forderung des Bundesverfassungsgerichts an etwas an, was landesschulrechtlich bereits besteht – und gibt Anlass, der Frage nachzugehen, in welcher Weise Schule „die ständige geistige Auseinandersetzung als Grundlage von demokratischer Staatsordnung und Freiheit realisieren kann".

3. Ein spezifischer Ansatz, der die demokratiepädagogische Dimension mit den aktuellen Fragen nach der Lernqualität und denjenigen der Schulentwicklung zu verbinden in der Lage ist, erscheint notwendig. Dies gilt nicht zuletzt deshalb, um durch eine Verknüpfung und Verschränkung aller drei Dimensionen die Wirksamkeit jeder einzelnen zu erhöhen und zu sichern.

Wenn beispielsweise das Schulgesetz von Rheinland-Pfalz formuliert: „Bei der Verwirklichung des Bildungs- und Erziehungsauftrags der Schule wirken Schülerinnen und Schüler durch ihre Vertretungen mit" (§ 31 Abs. 1SchulG RP), dann muss dies mehr sein, als dass eine Schülermitwirkung als „demokratisches Sandkastenspiel" eingerichtet und mehr oder weniger geduldet wird (Kurth-Buchholz 2010). Vielmehr zeigt die Verknüpfung mit dem Bildungs- und Erziehungsauftrag der Schule (§ 1 SchulG RP), dass nach der Vorstellung des Gesetzgebers in Rheinland-Pfalz die Schülerschaft in die Entwicklung der Einzelschule als der „pädagogischen Handlungseinheit" (Fend 1986) eingezogen werden soll, woraus sich dann ableiten lässt, dass dann, wenn über die Entwicklung der Einzelschule entschieden wird, die Schülerschaft an Entscheidungsfindung und Beschlussfassung beteiligt sein muss. Wenn, wie in Rheinland-Pfalz, dem Schulausschuss (§ 48 SchulG RP) – in anderen Bundesländern dem Schulforum[10] oder der Schulkonferenz[11] – entsprechende Kompetenzen zugeschrieben werden, dann ist es umso

---

8 Art. 33 der Verfassung für Rheinland-Pfalz

9 Avenarius (2010, S. 110 f.) verweist diesbezüglich auch auf den Beschluss der Kultusministerkonferenz (KMK 1973, S.2 f.).

10 S. Art. 69 des Bayerischen Gesetzes über das Erziehungs- und Unterrichtswesen.

11 S. §§ 128 ff. des Hessischen Schulgesetzes, insbesondere § 129; vgl. dazu auch Nebel (2011), S. 222 ff.

wichtiger, sicherzustellen, dass hier auch der Schülerschaft Möglichkeiten einer aktiven Einflussnahme zugesichert sind[12].

Vor dem Hintergrund der in allen Bundesländern feststellbaren Veränderungen hin zu einer verstärkten Selbstständigkeit und damit der Übertragung von Verantwortlichkeiten auf die Einzelschule ist es von Bedeutung, dass auch insoweit demokratische Prozesse innerhalb der Schule angeregt und realisiert werden, die als Beitrag zur Erreichung jenes Ziels eines „freien politischen Diskurses" zu betrachten sind. Bei der Entwicklung des Schulprogrammes[13] als dem zentralen Instrument einzelschulischer Selbstverantwortung[14] muss daher neben den Fragen der inhaltlichen Ausgestaltung auch denjenigen des (diskursiven) Verfahrens innerhalb der Schule Aufmerksamkeit geschenkt werden, das bei der Entstehung und Ausarbeitung Verwendung findet. In gleicher Weise gilt dies für die Verfahren interner[15] und externer[16] Rechenschaftslegung bzw. Evaluation. Deutlich wird, dass mit der Betonung dieses Verfahrensaspektes Aushandlungsprozesse zwischen den an einer Schule Beteiligten zu einem zentralen Instrument werden, ebenso wie die Ergebnisfixierung, die dann als Absprache und Entscheidung das Ende des Prozesses bezeichnen.

Das Schulprogramm ist insoweit nicht nur als Ergebnis für die einzelne Schule von Relevanz, sondern gerade auch wegen des mit ihm und seiner Entstehung ausgelösten diskursiven Prozesses von Bedeutung – zumal jede Fortschreibung des Schulprogramms[17] den Beginn neuer Aushandlungsprozesse darstellt. Wenn das Schulprogramm als zentrales Element für Lernqualitätsentwicklung und Lernqualitätssicherung an der einzelnen Schule betrachtet wird, dann schein es vonnöten, auch auf den besonderen partizipativen Charakter der mit der Entwicklung dieser Programme einhergehenden „Schulentwicklung" selbst hinzuweisen. Aushandlungsprozesse gewinnen für die Entwicklung der Qualität der Einzelschule einen eigenen Wert, sie sind damit ein besonders markanter Teil demokratischer Schulentwicklung. Schulen sind deshalb gut beraten, gerade diesen Prozessen eine eigene Bedeutung zuzumessen, die neben diejenige eines gemeinsamen getragenen

---

12 Wie dies in Rheinland-Pfalz durch die Mitgliedschaft von Schülerinnen und Schülern, im Übrigen „im gleichen Verhältnis" wie Lehrkräfte und Eltern, sichergestellt ist, s. § 48 Abs. 4 Satz 1 Nr. 2 des Schulgesetzes; zu den besonderen Einspruchsrechten der Schülerschaft s. auch § 48 Abs. 2 Satz 5 Nr. 1 des Schulgesetzes.

13 Zu den Inhalten von Schulprogrammen Nebel (2011), S. 160 ff., sowie Avenarius (2010), S. 261.

14 S. insoweit nur die Reglung im § 129 des Hessischen Schulgesetzes, der unter den Entscheidungskompetenzen der Schulkonferenz an erster Stelle das Schulprogramm nennt.

15 S. etwa § 23 Abs. 2 Satz 2 des Schulgesetzes Rheinland-Pfalz, auch §§ 98 Abs. 1, 127b Abs. 3 Satz 3 des Hessischen Schulgesetzes; dazu nur Avenarius (2010), S. 270 f., m.w.N.

16 S. etwa § 23 Abs. 2 Satz 2 des Schulgesetzes Rheinland-Pfalz, auch § 98 Abs. 2 des Hessischen Schulgesetzes; dazu nur Avenarius (2010), S. 273 f., m.w.N.

17 Zur Pflicht zur Fortschreibung s. nur § 127b Abs. 3 Satz 4 des Hessischen Schulgesetzes.

Ergebnisses tritt. Insoweit trägt eine demokratische Schulkultur im Sinne des Miteinander-Ringens um die angemessene Lösung unmittelbar auch zur Qualität der einzelnen Schule bei.

4. Innerschulische Verabredungen – wie immer sie heißen und nach welchem Verfahren sie zustande kommen mögen – haben ihre eigene Relevanz. Dabei ist zu beobachten, dass derartige Formen eines Sich-Verständigens an unterschiedlichsten Stellen im Schulwesen zunehmend auch rechtlich fixiert werden – sei es im Verhältnis zwischen der Schule und den einzelnen Schülerinnen und Schülern bzw. ihren Eltern, sei es auf der Ebene von Verabredungen zwischen der Einzelschule sowie dem Schulträger und/oder Schulaufsicht. Den sich hier entwickelnden Prozess nachzuzeichnen lohnt sich auch unabhängig von der Frage, wie die rechtssystematisch angemessene Form der schulrechtlich vorgesehenen Regelungen einzuordnen und zu bemessen ist (Avenarius 2010, S. 275; Thym 2009). Einige Beispiele:

- In Bremen besteht für die Sekundarstufe I und für das erste Jahr der gymnasialen Oberstufe eine Bestimmung[18], dass bei Feststellung mangelhafter oder ungenügender Leistungsentwicklungen vor den Osterferien im Zusammenwirken mit dem Erziehungsberechtigten bzw. den Schülern Fördermaßnahmen zu beschließen und einzuleiten sind. Die Zeugnisordnung enthält insoweit eine Verpflichtung für die Schule. Dabei ist vorgesehen, dass in dieser Situation der Gefährdung der Versetzung nicht nur schulseitig Maßnahmen ergriffen, sondern diese auch mit den Eltern bzw. den betroffenen Schüler oder der betroffenen Schülerin abzustimmen sind.

- Beim Verfahren zur Feststellung eines sonderpädagogischen Förderbedarfs in Schleswig-Holstein sieht die entsprechende Verordnung vor, dass der beim einzelnen Schüler bzw. der einzelnen Schülerin bestehende Bedarf gutachtlich festgestellt wird und danach Vorschläge für die konkrete Umsetzung im Einzelfall zu entwickeln sind[19]. Zwingend ist ein sogenanntes Koordinierungsgespräch unter Beteiligung unter anderem der Eltern vorgesehen, das dann im Falle einer Einigung als Empfehlung der Schulaufsicht zur letztendlichen Entscheidung vorgelegt wird[20].

- Eine Reihe von Ländern kennt das Instrument der „Verhaltensvereinbarungen". In England ist bereits seit dem Jahre 1988 das „Home-School-Agreement" Bestandteil des Schulgesetzes. Seit 2003 ist es sogar mit Sanktionen versehen, die bis hin zu Einschränkungen beim elterlichen Sorgerecht gehen können (Füssel/Kretschmann 2005, S. 62 f.). In Deutschland ist Ähnliches bei Ordnungsmaßnahmen vorgese-

---

18 § 18a der Bremischen Zeugnisordnung (vom 14. Juli 1997 i.d.F. vom 15. Juni 2008).
19 § 4 Abs. 4 und 5 der Landesverordnung über sonderpädagogische Förderung (vom 20. Juli 2007).
20 § 5 der Landesverordnung über sonderpädagogische Förderung.

hen. Erneut sei auf die bremische Situation hingewiesen, wo schulrechtlich die zwangsweise Überweisung in eine andere Schule als Ordnungsmaßnahme nur dann zulässig ist, wenn zuvor „eine schriftliche individuelle Verhaltensvereinbarung zwischen Schüler, Eltern und Schule" geschlossen worden ist, „in der die wechselseitigen Pflichten vereinbart" worden sind[21], wobei für die Einhaltung der entsprechenden vereinbarten Pflichten eine angemessene Frist vorzusehen ist[22].

Zunehmend findet auch das Instrument des „Schulvertrages" als Verabredung und Verhaltensvereinbarung auf gesamtschulischer Ebene Verwendung (Creutz/Füssel 2008, S.174). Mancher und manche mag, wenn er oder sie die dort beschriebenen gegenseitigen Verpflichtungen liest, diese für Selbstverständlichkeiten und Banalitäten halten, beschreiben sie doch allzu oft „nur" die eigentlich erwartbaren Formen höflichen und achtungsvollen Umgangs miteinander (Füssel 2009, S.61). Dennoch zeigt die unmittelbare Erfahrung aus den Schulen, dass eine solche vertragliche Verabredung in der Wahrnehmung der Beteiligten weit oberhalb der rechtlichen Bedeutung dieser Vertragsformen liegt. Erneut ist das Verfahren der Verständigung über die Inhalte entsprechender Schulverträge im Zweifel von größerer Relevanz als das dann fixierte Ergebnis (Thym 2009, S.288 f.). Der Diskurs und das Aushandeln von Rechten und Pflichten sind gerade auch dann von besonderer Bedeutung, wenn dies mit der Entwicklung schulspezifischer Verfahren der Konfliktlösung einhergeht, sei es, dass schulintern Mediatoren eingesetzt werden, sei es, dass es zur Einrichtung eigener Konflikt- und Entscheidungsinstanzen – etwa von „Schülergerichten" wie der sog. Teen Courts in Bayern (Englmann 2009) kommt: Sofern und solange sich die Beteiligten dem Schulvertrag und dem in ihm festgelegten Instrumenten unterwerfen, ist die faktische Wirkung einer solchen Regelung für die Schulkultur nicht zu unterschätzen (Füssel 2010, S.464). Auch das bereits erwähnte Schulprogramm, die pädagogische Profilsetzung der Einzelschule, kommt in einem diskursiven Prozess innerhalb der Einzelschule zustande – und erneut gilt, dass im Hinblick auf die Schulkultur das dabei gewählte Verfahren in seiner Bedeutung und Wirkung nicht unterschätzt werden darf.

5. Vereinbarungen existieren schließlich auch zwischen Schulen und den Aufsichtsbehörden. In Hamburg und Bremen beispielsweise erfolgt die Wahrnehmung der Schulaufsicht ausweislich der Schulgesetze „insbesondere durch den Abschluss und

---

21 § 42 Abs. 2 Satz 2 des Bremischen Schulgesetzes, § 7a Abs. 1 der Verordnung über das Verfahren beim Erlass von Ordnungsmaßnahmen in der Schule (vom 12. Mai 1998 i.d.F. vom 13. Februar 2006)

22 § 7a Abs. 2 Satz 3 der Verordnung über das Verfahren beim Erlass von Ordnungsmaßnahmen in der Schule.; vgl. für Bildungs- und Erziehungsvereinbarungen auch die Regelung im § 17a Abs. 5 Satz 3 des Berliner Schulgesetzes und dazu Thym (2009), S. 284 f.

die Kontrolle von Ziel- und Leistungsvereinbarungen mit den Schulleitungen"[23], in Hessen ist das Schulprogramm Grundlage der „Zielvereinbarungen zwischen staatlichem Schulamt (d.h. der Schulaufsicht H.P.F.) und der Schule über Maßnahmen ihrer Qualitäts- und Organisationsentwicklung"[24].

Idealiter beinhalten derartige Vereinbarungen[25] die Möglichkeit, dass beide Beteiligten ihre Interessen zur Geltung bringen können und die Vertragsbestimmungen so mitbestimmen (Thym 2009, S. 285 ff.). Hieraus ergibt sich in jedem Falle eine veränderte Stellung der Beteiligten. Hierarchieverhältnisse werden zumindest ansatzweise aufgebrochen, neue Kommunikationsformen entwickelt (ebd., S. 288). Im Ergebnis bedeutet dies, dass die klassische, durch einseitige hoheitliche Anordnung geprägte Verwaltungskultur immerhin zurücktritt (Avenarius 2010, S. 275; Thym 2009, S. 281), jedoch nicht ersetzt wird. Eine neue Kultur des Diskurses und der Verabredung wird in die bestehenden Strukturen eingefügt. Das Problem besteht allerdings darin, dass dies unter Aufrechterhaltung der ursprünglichen Strukturen geschieht – mithin die klassischen Instrumente einseitig hoheitlichen Handelns erhalten bleiben (Füssel 2008, S. 156): So sieht beispielsweise das Hessische Schulgesetz vor, dass das zentrale Instrument schulischer Selbstständigkeit, das Schulprogramm, der Zustimmung der Schulaufsicht bedarf[26]. Und auch der Hamburgische Gesetzgeber hat zwar auf das neue Instrument der Zielvereinbarung „insbesondere" hingewiesen, die ursprüngliche und „klassische" Regelung der Schulaufsicht mit den Möglichkeiten einer einseitigen hoheitlichen Anordnung allerdings nicht beseitigt[27]. Rechtlich gesprochen bleibt trotz neuer Diskurs- und Vereinbarungskultur ein „Schatten" (Füssel 2008, S. 160) dergestalt, dass die „alten Instrumente" nach wie vor zum Einsatz kommen könnten.

6. So sehr die Rahmenbedingungen für eine neue Kommunikationskultur an den Schulen sich auch schulrechtlich abbilden, so sehr sind ihre rechtlichen Defizite offenkundig (Thym 2009, S. 286f.). Was passiert, wenn Vereinbarungen nicht zustande kommen, weil sich die Beteiligten nicht einigen können? Was geschieht, wenn Absprachen nicht eingehalten, wenn Ziele nicht erreicht werden? Welche Reaktionen und ggf. auch welche Sanktionen greifen im Falle einer Nichterreichung von verabredeten Zielen?

---

23 So § 85 Abs. 1 Satz 3 des Hamburgischen Schulgesetzes; s. auch § 12 Abs. 2 Satz 1 des Bremischen Schulverwaltungsgesetzes.

24 § 127b Abs. 5 Hessisches Schulgesetz.

25 Zur rechtlichen Bewertung vgl. Avenarius (2010), S. 275 m.w.N.

26 § 127b Abs. 4 des Hessischen Schulgesetzes; zu den von Bundesland zu Bundesland unterschiedlichen Bedingungen s. Nebel (2011), S.181 ff., 189 ff.

27 § 85 Abs. 1 Sätze 1 und 2 des Hamburgischen Schulgesetzes.

Man mag in diesen Fragen das typisch juristische Denken sehen, aber zur Wirksamkeit und damit auch zur Akzeptanz von Regelungen gehört zumindest auch das Wissen, was im Falle des Nichteinhaltens geschieht. Sicherlich sind Verhältnisse wie diejenigen, die im Februar 2010 aus den US-Bundesstaat Rhode Islands berichtet wurde – denen zufolge die Schulbehörde sämtliche Lehrer einer High School entließ, weil die Schülerinnen und Schüler dieser Schule zu schlechte Ergebnisse erzielten (SPIEGEL-online 2010) – ein nicht auf Deutschland übertragbares Modell. Aber möglicherweise werden zukünftig auch in Deutschland Schulen beispielsweise dann geschlossen werden, wenn Eltern zunehmend im Rahmen der freien Anwahl von denjenigen Schulen sich zurückhalten, deren Ergebnisse als „schlecht" wahrgenommen werden. Und wenn zuvor entsprechende Zielvereinbarungen mit der Schulaufsicht geschlossen wurden, die auf eine „Hebung" des schulischen Qualitätsniveaus zielten, dieses Ziel aber nicht erreicht wurde – wird dies zur Bedingung für schulaufsichtliches Eingreifen gemacht werden?

Eine Ungewissheit bleibt: Denn weder ist eine Diskurs- und Aushandlungskultur in allen Bundesländern und auf allen Ebenen schulischen Handelns zu beobachten, noch ist erkennbar, ob entsprechende Vereinbarungen zukünftig in ganz anderer Weise als gegenwärtig das Schulsystem und das Handeln der dort Beteiligten prägen werden. Die vorstehende Darstellung macht nur deutlich, dass Vereinbarungen an deutschen Schulen punktuell existieren und rechtlich Beachtung finden.

Demgegenüber ist die Nutzung von Zielvereinbarungen in der Wirtschaft erheblich weiter fortgeschritten. Das Instrument prägt dort ein gesamtes Unternehmen, entsprechende Vereinbarungen werden von oben nach unten heruntergebrochen und spezifiziert. Es besteht insoweit ein Gesamtsystem – trotz aller Probleme der Koordinierung und Umsetzung. Für den Schulbereich lässt sich Vergleichbares (noch?) nicht sagen. Es lässt sich auch noch nicht entscheiden, ob endgültig jene neue Kultur entstanden ist und Bestand haben wird. Wenn Demokratie „ein gemeinsames Unternehmen von Bürgern (ist), die sich darin als gleiche anerkennen und wechselseitig zu Ko-Autoren ihrer Rechtsordnung einsetzen" (Volkmann 2010b) und „demokratisches Lernen bedeutet, dass Interessen von Regierten und Entscheidungen der Regierten wechselseitig angepasst werden" (Benz 2009, S. 12), wenn also Schulen den Prozess der gemeinsamen Willens- und Meinungsbildung sowie der gemeinsam getragenen Verabredungen zu einem Kernelement ihres Handelns machen, so leisten sie damit einen Beitrag zu dem, was eingangs unter Bezugnahme auf das Bundesverfassungsgericht formuliert wurde: Sie tragen dazu bei, „Erziehung und Aufklärung" und damit den für Demokratie unerlässlichen Prozess der „ständigen geistigen Auseinandersetzung" fortzuführen. Insofern kommt einer Veränderung der „Schulkultur" auch eine verfassungsrechtliche Dimension zu.

Literatur

Avenarius, H. (2010): Schulrecht. 8. Aufl. Köln-Kronach.

Benz, A. (2009): Ein gordischer Knoten der Politikwissenschaft? Zur Vereinbarkeit von Föderalismus und Demokratie. In: Politische Vierteljahrsschrift 2009, S. 3.

Berka, W. (2010): Verfassungsrecht. 3. Aufl. Wien-New York.

Creutz, A./Füssel, H.-P. (2008): Zur Verantwortung der Lehrerin. In: Füssel, H.-P./Schuppert, G. F. (Hrsg.): Bildung im Diskurs – Ingo Richter zum 70.Geburtstag. Berlin, S. 167.

Englmann, R. (2009): Kriminalpädagogische Schülerprojekte in Bayern – Rechtliche und kriminologische Probleme sowie spezialpräventive Wirksamkeit sogenannter „Schülergerichte". In: Zeitschrift für Jugendkriminalität und Jugendhilfe, S. 216.

Fend, H. (1986): „Gute Schulen – schlechte Schulen". Die einzelne Schule als pädagogische Handlungseinheit. In: Die Deutsche Schule, Heft 3, S. 275-293.

Füssel, H.-P. (2008): Schulinspektion und Schulaufsicht, Schulinspektion oder Schulaufsicht, Schulinspektion versus Schulaufsicht, Schulinspektion als Schulaufsicht? In: Döbert, H./Dedering, K. (Hrsg.): Externe Evaluation von Schulen. Münster-New York.

Füssel, H.-P. (2009): Von der Schulverfassung zum Schulvertrag – mehr Demokratie in den Schulen? In: Beutel, W./Fauser, P. (Hrsg.): Demokratie, Lernqualität und Schulentwicklung. Bad Schwalbach/Ts., S. 55-66.

Füssel, H.-P. (2010): Verhalten der Schülerinnen und Schüler. In: Avenarius, H.: Schulrecht. 8. Aufl. Köln-Kronach, S. 464.

Füssel, H.-P./Kretschmann, R. (2005): Verträge im Bildungsbereich – Chancen und Grenzen. In: Recht der Jugend und des Bildungswesens 2005, S. 56-70.

KMK (1973): Beschluss der Kultusministerkonferenz vom 25. Mai 1973 „Zur Stellung des Schülers in der Schule". In: KMK-Beschluss-Sammlung Nr. 824.

Kurth-Buchholz, E. (2010): Schülermitbestimmung aus Sicht von Schülern und Eltern. Münster/New York.

Nebel, J. A. (2011): Schulprogramme als innovative Steuerungsinstrumente im System des allgemeinen Verwaltungsrechts. Berlin.

Niehues, N./Rux, J. (2006): Schul- und Prüfungsrecht, Band 1: Schulrecht. 4. Aufl. München.

Schaefer, J. P. (2010): Wie viel Freiheit für die Gegner der Freiheit ? In: Die Öffentliche Verwaltung 2010, S. 379.

SchulG RP (2009): Schulgesetz des Landes Rheinland-Pfalz vom 30. März 2004 (GVBl. S. 239), zuletzt geändert am 9. Juli 2010 (GVBl. S. 167). SPIEGEL-Online (2010): „Alle Lehrer wegen Unfähigkeit entlassen", s. http://www.spiegel.de/schulspiegel/ausland/0,1518,680200,00.html (Zugriff vom 26. Februar 2010).

Thym, D. (2009): Zielvereinbarungen im Schulrecht zwischen informeller Verwaltungspraxis und rechtlicher Steuerung. In: Recht der Jugend und des Bildungswesens 2009, S. 278.

Volkmann, U. (2010a): Die Geistesfreiheit und der Ungeist – Der Wunsiedel-Beschluss des Bundesverfassungsgerichts. In : Neue Juristische Wochenschrift 2010, S. 417.

Volkmann, U. (2010b): Die Privatisierung der Demokratie. In: Frankfurter Allgemeine Zeitung vom 26. Februar 2010, S. 9.

Gerhard Himmelmann

Perspektiven des Zusammenwirkens von Politischer Bildung und Demokratiepädagogik

1. Kritische Denkanstöße

Wer von Perspektiven der Kooperation von politischer Bildung und Demokratiepädagogik sprechen will, tut gut daran, sich zu allererst zu vergewissern, welche Bilanz aus der bisherigen Entwicklung, vor allem der politischen Bildung, gezogen werden kann. Noch immer vermisst man eine vertiefte Wirkungsanalyse der aktuell praktizierten Politischen Bildung. Bewirkt sie etwas oder eher nichts bzw. wenig? Hinweise ergeben sich aus einem Sammelband mit dem Titel „Standortbestimmung Politische Bildung" (Oberreuter 2009). Darin sind einige Autorinnen und Autoren aus der Fachdidaktik politischer Bildung mit Analysen und Thesen vertreten, die recht schmerzliche Erkenntnisse enthalten.

1.1 „Gewaltiges Dilemma"

Nach allgemeinem Verständnis sollte die Politische Bildung die Förderung des politischen Wissens, der politischen Urteilskompetenz, der politischen Handlungsfähigkeit sowie bestimmter politischer Einstellungen bzw. Tugenden gleichermaßen für alle Bevölkerungsschichten zum Ziel haben. Aus der Sicht des Einzelnen sind diese Kompetenzen für die demokratische Beteiligung „unerlässlich", ebenso aus der Sicht des Gemeinwesens für den Erhalt und die Weiterentwicklung der demokratischen Kultur.

Doch inzwischen spricht Joachim Detjen im besagten Sammelband von einem „gewaltigen Dilemma der politischen Bildung" (Detjen 2009, S. 335). Er konstatiert, dass sich die unteren sozialen Schichten bisher den Bemühungen der etablierten Politischen Bildung weitestgehend entziehen, obwohl gerade diesen Adressatengruppe – nach allen empirischen Erkenntnissen der Bildungsforschung – einer Förderung durch Politische Bildung besonders bedürfte. Hier geht es vor allem um die sog. „bildungsfernen Schichten", darunter auch die inzwischen recht große Gruppe der Bürger bzw. Schülerinnen und Schüler „mit Migrationshintergrund". Detjen verweist also auf ein gravierendes soziales Wirkungsdefizit der Politischen Bildung. Er setzt sich anschließend mit den konzeptionellen Vorschlägen auseinander, die vor allem in der Bundeszentrale für politische Bildung zur Behebung des angesprochenen sozialen Wirkungsdilemmas diskutiert wurden und werden. Die Bundeszentrale hatte zuvor externe Gutachten zum Stand der politischen Bildung in Deutschland in Auftrag gegeben und um Anregungen gebeten. Die daraus resultierenden Vorschläge zur Reform der politischen Bildung bezogen sich auf folgende Punkte (zitiert nach Detjen a. a. O.):

- eine stärkere Berücksichtigung der „Psychologie des Subjekts" im Sinne einer besseren Verständlichkeit, der Alltagstauglichkeit und des praktischen „Nutzens" der politischen Bildungsbemühungen für die Bildungsadressaten,
- die Entwicklung einer neuen Veranstaltungsstrategie mit Betonung des „Erlebnischarakters" in der politischen Bildung,
- die Einbeziehung der Sozialarbeit und der Jugendhilfe im Sinne der Stärkung des Ansatzes des „sozialen Lernens",
- eine stärkere Betonung von Konzepten der „vorpolitischen Bildung" im Sinne des „Empowerments" bzw. der Stärkung der „Selbstwirksamkeit" der Adressaten und
- ein stärkeres Eingehen auf die Bedürfnisse und Präferenzen der bildungsfernen Schichten im Sinne der „Lebenshilfe".

Man kann über diese Vorschläge im Einzelnen sicherlich trefflich diskutieren. Insgesamt zielen diese Ansätze auf eine breite soziologisch-psychologisch sowie pädagogisch ausgerichtete Neujustierung bzw. auf eine stärker basis- und adressatenorientierte Neuausrichtung der politischen Bildungsarbeit. Die genannten Vorschläge enthalten indirekt eine herbe Kritik an der bisher meist recht intellektualistisch und kognitivistisch orientierten „politischen" Bildung, die in ihrer schulischen Ausprägung allzu oft auf die Klientel der Sekundarstufe II und dort mit Schwerpunkt auf Leistungskurse und Abiturqualifikation konzentriert ist (vgl. Massing/Weißeno 1996, Weißeno 2008).

Die genannten Ansätze unter den Stichworten: Psychologie des Subjekts, Verständlichkeit, Alltagstauglichkeit, praktischer Nutzen, Erlebnischarakter, soziales Lernen, Empowerment, Selbstwirksamkeit und Lebenshilfe wurden in der Vergangenheit auch in der politikdidaktischen Literatur mehrfach diskutiert, doch zumeist als „unpolitisch" verworfen und als Richtschnur für eine Neuorientierung der „politischen" Bildung abgelehnt. Es wurde argumentiert, dass sich die „politische" Bildung mit diesen Ansätzen ins „Soziale" verflüchtige. Diese Orientierungen lenkten von der zentralen Aufgabe des „Politik-Lernens" ab bzw. verfehlten gerade das „Politische".

Im vorliegenden Aufsatz bekräftigt Joachim Detjen die Ablehnung und beharrt auf dem Standpunkt, dass die politische Bildung eben „politische" Bildung im engeren Sinne bleiben solle. „Auf jeden Fall gilt das Gebot, Politik im engeren Sinne zu thematisieren, für die politische Bildung in allen Schulen" (S. 347). Detjen kann sich damit freilich nicht der Problematik des von ihm selbst analysierten sozialen Wirkungsdilemmas der traditionellen Politischen Bildung entziehen. Vielmehr tröstet er sich mit der Bemerkung: „Es wird immer Desinteressierte geben" (ebd.). Statt sich also an der Suche nach Auswegen aus der sozialen Selektivität und aus der Falle des engen Politikbegriff etwa mit Hilfe der Entwicklungspsychologie, der Jugendsoziologie, der Sozialarbeit und der Demokratiepädagogik zu beteiligen, beharrt Detjen auf den traditionellen Positionen der Politikdidaktik. Innovatives Potenzial wird dabei nicht ersichtlich.

1.2 „Gewaltige Herausforderung"

Sprach Joachim Detjen noch von einem „gewaltigen Dilemma" bezüglich der sozialen Wirksamkeit der Politischen Bildung, so spricht Siegfried Schiele von einer „gewaltigen" didaktischen Herausforderung (Schiele 2009, S. 351). Er meint: „Die politische Bildung hat ein riesiges Vermittlungsproblem" (ebd., S. 349). Auch in Schieles Beitrag klingt indirekt eine recht vehemente Kritik an der einseitig kognitivistisch ausgelegten Politischen Bildung durch. Während Detjen noch argumentierte, dass sich die unteren sozialen Schichten den Bemühungen der bisherigen Politischen Bildung entzögen, dreht Schiele den Spieß um, indem er beklagt, dass sich die politische Bildung mit ihren Angeboten und Leistungen bisher „an die höheren Bildungsschichten gerichtet" und die unteren Bildungsschichten „vernachlässigt" habe (ebd., S. 351). Demgegenüber sei die Politische Bildung in den Anfangsjahren der Bundesrepublik gerade an die „breiten Volksschichten" gerichtet gewesen. Inzwischen habe sich jedoch die Vorstellung verbreitet „zu glauben, nur das sei gut, was möglichst trocken und wissenschaftlich verklausuliert dargestellt" werde. Schiele fasst zusammen: „Es ist nach wie vor viel leichter, in hohen wissenschaftlichen Regionen zu schweben als Informationen so zu gestalten, dass sie von breiten Schichten verstanden werden können" (ebd.). So stellt sich nach Schiele also das Vermittlungsproblem, das Joachim Detjen bereits angesprochen hatte, erneut mit aller Deutlichkeit.

Nach diesen Ausführungen von Siegfried Schiele hat man den Eindruck, als ob die „didaktische Wende" in der politischen Bildung zu Beginn der 1960er Jahre grundsätzlich überdacht werden müsste. Als Schlussfolgerung plädiert Siegfried Schiele für eine deutliche „Elementarisierung" der politischen Bildung und verweist dabei auf die von ihm und Gotthard Breit verfasste Schrift „Vorsicht Politik" (Schiele/Breit 2008). Bei Siegfried Schiele steht also die akademisch-universitäre Politikdidaktik im Fadenkreuz der Kritik. Doch es ist gleichsam eine „halbierte Kritik", denn er selbst hält – wie Detjen – noch am engen institutionellen System- und Politikbegriff fest, anstatt mit der Elementarisierung tatsächlich neue Inhalte, Methoden und Lernformen zu entwickeln. Mit einer offeneren Demokratiedidaktik mag er sich noch nicht anfreunden.

Schaut man schließlich in den von Breit und Schiele edierten Band (Breit/ Schiele 2008), zeigt sich der unbedingte Wille zur sprachlich nachvollziehbaren Gestaltung politischer Grundsachverhalte. Ebenso unübersehbar ist der pädagogische Impuls, Grundkategorien des Politischen in der Demokratie – wie Streit/ Konflikt, Kompromiss, Vorbild – auch mit wortergänzenden Illustrationen und Karikaturen anzubieten. Wenn die hier eingeladene Leserschaft bis hierhin gefolgt ist und dann weiterschreitet, werden auch exemplarische Aufgaben gegenwärtiger Politik wie Arbeitslosigkeit, Generationenverhältnis und Sozialstaat, Klimapolitik, Krieg und Frieden aufgegriffen. Unübersehbar ist das einladende Bemühen der beiden Autoren, die Dinge als unvermeidlich und voraussetzungsreich, gleichwohl nachvollziehbar und transparent darzustellen, vor allem dabei die übliche, bisweilen problemverdeckende Sprache der Politik und ihrer medialen Präsentation zu vermeiden. Soweit so gut – die Idee ist zweifelsohne besser, als vieles, was die Politische Bildung bislang hervorgebracht hat. Gleichwohl gewinnt oder scheitert auch dieses Buch an der Brücke der verbalen Vermittlung politischer Sachverhalte in der Demokratie, also an klassischem informationsgenerierendem Belehren und Unterrichten. Ohne den Idealismus seiner Autoren enttäuschen zu wollen, ist hier nicht wirkliche didaktische Innovation oder demokratiedidaktisches Handlungsversprechen sichtbar.

1.3 „Bestürzende" Wirkungslosigkeit

In dritter Position ist aus dem Sammelband „Standortbestimmung" der Beitrag von Anja Besand heranzuziehen. Unter dem Titel „Politik – Nein Danke" setzt sie sich mit der „übertriebenen Nüchternheit der politischen Bildung" auseinander (Besand 2009, S. 253). Die nüchterne und rationale Vermittlung des Gegenstandes der Politischen Bildung ziehe „nicht selten Schwierigkeiten mit der Herstellung von Anschaulichkeiten" nach sich, da sie „an den Wahrnehmungsgewohnheiten und Bedürfnissen großer Teile ihrer Zielgruppe vorbei geht" (ebd., S. 256). Damit stellt auch Anja Besand die wissenschaftliche Politikdidaktik auf den Prüfstand. Im Übrigen werde, so Anja Besand weiter, in empirischen Studien „in bestürzender Weise deutlich, dass sich häufig kein Zusammenhang von Angeboten zur Politischen Bildung und der Zunahme von politischem Interesse bzw. Partizipationsbereitschaft nachweisen lässt. Die systematische Vermittlung von politischem Wissen trägt demnach nicht zu einer Vergrößerung des politischen Interesses bei" (ebd., S. 259). Die Politische Bildung habe allenfalls Rezeptionschancen bei Personen mit höherer Bildung mit einem bereits vorhandenen politischen Interesse und mit einem bereits vorhandenen politischen Wissen. Dort scheint Politische Bildung aber offenbar am wenigstens notwendig zu sein.

An die oben genannten Negativdiagnosen von Detjen, Schiele und Besand lassen sich noch weitere Problemfelder anfügen. Es geht etwa um das oft monierte

Fehlen einer attraktiven „Botschaft" bzw. einer eigenen „inneren Philosophie" der Politischen Bildung jenseits des abstrakten und inzwischen recht abgegriffenen Ziels der „politischen Mündigkeit". Außerdem meinen ernstzunehmende Stimmen, dass die akademisch-universitäre Politikdidaktik in der Vergangenheit normativ eigentümlich „blass" geblieben sei. Schließlich fehle ein verständlich ausformuliertes normatives Demokratiemodell, ohne das eine Politische Bildung, die ernst genommen werden und ihre bildungspolitische Ausstrahlungskraft entfalten wolle, nicht auskomme. Letztlich gibt es inzwischen auch Klagen, dass die etablierte Politische Bildung ihr kritisches Potenzial fast völlig eingebüßt habe. Es fehle eine kritische Theorie der Politischen Bildung im Sinne der Herstellung von politisch-sozialkritischer Kontroversität (Lösch/Thimmel 2010).

Über einen Mangel an Problemanzeigen und Defizitanalysen kann sich die akademisch-universitäre Politikdidaktik also nicht beklagen. Und wie steht es mit dem alltäglichen Politikunterricht? Aus einer Befragung von Lehrkräften Anfang der 1990er Jahre war zu entnehmen, dass die Lehrkräfte im praktischen Politikunterricht sehr vielfältige eigene Wege gehen und dass sie sich zu allermeist an den sehr konkreten Bedingungen ihrer Schule, ihrer Schüler und Schülerinnen sowie ihrer Klasse orientieren. Sie emanzipieren sich im Rahmen ihrer Berufspraxis in aller Regel recht schnell von den reichlich akademischen Vorgaben der universitären Politikdidaktik und folgen fachlich und didaktisch vielmehr eigenen Vorstellungen und Schwerpunktsetzungen (Harms/Breit 1999). Die Lehrkräfte geben der politischen Bildung vor Ort jeweils ihren eigenen „Sinn" und ihre eigene Wertigkeit, ohne sich in ihrer weitere Berufslaufbahn noch weiter mit den Modellstunden und didaktischen Anfangsübungen aus ihrer Referendarzeit zu belasten.

2. Neue Perspektiven

Die Diagnosen „gewaltiges Dilemma" (Detjen), „riesiges Vermittlungsproblem" (Schiele) und „bestürzende Wirkungslosigkeit" (Besand) lassen aufhorchen und fordern ein neues Denken bzw. neue Sichtweisen. Schon lange geht in der akademischen Politikdidaktik das Schlagwort „Politische Bildung neu denken" um. In immer neuen thematischen Wellen wurde in der Vergangenheit über den „Kern" der Politischen Bildung, über das Problem der „Professionalisierung" und noch mehr zum Problem der „Methoden" der Politischen Bildung gearbeitet und veröffentlicht. Handbücher und Lexika haben den aktuellen Stand der Politischen Bildung zusammengefasst. Darüber hinaus hat die jüngere Diskussion über „Kompetenzen" und „Fach- bzw. Basiskonzepte" der Politischen Bildung breiten Raum eingenommen, ebenso die Auseinandersetzung mit dem neuen Fachinhalt Wirtschaft. Auch die Möglichkeiten der Politischen Bildung im Sachunterricht der Grundschule wurden vereinzelt und leider nur sehr zaghaft in den Blick genommen.

Darüber hinaus zeigten sich vereinzelte Versuche z.B. die Wertedebatte in der Politischen Bildung neu anzustoßen. Es gab Versuche, die Förderung des politischen bzw. des demokratischen Bewusstseins in den Vordergrund zu rücken. Und zaghafte Initiativen machten darauf aufmerksam, dass die Politische Bildung in besonderer Weise auf Menschen mit Migrationshintergrund zugehen müsse. Wieder andere Politikdidaktiker meinten, dass man eine „hermeneutische Politikdidaktik" (GPJE 2012) entwickeln solle.

Bei allen Kontroversen, die sich in der Politischen Bildung erkennen lassen, hat doch die Kontroverse um die Ansätze des Demokratie-Lernens bzw. der Demokratiepädagogik in den vergangenen Jahren die heftigsten Auseinandersetzungen auf sich gezogen. Immerhin befassen sich im angesprochenen Sammelband „Standortbestimmung politische Bildung" von Heinrich Oberreuter aus dem Jahre 2009 fünf Beiträge mit dem Problem des Demokratie-Lernens, der Demokratieerziehung bzw. der Demokratiepädagogik. Diese demokratiepädagogische Perspektive hat seit der Jahrtausendwende wichtige neue Anstöße gegeben. Etwa seit dem Jahr 2000 traten dann neben der etablierten „politischen" Bildung zahlreiche ergänzende Konzepte des Demokratie-Lernens, der Schülerpartizipation, der Schuldemokratie sowie der demokratischen Bürgerbildung an die Öffentlichkeit (Palentin/Hurrelmann 2003, Himmelmann 2006[3]; 2007, Sliwka 2008). Die für die Bildungspolitik in Deutschland zuständigen Bundesländer fördern schon seit 1990 bundesweit wirksame Schulwettbewerbe wie etwa das Förderprogramm „Demokratisch Handeln" ins Leben (Beutel/Fauser 2001; 2011). Die Bund-Länder-Kommission für Forschungsförderung und Bildungsplanung (BLK) wiederum hat im Jahre 2001 als ein letztes großes und eigenständiges Unternehmen das Modellprogramm „Demokratie lernen & leben" auf den Weg gebracht (Edelstein/Fauser 2001). In beiden Programmen wurden zahlreiche Modellprojekte durchgeführt und wissenschaftliche Publikationen zu einer eigenständigen „Demokratiepädagogik" veröffentlicht (Beutel/Fauser 2007, 2009, Haan et al. 2007, Eikel/Haan 2007, Giese et al. 2007). Aus diesem Umfeld gründete sich im Jahre 2005 schließlich die Deutsche Gesellschaft für Demokratiepädagogik" (DeGeDe). Im März 2009 schließlich hat die Kultusministerkonferenz eine Vereinbarung zur „Stärkung der Demokratieerziehung" verabschiedet (KMK 2009). Sie hat in dieser Erklärung ein breites Spektrum von Fachthemen und übergreifenden Schulaktivitäten vorgeschlagen, um Demokratie vor Ort und in der Schule erfahrbar, erlebbar und erlernbar zu machen. Es wird zugleich eine verstärkte Integration der „Demokratiepädagogik" in die verschiedenen Phasen der Aus- und Fortbildung der Lehrkräfte gefordert. Ebenso wird eine demokratische Schulkultur als Maßstab für die Schulinspektion und für die zukünftige Schulentwicklung gesetzt. Bereits in einer früheren Entschließung von 16. Juli 2008 zum Profil des enger begrenzten Faches Sozialkunde/Politik-Wirtschaft hat die KMK auf die Erweiterung der Politikdidaktik um die „Demokratiedidaktik" verwiesen (KMK 2008). In die Reihe der neueren Ansätze zur Demokratieerziehung gehört auch die Initiative aus der Mitte des Bundestages zur Gründung eines „Instituts für die Didaktik der Demokratie" (Bartels 2009). Es bleibt bemerkenswert, dass in diesen Denkanstößen statt von „Politischer Bildung" vielmehr von „Demokratieerziehung", „Demokratiepädagogik", „Demokratiedidaktik" bzw. „Didaktik der Demokratie" die Rede ist. Mit den genannten Begriffen und den dahinter stehenden Konzepten sollte sich die etablierte politische Bildung intensiv und in kooperativer Absicht beschäftigen.

Der Begriff der Demokratie als Lebensform gewinnt in neuerer Zeit in der wissenschaftlichen Literatur und sogar in der Politik und der politischen Publizistik einen sinnstiftenden Gebrauchswert, so bei Horst Köhler, Oskar Negt, Ulrich Beck, Hans-Peter Bartels. Auch Bundespräsident Christian Wulff hat sich im Sommer 2011 zur Vermittlungsfähigkeit des aktuellen politischen Zustandes der Demokratie geäußert und dabei ein adäquates Zeitmanagement und das Mitnehmen aller Menschen eingefordert: „Zur Demokratie gehört aber grundsätzlich, dass man sich Zeit nimmt ... einander zuhört, Gegenargumente wägt, klüger wird. Die Schnelligkeit, mit der jetzt Politik – oft ohne Not – bei einigen herausragenden Entscheidungen verläuft, ist beunruhigend. Und sie führt zu Frust bei Bürgern und Politikern sowie zu einer vermeidbaren Missachtung der Institutionen parlamentarischer Demokratie" (Wulff 2011). Er hat die Schirmherrschaft für das zivilgesellschaftlich motivierte Programm „Demokratie Erleben" übernommen (die von seinem Nachfolger Joachim Gauck fortgeführt wird), das fachlich wesentlich von „Demokratisch Handeln", der Deutschen Kinder- und Jugendstiftung und der Körber-Stiftung gestaltet und moderiert wird (Beutel/Tetzlaff 2012). Diese ein Grundanliegen des demokratiepädagogischen Diskurses widerspiegelnde Debatte in den politischen Eliten der Republik hat inzwischen eine gewisse Kontinuität, die auch die Politische Bildung aufgreifen müsste.

Neben diesen Perspektiven ist erneut auf die internationale Ebene zu verweisen. Hier haben der Europarat, die Europäische Union, das Eurydice-Netzwerk, die UNESCO und zahlreiche international operierende Stiftungen und Netzwerke Pionierarbeit geleistet. Bis heute fehlt noch eine eingehende Auseinandersetzung deutscher Autorinnen und Autoren der Politikdidaktik mit diesen – meist angelsächsisch inspirierten – Denktraditionen. Hinzuweisen ist auch auf die Tatsache, dass in diesen Programmen, Texten und Entwürfen statt von Politik-Lernen („Political Education") in aller Regel von „Education for Democratic Citizenship" (EDC) die Rede ist. Ins Deutsche wurde dieser Begriff des Europarates mit dem Terminus „Demokratie-Lernen" übersetzt (Dürr 2001, Georgi 2008). Eine der programmatischen Zielstellungen lautet hier: „Education about Democracy, for Democracy and through Democracy" (Sliwka et al. 2006, S. 7). Auf die „through-Perspektive" kommt es hier vor allem an (vgl. auch Georgi 2008).

3. Abwägungen und Fehlverständnisse

Die Ansätze von Demokratiepädagogik und Demokratie-Lernen haben in den vergangenen Jahren national und international zweifellos bemerkenswerte Marksteine gesetzt. Obwohl sich weite Überschneidungsfelder mit der herkömmlichen politischen Bildung ergeben, ist es doch zu einer zugespitzten, aber eigentlich überflüssigen Kontroverse gekommen. Nach Andreas Petrik löste etwa das BLK-Programm „den größten und schärfsten Streit in der Politikdidaktik seit den Zielkämpfen der 1970er Jahre aus" (Petrik 2007, S. 67). Zu beachten sei allerdings, dass es sich nicht um eine (partei-)politische oder ideologische Kontroverse handelte, sondern vor allem um eine genuin didaktische Auseinandersetzung. Aus Sicht der Akteure in der Demokratiepädagogik hat diese Auseinandersetzung vor allem in der Fachdidaktik der Politischen Bildung als „Abwehr" verstehbare Motive (Beutel 2006). Betrachtet man die vielfältige direkt und indirekt geäußerte Kritik an der herkömmlichen politischen Bildung, wie sie in den oben angeführten Äußerungen von Detjen, Schiele und Besand zum Ausdruck kommt, so hat sich die akademische Politikdidaktik – prima facie – wohl keine allzu exzellente Auszeichnung verdient, um alleinige Deutungshoheit im Bereich der bürgerschaftlichen Bildungsbemühungen beanspruchen zu können. Die Ansätze von Demokratie-Lernen und Demokratiepädagogik bzw. von Demokratieerziehung und Demokratiedidaktik sind geradezu als Produkte der Defizite der herkömmlichen politischen Bildung zu verstehen bzw. als Antworten auf deren Fehlstellen und Defizite.

Man mag gerne einräumen, dass noch eine Vielzahl von zu klärenden Problemen in den Ansätzen des Demokratie-Lernens und der Demokratiepädagogik steckt. Doch ist es in der bisherigen Rezeption dieser Ansätze zweifellos auch zu zahlreichen Miss- und Fehlverständnissen gekommen. Die Variationsbreite der kritischen Auseinandersetzungen um die Ansätze des Demokratie-Lernens bzw. der Demokratiepädagogik lässt sich an dieser Stelle kaum ausloten. Einige Beispiele mögen stellvertretend genügen.

• So wurde der Demokratiepädagogik entgegen gehalten, dass sie Demokratie lediglich im Sinne der „Demokratie als Lebensform" interpretiere. Die eine oder andere Abhandlung zur Demokratiepädagogik mag einen solchen Fehlschluss nahe legen. Doch die Fehlwahrnehmung, dass dies die einzige Interpretation des Demokratiebegriffs in der Demokratiepädagogik sei, erledigt sich mit dem Hinweis, dass in aller Regel auch die Interpretation der Demokratie als Gesellschaftsform und als Herrschaftsform berücksichtigt wird. Eine Vielzahl von Projekten aus dem BLK-Programm und aus dem Förderprogramm „Demokratisch Handeln" zeigt, wie breit diese Bemühungen angelegt und wie „politisch" sie sein können. Die Reduzierung der Rezeption des Demokratie-Lernens oder der Demokratiepädagogik auf den Begriff der Demokratie als Lebensform steht also beispielhaft für ein Fehlverständnis auf der Seite der Kritiker. Gerade im

Bereich der Demokratie als Herrschaftsform ergeben sich die direktesten Über-
schneidungspunkte mit der herkömmlichen politischen Bildung.

- Dem Demokratie-Lernen wurde oft eine „Parallelisierungsfalle" vorgeworfen: Demokratie als Lebens-, Gesellschafts- und Herrschaftsform würden in ihrer Logik,
Bedeutung und Funktionsweise parallel gesetzt. Doch eine solche Gleichsetzung
wurde nicht behauptet und der Vorwurf zielt wohl eher darauf ab, die Demokratiepädagogik an den selbst bereitgestellten Pranger zu stellen. Soziales Lernen
ist natürlich nicht schon gleichzusetzen mit politischer Bildung. Das soziale
Lernen hat einen spezifischen Eigenwert für eine demokratisch-bürgerschaftliche
Bildung und für die Herstellung erträglichen Miteinanders in der Schule und in
der Gesellschaft für sich. Die Förderung von sozial-emotionalen Kompetenzen
dient der Prävention von kindlichen Verhaltensproblemen oder von jugendlicher
Delinquenz. Sie dient der Abwehr von Mobbing und Gewalt sowie von aggressiven
oder anderweitig antisozialen Verhaltensweisen. (Malti/Perren 2008). Gleichzeitig
wird je nach Schulstufe die eigenständige, aber gleichwohl aufeinander aufbau-
ende Bedeutung der verschiedenen Demokratieebenen hervorgehoben. Der enge
Zusammenhang der Ebenen der Demokratie steht außer Zweifel, wenngleich die
Eigenarten und die Eigenbedeutungen der einzelnen Demokratieformen sowie
die Übergänge zwischen ihnen jeweils noch deutlicher herausgearbeitet werden
könnten. Doch im Kern besteht eine „ad-hoc-Plausibilität" über die Sinnhaftigkeit
dieses Demokratiekonzepts (Pohl 2004).
- Es wurde der Demokratiepädagogik auch entgegengehalten, dass sie mit der
Fokussierung auf den Begriff der Demokratie statt auf den Begriff der Politik
einer „Entfachlichung" der „politischen" Bildung Vorschub leiste. Der Begriff
der Politik sei im Übrigen dem Begriff der Demokratie übergeordnet. Zu dieser
Fehlwahrnehmung kann argumentiert werden, dass die Politische Bildung ihr
wissenschaftliches Bezugsfeld inzwischen selbst entfachlicht und ihr Themenspek-
trum auf „Gesellschaft", „Wirtschaft" und „Recht" ausgeweitet hat. Man spricht
inzwischen von „Entgrenzung der Politik" und der Politischen Bildung (Lange
2011) und meint damit auch die fachliche Erweiterung über den Bereich des
engen Politikbegriffs hinaus. In den curricular vorgeschriebenen Lernfeldern hat
sich die politische Bildung in den verschiedenen Bundesländern für zahlreiche
weitere fachliche Aufgaben geöffnet wie dem sozialen Lernen, dem interkulturellen Lernen, globalen und moralischen Lernen sowie dem historischen, dem
rechtlichen und dem ökonomischen Lernen. Diesen weiteren Aufgabenfeldern
stellt sich - je nach den Umständen - auch die Demokratiepädagogik. Das Argument „Entfachlichung" sticht also gegenüber dem Demokratie-Lernen bzw.
der Demokratiepädagogik nicht.
- Es wird der Demokratiepädagogik vorgehalten, dass sie sich ins Soziale „verflüchtige". Demgegenüber herrscht, in sehr vielen Abhandlungen zur politischen
Bildung selbst die Auffassung, dass das soziale Lernen durchaus einen eigenen

und wichtigen Stellenwert für die politisch-gesellschaftliche Bildung habe. Jugendstudien zeigen, dass wichtige zivilgesellschaftliche und rudimentär demokratische Aktivitäten als „Ausdruck sozialen Verhaltens" angesehen werden können. Insofern hat das soziale Lernen auch seinen eigenen Bildungswert (Shell 2006, S. 127, Haffner 2006, Malti/Perren 2008).

• Der Demokratiepädagogik wurde schließlich vorgeworfen, dass zwischen der schulischen und der politischen Partizipation kein Zusammenhang bestehe und dass es keinen Transfer zwischen beiden Bereichen gebe (Reinhardt 2009). Hier gibt es viele Selbstwidersprüche in der Politikdidaktik. So sagt die Sachsen-Anhalt-Studie: „Schulische und politische Partizipation sind .... nicht deckungsgleich, hängen aber spürbar miteinander zusammen" (Reinhardt/Tillmann 2002, S. 67).

Ich erwähne an dieser Stelle die Sachsen-Anhalt-Studie, da Sibylle Reinhardt als Mitautorin, gegenüber der Studie aus dem Jahre 2002 später offenbar einen anderen Standpunkt vertritt. Sie meint heute, die These des Transfers vom sozialen zum politischen Lernen beruhe auf einer „Illusion" (Reinhardt 2009). Demgegenüber schrieb sie noch in der Sachsen-Anhalt-Studie: „Der klare Zusammenhang zwischen der Bereitschaft zur Mitwirkung in der Schule und der Bereitschaft zur allgemeinen politischen Mitwirkung spricht der Schule als Institution die Möglichkeit und damit auch die Aufgabe zu, über die Förderung der Partizipation in der Schule die Qualifikation der Lernenden zur politischen Mitwirkung zu fördern. Damit wird nicht nur eine Systembedingung der Demokratie gefördert, sondern auch die Subjektwerdung der Jugendlichen" (Reinhardt 2002, S. 364).

Wir halten fest: Offenbar lässt die Auswertung von unterschiedlichen empirischen Studien zuweilen recht unterschiedliche Schlussfolgerungen zu. Dies ist im Übrigen ein Phänomen, das wir auch von empirischen Wirksamkeitsstudien von „Civic Education" aus dem angelsächsischen Sprachraum kennen (Galston 2003). Hier brauchen wir Forschung zu den möglichen Wirkungen der sozialen, demokratischen und politischen Bildung in der Schule. Ganz gewiss hat das soziale Lernen sehr viel engere Bindungen zum weiten Feld des Demokratie-Lernens als zum verengten Politik-Lernen. Es scheint außerordentlich schwierig zu sein, zwischen den verschiedenen Einflussfaktoren und Sozialisationsinstanzen zu unterscheiden, inwieweit sie für das Denken, die Einstellung und die Handlungsbereitschaft einer demokratischen Persönlichkeit Bedeutung haben.

Es zeigt sich, dass ein Fortschritt im Bereich der politisch-demokratischen Bildung wohl nur unter Inkaufnahme zahlreicher Missverständnisse, Widerstände und Unwägbarkeiten zu erreichen ist. Immerhin: Zwischenzeitlich macht das Konzepte des Demokratie-Lernens und der Demokratiepädagogik Fortschritte, die auch auf die Bildungspolitik der KMK durchschlagen und eine eingehende Rezeption etwa in der Schweiz, zum Teil auch in Österreich erlangt haben (Gollob et al. 2007, Steiniger 2006, Sliwka et al. 2006, Georgi 2008). Ganz sicher steckt in diesen

Ansätzen national und international noch ein erhebliches Entwicklungspotenzial. Unter einem breit gefächerten Demokratiebegriff und unter der Ägide eines praktisch-verständnisintensiven Lernbegriffs könnten sich Politische Bildung und Demokratiepädagogik eigentlich gut ergänzen. Es gibt also durchaus Möglichkeiten der Annäherung von Politischer Bildung und Demokratiepädagogik, doch treten immer wieder auch neue Diffusionstendenzen auf. War die Beziehung zwischen Politischer Bildung und Demokratiepädagogik in früher Zeit zunächst „erregend" oder „aufregend", so mag sie sich in Zukunft eher als „anregend" erweisen.

4. Ausblicke

Die Annäherungen beziehen sich einerseits auf Äußerungen von aktiven Teilnehmerinnen und Teilnehmern dieser Debatte, die deren frühere Distanz zur Demokratiepädagogik in einem neuen Licht erscheinen lassen. So beleuchtete Peter Massing jüngst die Kontroverse zwischen der Politikdidaktik und der Demokratiepädagogik erneut und meint: „Vielleicht hat die Politikdidaktik allzu lange daran festgehalten, dass die Demokratie kein politisches System ist, dass das Herz erwärmen kann, sondern kognitiv verstanden werden muss" (Massing 2010, S. 123). Die Politikdidaktik habe „zu wenig bedacht, dass die Lebensfähigkeit (der Demokratie, GH) auch davon abhängt, dass die Bürger sich mit ihr emotional identifizieren, sie anerkennen und bereit sind, sie zu verteidigen". Wenn dies aber der Ort der Demokratiepädagogik sei, dann „müssten Politikdidaktik und Demokratiepädagogik sich nicht weiter kritisieren oder in Konkurrenz zueinander stehen, sondern könnten gemeinsam darüber nachdenken, wie sich den Anforderungen einer komplexen Demokratie in Zukunft entsprechen ließe".

Weitere Möglichkeiten der Annäherung zwischen Politikdidaktik und Demokratiepädagogik mögen auch darin liegen, dass pragmatische statt fachfundamentalistische Ansatzpunkte in der Argumentation an Bedeutung gewinnen und die jeweiligen Vor- und Nachteile nüchterner zur Kenntnis genommen werden (Scherb 2011). Schließlich verweisen z.B. neuere Analysen, wie etwa die von Michael Marker in seiner Studie zum didaktischen Rollenmodell „Schule als Staat" (Marker 2010) oder die breite Analyse von Gernod Röken (2011) zum Demokratie-Lernen auf die Möglichkeiten der schulaufsichtlichen Förderung des Demokratie-Lernens.

Und dennoch: Die Politikdidaktik steht nicht nur vor den Herausforderungen seitens der Demokratiepädagogik. Erhebliche Kapazitäten werden z.B. im bildungspolitischen Konflikt zwischen Politikdidaktik und ökonomischer Bildung gebunden (Kammertöns 2011). Hier drängen sich ökonomiedidaktische Autorinnen und Autoren sowie massive Interessengruppen in den Vordergrund, um mit Unterstützung des Gemeinschaftsausschusses der Deutschen Wirtschaft den Bereich Wirtschaft im Doppelfach „Politik/Wirtschaft" noch weiter zu stärken. Darüber hinaus wird die auf „Politik als Kern" fixierte Politikdidaktik bedrängt durch alternative Ansätze der „Sozialwissenschaftlichen Bildung" (Hippe 2010), durch eine neue, noch kaum definierte Didaktik der Gesellschaftswissenschaften (vgl. die neue Zeitschrift für Didaktik der Gesellschaftswissenschaften ab 2011) bzw. durch eine noch ebenso wenig konturierte Didaktik eines fächerübergreifenden Lernbereichs „Soziale Studien" (Sander 2010), der eine angelsächsische Tradition wieder aufzunehmen scheint.

All diese Auseinandersetzungen binden Aufmerksamkeiten und Kräfte in der akademischen Szene. Diese Diskussionen sind allerdings weit weg vom Unterstützungsbedarf der Lehrkräfte und von der Realität des Unterrichts, von der Demokratiepädagogik ohnehin. So muss befürchtet werden, dass immer mehr Ansätze im Kampf um Anerkennung und Stundenanteile im Bereich der Politischen Bildung aufeinander prallen und damit die bisherigen zarten Kontakte zwischen Politikdidaktik und Demokratiepädagogik erneut bedrohen. Die Demokratiepädagogik ist daher gut beraten, zwischenzeitlich ihr eigenes Konzept des Demokratie-Lernens weiter zu stärken und sich mit einem handlungsorientierten Begriff der Demokratiepädagogik zu profilieren.

Literatur

Bartels, H.-P. (2009): Demokratie vererbt sich nicht: Was tun? In: Oberreuter, He. (Hrsg.): Standortbestimmung der Politischen Bildung. Schwalbach/Ts., S. 67-72.

Besand, A. (2009): Politik - Nein Danke. Probleme mit der Sichtbarkeit der Politik. In: Oberreuter, H. (Hrsg.): Standortbestimmung politische Bildung. Schwalbach/Ts., S. 253-266.

Beutel, W. (2006): „Demokratisch Handeln" in der Schule - Beitrag zur Demokratiepädagogik oder Ärgernis für die politische Bildung? In: Lehren und Lernen - Zeitschrift für Schule und Innovation in Baden-Württemberg 32, H. 1, S. 9-15.

Beutel, W./Fauser, P. (Hrsg.) (2001): Erfahrene Demokratie. Wie Politik praktisch gelernt werden kann. Opladen.

Dies. (Hrsg.) (2007): Demokratiepädagogik. Lernen für die Zivilgesellschaft. Schwalbach/Ts.

Dies. (Hrsg.) (2009): Demokratie, Lernqualität und Schulentwicklung. Schwalbach/Ts.

Beutel, W./Tetzlaff, S. (2012). Demokratie Erleben. In diesem Band, S. 281-284

Detjen, Joachim (2009): Bildungsferne Milieus als Herausforderung der politischen Bildung. In: Oberreuter, H. (Hrsg.): Standortbestimmung politische Bildung. Schwalbach/Ts., S. 335-348.

Dürr, K. et al. (2001): Demokratielernen in Europa. Strasbourg: Europarat.

Edelstein, W./Fauser, P. (2001): Demokratie lernen & leben. Gutachten für ein Modellprogramm der BLK. Bonn.

Galston, W. A. (2003): Political knowledge, political engagement and civic education. In: Politische Bildung. Jg. 36/H. 4, S. 96-114.

Gemeinsame Erklärung (1999): Bulletin des Presse- und Informationsamtes der Bundesregierung, Nr. 54. Bonn, 14. September, S. 565.

Georgi, V. (Hrsg.) (2008): The making of Citizens in Europe: New Perspectives on Citizenship Education. Bonn: Bundeszentrale für politische Bildung, Schriftenreihe Bd. 666.

GPJE: Arbeitskreis Hermeneutische Politikdidaktik. Internet: www.gpje.de/index.php?option=com_content&view=section&layout=blog&id=14&Itemid=11, Zugriff vom 02.01.2012.

Gollob, R. et al. (2007): Politik und Demokratie – leben und lernen. Bern.

Haffner, V. (2006): Politik aus Kindersicht. Eine Studie über Interessen, Wissen und Einstellungen von Kindern. Stuttgart.

Harms, H./Breit, G. (1990): Zur Situation des Unterrichts Sozialkunde/Politik und der Didaktik des politischen Unterrichts aus der Sicht von Sozialkundelehrerinnen und Sozialkundelehrern. In: Kramer, W. (Red.): Zur Theorie und Praxis der politischen Bildung. Bonn, S. 13-167.

Himmelmann, G. (³2007): Demokratie-Lernen als Lebens-, Gesellschafts- und Herrschaftsform. Schwalbach/Ts.

Ders./Lange, Dirk (Hrsg.) (2005): Demokratiekompetenz. Beiträge aus Politikwissenschaft, Pädagogik und politischer Bildung. Wiesbaden.

Kammertöns, Annette (2011): Welche Bildung darf es sein? In: Politische Bildung, H. 2/2011, S. 120 ff.

KMK (2008) Beschluss: Fachprofil Sozialkunde/Politik/Wirtschaft. Stand 16.07.2008. Abgedruckt in: Politische Bildung, Heft 1/2009, S. 159.

KMK (2009): Stärkung der Demokratieerziehung. Ergebnisse der 325. Plenarsitzung der Kultusministerkonferenz am 5. und 6. März 2009 in Stralsund.

Lange, D. (Hrsg.) (2011): Entgrenzungen. Gesellschaftlicher Wandel und Politische Bildung. Schwalbach/Ts.

Ders./Himmelmann, Gerhard (Hrsg.) (2007): Demokratiebewusstsein. Interdisziplinäre Annäherungen an ein zentrales Thema der politischen Bildung. Wiesbaden.

Ders./Reinhardt, Volker (Hrsg.) (2007): Basiswissen politische Bildung. Handbuch für den sozialwissenschaftlichen Unterricht. 6 Bde. Hohengehren.

Malti, T./Perren, S. (Hrsg.) (2008): Soziale Kompetenz bei Kindern und Jugendlichen. Entwicklungsprozesse und Förderungsmöglichkeiten. Stuttgart.

Marker, M. (2009): Die Schule als Staat. Demokratiekompetenz durch lernendes Handeln. Schwalbach/Ts.

Oberreuter, H. (Hrsg.) (2009): Standortbestimmung politische Bildung. Schwalbach/Ts.

Petrik, A. (2007): Von den Schwierigkeiten, ein politischer Mensch zu werden. Opladen & Farmington Hills.

Pohl, K. (2004): Demokratie als Versprechen. In: Politische Bildung. H. 4, S. 129-139.

Reinhardt, S. (2002): Anerkennung und Motivation – Erfahrungen mit Demokratie-Lernen in der Schule. In: Gesellschaft – Wirtschaft – Politik (GWP), H. 3, S. 361-370.

Dies. (2009): Was leistet Demokratie-Lernen für die politische Bildung? In: Himmelmann, G./Lange, D. (Hrsg.) (2009): Demokratiedidaktik. Anstöße für die politische Bildung. Wiesbaden, S. 125-141.

Dies./Tillmann, F. (2002): Politische Orientierungen, Beteiligungsformen und Wertorientierungen. In: Krüger, H.-H. et al.: Jugend und Demokratie. Politische Bildung auf dem Prüfstand. Schwalbach/Ts., S. 43-74.

Röken, G. (2011): Demokratie-Lernen und demokratisch-partizipative Schulentwicklung als Aufgabe für Schule und Schulaufsicht. Münster.

Scherb, A. (2011): Demokratie-Lernen – Pragmatisch begründet. In: Politische Bildung, H. 1/2011, S. 148-155.

Schiele, S. (2009): Elementarisierung politischer Bildung. Überlegungen für ein Konzept. In: Oberreuter, H. (Hrsg.): Standortbestimmung politische Bildung. Schwalbach/Ts., S. 349-363.

Shell Deutschland Holding (Hrsg.) (2006): Jugend 2006. Eine pragmatische Generation unter Druck. Frankfurt/M.

Sliwka, A. et al. (Hrsg.) (2006): Citizenchip Education. Theory – Research – Practice. Münster: Waxmann.

Dies. (2008): Bürgerbildung. Demokratie beginnt in der Schule. Weinheim/Basel.

Peter Faulstich

Demokratie lernen –
Pragmatismus und kritische Demokratietheorie

In der Diskussion um „Politische Bildung" versus „demokratische Kompetenz" (Edelstein/Fauser 2001; Breit/Schiele 2002; Himmelmann/Lange 2005; Lange/ Himmelmann 2010) brechen sich mehrere divergierende Perspektiven: zwischen kontroversen Politikbegriffen, zwischen Wissen und Handeln, Empirie und Normativität, sozialwissenschaftlicher Fachdidaktik und allgemeiner Bildungstheorie. Als Scheidewasser der Debatte wirkt die jeweils einfließende Demokratiekonzeption. Diese trifft immer wieder auf John Deweys Konzeption von Lernen, die eng mit seiner Vorstellung der Demokratie verknüpft ist. Er begriff Demokratie in erster Linie nicht als politischen Prozess der Entscheidungsfindung und Machtteilung – also als Regierungsform, sondern vor allem als Lebensform. Partizipation meint bei Dewey demgemäß nicht nur Aktivität im politischen Prozess, sondern Teilhabe an allen Lebensbereichen, vom Lernen bis zum Arbeiten, von der Kindergartenerziehung bis zur Alternsbildung.

Demokratie, Staat und Zivilgesellschaft

Die nach dem Zweiten Weltkrieg aufgebaute westdeutsche Demokratie wird in der Politiktheorie der BRD mehrheitlich als Staatsform eingeordnet und nicht als alle Bereiche der Herstellung und Verteilung gesellschaftlichen Reichtums betreffende Lebensform. Dazu ist es immer noch sinnvoll, sich der „Determinanten der westdeutschen Restauration" (Huster et al. 1972) zu vergewissern. Es entwickelte sich mit der Gründung der Bundesrepublik Deutschland ein Demokratiekonzept, das weniger von der Vorstellung individueller Teilhabe als von politischer Ordnung ausging. Vor allem in Anschluss an den starken, aus den USA reimportierten Einfluss Schumpeters (1940, dt. 2005, 8. Aufl.), der argumentierte, es sei wenig realistisch, dass alle Staatsbürger Unwissenheit und Oberflächlichkeit überwinden und deshalb nur konsequent, dass sie von professionellen Politikern manipuliert würden. Schon 1975 sprach Iring Fetscher deshalb vom „Schönheitswettbewerb telegener Politiker" (1975, S. 51). Dies mache – nach Schumpeter – eine „Herrschaft durch das Volk" sowohl unwahrscheinlich als auch gar nicht wünschenswert. Stattdessen befürwortete er ein minimalistisches Modell, wobei die Demokratie lediglich als Mechanismus der Konkurrenz um Stimmen greift. Nichtsdestoweniger müssen regelmäßige Abstimmungen die Regierungen legitimieren. Partizipation an der Macht ist in der Regel stark eingeschränkt, thematisch begrenzt und hochgradig selektiv. Kombiniert wurde dieses Konzept – gerade in Deutschland bis hin zu Fritz Borinski (1965) und der aktuellen Diskussion – mit einer fatalen Elitetheorie, welche die Herrschaft „kompetenter Minderheiten" als Notwendigkeit sanktionierte.

Auch deutsche Erziehungs- und Bildungstheorien unterstellen in aller Regel, dass politische Bildung für den Staat stattfindet. „Staatsbürgerliche Erziehung" entstand als Konzept bereits vor dem Ersten Weltkrieg und ist mit dem Nutzen für die Obrigkeit begründet worden. Der Münchner Stadtschulrat Georg Kerschensteiner (1854-1932) propagierte 1901 nicht eine demokratische Lebensform, sondern letztlich die Unterstützung der imperialistischen Staatsform bei dessen Aufgaben der Selbsterhaltung und der Sicherung der Volkswohlfahrt.

„Miteinander-Füreinander"

Nach dem Sieg der Alliierten über Nazideutschland war diese Traditionslinie zunächst gebrochen. Sechs Jahre nach der Befreiung erschien Friedrich Oetingers „Wendepunkte der politischen Erziehung. Partnerschaft als pädagogische Aufgabe" (1951; 1956, S.3). Der Autorenname war ein Pseudonym für Theodor Wilhelm (1906-2005). Dieser hatte während des Nationalsozialismus in seiner Funktion als Schriftleiter der „Internationalen Zeitschrift für Erziehung" viele Artikel veröffentlicht, die die nationalsozialistische Erziehung verteidigten. Es ist dann erstaunlich, dass Deweys Wiederentdeckung nach dem Zweiten Weltkrieg ausgerechnet einem vorher nazistischen Pädagogen zu verdanken ist (Brumlik 2009, S. 293).

Der gereinigte Oetinger (Wilhelm) bezieht sich explizit auf eine durch die re-education besonders in der US-Zone verbreitete, harmonistische Variante des amerikanischen Pragmatismus in der Folge John Deweys. Oetinger fragt: „Was können wir von der Erziehung her tun, um uns vor neuen Irrwegen zu bewahren?" (Oetinger 1956, VII). Davon ausgehend wird das Leitbild politischer Bildung entworfen: „Das Ziel aller politischen Volkserziehung – in der Familie, in der Schule, in den Jugendorganisationen, in den Betrieben und Berufssituationen – sollte, so meinen wir, die Erziehung der Menschen zu partnerschaftlicher Haltung sein. Der Partner ist das Leitbild unserer Epoche" (ebd., S. 158). Wenig später wird das dann bei Fritz Borinski (1903-1988), dem einflussreichsten „Politischen Erwachsenenbildner" bis in die 1980er Jahre, der „Weg zum Mitbürger".

Die aktuelle Diskussion um Staatsidee und Demokratiekonzept wurde schon in den 1950er Jahren vorweggenommen, als Theodor Litt (1880-1962) mit seiner Schrift „Die politische Selbsterziehung des deutschen Volkes", die von der „Bundeszentrale für Heimatdienst" in vielen Auflagen weit verbreitet worden ist, den Staat wieder in das Zentrum der politischen Bildung rückte. „Echte Demokratie steht und fällt mit der Urteilsfähigkeit der Staatsbürger" (Litt 1954, S. 69). Nicht zufällig wurde Theodor Litt, der aus dem Kontext geisteswissenschaftlicher Pädagogik argumentierte, von Eduard Spranger und Erich Weniger unterstützt. In dieser Kontroverse geht es um einen engen versus einen weiten Politikbegriff bezogen auf das Verhältnis von Staat und Gesellschaft, um die Reichweiter der Demokratie und ansatzweise um Harmonie oder Konflikt als Legitimationsprinzipien. Diese Debatten setzen sich bis heute fort. Immerhin ist aber ein kritisches Demokratiekonzept formuliert worden, das es ermöglicht, die Hintergrundpositionen präziser zu beleuchten.

Auf Rousseau, Marx und Habermas gehen Prinzipien kritischer Demokratietheorie zurück, die Partizipation nicht als vorgegebenes Resultat, sondern als lebendigen Prozess begreifen und öffentliche Diskussion postulieren. Demokratie wäre demnach immer überholbares Zwischenresultat und zugleich nicht einholbare, nichtsdestoweniger unverzichtbare und begründbare Zielidee. Sie ist verankert in der Artikulation von Interessen und der Kommunikation im Diskurs. Jürgen Habermas hat dieses Modell „Deliberative Demokratietheorie" genannt (1992). Diese geht davon aus, dass Bürger in Diskursen über politische Themen partizipieren und diskutieren. Auch wenn die kritische Auseinandersetzung um dieses Modell nahelegt, dass diese Partizipation höchstens auf der Ebene der Kommune möglich sei, und dass die Kommunikation überformt sei von der Manipulation durch die Medien, so sind damit lediglich weitere Perspektiven genannt, deren reale Umsetzung aussteht.

Wichtige Voraussetzung dafür ist zweifellos die Aneignung von Kompetenzen, die demokratieorientierte Lernprozesse notwendig machen. Begründungen der Erziehung und Bildung, die sich explizit auf Demokratie beziehen, sind allerdings in der gesamten europäischen Pädagogik eher seltene Größen. Einige Erziehungstheorien im deutschen Vormärz gingen in diese Richtung, sind aber im Kaiserreich kaum weiter verfolgt worden. Die „Gesellschaft zur Verbreitung von Volksbildung", gegründet ein halbes Jahr nach der Proklamation des Deutschen Kaiserreichs 1871, beabsichtigte eher ein Heranführung der Arbeiterschaft an den bestehenden Obrigkeitsstaat. Europäische Sozialistinnen wie Clara Zetkin und Rosa Luxemburg diskutierten Konzepte demokratischer Erziehung, aber diese sind bis heute eher randständige Erscheinungen. Bezugsgröße für die Theorien politischer Bildung in Deutschland – als Staatsbürgerkunde – war eben vor allem der Staat.

Das Konzept einer Demokratie als Lebensform hat sich primär in den Vereinigten Staaten von Amerika entwickelt, wo nach der Unabhängigkeitserklärung 1776 ein neues Bildungssystem aufgebaut werden musste. Dies hatte wohl zu Beginn europäische Vorbilder, ist dann aber eigene Wege gegangen. Schon vor dem Bürgerkrieg lagen Begründungen dafür vor, die die öffentliche Bildung an die Demokratie zu binden. Das gilt nicht nur für die Gründungsväter der amerikanischen Verfassung wie Thomas Jefferson, sondern für zahlreiche Autoren, die seit den Zwanzigerjahren des 19. Jahrhunderts im Bereich von Bildung und Erziehung publiziert haben (vgl. Oelkers 2011). Es ist deshalb nicht zutreffend,

den Philosophen John Dewey als „Erfinder" des lebensumfassenden Demokratiekonzepts hinzustellen (vgl. Oelkers 2009), wohl aber war er sein - zumindest in
Deutschland - bekanntester Vertreter.

Pragmatismus und Demokratie

Entscheidend für Deweys Wende zum Pragmatismus war der Eindruck von William
James' „Principles of Psychology" (1890) mit den darin enthaltenen Konzepten
über Begriffsbildung, Unterscheidung, Vergleich und Begründung. Nach Lehrtä-
tigkeiten als Dozent an den Universitäten von Michigan und Minnesota wurde
Dewey 1894 nach Chicago berufen. Er geriet damit in eine Atmosphäre sozialer
Konflikte und politischer Kontroversen. Wissenschaftliche Ideen wurden an der
Frage geprüft, inwieweit sie praktische Probleme bewältigen. Hier begann Deweys
sozialreformerisches und pädagogisches Wirken, das mit der Gründung der La-
boratory School an der Universität Chicago 1896 verbunden war. Die University
Primary School setzte auf eigene Aktivitäten der Kinder wie Entdecken und
Herausfinden. Das „Department of Education" wurde unter der Leitung Deweys
zu einem Zentrum der Erprobung und Ausbreitung der Ideen des Pragmatismus
- für Erfahrungsbezug und demokratische Partizipation.

Deweys praxisbezogener Erfahrungsbegriff ließ ihn zu einer Schlüsselfigur
der amerikanischen und dann auch der europäischen Reformpädagogik werden.
Erkenntnistheoretisch betonte er die aktive Seite der Erfahrung durch Ausprobieren und Versuch. Damit knüpfte er an die Grundbezüge des Pragmatismus von
Charles Sanders Peirce (1839-1914) an, der den Begriff des Handelns ins Zentrum
seiner Philosophie stellte.

Das Konzept geht aus von der Grundannahme, dass die menschliche Fähigkeit,
Theorien zu entwerfen, ein Bestandteil reflektierter Praxis ist. Theorie und Praxis
sind also keine separierten Sphären; vielmehr sind Theorien und Distinktionen
Karten und Wegweiser, sich in der Welt zurechtzufinden. Es gibt John Dewey
folgend kein Problem des Gegensatzes von Theorie versus Praxis, sondern des
Verhältnisses von intelligenter Praxis versus desinformierter, stupider Praxis.

Erfahren und Handeln

Ein kleiner Text von Peirce, der 1878 erschienen ist, wird als „Geburtsurkunde"
des Pragmatismus angesehen. Er trägt den bezeichnenden Titel „How to make our
ideas clear" (Peirce 1878). Es geht um den Prozess des Begründens von Wahrheit.
Denken hat eine Aufgabe im Lebenszusammenhang. Es erzeugt Meinungen und
Überzeugungen. Ein bestimmtes „Fürwahrhalten" (believe) ist vorangehend, es
beschwichtigt Zweifel und legt Regeln des Handelns fest. „Fürwahrhalten" mit
unterschiedlicher Sicherheit ist Ausgangs- und Endpunkt des Denkens, das selbst

eine Form des Handelns ist. Geschlossene Systeme verwandeln sich in offene Hypothesen und Philosophie nimmt einen experimentellen Charakter an.

Der Prozesscharakter des Denkens und Handelns ist auch Ausgangspunkt Deweys, der sicherlich der einflussreichste und wirkmächtigste unter den Pragmatisten ist. Er betont die aktive Seite der Erfahrung beim Handeln durch Ausprobieren und Versuch. „Durch Erfahrung lernen heißt das, was wir mit den Dingen tun, und das, was wir von ihnen erleiden, nach rückwärts und vorwärts miteinander in Verbindung bringen" (Dewey 1993, S. 187, vgl. zum Folgenden Faulstich 2005).

Dewey verweist darauf, dass der Begriff Erfahrung nicht selbsterläuternd ist: „But experience and experiment are not self-explanatory ideas. Rather, their meaning is part of the problem to be explored" (Dewey 1938, S. 13; dt. 2002b). Auch ist für ihn keineswegs jede Erfahrung positiv: „Each experience may be lively, vivid and ‚interesting‘, and yet their disconnectedness may artificially generate dispersive, disintegrated, centrifugal habits" (ebd., S. 14). Er betont vor allem den nicht abreißenden Fluss der Erfahrungen. Sie sind – erstens – gekennzeichnet durch ihre Kontinuität: „Moreover, every experience influences in some degree the objective conditions under which further experiences are had" (ebd., S. 30). Dewey setzt – zweitens – von Anfang an ein soziales, interaktionistisches Konzept von Erfahrung und dann auch von Lernen voraus. Er konstatiert, „that all human experience is ultimately social, that it involves contact and communication" (ebd., S. 32).

Neben Kontinuität ist Interaktion jeder Erfahrung implizit. „The word ‚interaction‘, ... expresses the second chief principle for interpreting an experience" (ebd., S. 38). Leben vollzieht sich als Serie von Interaktionen:

„The statement that individuals live in a world means, in the concrete, that they live in a series of situations. ... It means, once more, that interaction is going on between an individual and objects and other persons. The conceptions of situation and of interaction are inseparable from each other" (ebd., S. 41). Erfahrung ist eingebunden in Kontinuität und Interaktion: „The two principles of continuity and interaction are not separate from each other. They intercept and unite. They are, so to speak, the longitudinal and lateral aspects of experience" (ebd., S. 42).

Deweys Verbindung von Pragmatismus, Lernen und Demokratie entstand an der Universität von Chicago. Dewey hat dann in seinem pädagogischen Hauptwerk Democracy and Education 1916 eine jahrzehntelange Diskussion auf ihren philosophischen Kern gebracht (vgl. Faulstich 2010). Dewey fasste in gewisser Hinsicht den amerikanischen Diskurs zusammen und stellte ihn auf eine philosophische Basis.

Interaktion und Demokratie

Menschliche Interaktion und Kooperation wird innerhalb eines umfassenden und anspruchsvollen Konzepts der Demokratie modelliert. Es geht hierbei um die Kontinuität zwischen philosophischen, psychologischen und pädagogischen

Voraussetzungen demokratischen Zusammenlebens. Auch Demokratie wird dabei nicht als abstrakte politische Institution aufgefasst, sondern als eine Form des Zusammenlebens, der gemeinsamen und miteinander geteilten Erfahrungen. „Demokratische Akteure tauschen Gründe aus, sie streiten, sie argumentieren und sie rechtfertigen sich" (Hartmann 2003, S. 9). Zentrale Denkmuster für Deweys Verständnis von Demokratie sind Einbezug der Individuen in Kooperation, Anti-Elitismus, Teilhabe und Durchdringung aller sozialen Felder (vgl. Festenstein 2005).

Hintergrund der Demokratietheorie Deweys sind die Bezüge zur Moral und zur Wissenschaft. Seine Überzeugung ist es, dass alle Erkenntnisresultate vorläufig und ungewiss sind und somit jeder Autoritätsanspruch suspekt ist. Deweys Begriff von Demokratie geht nicht auf in Arrangements von Institutionen und Prozeduren, sondern wird angelehnt an die von der Französischen Revolution propagierten Leitbegriffe Freiheit, Gleichheit und Brüderlichkeit, die den Risiken der Individualität und Kontingenz ausgesetzt werden (vgl. Joas 2000, S. 13).

Dewey setzt auf die Fähigkeit der Individuen zum verantwortlichen Umgang mit moralischer Urteilskraft sowie auf die Fähigkeit der Gemeinschaft zur Durchsetzungsfähigkeit gegenüber Rechtsverstößen. Individuelle Entscheidungen sind allein dadurch eingeschränkt, dass sie sich im sozialen Kontext langfristig bewähren müssen.

Demokratische Akteure sind entsprechend einer Überschrift bei Michael Hartmann „Bürger einer Denkgemeinde" (Hartmann 2003, S. 51). Das demokratische Gemeinwesen entspricht strukturparallel der wissenschaftlichen Forschungsgemeinschaft. „In demokratischen wie in wissenschaftlichen Gemeinschaften überprüfen freie und kreative Individuen gemeinsam Hypothesen, um herauszufinden, was am besten funktioniert" (Kloppenberg 2000, S. 61). Diese Gemeinschaften bestimmen ihre eigenen Ziele, entscheiden über ihre Verfahren und bewerten die Ergebnisse in ihrer Zusammenarbeit.

Dewey folgt erstens der von Peirce vertretenen Auffassung, wonach der beste Weg, der von den Menschen gefunden wurde, um ihre Überzeugungen zu klären, in den Praktiken der Gemeinschaft kompetenter Forschender besteht, wie sie am besten von der modernen Wissenschaftlergemeinschaft verkörpert wird (vgl. Westbrook 1992). Zweitens dehnt er die Argumentation auf moralische Urteile aus und drittens unterstellt er, dass die Praxis der Forschung demokratisch verfasst sein solle, weil diese anderen Kooperationsstrukturen überlegen sei. Deweys berühmte Definition für Demokratie von 1916 lautet: „Die Demokratie ist mehr als eine Regierungsform; sie ist in erster Linie eine Form des Zusammenlebens, der gemeinsamen und miteinander geteilten Erfahrung." (dt.: Dewey 1993, S. 121).

Demokratie ist deshalb auch mehr als ein formales Verfahren von Wahlen und „Stimmabgabe". Sie ist institutionell gestützte, problem- und prozessbezogene

Teilhabe, die fortlaufend balanciert und neu justiert werden muss. Die Theorie der Demokratie wird von Dewey auf den Punkt gebracht:

„Die beiden Gesichtspunkte, von denen aus der Wert einer bestimmten sozialen Lebensform beurteilt werden muss, sind einmal: das Ausmaß, in dem alle Glieder einer Gruppe an den Interessen derselben teilhaben, zum anderen: die Fülle und Freiheit des Zusammenwirkens dieser Gruppe mit anderen Gruppen. Eine unerwünschte ‚Gesellschaft' mit anderen Worten ist eine solche, die durch Schranken, die sie innerhalb ihrer selbst und um sich herum aufrichtete, den freien Verkehr und den Austausch der Erfahrungen hemmt" (ebd., S. 136).

Demokratie ist die Vorbedingung für die umfassende Anwendung der Vernunft auf die Lösung sozialer Probleme. „Die Ablehnung der Demokratie ist gleichbedeutend mit der Ablehnung der Vorstellung, experimentell vorzugehen" (Putnam, zit. nach: Joas 2000, S. 343). Hier wird der hohe Anspruch an Wissenschaft gestellt, in allen gesellschaftlichen Bereichen vorbildlich für menschliches Handeln zu sein. Konfligierende Interessen artikulieren sich im Diskurs und intransparente Hierarchie wird illegitim.

„Durch die Erhaltung der Vitalität des ‚Gemeindelebens' und durch die Verbreitung dieses demokratischen Geistes im öffentlichen Leben der gesamten Nation hielt Dewey es für möglich, das hervorzubringen, was er die ‚große Gemeinschaft' nannte, ein Ideal, das die herkömmliche Unterscheidung zwischen Gemeinschaft und Gesellschaft aufhebt" (Kloppenberg 2000, S. 62).

John Dewey steht in der Tradition der amerikanischen Demokratieidee, zurückgreifend bis zu Thomas Jefferson (1743-1826) und den Prinzipien der Aufklärung und der Menschenrechte. Damit ist er auch einbezogen in die Tradition der amerikanischen Schule mit der Prämisse, dass Immigration, fortwirkende Sklaverei und gesellschaftliche Dynamik eine Form institutionalisierter Erziehung nötig machten, die sich von derjenigen Europas deutlich unterschied. Erziehung in einer demokratischen Gesellschaft bedurfte einer „new education". Dies hat in Europa so keine Parallele.

Auf der anderen Seite ist in der neueren deutschen Diskussion oft von „Zivilgesellschaft" die Rede. Gemeint ist damit öffentliche Reflexion und ein Spielraum für argumentativen Austausch, aus dem sich soziales oder politisches Engagement ergeben kann, ohne dass staatliche Vorschriften greifen. Es ist letztlich das, was Jürgen Habermas 1962 als „Sphäre der Öffentlichkeit" bezeichnet hat.

Implizit wird dabei immer vorausgesetzt, dass Demokratie mehr sein kann als lediglich Staatsform. Die Ausweitung des Demokratiebegriffs kann sich dann auf die Lebensform beziehen, also auf eine gelebte und unmittelbar zugängliche Erfahrung, die nicht an der Wahlurne endet und dann auf Jahre stillgestellt ist. Demokratie als Lebensform setzt auch direkte politische Beteiligung voraus. Forderungen nach verstärkter Partizipation werden immer lauter und auf Länder- und Gemeindeebene werden Volksentscheide mit Formen direkter Demokratie gefordert und gestärkt. Jüngstes Beispiel sind die Primarschule in Hamburg und auch die Konfliktlösungsversuche für „Stuttgart 21". Der jahrelang andauernde Gorleben-Konflikt ist für alle Beteiligten ein Lernfeld der Demokratie. Die verschiedenen Initiativen können anschließen an Deweys Begriff der Erfahrung. Es geht nicht um unmittelbares Lernen in der Aktion. Bloßes Erleben kann auch Horizonte versperren. Deshalb müssen in der politischen Bildung Foren geöffnet werden, die reflektierte Erfahrung austauschen. Das erfordert von den Institutionen das Wagnis, begleitende Veranstaltungen vorzuhalten, um Positionen zu klären und Kontroversen auszutragen.

Partizipative Ideen können zurückgreifen auf John Deweys Konzept der Demokratie als permanenter Prozess der wechselseitigen Abstimmung von Interessen. Seine Theorie der Demokratie bezieht sich auf das Ideal einer gemeinsamen Lebensform, die fortlaufend zu klugen, abgewogenen und zurückholbaren Entscheidungen nötigt, da die Konsequenzen unbestimmt und unabsehbar und nicht vorwegnehmbar bleiben. Finalisierende Interventionsstrategien brechen an der Komplexität sozialer Systeme, so dass politische Herstellungsillusionen und auch didaktische Lehr-Lern-Kurzschlüsse aufgegeben werden müssen. Linearitätsmodelle von gesellschaftlicher Entwicklung gestützt auf Fortschrittsgläubigkeit sind ersetzt durch gegenläufige Zirkel. Instrumentalisierende – d.h. an einfachen Ziel-Mittel-Relationen orientierte – Interventionsstrategien erzeugen kontraintendierte Effekte. Politische Positionen polarisieren nicht mehr ausschließlich an der sozialen Frage nach links und rechts, sondern es ergeben sich komplizierte Problemverflechtungen bezogen auf Ökologie, Geschlechterverhältnisse, Wissenszugang u.Ä. Eingriffe in soziale Systeme nach dem Muster instrumenteller Rationalität laufen leer, erzeugen statt der beabsichtigten Ergebnisse viel weitreichendere „Nebenfolgen". Insgesamt werden Reflexivität und Flexibilität zum angemessenen Interpretations- und Interventionsmuster.

„Unübersichtlichkeit" ist nicht zufällig ein Modebegriff der aktuellen Diskussion. Die Steuerung einer Gesellschaft, die aus vielen kulturellen und sozialen Milieus besteht, ist nicht durch lineare und synoptische Pläne möglich, sondern verlangt unaufhörlich Abstimmung und damit verbunden auch wechselseitige Anerkennung.

Die etablierten Institutionen erfüllen diese Aufgaben nicht mehr. Parteien und Verbände absorbieren und pazifizieren konfligierende Interessen und koppeln sich von demokratischer Willensbildung ab. Deshalb kommt es für „demokratische Bildung" darauf an, den traditionellen Rahmen institutioneller oder gar bürokratischer Kontexte zu überschreiten.

Demokratie setzt freie und ungebundene Kommunikation voraus, die Abwesenheit jeglicher Form von Zensur sowie die Möglichkeit, am Leben anderer teilzunehmen. Dafür formuliert Dewey zwei zentrale Konzepte: die politische Partizipation der Bürger und ständige Neuanpassung der sozialen Institutionen.

„Eine Gesellschaft dagegen, die für die gleichmäßige Teilnahme aller ihrer Glieder an ihren Gütern und für immer erneute biegsame Anpassungen ihrer

Einrichtungen durch Wechselwirkung zwischen den verschiedenen Formen des Gemeinschaftslebens sorgt, ist insoweit demokratisch. Eine solche Gesellschaft braucht eine Form der Erziehung, die in den Einzelnen ein persönliches Interesse an sozialen Beziehungen und am Einfluss der Gruppe weckt und diejenigen geistigen Gewöhnungen schafft, die soziale Umgestaltung sichern, ohne Unordnung herbeizuführen" (ebd.).

Formen der Einflussnahme und der Umgestaltung umfassen verschiedene Arten, von politischer Partizipation. Wer nur zu Wahlen gehen darf, um alle paar Jahre seine „Stimme abzugeben", erhält das Gefühl politischer Ohnmacht. Wer nicht auch in Sachthemen entscheiden kann und in Problemlösen einbezogen ist, weil der „breiten Masse" Urteilskraft nicht zugetraut und zugestanden wird, weil die Probleme angeblich zu komplex sind, für den verliert demokratische Beteiligung ihre Legitimation. Wenn die politischen Prioritäten sich an Umfrageergebnissen ausrichten, wird Demokratie auf Demoskopie reduziert. Demoskopie ist jedoch nur Befragung zufällig induzierter Meinungen, nicht aber politische Beteiligung an diskutierten Entscheidungen.

Bildung zur Demokratie

Wenn aber Demokratie als Lebensform verstanden werden soll, dann kann der Staat nicht einfach die politische Erziehung des Volkes verordnen, sondern muss sich auf die Bürgerinnen und Bürger beziehen. Die Deweyschen Konzepte von Erfahrung und Demokratie drängen zu einer offenen demokratischen Bildung, die ihre Resultate nicht vorwegnimmt. Jenseits von Lernzielen und „Standards" erst ist Freiheit erfahrbar. Der demokratische Habitus entsteht in der Zivilgesellschaft, mit Aufgaben und Funktionen, welche die Belange des Gemeinwesens betreffen.

Bildungsinstitutionen von Kindergärten über Schulen bis zur Erwachsenenbildung können darauf vorbereiten und Beteiligung einüben, wenn sie selbst Partizipation ermöglichen, sich Transparenz sichern und öffentliche Funktionen in der Zivilgesellschaft einnehmen. Die Aufgaben der demokratischen, d.h. auch öffentlichen Bildung werden dann transparenter und partizipativer, also nicht vom Staat hierarchisch kontrollierbar.

Demokratie basiert auf Zustimmung und das heißt, sie muss für die Beteiligten überzeugend sein. Das schließt ein, die Schattenseiten bestehender Diskriminierungen, Ausgrenzungen, Stigmatisierungen auszuleuchten und offenzulegen. Wenn Demokratie als Regierungs- wie als Lebensform mit zu hoher gesellschaftlicher Ungleichheit belastet wird, gerät sie in Gefahr. Denn Teilnahme an öffentlichen Geschäften liegt nur nahe, wenn die persönliche Situation dies zulässt. Der Abstand zwischen reich und arm in der Bundesrepublik Deutschland nimmt in einer Weise zu, die als ungerecht empfunden wird und insofern Ausschluss auch von der Demokratie begünstigt. Armut ist ebenso wenig demokratisch wie wachsendes Prekariat, ausgegrenzte Migranten oder zerfallende Kommunen. Kern der Demokratiekompetenz sind also Wahrnehmung und Bekämpfung von Ungleichheit und Ungerechtigkeit. Die Diskussion über Demokratiekompetenz kann einen wichtigen Anstoß für die Klärung der Funktionen politischer Bildung geben. Allerdings kommt es darauf an, die Konzeption begrifflich zu klären und zu begründen. Die pragmatistische Bildungstheorie, ein reflexiver Erfahrungsbegriff und ein kritischer Demokratieentwurf können dabei helfen.

Literatur

Borinski, F. (1954): Der Weg zum Mitbürger. Düsseldorf.

Ders. (1965): Die Bildung aktiver Minderheiten als Ziel demokratischer Erziehung, In: KZfSS (1965), S. 528-543.

Breit, G./Schiele, S. (Hrsg.) (2002): Demokratie-Lernen als Aufgabe der politischen Bildung. Schwalbach/Ts..

Brumlik, M. (2009): Demokratie, pragmatistische Pädagogik und die Kritik an ihr. In: Jahrbuch für Pädagogik. Frankfurt/M., S. 283-294.

Dewey, J. (1938): Experience and Education. New York.

Ders. (2002a): Wie wir denken. Zürich.

Ders. (2002b): Pädagogische Aufsätze und Abhandlungen (1900-1944). Zürich.

Ders. (1993): Demokratie und Erziehung. Eine Einleitung in die philosophische Pädagogik. Weinheim/Basel.

Edelstein, W./Fauser, P. (2001): Demokratie lernen und leben. Gutachten zum Programm. Materialien zur Bildungsplanung und Forschungsförderung, H. 96/2001.

Faulstich, P. (2005): Lernen Erwachsener in kritisch-pragmatischer Perspektive. In: ZfPäd. (2005), S. 528-542.

Ders. (2009): Pragmatismus und Erwachsenenbildung. In: Enzyklopädie Erziehungswissenschaft Online (EEO), Fachgebiet Erwachsenenbildung.

Ders./Grotlüschen, A. (2006): Erfahrung und Interesse beim Lernen – Konfrontation der Konzepte von Klaus Holzkamp und John Dewey. In: Forum Kritische Psychologie 50 (2006), S. 56-71.

Festenstein, M. (2005): „Dewey's Political Philosophy". In: Stanford Encyclopedia of Philosophy. URL: http://plato.stanford.edu/entries/dewey-political/ [Abruf: 20. 4.2010].

Fetscher, I. (1975): Demokratie zwischen Sozialdemokratie und Sozialismus. Stuttgart.

Habermas, J. (1962): Strukturwandel der Öffentlichkeit. Untersuchungen zu einer Kategorie der bürgerlichen Gesellschaft. Neuwied/Berlin.

Ders. (1992): Drei normative Modelle der Demokratie: Zum Begriff deliberativer Demokratie. In: Münkler, H. (Hrsg.): Die Chancen der Freiheit. Grundprobleme der Demokratie. München und Zürich.. 11-24. [Erneut abgedruckt in: Habermas, J. (1996): Die Einbeziehung des Anderen. Frankfurt a.M., S. 277-292.

Hartmann, M. (2003): Die Kreativität der Gewohnheit. Grundzüge einer pragmatistischen Demokratietheorie. Frankfurt/M.

Himmelmann, G./Lange, D. (2005): Demokratiekompetenz. Wiesbaden.

Huster E.-U. et al. (1972): Determinanten der Westdeutschen Restauration 1945-1949. Frankfurt/M.

Joas, H. 2000 (Hrsg.): Philosophie der Demokratie. Beiträge zum Werk von John Dewey. Frankfurt/M.

Kerschensteiner, G. (1901): Staatsbürgerliche Erziehung der deutschen Jugend. In: ders.: Berufsbildung und Berufsschule Paderborn, S. 5-160

Kloppenberg, J. T. (2000): Demokratie und Entzauberung der Welt. Von Weber und Dewey zu Habermas und Rorty. In: Joas, H. (Hrsg.), Philosophie der Demokratie. Beiträge zum Werk von John Dewey (44-80). Frankfurt/M.

Lange, D./Himmelmann, G. (2010): Demokratiedidaktik. Wiesbaden.

Litt, T. (^{5}1959): Die politische Selbsterziehung des deutschen Volkes. Bonn: Bundeszentrale für Heimatdienst.

Marcuse, L. (1959): Amerikanisches Philosophieren. Pragmatisten, Polytheisten, Tragiker. Hamburg.

Oelkers J. (2011): John Dewey und die Pädagogik. Weinheim/Basel.

Ders. (2011): Bildung und Demokratie als Lebensform. In: Hessische Blätter für Volksbildung, H. 1, S. 14-22.

Oetinger, F. (^{3}1954): Partnerschaft – Die Aufgabe der poltischen Erziehung. Stuttgart.

Peirce, C. S. (1878): How to Make Our Ideas Clear. Popular Science Monthly, 12, S. 286-302.

Schumpeter, J. A. (^{5}1980): Kapitalismus, Sozialismus und Demokratie. München.

Weiss, E. (2009): Aspekte einer kritischen Demokratietheorie. In: Jahrbuch für Pädagogik (2009), S. 41-59.

Westbrook, R. B. (1992): John Dewey and American Democracy. Ithaca, N.Y.

Christa Kaletsch, Stefan Rech

„Demokratie lernen und Zusammenleben in Vielfalt"

Zielsetzung, Erfahrung und Entwicklungspotentiale eines Trainings- und Beratungskonzepts

„Nein, wir bauen Häuser, in denen Platz für alle Leute ist. In denen Familien und Singles sich gleichermaßen wohlfühlen", meint Gruppensprecher Alex. „Das klappt doch nie", entgegnet Marek, Vertreter eines anderen Planungsteams der 9c eines Frankfurter Gymnasiums. „Was macht ihr z.B. wenn da jetzt eine jüdisch-orthodoxe Familie leben will", wirft Marek ein und lehnt sich lächelnd zurück. „Kein Problem", meint Alex und bekommt vielfältigen Zuspruch: „dann hat die Wohnung halt zwei Küchen, damit diese Familie alles koscher zubereiten kann."

Dieser Dialog ist einem Demokratie-Training für Schule und außerschulische Bildungseinrichtungen entnommen, wie es die Autorin als mehrtägige Veranstaltung mit Schulklassen, SV-Teams, Delegierten des Kreisjugendparlaments (KJP) oder freiwilligen Interessensgruppen seit knapp zehn Jahren an hessischen Schulen durchführt (Kaletsch 2007). Es ist die Schlussphase eines mehrstündigen Dilemma-Planspiels, in dem die knapp 30-köpfige Klasse in mehreren Schrittfolgen eine „menschenfreundliche Stadt" entwarf. Dabei fängt zunächst jeder ganz bei sich und seinen Vorstellungswelten an und öffnet sich seinen Wünschen und Bedürfnissen, lenkt sein Interesse und seine Wahrnehmung auf Kriterien, die ihm und ihr wesentlich für ein Zusammenleben in einem Gemeinwesen erscheint. „Was brauche ich, um mich wohlzufühlen, um gut leben zu können? Welche Möglichkeiten, Chancen, Sicherheiten und Werte sind mir wichtig?" So lautet die Einstiegsfrage, für die jeder maximal neun Aspekte benennen darf. Mit diesen ermittelten Bedürfnissen ziehen alle Teilnehmenden los in ein mehrstündiges Verfahren, das sowohl für die Bedeutung (günstigenfalls konsensualer) Entscheidungsfindungsprozesse sensibilisiert, als auch die Universalität der Menschenrechte spürbar macht.

Fortbildungsteilnehmer fühlen sich mit ihren Vorstellungen wahr- und ernstgenommen. Jeder Arbeitsschritt ist partizipativ angelegt. Es geht im Wesentlichen immer darum, innere Beteiligung zu erzeugen und Lerngelegenheiten zu schaffen, in denen sich die Teilnehmenden kreativ mit der Herausforderung des Zusammenlebens in einer pluralen Gesellschaft auseinandersetzen können.

Das hier vorgestellte Trainingskonzept ist aus einer intensiven und fruchtbaren Zusammenarbeit zwischen den beiden Autoren entstanden und zwar im Rahmen des beim hessischen Kultusministeriums angesiedelten Projekts „Gewaltprävention und Demokratielernen", dem Transferprojekt von „Mediation und Partizipation" im bundesweiten Programm „Demokratie lernen und leben". Aufgrund vielfältiger Trainingserfahrung konnten wir uns darauf stützen, dass

- Schülerinnen und Schüler aller Schulformen an Demokratielernen interessiert sind und die durchgängige Orientierung an den Menschen- und Kinderrechten dabei inhaltlich und didaktisch bedeutsam ist
- es beim Demokratielernen – sozusagen auf der handwerklichen und persönlichkeitsbildenden Seite – immer auch um soziale Fertigkeiten und den Umgang mit Konflikten geht
- erfahrungsorientiertes Lernen und der Anspruch politischer Bildung nicht nur gut zusammen gehen, sondern notwendig zusammen gehören
- sorgsam konstruierte und gemeinsam reflektierte Lernarrangements benötigt werden, um Pädagoginnen und Pädagogen sowie andere Multiplikatoren zu begeistern, Schülerinnen und Schülern sowie anderen Adressaten Partizipationsräume fürs Lernen, das Zusammenleben und das Erschließen rechtebasierter Regelentwicklung zu eröffnen.

„Demokratie lernen" bedeutet für uns, Denk- und Handlungsimpulse zu setzen, damit „Zusammenleben in Vielfalt" so funktionieren kann, dass Bedürfnisse ausgesprochen und für alle nachvollziehbare, sinnstiftende, gerechte und gewinnbringende Lösungen gefunden werden. „Zusammenleben" bedeutet geteilte Lebenspraxis im demokratischen Gemeinwesen. Die Verwirklichungschancen von Menschenrechten bezogen auf Inhalte und Verfahren haben dabei eine Schlüsselfunktion. Der Umgang mit Vielfalt ist eine zentrale Dimension darin, die Sensibilisierung für die Bedeutung von Teilhabechancen und Gleichberechtigung eine andere.

Unser Ansatz lebt von der engen Verschränkung zweier Traditionslinien in der Bildungsarbeit: den eher subjekt-, verständigungs- und differenzorientierten Konzepten des interkulturellen Lernens und der mehr kontextbezogenen, die strukturellen Machtbeziehungen und Diskriminierungsformen einbeziehende Perspektive der Demokratie- oder Menschenrechtserziehung (Rech 2009). Dreh- und Angelpunkt unseres Fortbildungskonzepts sind die Menschenrechte und Partizipation. Dabei haben sich drei zentrale Themen- bzw. Lernfelder herauskristallisiert, die wesentlich sind, um demokratieförderliche Kompetenzen zu entwickeln.

Im Lernfeld Selbstverantwortung geht es darum, sich Schlüsselkompetenzen der konstruktiven Konfliktbearbeitung anzueignen. Hier sind Fertigkeiten und Fähigkeiten wie Wahrnehmungserweiterung, Kommunikation, Empathie und Ambiguitätstoleranz verlangt. Wir nähern uns dem Konfliktbegriff über die Gerechtigkeitsdimension und durch Perspektivwechsel über Dilemmadebatten.

Selbstverantwortung heißt einerseits, den Konfliktbeteiligten die Gestaltungsmacht über ihren Konflikt zu geben. Ein entschiedener Schritt weg von Schuldzuweisung nach außen und hin zu Vertrauensbildung. Zum anderen verweist Selbstverantwortung im postnationalsozialistischen Einwanderungsland Deutschland darauf, Mechanismen der Täter-Opfer-Umkehr und der Erinnerungsabwehr des Nationalsozialismus anzusprechen (Messerschmidt 2009). Nicht zuletzt sollen so auch die Beklemmungen, Verwirrungen und Ideologisierungen in aktuellen Diskursen um „Multikulturalität" erkannt und überwunden werden. In einem pluralen und lebendigen Gemeinwesen sind die Menschen herausgefordert, ihre Bedürfnisse zu artikulieren und miteinander auszuhandeln, d.h. immer wieder neu aufeinander zuzugehen, sich der unterschiedlichen Hintergrundannahmen bewusst zu werden und sich darüber zu verständigen. Mediation als Verfahren und als Grundhaltung kann dafür hilfreich sein, weil dabei unterschiedliche und gemeinsame Werthorizonte erkundet und in praxistaugliche Lösungen transformiert werden können.

Der radikale Respekt vor der Andersheit steht im Mittelpunkt des Lernfeldes der Vielfalt. Wir möchten dazu beitragen, Vielfalt als Norm (und nicht als Rand- oder Sonderform) gesellschaftlicher Realität und des Zusammenlebens zu begreifen. D.h. die Einmaligkeit und Einzigartigkeit des Individuums anzuerkennen und es weder anzugleichen, noch in eine wertende Hierarchie einzuordnen. Dies bedeutet auch, Unterschiede als Potenzial zu sehen, um Veränderungsprozesse im Sine des Lernens voneinander zu ermöglichen. Wir bieten Lerngelegenheiten an, um die doppelte Bedeutung von Identität herauszufinden – als etwas Unverwechselbares, Eigenes und gleichzeitig als ein stetiger und prinzipiell unabgeschlossener Wandlungs- und Aneignungsprozess. In diesem Sinn tauchen wir ein in die dialektische Pendelbewegung von Eigenem und Anderem, Selbst- und Fremdbild, Abwehr und Verlangen. Dies setzt ein hohes Maß an Selbstreflexivität voraus, Selbstverständlichkeiten werden zur Disposition gestellt. Die Teilnehmenden erleben die lustvolle und kreative Wandlungsfähigkeit des Individuums. Gleichzeitig reflektieren sie die fragile Selbstschöpfungskraft, die dort ihre Begrenzung erfährt, wo sie durch gesellschaftliche Zwänge – sei es in handfesten Restriktionen wie beispielsweise in Aufenthaltsbestimmungen oder in diffusen homogenisierenden Fremdzuschreibungen – in ihren Entwicklungschancen eingeschränkt wird. Selbstbestimmtheit erlangen die Menschen in dem Maß, wie sie sich von den sie entfremdenden Bedingungen befreien können.

Im Lernfeld Gewaltfreiheit vermitteln wir einen möglichst weiten Gewaltbegriff, zu dem auch strukturelle Dimensionen von Gewalt gehören, und suchen nach konstruktiven Strategien der Deeskalation, die vor allem die Perspektive der potenziell betroffenen Opfer wahr- und deren Anliegen ernstnimmt. In einer diskriminierungskritischen Perspektive spüren wir „blinde Flecken" in gesellschaftlichen Zusammenhängen auf und versuchen, die Seminarteilnehmenden so zu sensibilisieren, damit sie erkennen können, wo die Würde des Menschen verletzt und die Selbstbestimmtheit des Einzelnen eingeschränkt wird. Dies gilt insbesondere auch dort, wo es sich um weniger sichtbare und institutionalisierte Formen von struktureller oder kultureller Gewalt handelt. Ein Beispiel dafür wäre die Praxis, wie Lehrkräfte ihre Schülerinnen und Schüler am Übergang von der Grundschule zur weiterführenden Schule weiterempfehlen (Gomolla/Radtke 2007). Hier fallen oft kulturelle Zuschreibungsmuster und institutionalisierte Macht zusammen.

Der Bezug auf die universell geltenden Menschenrechte ist hier wichtig, um Diskriminierungsgeschehen zu begreifen und Handlungsoptionen zur Überwindung von Unrecht und gewaltförmigen Geschehen entwickeln zu können. In allen Lernfeldern sind Menschenrechte und Partizipation entscheidende Bezugspunkte, an deren Prinzipien sich auch die Wahl der didaktischen Mittel misst. Aus den Lernfeldern heraus entwickeln die Teilnehmenden Impulse für den Transfer in eigene Anwendungszusammenhänge. Uns ist sehr daran gelegen, dass Teilnehmende Einblick in die Aufbaulogik von Programmen bekommen, die sie für ihre Lerngruppen nutzen können und sie Ideen und Beratungen zur Umsetzung und Implementierung entwickeln können.

Fortbildungs- und Erkenntniswege

Immer wieder beginnen unsere Beratungs- und Fortbildungsanstrengungen mit dem Wunsch der Beratungsnehmer, Wege kennenzulernen, „wie sie den Umgang mit Migrantenkindern verbessern können". Das kann sehr handfest, derb mit der Forderung: „erklären sie mir meine Mohameds" daherkommen, oder zeigt sich ganz einfach, in der noch immer nicht überwundenen Fehlkonstruktion „wir brauchen selbstverständlich Gewaltprävention, schließlich haben wir einen hohen Ausländeranteil in unserem Viertel /an unserer Schule". Nicht selten möchten die Auftraggeber nur eine bessere Integration der „Fremden", ohne sich bewusst zu machen, dass ein unreflektierter Integrationsbegriff nur die Dominanz der eigenen Kultur zum Ziel hat – als deren Vertreter sie unweigerlich wahrgenommen werden. Wenn wir die Teilnehmenden mit dieser Sichtweise konfrontieren, dann ist dies oft der Beginn eines alle erhellenden Prozesses der produktiven Zumutung, in denen die Teilnehmenden die eigenen Verstrickungen in Dominanzverhältnisse, Mechanismen struktureller Diskriminierung und Alltagsrassismen entdecken und bearbeiten können.

In einem stark selbstreflexiven Prozess arbeiten die Fortbildungsteilnehmenden an ihren Haltungen und Einstellungen. Sie erlernen darüber hinaus Methoden, die ihnen helfen, sich als Lernbegleiter und Vermittler im Themenfeld „Zusammen leben in der pluralen Gesellschaft" zu bewegen.

Demokratie und Menschenrechte

Wir gehen von der Erkenntnis aus, dass „in allen Demokratien ... die Dynamik von Ein- und Ausschluss eine entscheidende Rolle (spielt)" (Duss von Werdt 2003, S. 41). Wir stützen uns auf einen anspruchsvollen Demokratiebegriff, der sich bewusst auf die Auseinandersetzung „um die Bedeutung und Geltung von Menschenrechten" im Zusammenleben bezieht und für einen aktiven Menschenrechtsschutz eintritt. Die Achtung der Menschenrechte bietet sich als Bewertungskriterium für die Güte von Entscheidungsfindungsprozessen an. Verfahren oder Entscheidungen, die die Menschenrechte oder einzelne Menschenrechtsaspekte verletzen, können nicht demokratisch sein. Auch eine demokratische Entscheidung kann jedoch im Widerspruch zum Gleichheitsanspruch stehen. So zum Beispiel 2010 die Ablehnung der Hamburger Schulreform durch einen Bürgerentscheid: Ein privilegiertes Bürgertum verstand es, die sechsjährige Grundschule, die eine längere Zeit gemeinsamen Lernens ermöglicht hätte, zu verhindern (Jörke 2011, S. 16).

Im Kontext unserer Seminarreihe empfiehlt es sich, die 1989 von der Vollversammlung der Vereinten Nationen verabschiedete Kinderrechtskonvention (UN-KRK) als Ausgangspunkt für die Auseinandersetzung mit Menschenrechten zu begreifen. Sie geht in ihrer Vorstellung der Rechte auf Förderung und Entwicklung der Kinder über das Menschenrechtsverständnis im Grundgesetz hinaus. Die Bestimmungen der UN-KRK gelten seit Juli 2010 vorbehaltlos für alle in Deutschland lebenden Kinder – im Unterschied zu den im Grundgesetzt verankerten politischen Freiheitsrechten, die nur als Bürgerrechte formuliert und damit an die deutsche Staatsangehörigkeit geknüpft sind. Dabei empfehlen wir in Anlehnung an Hormel/Scherr, sich auf ein „voraussetzungsarmes Menschenrechtsverständnis" (Hormel/Scherr 2004, S. 148) zu stützen und die Teilnehmenden (Schülerinnen und Schüler) einzuladen, von ihren Vorstellungen, Erfahrungen und Wünschen in Bezug auf Menschenrechte auszugehen und von dort die Realität der derzeit bestehenden Menschenrechtsgarantien kritisch zu beleuchten (Kaletsch 2007, S. 183 ff.).

Unsere Praxiserfahrung zeigt, dass u.a. nicht selbstverständlich davon ausgegangen werden kann, dass Kinder und Jugendliche „aktiv ... über Kinderrechte in allen Einrichtungen, in denen sich Kinder und Jugendliche aufhalten (informiert werden)" (Maywald 2010). Daher wird im Zuge der Fortbildung von Lehrkräften, Mitarbeiter(innen) der Kinder- und Jugendförderung und außerschulischer Bildungseinrichtungen immer wieder deutlich, dass ein Informationsbedarf besteht. Gerade aber in der „Auffrischung" des Wissens um die Unteilbarkeit der Menschenrechte sehen wir ein gewinnbringendes Feld, das von vielen unserer Fortbildungsteilnehmerinnen und -teilnehmer als bereichernd erlebt wird. Dabei ist es wichtig, dafür zu sensibilisieren, wenn Menschenrechtsvorstellungen einseitig auf politische Freiheitsrechte reduziert werden und das Bewusstsein für die Bedeutung von Gleichheitsrechten und sozialer Inklusion aus dem Blick gerät.

Entsprechend kann man sich dem von Asisye Öztürk (2011, S. 2) formulierten Plädoyer anschließen, „die Politik in die Verantwortung zu nehmen für ein neues ‚Gleichgewicht' zwischen Freiheit und Gleichheit der Individuen". Unter dieser Prämisse wollen wir die Schlüsselakteure im System Schule, nämlich Lehrkräfte und Schulleitungen, für ein entsprechend diskriminierungskritisches Konzept gewinnen.

Der durch die UN-Behindertenrechtskonvention eingebrachte Grundsatz der Inklusion kann in diesem Zusammenhang wegweisend sein. „Inklusion steht für die Offenheit eines gesellschaftlichen Systems in Bezug auf soziale Vielfalt, die selbstverständlich Menschen mit Behinderungen einschließt" (Aichele 2010, S.16). Der neue Leitbegriff der Inklusion signalisiert den geforderten Wandel hin zu einer selbstverständlichen Zugehörigkeit (Bielefeldt 2009, S. 11).

Wege und bewegen in den Lernfeldern

Im Mittelpunkt des Trainings stehen die Themen „Demokratie lernen" und „Zusammenleben in Vielfalt". Die Aufmerksamkeit der Teilnehmenden richtet sich darauf, dass Demokratie etwas ist, das immer neu belebt werden muss, auf das es keine Garantie gibt (Böckenförde 1991). Demokratie und Menschenrechte gehören zusammen, sie können nur über ernst gemeinte Partizipation verwirklicht werden. Um dies für sich zu entdecken und für andere (in der Regel die Schülerinnen und Schüler) erlebbar zu machen, braucht es Kompetenzen.

Kompetenzerwerb spielt sich immer gleichzeitig auf drei Ebenen ab: Wissen und Handwerk, Persönlichkeit und Haltung, Anwendung und Transfer des Gelernten in die eigene Professionswelt. Der didaktische Zuschnitt des Trainings basiert auf dem Boalschen Grundsatz des „Erfahren nicht Belehren" (1989). Wir legen Wert auf das Lernen in Beziehung miteinander und orientieren uns an den Stärken der Teilnehmenden. Alle Übungen werden auf der Ebene des eigenen Erlebens, der Übertragbarkeit und der demokratiepädagogischen Relevanz reflektiert. Zur Unterstützung selbstreflexiver Phasen wird ein Lerntagebuch genutzt. Dazu gibt es immer wieder Sequenzen der Einzelarbeit oder punktuell der Dialogarbeit mit einem vertrauten Partner.

Der inhaltliche Fokus auf Menschenrechte und Partizipation und der didaktische Rahmen stellen den festen Boden und das Lerngerüst des Trainings dar. Aus diesem Zentrum heraus eröffnen sich drei Wege oder auch „Lernachsen", die zu unseren Lernfeldern führen.

Einblicke in die Lernfelder

Wir führen jetzt analog zum Trainingsablauf durch die Lernfelder. Wichtige Hintergrundtheorien dienen dazu, bestimmte Zugänge und die dabei verfolgten Ansätze zu erläutern.

Selbstverantwortung und konstruktive Konfliktbearbeitung: Wir betreten das Lernfeld „konstruktive Konfliktbearbeitung", indem wir einen Zusammenhang zwischen den Begriffen „Konflikt" und „Gerechtigkeit" herstellen. Konflikte zeichnen sich dadurch aus, dass starke Gefühle freigesetzt werden. Wenn man Empörung als emotionale Reaktion auf wahrgenommenes Unrecht ansieht, sind wir dem Kern der Menschenrechte und dem, was soziale Konflikte auszeichnet, sehr nahe.

Über eine Auseinandersetzung mit dem Thema „Gerechtigkeit" und „Gerechtigkeitsempfinden", welche die Teilnehmenden zu selbstreflexiven Überlegungen einlädt, lässt sich eine hohe emotionale Betroffenheit erzeugen und leicht vermitteln, was bei einem Konflikt passiert und wie er die Akteure in ihrem Handeln beeinflusst.

In einem Konflikt kann es zur Kollision zwischen unterschiedlichen Gerechtigkeitsprinzipien (z.B. Loyalität und Autonomie) oder zwischen verschiedenen Typen oder Ebenen von Gerechtigkeit kommen, hierbei lassen sich Verteilungs-, Austausch-, Vergeltungs- und Verfahrensgerechtigkeit unterscheiden (Montada/Kals 2001). Bei der Lösungssuche kommt es zunächst darauf an, dass die Konfliktakteure die unterschiedlichen im Konflikt „verborgenen" Prinzipien und Ebenen entdecken und artikulieren. So können sich mit dem gleich starken Verweis auf die Selbstbestimmtheit zwei Antagonisten über die (situative) Angemessenheit bestimmter Kleidernormen oder Körperschmuck streiten (hinter dem wiederum bestimmte gesellschaftlich geprägte Vorstellungen von Einschluss und Ausschluss stehen). Andererseits kann bei einem Verteilungskonflikt herauskommen, dass die Antagonisten ganz unterschiedliche Prinzipien der Verteilung voraussetzten, welche ihnen im Konfliktausbruch deutlich werden (z.B. nach Leistung, nach Rangordnung, nach Menge der zu verteilenden Ressourcen). Die Konfliktparteien werden sich auf der Ebene ihrer jeweiligen Vorstellungen und Annahmen voneinander austauschen. Es wird ihnen bewusst, dass sie sich in einem Dilemma bewegen, bei dem es darauf ankommt, nicht einen Wert gegen den anderen – sagen wir beispielsweise Freiheit gegen Ordnung – zu tilgen. Sie entdecken, dass für das menschliche Zusammenleben alle grundlegenden Werte gleiche Gültigkeit haben und aufeinander bezogen sind. Im weiteren Verlauf der Seminareinheit relativieren die Konfliktparteien bezogen auf den konkreten Anlass ihre ins Feld geführten Werte dergestalt, dass sie für beide annehmbare und situationsgerechte Geltung bekommen können. In dieser fallbezogenen Güterabwägung entsteht ein Kompromiss, von Montada (2006) „Sozialvertrag" genannt.

In Dilemmadebatten führen wir die Teilnehmerinnen und Teilnehmer in die Welt widerstreitender Werte. Bezogen auf alltags- und professionsgerechte Situationen versetzten sich die Teilnehmenden stellvertretend in den Protagonisten, der sich in einem Dilemma befindet. Unterschiedliche Bewertungsprinzipien wie beispielsweise „Loyalität vs. Autonomie" kommen dabei ins Spiel und immer wieder sind auch Menschenrechte wie Persönlichkeitsrechte, Chancengleichheit oder Diskriminierungsschutz (s.u. Einblicke in das Lernfeld Gewaltfreiheit) berührt. Wichtig dabei ist, dass die Teilnehmenden zwei (oder mehrere) Werte mit Blick auf eine konstruierte Entweder-oder-Entscheidung gegeneinander abwägen müssen. Im polar aufgeteilten Raum ordnen sich die Teilnehmenden der einen oder der anderen Seite zu. Für jede Entscheidung gibt es „gute Gründe", die jetzt im Plenum angehört werden. Die Dilemmastruktur von Konflikten wird erlebbar und Abwägungsprozesse sind sichtbar. Die Gesamtgruppe hat eine Vielzahl von Gütekriterien für eine anstehende Entscheidung benannt. Die Metareflexion der Übung bestätigt diese Effekte. Insbesondere der reflexive Prozess der Teilnehmerinnen und Teilnehmer, „Dinge in der Schwebe" zu halten, zu „relativieren", zu „revidieren" oder auch nicht gleich „entscheiden zu müssen" (Entschleunigung), „Unterschiede aushalten lernen" (Vielfalt, Allparteilichkeit) und die Trennung von „Meinung und Begründung" hinterlassen nachhaltige Wirkung.

Dilemmasituationen bewirken in der Regel intensive Diskussionen. Diese innere Berührtheit kann genutzt werden, um noch einen Schritt weiter zu gehen. Bei einer Perspektivwechselübung versetzen sich die Teilnehmenden n die Protagonisten einer erfundenen Konfliktgeschichte. Durch Leitfragen, welche u.a. die von der anderen Seite vermuteten Zuschreibungen abfragen, wird empathisches Verstehen erzeugt. Damit ergeben sich meist überraschende und hilfreiche Ansätze für bevorstehende (und auch reale) Gespräche in Bezug auf den Arbeitsalltag der Teilnehmenden.

Vielfalt - Umgang mit Heterogenität: „Meine Identität gehört mir nicht alleine...", so drückt eine Seminarteilnehmerin ihre sichtliche Überraschung bei der Auswertung unserer Einstiegsübung zum Lernfeld Vielfalt aus. Bei der Übung, die wir „Zitronella" nennen, geht es darum, möglichst offen und indirekt in das Thema der Identität als kreativen und aktiven Prozess der Selbstaneignung einzuführen. In der Übung werden Kleingruppen - die jeweils eine Zitrone erhalten - dazu eingeladen sich intensiv mit dem „Lebensweg" einer ausgewählten Zitrone auseinander zu setzen. Sie erfinden die Biografie einer Zitrone und fertigen einen „Steckbrief" an, der im Plenum vorgestellt wird. Danach werden die Zitronen wieder eingesammelt, in einen Korb mit vielen Zitronen zurückgelegt und gemischt. Vertreter der einzelnen Gruppen finden „ihre" Zitrone i. d. Regel auf Anhieb wieder. Danach wird die Übung sowohl auf der Prozess- als auch Inhaltsebene gemeinsam reflektiert. Ein erster Impuls zum Übungssetting kommt aus dem Trainingsprogramm „A World of Difference". Wir haben die Übung stark verändert und nutzen die intensive Reflexion u.a. dazu, um in das Thema „Migration, Wanderung und Wohnortwechsel als gemeinsame und singuläre Erfahrung" einzuführen. Die Teilnehmenden werden sensibilisiert für die unterschiedlichen, die Identität beeinflussenden Faktoren im Lebensverlauf. Bei ihren Erkundungen stoßen sie auf das spannungsreiche Verhältnis von Gleichheit - Ähnlichkeit - und Einzigartigkeit. Die Teilnehmer antizipieren den Stellenwert und die Bedeutung

von Migrationserfahrungen für die Ausbildung von Identität. Es gibt vielfältige
Anschlussstellen der Weiterarbeit mit diesem Thema: biografische Texte von und
über Jugendliche und junge Erwachsene in der Einwanderung und deren Umgang
mit Vielfalt (Sezgin 2006) bzw. Zeitzeugenprojekten (Jugendbegegnungsstätte Anne
Frank 2006). Methodisch sehr anregend sind auch die Trainingshandbücher von
Ackermann, Dauner und Szczebak (2006) sowie das Handbuch Toleranz und
Anerkennung der Projektgruppe F.I.N.K.

Um Wahrnehmungsräume dafür zu öffnen, dass Identität etwas ganz Eigenes,
Einzigartiges, Intimes und „Heiliges" ist, das den festen Kern der eigenen Persönlichkeit bildet und dem zugleich die ständige Veränderung zu eigen ist, bieten
wir eine Übung an, die wir „Identitätszwiebel" nennen. Im Plenum sammeln wir
Anhaltspunkte, die für „das, was die eigene Persönlichkeit ausmacht", relevant
sind. Dabei werden objektive Kriterien wie Aussehen oder Nationalität, aber
auch erfahrungsabhängige Variable wie Sprache, sozio-kulturelles Milieu und
Weltanschauung aufgelistet. Die Teilnehmenden überlegen sich in Einzelarbeit,
welche Kategorien für sie aktuell bedeutsam sind und treffen nach Möglichkeit
eine Prioritätenliste mit den drei wichtigsten Einflussfaktoren. Bei der Reflexion
wird das Spannungsverhältnis, in dem sich die eigene Identitätsarbeit abspielt,
bewusst. Welche Einflussfaktoren sind für mich wichtig? Haben diese sich verändert? Bei welchen Anlässen, wie oft? Über welche Kategorien (z.B. Mann-Sein,
Deutsch-Sein, Weiß-Sein) habe ich mir wenige Gedanken gemacht? Wie wirkt
sich das auf meine Beziehungs- und Interaktionsmuster in einem vielfältigen
Klassenzimmer aus? Schnell wird den Teilnehmenden bewusst, dass es sich bei
der Identität um so etwas handelt wie den „heraklitischen Fluss", in den man
bekanntermaßen jeweils nur einmal treten kann. Identität ist ein „Patchwork"
der Mehrbezüglichkeiten, aus denen ich permanent schöpfe – was nicht gleichzusetzen ist mit Beliebigkeit. Das Eigene stellt sich kontinuierlich „neu" her in der
Relation zum Anderen. Die Vielfalt der subjektiven Lebensentwürfe – als individueller Prozess und im Dialog mit dem Anderen – zum „Sprechen" zu bringen,
sehen wir als unverzichtbaren Baustein demokratischer Kultur. Dies bedeutet
letztendlich einen Freiheitsgewinn für alle Akteure der Zivilgesellschaft oder einer
Lerngemeinschaft. Nicht mehr die „Herkunftskultur" dient als hauptsächlicher
Bewertungsmaßstab der interkulturellen Begegnung, sondern die Facetten der
je eigenen Identität. Unter Umständen erfordert das auch eine „Infragestellung
strittiger kultureller und religiöser Gepflogenheiten und die Herausbildung einer Kultur der zivilen Kreativität" (Benhabib 1999, S. 112), die Herausbildung
einer „dritten", „neuen" Kultur als Ergebnis eines Aushandlungsprozesses in
der Klassengemeinschaft oder der Nachbarschaft. Bei aller Euphorie darf nicht
vergessen werden, dass die Freiheit individueller Selbstschöpfung schnell an
ihre Grenzen stößt, wenn die strukturellen Bedingungen so menschenfeindlich
sind, dass wesentliche Bedürfnisse bedroht sind und die Menschenrechte keinen

Schutz bieten. Wer ohne Papiere in Deutschland leben muss, wird möglicherweise die Auswirkungen dieser strukturellen Benachteiligung in der Wahrnehmung dessen, was ihn in dieser Phase seines Lebens bestimmt, sehr stark spüren und die anderen Merkmale seiner Identität – wie z.B. eigene Kreativität, Position in der Geschwisterfolge – in den Hintergrund rücken. Gerade für Angehörige der Dominanzkultur kann es aufschlussreich sein, auf die strukturellen Schranken individueller Gestaltungsmöglichkeiten hinzuweisen. Eine Methode, die für diese „blinden Flecken" sensibilisiert, ist „Car-Park". Diese Übung sensibilisiert für die gesellschaftlich ungleich verteilten Erfolgs- und Lebenschancen, also strukturelles Diskriminierungsgeschehen. Die Teilnehmerinnen und Teilnehmer übernehmen für die Dauer der Übung eine bestimmte ausgeloste Rolle, wobei die Rollen alle aus allen gesellschaftlichen Gruppen stammen. Nun werden Lebenssituationen geschildert (z.B. „Ich kann mich ohne Probleme einer anstehenden Knieoperation unterziehen"), die jede und jeder je nach gesellschaftlicher Stellung mit „Ja" oder „Nein" beantworten kann. Bei „Ja" geht man einen Schritt vorwärts. Nach etwa 15 Fragen ergibt sich ein soziometrisches Bild im Raum, das die gesellschaftliche Realität widerspiegelt, über das die jetzt offenbarten Rollenspieler einen i.d.R. sehr bewegten und erlebnisnahen Eindruck geben und über das sie dann zu einem späteren Zeitpunkt gemeinsam reflektieren (Leiprecht/Kerber 2005, S. 18-23)

Einblicke in das Lernfeld Gewaltfreiheit: „Ich frage mich, ob sich bei uns eigentlich alle Kinder und deren Familien richtig angenommen fühlen. Das Beispiel des Fußballstars hat mich doch sehr nachdenklich gestimmt, wie wir hier mit verschiedenen Identitäten umgehen", beschreibt eine Lehrkraft einer Förderschule ihre Gedanken in der Reflektionsrunde zum Gewaltbarometer, der Einstiegsübung ins Themenfeld „Gewalt(freiheit) und Opferschutz im Setting Schule".

Im Gewaltbarometer (Arbeitsgruppe SOS Rassismus NRW 2006) werden verschiedene Situationen vorgestellt und von den Teilnehmenden individuell nach dem Grad der von ihnen individuell empfundenen Gewaltförmigkeit bewertet. So zum Beispiel die Situationen, dass ein Vater seine Tochter mit Gewalt vor einem heranfahrenden Auto wegzieht oder dass ein Kind wegen seiner Behinderung vom Fußballspiel ausgeschlossen wird. Die Teilnehmer können u.a. die verschiedenen Spielarten von Gewalt thematisieren und werden sensibilisiert, dass die Wahrnehmung und Bewertung von gewaltförmigen Situationen sehr viel mit den Erfahrungen der die Situation bewertenden Personen und dem dazu assoziierten Kontext zu tun hat. Es wird deutlich, wie entscheidend es ist, aus wessen Perspektive – die des unbeteiligten Dritten, des Zuschauers, Täters oder des von dem gewaltförmigen Geschehen betroffenen Opfers – die Situation gedacht und entsprechend bewertet wird. Die Methode sensibilisiert für eine vielerorts anzutreffende und verkürzte „Täterfixierung". Es wird deutlich, wie wichtig der oft vernachlässigte Operschutz für die Entwicklung zivilcouragierten Handelns ist und wie bedeutsam es ist, konsequent aus der Perspektive potentiell Betroffener zu denken und entsprechende Handlungsoptionen zu entwickeln.

Gewalt hat immer etwas mit dem Erleben von Macht und Ohnmacht, mit Ein- und Ausschluss zu tun. Wer sie erlebt, kann ermessen, wie belastend sie wirkt. Daher plädieren wir für einen weiten Gewaltbegriff, der Raum für die verschiedenen Spielarten von Gewalt lässt. Die Deutungshoheit darüber, ob es sich um Gewalt handelt und wie stark Gewalt in einer Situation empfunden wird, liegt bei der Person, die von der Gewalt bedroht wird.

Wenn wir von einem weiten Gewaltbegriff sprechen, geht es insbesondere darum, latente, auf den ersten Blick schwer fassbare Formen struktureller Gewalt, die die Würde des Menschen verletzen und dessen Selbstbestimmtheit und Handlungs- spielraum einschränken, zu thematisieren. Dabei können die von den Bielefelder Konfliktforschern wahrgenommen Syndrome zu „Gruppenbezogener Menschen- feindlichkeit" (Heitmeyer 2010) einen wichtigen Bezugsrahmen bilden. Strukturell betrachtet hat Gewaltfreiheit auch mit der Abwesenheit von Unterdrückung und Elend zu tun. Es liegt nahe, Zuschreibungsprozesse und Diskriminierung zu diskutieren, wenn es um strukturelle und kulturelle Aspekte von Gewalt geht. Gerade im Aufspüren hier bestehender „blinder Flecke" liegt der Kern diskrimi- nierungskritischer Konzepte zum Demokratielernen in der pluralen Gesellschaft.

In diesem Zusammenhang können konfrontierende, aber nicht belehrende An- gebote, die dazu einladen, die Perspektive zu wechseln und Empathie für zunächst fremde und damit sicher auch befremdende Lebenslagen zu entwickeln, hilfreich sein. Gute Erfahrungen lassen sich dabei wiederum mit Dilemma-Debatten machen, in denen die Teilnehmenden Einblicke in andere Lebenswelten bekommen können.

Entsprechend des von Monique Eckmann beschriebenen Konzepts der Konflikt- pädagogik gilt es, „Lernsituationen so zu gestalten, dass das Erlebte einen Konflikt aufwirft, der zum Dilemma wird. Dissonanzen sollen an die Oberfläche kommen, um dadurch das Bewusstsein von inneren Konflikten zu fördern" (Eckmann 2006, S. 211). Nutzt man Dilemma-Debatten, um dadurch die Perspektive der von Menschenrechtsverletzungen Betroffenen sichtbar und die sie betreffenden inne- ren Konflikte erlebbar zu machen, bietet sich den Teilnehmenden ein Lernraum, in dem ohne Schuldzuweisung und Moralisierung neue Erkenntnisse erworben werden können. Hilfreich kann dann eine Analyse der auf den Fall bezogenen Menschenrechte sein. Die hier gewonnenen Erkenntnisse erleichtern das Verständnis für die Veränderungsnotwendigkeiten der verursachenden Bedingungen.

Mit dem Einsatz von Courage-Spielen, in denen potentielle Helferinnen und Helfer nach Ideen für den Umgang mit schwierigen, die Menschenrechte verlet- zenden Situationen suchen (Beschreibung von Übungen in: Kaletsch 2007), lassen sich dann auch konstruktive Handlungsoptionen entwickeln. Die Übung macht deutlich: Es gibt meist mehrere Möglichkeiten, etwas zu unternehmen, und es ist gut, gemeinsam nach Lösungen zu suchen. Der Einsatz von Courage-Spielen eignet sich insbesondere für die Thematisierung von gewaltförmigen Geschehnissen. Dabei muss der Auftrag klar sein, denn es geht um die konstruktive Veränderung der Situation, die von einem beteiligten Dritten wahrgenommen wird, der wiederum den Wunsch verspürt, tätig zu werden. Die Perspektive des Fallgebers, der Unterstützung bei der Entwicklung von Handlungsoptionen wünscht, ist dabei wichtig: Der Auftraggeber ist immer jemand, der etwas bemerkt und sich für Demokratie und Menschenrechte einsetzen möchte. Es stellt sich nicht die Frage, ob, sondern wie man aktiv werden kann.

Auch in der Auseinandersetzung mit Gewalt ist es richtig und wichtig, zwischen Person und Problem zu trennen und deutlich zu machen, dass es um die Analyse und das Verstehen einer Situation in einem bestimmten Kontext und der entsprechenden Entwicklung von Handlungsoptionen für die verschiedenen Akteure in dieser Situation geht. Im Kontext von Schule kann das u.a. bedeuten, ganz eindeutig eine Tat zu stoppen und deutlich zu machen, dass z.B. rassistische Aussagen oder gewaltförmige Handlungen und Verhaltensweisen verurteilt werden, aber nicht Menschen generell. Auf eine eindeutige Intervention, die geeignet ist, die Tat zu stoppen, müssen unbedingt Handlungen folgen, die das Opfer schützen und sich an den Wünschen und Bedürfnissen des Betroffenen orientieren. Erst in einem dritten Schritt sind Gespräche mit den Akteuren (u.a. den Tätern) zu führen, um den Konflikt zu bearbeiten, der gegebenenfalls zur Eskalation führen kann. Im Lernfeld Gewaltfreiheit geht es daher u.a. auch um die Bedeutung der Gemeinsamkeiten und Unterschiede zwischen Deeskalation und Konfliktbearbeitung. Ein Bewusstsein für den Unterschied zwischen einem gewaltförmigen Geschehen und einer konflikthaften Situation kann wesentlich für die Entwicklung einer „gewaltfreien Konfliktkultur" in Institutionen und insbesondere in Schule sein (Kaletsch/Rech 2007). Damit die Idee einer die Menschenrechte achtender, gewaltfreien bzw. diskriminierungskritischen Schulkultur von allen mitgetragen und gelebt werden kann, müssen die Mitglieder der Schulgemeinde regelmäßig an Aushandlungsprozessen z.B. über ein Schulprogramm beteiligt werden, die das Miteinander gestalten sollen.

Literatur

Ackermann, Z./Auner, C./Szczebak, E. (2006): Einwanderungsgesellschaft als Fakt und Chance. Perspektiven und Bausteine für die politische Bildung. Praxishandbuch für Schule und Jugendarbeit. Schwalbach/Ts.

Aichele, V. (2010): Behinderung und Menschenrechte: Die UN-Konvention über die Rechte von Menschen mit Behinderung. In: Aus Politik und Zeitgeschichte apuz, H. 23, S. 13-19.

Anne Frank Zentrum Berlin (Hrsg.) (2007): Mehrheit, Macht, Geschichte. Berlin.

Arbeitsgruppe SOS Rassismus NRW (Hrsg.) (1996): Spiele, Impulse und Übungen. Haus Villigst Schwerte.

Benhabib, S. (1999): Kulturelle Vielfalt und demokratische Gleichheit. Frankfurt/M.

Bielefeldt, H. (2009): Zum Innovationspotential der UN-Behindertenrechtskonvention, Broschüre des Deutschen Institut für Menschenrechte. Berlin.

Bielefeldt, H. (2006): Menschenrechte als Antwort auf historische Unrechtserfahrungen. In: Jahrbuch Menschenrechte 2007, S. 135-142.

Boal, A. (1989): Theater der Unterdrückten. Frankfurt/M.

Böckenförde, E.-W. (1991): Die Entstehung des Staates als Vorgang der Säkularisation. In: Ders.: Recht, Staat, Freiheit. Studien zur Rechtsphilosophie, Staatstheorie und Verfassungsgeschichte. Frankfurt/M., S. 92-114.

Camus, A. (1953): Der Mensch in der Revolte. Hamburg.

Duss von Werdt, J. (2003): „Freiheit – Gleichheit – Andersheit". In: Mehta, G./Rückert, K. (Hrsg.), „Mediation und Demokratie". Heidelberg, S. 30-51.

Eckmann, M. (2006): Rassismus und Antisemitismus als pädagogische Handlungsfelder. In: Fritz Bauer Institut, Jugendbegegnungsstätte Anne Frank (Hrsg.): Neue Judenfeindschaft? Perspektiven für den pädagogischen Umgang mit dem globalisierten Antisemitismus. Frankfurt, S. 210-232.

Friedrichs, D./Rademacher, H. (Hrsg.) (⁵2010): PiT-Hessen. Ein Programm zur Gewaltprävention. Frankfurt/M.

Gomolla, M./Radtke, F. (²2007): Institutionelle Diskriminierung. Die Herstellung ethnischer Differenz in der Schule. Wiesbaden.

Heitmeyer, W. (Hrsg.) (2010): Deutsche Zustände. Berlin.

Hormel, U./Scherr, A. (2004): Bildung für die Einwanderungsgesellschaft. Wiesbaden.

Jugendbegegnungsstätte Anne Frank (Hrsg.) (2006): Zeitzeugengespräche mit Migranten und Migrantinnen. Frankfurt/M.

Kaletsch, C. (2007): Handbuch Demokratietraining in der Einwanderungsgesellschaft. Schwalbach/Ts.

Kaletsch, C./Rech, S. (2007): Auf den Spuren von Mister Emotion. Frankfurt (zu beziehen über: Gewaltprävention und Demokratielernen (GuD), Stuttgarter Str. 18 – 24, 60329 Frankfurt).

Kalpaka, A. (2009): Institutionelle Diskriminierung im Blick. Von der Notwendigkeit Ausblendungen und Verstrickungen in rassismuskritischer Bildungsarbeit zu thematisieren. In: Scharathow, W./Leiprecht, R. (Hrsg.): Rassismuskritik, Band 2: Rassismuskritische Bildungsarbeit. Schwalbach/Ts., S. 25-40.

Leiprecht, R. (1992) (Hrsg.): Unter Anderen. Rassismus und Jugendarbeit. Göttingen.

Leiprecht, R./Kerber, A. (Hrsg.) (2005): Schule in der Einwanderungsgesellschaft. Schwalbach/Ts.

Maywald, J. (2010): „UN-Kinderrechtskonvention: Bilanz und Ausblick". In: Aus Politik und Zeitgeschichte APuZ Nr. 38, S. 8-15.

Messerschmidt, A. (2009): Rassismusanalyse in einer postnationalsozialistischen Gesellschaft. In: Melter, K./Mecheril, P. (Hrsg.): Rassismuskritik, Band 1: Rassismustheorie und –forschung. Schwalbach/Ts., S. 59-74.

Montada, L./Kals, E. (2001): Mediation. Lehrbuch für Psychologen und Juristen. Weinheim.

Montada, L. (2006): Die vergessene Gerechtigkeit in der Mediation. In: Mediation in der Schule. Wege zu einer neuen Erziehung. Hessisches Kultusministerium. Wiesbaden, S. 21-26.

Öztürk, A. (2011): Editorial. In: APuZ, Heft 1-2, S. 2.

Rech, S. (2008): Interkulturelle Pädagogik – ambivalente Bindestrichdisziplin im Lichte von Konflikt- und Gewaltprävention. In: Schröder, A./Rademacher, H./Merkle, A.: Handbuch Konflikt- und Gewaltpädagogik. Schwalbach/Ts., S. 381-393.

Schultz von Thun, F. (1989): Miteinander Reden 2. Reinbek.

Sezgin, H. (2006): Typisch Türkin? Portrait einer Generation. Freiburg.

Spohn, C. (2006) (Hrsg.): Zweiheimisch. Bikulturell leben in Deutschland. Hamburg.

II. Forum

Thomas Stimpel, Thomas Olk

Zivilgesellschaft stärken – Handlungsstrategien gegen Rechtsextremismus

Ergebnisse einer qualitativen Fallstudie

1. Der ländliche Raum als „Nährboden" für rechtsextremistische Einstellungen und Aktivitäten?

In ländlichen Regionen bestehen spezifische Bedingungen, die eine Verfestigung rechtsextremer Strukturen begünstigen (können). Die Ausdünnung der sozialen, kulturellen, wirtschaftlichen und politischen Infrastruktur bietet rechtsextremen Gruppierungen einen Nährboden: Sie füllen die Lücken mit eigenen Angeboten und bieten oftmals einfache „Erklärungen" für die subjektiv meist eher als schlecht empfundene Lage in der Region an – hervorgerufen durch vergleichsweise hohe Arbeitslosigkeit, wenig kulturelle und Freizeitangebote etc. Sie besetzen zunehmend Strukturen im Jugendbereich und verschaffen sich dort Akzeptanz, wenn sie nicht sogar als hilfreiche Partner – als „Kümmerer" – erlebt werden (vgl. z.B. Borstel 2009).

Je mehr die kulturelle, soziale und bildungsbezogene Infrastruktur in ländlichen Regionen ausgedünnt ist, desto höher ist Wahrscheinlichkeit, dass der ländliche Raum durch „ideologische Gemeinschaften" besetzt wird, die aus der Beschwörung eines auf das Gemeinwesen bezogenen Wir-Gefühls hervorgehen. Vor allem junge Menschen geraten in ländlichen Regionen unter zusätzlichen Anpassungsdruck an vorhandene Cliquenstrukturen (vgl. Hirschfeld 2004, S. 14). Während städtische Räume mit ihrer hohen Bevölkerungsdichte ein breiteres Spektrum an unterschiedlichen Gruppen und Subkulturen und daher vielfältige Wahlmöglichkeiten in Bezug auf soziale Gruppenkontakte bieten, müssen sich junge Menschen in ländlichen Räumen mit den wenigen vorhandenen Gruppenzusammenhängen zufrieden geben oder aber in städtische Räume ausweichen. Überdies geht nach Ansicht verschiedener Experten in ländlichen Regionen eine geringere Konfliktbereitschaft mit einem erhöhten Konformitätsdruck einher. Dies führt nicht selten dazu, dass Initiativen gegen Rechtsextremismus durch die Erwartungen des sozialen Umfelds ins Abseits gedrängt werden (vgl. z.B. Hafeneger/Becker 2008). Gleichzeitig kann aber im Umkehrschluss ein dichtes Netz demokratischer Organisationsformen sowie ein vielfältiges, kulturelles und soziales Angebot seitens der lokalen Zivilgesellschaft die potenziellen Entfaltungsräume für Rechtsextremismus verringern. Wenn jedoch eine Mentalität der Konfliktvermeidung notwendige Positionierungen erschwert, sind die Bedingungen für die Bekämpfung rechtsextremer Tendenzen im ländlichen Raum eher ungünstig. So zeigen Studien, dass die Stärke der lokalen Zivilgesellschaft einen entscheidenden Einfluss darauf hat, wie erfolgreich ggf. Rechtsextreme in der Besetzung lokaler Strukturen sein können (vgl. Hafeneger/Becker 2008). An der Frage nach der Stärke der lokalen Zivilgesellschaft bzw. deren Stärkung setzte das Modellprojekt „Zivilgesellschaft stärken. Handlungsstrategien gegen Rechtsextremismus im strukturschwachen ländlichen Raum" an, in dessen Rahmen eine qualitative Fallstudie im Altmarkkreis Salzwedel durchgeführt wurde. Im Folgenden wird zunächst kurz das Projektdesign skizziert, um daran anschließend zentrale Ergebnisse der Fallstudie vorzustellen.

2. Das Design des Modellprojektes

Das Modellprojekt „Zivilgesellschaft stärken" wurde im Rahmen des Bundesprogramms „kompetent.für Demokratie – Beratungsnetzwerke gegen Rechtsextremismus" von November 2008 bis Dezember 2010 gefördert. Das Ziel des Projektes war, mittels einer Handreichung praxisnahe Handlungsempfehlungen für lokale Akteure aus Politik, Verwaltung, Wirtschaft und vor allem Zivilgesellschaft zu entwickeln, um so auf die zunehmende Ausbreitung und Verankerung rechtsextremer Aktivitäten und Strukturen im ländlichen Raum und die daraus resultierenden Gefahren zu reagieren. Bei der Erarbeitung dieser Handreichung (vgl. Beyer et al. 2010) ging das Projektteam davon aus, dass in den Kommunen des ländlichen Raums bereits unterschiedliche Handlungsstrategien erprobt worden waren, die eine Stärkung zivilgesellschaftlicher Akteure bewirken sollen. Deshalb wurde zunächst eine umfassende Sekundäranalyse (Recherche von Studien, Projekten etc.) durchgeführt. Der Fundierung und Absicherung dieser Ergebnisse diente die Anfertigung einer qualitativen Fallstudie im Altmarkkreis Salzwedel. Der Landkreis wurde ausgewählt, da dort zum einen insbesondere in den dörflichen Strukturen Rechtsextremismus in unterschiedlicher Art und Weise in der Öffentlichkeit wahrnehmbar ist. Zum anderen haben sich aber vor Ort zivilgesellschaftliche (Vernetzungs-)Strukturen und Handlungsansätze mit Blick auf die Problematik Rechtsextremismus entwickelt, die das Forscherteam für die Handreichung systematisieren und nutzen konnte. Es wurde untersucht, welche Handlungsstrategien im Umgang mit Rechtsextremismus bisher umgesetzt wurden und welche Erfahrungen in Hinblick auf die Bekämpfung von rechtsextremen Aktivitäten und Organisationsformen gemacht wurden. Dabei wurde auch die Problemwahrnehmung unterschiedlicher Akteure bezüglich der Verankerung rechtextremistischer Strukturen erfasst. Im Rahmen dieser Untersuchung galt es zudem, bestehende Partizipationsstrukturen, die die Herausbildung demokratischer Werte in den Regionen befördern, zu eruieren.

3. Ergebnisse der qualitativen Fallstudie im Altmarkkreis Salzwedel

3.1 Fakten zum Altmarkkreis Salzwedel

Der Altmarkkreis Salzwedel liegt im Nordwesten Sachsen-Anhalts und umfasst ungefähr das Gebiet der westlichen Altmark. Mit einer Fläche von 2.292 km² ist er in Sachsen-Anhalt der drittgrößte Kreis. Mit 24.868 Einwohnern (Stand: Januar 2010) ist die Kreisstadt Salzwedel die größte Stadt des Kreises. Mit insgesamt 90.471 Einwohnern (Stand: Januar 2010) und einer Bevölkerungsdichte von ca. 40 Einwohnern/km² zählt der Altmarkkreis bundesweit zu den am dünnsten besiedelten Gebietskörperschaften. Der Ausländeranteil lag 2008 bei ca. 1,4 %. Die Arbeitslosenquote über alle Altersgruppen betrug im März 2010 12,6 %. Im Landesvergleich lag der Altmarkkreis damit unter dem Durchschnitt von 14 %. Allerdings zählt die relativ hohe Jugendarbeitslosigkeit von 8,1 % (15- bis 24-Jährige) zu den Schwächen des Kreises.

3.2 Rechtsextreme Parteien und Aktivitäten im Altmarkkreis Salzwedel

Der NPD-Kreisverband Salzwedel wurde im Jahr 2000 als Ortsbereichsgruppe Gardelegen/Stendal in Salzwedel gegründet. 20 % seiner Mitglieder sind Frauen, mehr als die Hälfte der Mitglieder ist älter als 30 Jahre.[1] Größere Bedeutung als den politischen Parteien wird jedoch den „Freien Nationalisten Altmark-West" zugeschrieben. Das ist ein Zusammenschluss der Kameradschaften aus den Bereichen Gardelegen, Klötze und Salzwedel, die seit 2005 unter dieser Bezeichnung firmieren. Das Netzwerk besteht aus etwa 50 Personen, davon fünf Frauen.[2] Diese „lose strukturierte Szene" tritt nur sporadisch öffentlichkeitswirksam auf, unterhält aber einen guten Kontakt zum NPD-Kreisverband (Ministerium des Innern 2009, S. 30 sowie 2010). Indizien für den Grad der Vernetzung der einzelnen Gruppen resp. Parteien sind gemeinsame Aktivitäten wie beispielsweise Kundgebungen.

---

1   vgl. http://www.kjr-lsa.de/ger/jugendpolitik/kleine_anfragen/dielinke2008-07-01.pdf (Stand: 15.10.2009)
2   vgl. Eigendarstellung http://www.freienationalisten-altmarkkreiswest.com (Stand: 01.10.2009)

Auch in den Interviews spiegelt sich diese Darstellung der rechtsextremen Szene wider. Die strukturellen Entwicklungen setzten mit dem Umbruch des politischen Systems Ende 1989 ein. Bereits Anfang der 1990er Jahre griffen rechtsextreme Tendenzen z. T. aus angrenzenden westlichen Bundesländern über, was dazu führte, dass Jugendtreffs/-clubs von sogenannten „rechten Jugendlichen" besetzt wurden. Die Besetzung von Räumen – im Sinne von *Gebäuden* – war eines der ersten sichtbaren Zeichen für die sich entwickelnde rechtsextreme Jugendkultur. Zudem prägten rechtsextreme Jugendliche zunehmend das Stadtbild einiger Kommunen, da sie sich an öffentlichen Orten (z.B. dem Marktplatz) trafen, rechtsextreme Symboliken öffentlich zur Schau stellten (z.B. durch Aufnäher) und einen spezifischen Kleidungsstil pflegten. Begleitet wurden diese Tendenzen durch einen Anstieg der Gewalt- und Propagandadelikte. Die Gewalt richtete sich aber nicht nur speziell gegen die sich ebenfalls herausbildende „linke" Szene, sondern es erfolgten ebenso Übergriffe auf andere Bevölkerungsgruppen (z.B. auf Dorffesten). Mit diesen Entwicklungen ging ebenfalls die Inbesitznahme *sozialer Räume* einher. Die Herausbildung rechter und linker Cliquenstrukturen führte in den 1990er Jahren zu Exklusions- und Segregationsprozessen. So wurden beispielsweise Jugendeinrichtungen explizit für Jugendliche aus dem rechten Lager gesperrt, denn deren Anwesenheit zog das Wegbleiben ganzer Jugendgruppen nach sich, die sich durch rechte Jugendliche eingeengt und/oder provoziert fühlten. In ihren Aussagen weisen die Interviewten zudem mehrfach auf das Phänomen des *Alltagsrassismus* hin, das sich schicht- und altersübergreifend gerade auch am Stammtisch oder in Fußball- und Feuerwehrvereinen zeigt.

In den letzten Jahren zeichnen sich aber Veränderungen in der Szene ab. Mit der Verschiebung von Präferenzen und Aktionsformen rechtsextremer Akteure werden vor allem folgende Aspekte angesprochen. (1) Es wird ein Absinken der Gewaltbereitschaft und der Zahl an gewalttätigen Übergriffen konstatiert. (2) Verbunden damit wenden rechtsextrem orientierte Jugendliche in letzter Zeit gehäuft die Strategie des „Sich-Kümmerns" an. Beispielsweise treten sie als Engagierte auf, die einen Spielplatz säubern, Sportfeste organisieren, Häuser von Graffiti befreien usw. Der Effekt ist, dass in der ortsansässigen Bevölkerung ein Wahrnehmungswandel stattfindet. Zuvor vielleicht als rechtsextrem oder gewalttätig charakterisierte junge Menschen erfahren nun nicht mehr nur eine Duldung (z.B. im Sportverein), sondern einen Imagewandel: Sie werden als „Kümmerer" oder „nette Jungs von nebenan" dargestellt und wahrgenommen. (3) Rechtsextreme Symboliken werden fast nur noch bei Aufmärschen oder Demonstrationen in der Öffentlichkeit gezeigt. Vor dem Hintergrund des skizzierten Bildes des Rechtsextremismus im Altmarkkreis stellt sich die Frage, welche Kontextbedingungen Entwicklung rechtsextremer Tendenzen in ländlichen Gebieten befördern (können).

3.3 Rechtsextremismus im ländlichen Raum – besondere Herausforderungen?

Nicht nur im Altmarkkreis ist die Interaktion zwischen rechtsextremen und demokratischen Akteuren von einem nur massenmedial vermittelten Phänomen zu einem unmittelbar erfahrbaren Teil des politischen Alltags vor Ort geworden (vgl. auch Buchstein/Heinrich 2010). Dies stellt die demokratischen Akteure vor besondere Herausforderungen. Insbesondere in Regionen, in denen es an sozialer und kultureller Infrastruktur eher mangelt, besetzen rechtsextreme Akteure gezielt Strukturen, machen Angebote für die örtliche Jugend und versuchen, sich auf diese Weise als „Kümmerer" in der Region darzustellen. Es geht ihnen dabei um die gezielte Verankerung im kommunalen Raum. Das Besondere am ländlichen Gemeinwesen ist, dass sich die Bürger untereinander im Vergleich zum städtischen Raum meist gut kennen und sie mit ein und derselben Person häufig unterschiedlichste Berührungspunkte im Alltag haben. Das kann jedoch auch dazu führen, dass es vermieden wird, konfliktträchtige Themen anzusprechen, um ein „harmonisches Klima" aufrecht zu erhalten. Das betrifft z.B. auch die Mitgliedschaft eines Gemeindebewohners in einer rechtsextremen Organisation. Die Tatsache, dass eine Person Mitglied einer rechtsextremen Organisation ist bzw. in deren Namen öffentlich auftritt, hat mitunter zur Folge, dass die rechtsextreme Orientierung verharmlost oder zugunsten des Gemeindeklimas nicht problematisiert wird.

Ebenso problematisch ist, dass bei rechtsextremen Vorfällen oft eine Unsicherheit vorherrscht, wer welche Verantwortung trägt oder welche Zuständigkeiten innehat. Zudem erkennen zivilgesellschaftliche Akteure meist nicht ihre Potenziale, die sie in der Auseinandersetzung mit dem Rechtsextremismus vor Ort haben. Vielfach wird die Lösung des Problems an Verantwortungsträger in der (kommunalen) Politik delegiert oder das Problem als ein von außen in die Gemeinde hineingetragenes interpretiert, so dass sich die Bewohner eher stigmatisiert fühlen. Hinzu kommt, dass sich der ländliche Raum für die subkulturell geprägte rechtsextreme Szene besonders eignet, um unbeobachtet Treffen und Konzerte zu veranstalten. Insbesondere Jugendliche mit ihrem Bedürfnis nach Abenteuer und Aktion werden durch niedrigschwellige Unterhaltungs- und Freizeitangebote an eine rechtsextreme „Erlebniswelt" herangeführt. Daneben sind viele ländliche Regionen auch für rechtsextreme Kader aufgrund des großen Immobilienleerstands attraktiv. Dieser begünstigt den Kauf bzw. die Anmietung günstiger Flächen für die Einrichtung rechtsextremer Schulungszentren, von Musik- und Handelseinrichtungen oder die Entstehung „nationaler WGs".

Insbesondere die eher „abwärtsdriftenden" Regionen bzw. Menschen in prekären Lebenslagen sind empfänglich für rechtsextreme Einstellungen (vgl. z.B. Decker et al. 2010). Somit sind die zunehmenden Versuche einer Verankerung seitens rechtsextremer Akteure in ländlichen Regionen auch deshalb mit Sorge zu betrachten, weil sich in den vergangenen Jahren die wirtschaftliche Situation in vielen ländlichen Gemeinden rapide verschlechtert hat und in der Bevölkerung das Vertrauen in die Demokratie allmählich schwindet. Dies ist Teil einer allgemeinen Entwicklung, die als Entpolitisierung oder auch Radikalisierung ländlicher Räume beschrieben werden kann und mit dem Rückzug demokratischer Parteien und politischer Organisationen sowie niedrigen Zustimmungswerten zur Demokratie verknüpft ist. Dies zeigt sich nicht zuletzt dann, wenn in Wahlkämpfen mancherorts kein Wahlplakat einer Partei aus dem demokratischen Spektrum mehr zu finden ist und einzig und allein das Konterfei des NPD-Kandidaten an den Laternenmasten prangt. Es ist jedoch Vorsicht geboten: Es greift zu kurz, wenn der Rechtsextremismus als politische (Trotz-)Reaktion auf wirtschaftliche oder demografische Probleme in der Region aufgefasst wird. Vielmehr wird die „Normalisierung" bzw. „Veralltäglichung" des Rechtsextremismus insbesondere durch das *Zusammenspiel* von sozialen, politischen, ökonomischen, kulturellen und historischen Faktoren befördert (Borstel 2010, S. 250).

3.4 Der ländliche Raum und seine zivilgesellschaftlichen Potenziale: das Beispiel des Altmarkkreis Salzwedel

Gleichwohl weisen ländliche Regionen jedoch auch besondere Potenziale für eine lebendige Demokratie auf. Ländliche Räume sind traditionell Orte der politischen Mitwirkung und einer starken Vereinskultur (vgl. Gensicke/Geiss 2010). Insbesondere kleine Gemeinden mit einem dichten und überschaubaren Netz von Sozialbeziehungen bieten gute Voraussetzungen für bürgerschaftliches Engagement. Der Altmarkkreis weist hier eine eher junge und auf wenige Vereine, freie Träger, Initiativen und Personen beschränkte, aber schnell gewachsene zivilgesellschaftliche Struktur auf. Neben dem SoNet („Soziales Netzwerk für weltoffene und demokratische Jugend- und Sozialarbeit") agiert in Salzwedel ein „Arbeitskreis für Weltoffenheit und Demokratie". Das SoNet steht für die Erhaltung und Schaffung von finanzierbaren Strukturen der Jugendarbeit sowie für Aufklärung, Kompetenz- und Informationsaustausch. Als beispielhafte Aktionen werden das Demokratieprojekt an der Jeetzeschule (z.B. Workshops) sowie der „salad bowl – Akzeptanz statt Rassismus" genannt.[3]

Im Mai 1999 hat sich der Verein Miteinander als freier Träger der politischen Bildungsarbeit sowie der Beratung und Vernetzung zivilgesellschaftlicher Initiativen gegründet. Der Verein sieht es als seine Hauptaufgabe an, gerade dort tätig zu werden, wo sich Brennpunkte rechtsextremer Organisierung mit erheblichem

---

3   vgl. Eigendarstellung des Netzwerkes unter http://www.myspace.com/sonet2 (Stand: 10.10.2009)

Einfluss auf Jugendliche und Erwachsene herausgebildet haben. Mit Hilfe eines CIVITAS-Projektes war es 2006 möglich, in Salzwedel ein neues Regionales Zentrum Nord zu etablieren.[4] Ebenfalls unter dem Dach von Miteinander e.V. arbeitet seit Sommer 2001 die Mobile Beratung für Opfer rechtsextremer Gewalt in Sachsen-Anhalt.

Seit 2007 ist auch die Umsetzung des Bundesprogramms „VIELFALT TUT GUT. Jugend für Vielfalt, Toleranz und Demokratie" im Altmarkkreis bei Miteinander e.V. angesiedelt. Zur Umsetzung des Programms wurde vor Ort ein Lokaler Aktionsplan (LAP) aufgestellt, auf dessen Basis freie Träger der Kinder- und Jugendhilfe eigenverantwortlich Projekte entwickeln und umsetzen. Der LAP versteht sich als Handlungsstrategie, mit deren Hilfe zunächst eine umfassende Information zu den Themenfeldern Rechtsextremismus, Fremdenfeindlichkeit und Antisemitismus und im zweiten Schritt eine Sensibilisierung verschiedener Zielgruppen (Bürger, Multiplikatoren, lokale Meinungsträger, Verwaltung) im Themenfeld angestrebt wird. Der übergeordnete Anspruch des LAP ist eine nachhaltige Aktivierung und Einbeziehung der Bürger im Sinne einer toleranten und weltoffenen Kultur des Zusammenlebens und des Weiteren eine Stärkung, Verstetigung und Optimierung bestehender Netzwerkstrukturen.[5]

Als eine zentrale Handlungsstrategie sehen die Akteure die systematische Vernetzung und Kooperation an: „Projekte müssen gemeinsam erarbeitet werden!" In diesem Rahmen wird der Jugendarbeit als präventiver Strategie eine hohe Bedeutung beigemessen. Kindern und Jugendlichen soll zur „Horizonterweiterung" ein breites Spektrum an Möglichkeiten offeriert werden, in dem sie Fähigkeiten entdecken und Interessen entwickeln können. In diesem Kontext werden auch die Inhalte rechtsextremer Lieder, Symboliken etc. gemeinsam diskutiert. Die Befragten werten es als Erfolg, wenn die Jugendlichen *freiwillig* auf das Tragen rechter Symbole oder das Hören rechtsextremer Musik verzichten. Entscheidend hierfür ist, dass über die Maßnahmen der Jugendarbeit potenziell gefährdete Kinder und Jugendliche frühzeitig identifiziert werden (können). Immer wieder gelingt es hierbei, der zunehmenden Perspektivlosigkeit entgegenzuwirken, über die Vielfalt der Angebote Alternativen aufzuzeigen, Denkanstöße zu geben und Kontakte zu „Andersdenkenden" herzustellen. Nach Aussage der Befragten ist das Ziel, insbesondere auch Kindern und Jugendlichen aus sozial schwächeren Elternhäusern ein Durchbrechen des Teufelskreislaufs und des „sich Abfindens mit und Einrichten in der prekären Lage" zu ermöglichen. Arbeit gegen Rechtsextremismus bedeutet somit zunächst vornehmlich *Sozialarbeit*! Schwierig gestaltet sich jedoch nach wie vor, Jugendliche aus den Haupt- und Realschulen zu erreichen.

---

4   vgl. Eigendarstellung des Vereins unter http://www.miteinander-ev.de (Stand: 01.11.2009)
5   vgl. http://www.lap-altmarkkreis-salzwedel.de/de (Stand: 01.12.2009)

Hier werden trotz intensiver Bemühungen Defizite in deren Integration in die bildungspolitische Arbeit festgestellt.

Die seit Jahren zielgerichtet implementierte Jugendarbeit führte dazu, dass der Einfluss von Rechtsextremisten weniger präsent und der Altmarkkreis auf dem Weg zu einer „jugendkulturellen Normalität" ist. So ist z.b. ein Rückgang von so genannten „Angsträumen" zu verzeichnen. Allerdings werden diese Erfolge nicht allein der Jugendarbeit zugerechnet. Vielmehr sind sie ein Ergebnis des intensivierten Kontakts zwischen der Kinder- und Jugendhilfe, den Schulen und den Eltern. Hierbei ist es in ersten Ansätzen gelungen, Schulleitungen und Lehrkräfte dazu zu motivieren, partizipative Elemente sowie reform- und demokratiepädagogische Methoden in der Schule auszuprobieren. Aber dies ist nach wie vor keine Selbstverständlichkeit. Es bleibt also abzuwarten, wie sich Weiterbildungen im Kontext von Demokratiepädagogik und im Rahmen von „Demokratie an Schule" auswirken und wie es gelingt, alle Beteiligten – Schulleitungen, Lehrkräfte, Fachkräfte der Kinder- und Jugendhilfe, Eltern und vor allem: Schülerinnen und Schüler – einzubinden.

Des Weiteren haben insbesondere die Vernetzungsstrategien zwischen zivilgesellschaftlichen Organisationen, Politik und Polizei dazu geführt, dass die Problematik Rechtsextremismus in der Region öffentlich thematisiert wird und ein Bewusstseinswandel in Teilen der Bevölkerung stattgefunden hat. Die systematische Vernetzung bewirkt einen kontinuierlichen Informationsfluss und ein systematisiertes, zielgerichtetes und sich gegenseitig „den Rücken stärkendes" Vorgehen. Die Etablierung des Netzwerkes und dessen regelmäßige Präsenz führten zu einer Institutionalisierung der Vernetzungsstrukturen, seiner öffentlichen Wahrnehmung sowie zur Erhöhung des „Mobilisierungspotenzials" in den verschiedenen Bevölkerungskreisen. Es zeigt sich, dass der enge Kontakt und der offene Umgang mit der Thematik die Kooperation zwischen den Institutionen verstetigt haben. Das Thema Rechtsextremismus wird nicht mehr ausschließlich in den Vereinen an der Basis diskutiert. Vielmehr nehmen sich inzwischen auch Vereinsvorstände usw. dieser Themen an.

4. Fazit

Die Fallstudie zeigt, dass die Stärkung der demokratiefördernden Potenziale in ländlichen Gemeinden eine wichtige Voraussetzung ist, um rechtsextremen Aktivitäten vorbeugen bzw. ihnen begegnen zu können. Dabei spielen einerseits meinungsbildende lokale Akteure aus Politik, Verwaltung und Zivilgesellschaft eine bedeutende Rolle, die sich als „Vorreiter" gegen Rechtsextremismus positionieren und zum Engagement für Demokratie ermutigen. Andererseits bergen auch die institutionelle Öffnung für bürgerschaftliches Engagement und neue Formen der Bürgerbeteiligung demokratiefördernde Potenziale – angefangen von

Beteiligungsverfahren an Kitas und Schule bis hin zu Bürgerbeteiligungshaushalten. Es wird dabei deutlich, dass die Aufrechterhaltung und der Ausbau der sozialen und kulturellen Infrastruktur im ländlichen Raum eine grundlegende Erfolgsbedingung für das Handeln gegen Rechtsextremismus und für die Stärkung der Zivilgesellschaft ist, welche die Kommunen mit ihren begrenzten Ressourcen allein in der Regel nicht leisten können. Deshalb ist es umso notweniger, dass auf Landes- und Bundesebene Ressourcen zum Aufbau von Vernetzungsstrukturen und zur Förderung zivilgesellschaftlicher Projekte bereitgestellt werden, um demokratische Strukturen insbesondere in ländlichen Regionen zu sichern, die vor dem Hintergrund des demografischen und wirtschaftlichen Wandels eine zunehmende Entpolitisierung und die Gefahr einer antidemokratischen Vereinnahmung erleben. Mit den Ergebnissen der Fallstudie konnte gezeigt werden, dass Rechtsextremismus, Fremdenfeindlichkeit und Rassismus auch im Altmarkkreis in unterschiedlichen Formen in Erscheinung treten. Problematisch wird das Phänomen vor allem vor dem Hintergrund der Besonderheiten des ländlichen Raumes. Die soziale Kontrolle in kleinen (Dorf-)Gemeinschaften und die fehlenden Alternativen in zunehmend homogeneren Bevölkerungsgruppen erschweren es einzelnen Personen um ein Vielfaches, sich öffentlich gegen Rechtsextremismus zu positionieren, da sie sich dann in die Gefahr begeben, als „Nestbeschmutzer" aus der Gemeinschaft ausgeschlossen zu werden. Umso wichtiger ist es, dass über die Vernetzung eine breite Basis im lokalen Raum geschaffen wird, die die gesamte Bevölkerung für die Problemlage sensibilisiert und sich der Akzeptanz von Rechtsextremismus, Rassismus, Fremdenfeindlichkeit und Antisemitismus im ländlichen Raum entgegenstellt.

Literatur

Beyer, S. et al. (2010): Gemeinsam handeln. Für Demokratie in unserem Gemeinwesen. Handlungsempfehlungen zum Umgang mit Rechtsextremismus im ländlichen Raum. Hrsg. v. der Akademie für Sozialpädagogik und Sozialarbeit e.V. und dem Bundesnetzwerk Bürgerschaftliches Engagement (BBE), Halle (Saale)/Berlin.

Borstel, D. (2009): Geländegewinne? Versuch einer (Zwischen-)Bilanz rechtsextremer Erfolge und Misserfolge. In: Braun, S./Geisler, A./Gerster, M. (Hrsg.): Strategien der extremen Rechten. Hintergründe – Analysen – Antworten. Wiesbaden. S. 58-74.

Ders. (2010): „Braun gehört zu Bunt dazu!" – ein Bericht aus Anklam und Umgebung. In: Heitmeyer, W. (Hrsg.): Deutsche Zustände, Berlin. S. 245-258.

Buchstein, H./Heinrich, G. (Hrsg.) (2010): Rechtsextremismus in Ostdeutschland – Demokratie und Rechtsextremismus im ländlichen Raum. Schwalbach/Ts.

Decker, O. et al. (2010): Die Mitte in der Krise. Rechtsextreme Einstellungen in Deutschland 2010, Berlin.

Gensicke, T./Geiss, S. (2010): Hauptbericht des Freiwilligensurvey 2009. Ergebnisse der repräsentativen Trenderhebung zu Ehrenamt, Freiwilligenarbeit und Bürgerschaftlichem Engagement. Durchgeführt im Auftrag des Bundesministeriums für Familie, Senioren, Frauen und Jugend, München.

Hafeneger, B./Becker, R. (2008): Die extreme Rechte als Alltags-Phänomen im dörflichen Raum. Das Beispiel Hessen. In: Forschungsjournal Neue Soziale Bewegungen, 4/2008, S. 39-44.

Hirschfeld, U. (2004): Ländlicher Raum – Nährboden für Rechtsextremismus? Impulsreferat. In: Dokumentation der Fachtagung ‚Rechtsextremismus im ländlichen Raum'. Tendenzen Analysen und Handlungsmöglichkeiten. 15.-16. November 2004, Evangelische Akademie Meißen, S. 11-19 (http://www.ev-akademie-meissen.de/fileadmin/studienbereich/Jugend/texte/Dokumentation_Fachtagung_REX_2004.pdf; Stand: 18.12.2010).

Ministerium des Innern des Landes Sachsen-Anhalt 2009: Verfassungsschutzbericht 2008, Magdeburg.

Ministerium des Innern des Landes Sachsen-Anhalt 2010: Verfassungsschutzbericht 2009, Magdeburg.

Volker Reinhardt

Demokratie-Lernen und Politik-Lernen

Politikvernetzte Projektarbeit aus Sicht von Lehrerinnen und Lehrern

Demokratie-Lernen bezieht sich häufig auf den demokratischen Umgang der Schülerinnen und Schüler miteinander oder mit anderen schulischen Gruppen im Schulleben, auf Demokratie im Mikrokosmos Schule. Explizite Politische Bildung, in der politische Prozesse und Institutionen auf der Makroebene des politischen Systems analysiert werden, kommt in diesen Projekten selten zum Tragen.

Der Beitrag soll zeigen, ob eine Intervention, die sowohl Demokratie und Politik auf der Mikroebene wie auch auf der Makroebene einbezieht, aus Sicht von 15 Lehrpersonen sinnvoll ist, die ein solches Projekt durchgeführt hatten. Diese Lehrkräfte wurden zu ihrer Erfahrung mit politikvernetzter Projektarbeit befragt. Zunächst soll die Verknüpfung von Projektunterricht und Demokratie-Lernen sowie das Konzept der politikvernetzen Projektarbeit dargestellt werden.

1. Demokratie-Lernen

Wir gehen hierbei von John Dewey aus, dessen Demokratiebegriff für die Projekt-pädagogik prägend wurde: „Democracy is more than a form of government; it is primarily a mode of associated living, of conjoint communicated experience" (Dewey 1983, Bd. 9, S. 93). Himmelmann verwendet für diesen Bereich des Demo-kratie-Lernens die Formulierung Demokratie als Lebensform (2001, S. 40 ff.) und knüpft an Dewey an, aber auch an Friedrich Oetinger, der in den 1950er-Jahren mit seinem Partnerschaftskonzept, das er selbst dem Dewey'schen Pragmatismus entnommen hatte, die Demokratie als Lebensform unterstrich (Oetinger 1956).

Himmelmann unterscheidet zwischen der Demokratie als Lebensform, als Gesellschafts- und Herrschaftsform. Demokratie als Lebensform geht über das soziale Lernen hinaus, indem sie auf der Ebene der kommunizierenden Indi-viduen demokratische Prozesse auslöst. Das können beispielsweise Beratungen und Abstimmungen in einer Gruppe oder Klasse sein. Auf dieser Ebene der Demokratieerfahrungen von Schülerinnen und Schüler wird offensichtlich, dass Demokratie-Lernen schon sehr früh stattfinden kann. „Es geht dabei nicht um ‚Belehrung', sondern um die Ermöglichung der Sammlung von konkreten ‚Erfahrungen' mit Demokratie in der vielfältigsten Form und es geht um das ,Wachstum dieser Erfahrung'" (Himmelmann 2002, S. 28 f.).

Demokratie-Lernen sollte aber auch die Gesellschafts- und Herrschaftsform aufnehmen, sonst bleibt das Engagement der Lehrerinnen und Lehrer sowie der Schülerinnen und Schüler auf der Stufe der Lebensform stecken. Sie haben sich auf der Ebene der zwischenmenschlichen Beziehungen und Erfahrungen weiter entwickelt, aber die Übertragung ihrer eigenen Konflikte, Machtverhältnisse und Abstimmungen auf die Ebene gesellschaftlicher oder politischer Gegebenheiten findet nicht statt. Demokratie-Lernen verkürzt sich auf ein „Miteinander Auskommen". Hierzu gehören

• die Schule als Bezugs- oder Gesellschaftssystem für Schülerinnen und Schüler durch „Partizipative Schulentwicklung", indem sie ihre Schule als gesellschaftliches System reflektieren (Reinhardt 2004),
• Vereine und Organisationen (z.B. übernehmen Jugendliche dort Verantwortung für jüngere Kinder oder eigene Aufgabenbereiche),
• das Engagement und die praktische Hilfe von Kindern und Jugendlichen gegenüber benachteiligten gesellschaftlichen Gruppen wie Behinderten oder Asylsuchenden und die Reflexion von deren Situation.

Dieses Lernen an der und für die Gesellschaft kann neben dem Lernen auf der Ebene der Lebensform als weitere Voraussetzung für eine mündige Bürgerschaft gesehen werden. Dadurch wird ein „Verständnis für gesellschaftliche Differenz und Interessenvielfalt" entwickelt, das die in einer heterogen zusammengesetzten Gruppe notwendigen Interaktions- und Kommunikationskompetenzen der Lernenden verbessert (Lange 2009, S. 46).

Demokratie als Herrschaftsform erleben Schülerinnen und Schüler heutzutage vor allem im Politik- oder Geschichtsunterricht, wo sie auf der Reflexion der Anerkennung der Menschen- und Bürgerrechte, auf Volkssouveränität, auf Kontrolle der Macht und auf Gewaltenteilung, auf Repräsentation und Parlamentarismus beruht (Himmelmann 2002, S. 27) und vor allem eine kognitive Auseinandersetzung mit demokratischen Prozessen und Konflikten zum Ziel hat. Wird ein solcher Konflikt im Unterricht aufgegriffen, so ist dafür die politische Urteilsbildung ein wichtiges Ziel, indem versucht wird, den Jugendlichen Urteilsmaßstäbe für die Beschäftigung mit Politik zu vermitteln, die den Werten der Demokratie entsprechen; allerdings geht es hier vor allem um die kognitive, allenfalls konative Beschäftigung mit Demokratie.

So wichtig das Demokratie-Lernen auf der Herrschafts- bzw. Regierungsebene ist, dieses Verständnis grenzt – wenn es als alleinige Lehr- und Lernform angewandt wird – das Lernen auf den Bereich des Staates, seiner Institutionen, Funktionen und Aufgaben ein und vernachlässigt die beiden weiteren Dimensionen von Demokratie. Daher sollte projektorientiertes Vorgehen alle drei Demokratiebereiche aufgreifen.

2. Demokratie-Lernen und Projektorientierung

Im folgenden Beispiel (Reinhardt 2005) können alle drei Ebenen des Demokratie-Lernens ausgemacht werden:

> Schülerinnen und Schüler wollen einem lokalen Angriff auf einen Asylbewerber etwas entgegensetzen. Das ist der Impuls für ein Projekt: Sie organisieren eine Demonstration gegen Ausländerfeindlichkeit im Zentrum ihrer Stadt, an der sich mehrere hundert Menschen beteiligen. Sie laden mehrere Schulen des Schulkreises ein, von denen sich schließlich zehn beteiligen. Innerhalb von zwei Monaten planen die Schülerinnen und Schüler die Demonstration, werben bei Banken, Druckereien und Medien um Unterstützung, erstellen und verteilen Flyer und Plakate und besorgen hunderte von Kerzen für eine Lichterkette.

Die Schülerinnen und Schüler lernen durch dieses Projekt in den Reflexionsphasen, die der Politiklehrer in den Unterricht einfügt, zum einen die Asylpolitik und ihre Auswirkungen auf Asylbewerber auf unterschiedlichen Ebenen kennen (Herrschaftsform). Zum anderen setzen sich die Schülerinnen und Schüler mit gesellschaftlichen Gruppen auseinander, stoßen bei diesen oft auf Ablehnung, müssen ihren Standpunkt sachlich und fachlich artikulieren und versuchen andere Schulen, Bürgerinnen und Bürger sowie zivilgesellschaftliche Organisationen von ihrem Ansinnen zu überzeugen (Gesellschaftsform). Die Organisation des Projektes liegt weitgehend in den Händen der Schülerinnen und Schüler, die miteinander in demokratischen Verhandlungen, Abstimmungen und Entscheidungen ihr Vorgehen planen (Lebensform).

Schon in Grundschulen ist es möglich, Schülerinnen und Schüler in substanzielle Entscheidungsprozesse einzubeziehen, wie dieses Beispiel zeigt:

> Eine Gruppe von Grundschülerinnen und Grundschülern möchte mitentscheiden, wie ihr neues Schulhaus heißen soll. Sie führen bei ihren Mitschülerinnen und Mitschülern Umfragen durch. Als sie die häufigsten Namensnennungen dem Schulleiter übergeben, erklärt er, dass nicht er, sondern der Gemeinderat hierfür zuständig sei. In Gesprächen mit dem Bürgermeister und während eines Besuches einer Gemeinderatssitzung (in der unter anderem die Vorschläge der Schülerinnen und Schüler diskutiert werden) erfahren die Schülerinnen und Schüler sehr viel über die Entscheidungsprozesse der Politik im kommunalen Raum.

Selbstverständlich müssen Schülerinnen und Schüler auch immer auf den möglichen „Misserfolg" solcher Projekte vorbereitet werden. Das Gelingen eines Projektes darf grundsätzlich nicht mit der Verwirklichung des „politischen Ziels" gleichgesetzt werden. Wie sich anhand dieser Beispiele zeigen lässt, ist das projektorientierte Arbeiten bestens geeignet, auf allen drei Demokratie-Ebenen Lernen zu ermöglichen.

Doch es gibt ein Didaktikdilemma, wobei hier Möglichkeiten zu dessen Lösung vorgestellt werden. Sehr häufig nämlich werden Politikunterricht und projektorientiertes Lernen als zwei verschiedene Aspekte von Schule betrachtet.

3. Das Didaktikdilemma der Politischen Bildung

Nach Nonnenmacher (1996, S. 182) ist herkömmlicher Politikunterricht „eines der am schlechtesten reputierten Unterrichtsfächer". Er interessiert Jugendliche oftmals wenig aufgrund seiner Komplexität und der Realitätsferne seines Unterrichtsgegenstands – also die Politik auf der Staatsebene (Shell 2000; 2002). Im Unterrichtsalltag dominieren laut der Sachsen-Anhalt-Studie nach wie vor Institutionenkunde und kognitive Wissensvermittlung. Der Politikunterricht ist in der Praxis stofforientiert und eng geführt. Darauf lassen „die erkennbaren Verfahren des Lehrervortrags und des Abfragens von Wissen schließen, so das Ergebnis der Schülerbefragung. Inhalt und Kommunikation in einem derartigen Unterricht (werden) fast ausschliesslich vom Lehrer bestimmt" (Kötters-König 2001, S. 7).

Auf der anderen Seite, und das ist der zweite Teil des Dilemmas, sind Schülerinnen und Schüler zwar häufig von der Durchführung von Projekten im Bereich der Demokratie auf der Mikroebene, auf der Ebene der Demokratie als Lebensform überzeugt und begeistert (Förderprogramm 2002). Sie können allerdings ihre Erfahrungen mit Demokratie auf das politische oder demokratische System, auf die Herrschafts- bzw. Staatsform nicht direkt rückführen oder gar anwenden. Pohl (2004, S. 2) spricht in diesem Zusammenhang von der Gefahr einer „falschen Parallelisierung von lebensweltlicher Demokratie und demokratischer Politik". Viele Projekte haben keine oder wenige Bezüge zur „großen institutionellen Politik", weder in Form der Bildung eines rationalen politischen Urteils noch im direkten Kontakt mit politischen Akteuren. Das kann dazu führen, dass in diesen Demokratieprojekten die Politik außen vor bleibt. Sibylle Reinhardt (2009) besteht in ihrer Metastudie darauf, dass es keinen automatischen Transfer von Partizipation im Nahraum auf Demokratiekompetenz auf Staatsebene gibt. Die von ihr untersuchten 13 Studien zeigten, dass Demokratie-Lernen als Lebensform zwar mit erhöhten Selbstwirksamkeitsüberzeugungen und mit dem Ausbau von Sozialkompetenzen einhergeht, dass aber auf der anderen Seite das politische Interesse, das spezifisch politische Wissen und die Politik-Konflikt-Kompetenz nicht zugenommen hatten. Laut Breit und Eckensberger (2004, S. 10) müsste aber ein Übergang von gemeinschaftlichen Interaktionen zu gesellschaftlichen Systemfunktionen erreicht werden, was „einem Wechsel von der Polisorientierung hin zu einer Gesellschafts- oder Staatsorientierung" entspricht. Pohl (2004, S. 12) fordert in diesem Zusammenhang „echte Brücken zwischen der Lebenswelt der Schülerinnen und Schüler und dem demokratischen politischen System".

4. Politikvernetzte Projektarbeit als Strategie

Es wird deutlich, dass weder ein konventioneller Fachunterricht Politik noch aneinander gereihte, bisweilen zusammenhanglose und nur für einen kurzen Zeitraum begrenzte Einzelprojekte auf der Ebene der Demokratie als Lebensform Ziel eines umfassenden Demokratie-Lernens sein können. Vielmehr sollten Schülerinnen und Schüler

- sich Wissen über demokratische und politische Prozesse aneignen und sich ein politisches Urteil bilden können,
- eigenständig im demokratischen Miteinander in Projektform arbeiten können
- und in Projekten mitarbeiten, die nicht nur den Nahraum Schule, sondern Felder der Demokratie und Politik auf der Ebene der Herrschaftsform berühren, um in die komplexen Strukturen des politischen Systems Einblick und Erfahrungen zu gewinnen.

Während die ersten beiden Anforderungen die Ideen der kognitiven Wissensaufnahme und der Projektarbeit vereinen, geht der dritte Punkt über die bislang publizierten Ansätze hinaus, indem er neben dem Fachunterricht nicht nur das tradierte asymmetrische Rollenverständnis zwischen Lehrenden und Lernenden zugunsten demokratischer Umgangsformen überwindet und Wissen sowie Schule und außerschulische Wirklichkeit miteinander verbindet, sondern eine Auseinandersetzung der Schülerinnen und Schüler mit demokratischen und politischen Prozessen, Institutionen und Verantwortlichen fordert.

Das Ziel einer solchen politikvernetzten Projektarbeit sollte sein, die Dichotomie politisch-demokratischer Bildung als Fach oder Prinzip aufzulösen. Es muss vielmehr eine Verbindung von Fachunterricht, Projektunterricht und realer Politikerfahrung entstehen: Politikvernetzte Projektarbeit sollte „motivierend wirken für partizipative Verfahren und gleichzeitig aufzeigen, wo die Grenzen interaktiver Konfliktlösungsmechanismen in komplexen Gesellschaften verlaufen, d.h. sie sollte die Polisperspektive mit funktionalen und rechtsstaatlichen Prinzipien gesellschaftlicher Steuerung vermitteln" (ebd., S. 6).

5. Aufbau der Studie

Solche politikvernetzten Projekte wurden in neun Schulklassen im Schweizer Kanton Luzern durchgeführt und anschließend anhand von Lehrerbefragungen evaluiert. Hier sollen Ergebnisse daraus exemplarisch angesprochen werden.

Es soll gezeigt werden, ob eine Intervention, die sowohl Demokratie und Politik auf der Mikroebene wie auch auf der Makroebene einbezieht, aus Sicht der handelnden Lehrpersonen sinnvoll ist. Die Lehrerinnen und Lehrer wurden schriftlich befragt, ebenso sollten sie nach der Intervention das Interesse und den Kompetenzgewinn ihrer Klasse hinsichtlich Politischer Bildung einschätzen.

An der qualitativen Studie nahmen 15 Lehrerinnen und Lehrer teil, die das (in Schweizer Kantonen weit verbreitete) Doppelfach Geschichte/Politik unterrichteten. Die insgesamt neun Projekte (einige Projekte wurden von zwei Lehrkräften betreut) wurden während 8-10 Doppellektionen in unterschiedlichen Klassenstufen der Sekundarstufe I durchgeführt. Die Lehrerinnen und Lehrer wurden in mehrstündigen Fortbildungen auf die politikvernetzten Projekte vorbereitet, die thematische Auswahl für das Projekt oblag ihnen selbst. Es waren allerdings folgende Bedingungen gestellt:

- Das Projekt beschäftigt sich mit einem politischen Thema, z.B. einem politischen Konflikt.
- Während des Projektes gibt es reflexive Phasen, in denen durch die Lehrperson die Bezüge (z.B. Gemeinsamkeiten und Unterschiede) der Lebenswelt zum politischen System inhaltlich aufgegriffen werden.
- Gesellschaftliche und politische Institutionen außerhalb der Schule werden beteiligt (z.B. Gemeinderat, Schulpflege, Parteien, Vereine, Verbände...).
- Die Projektphasen und -merkmale sind nachvollziehbar.

Die Befragung mittels eines Fragebogens fand nach Abschluss des Projektes statt. Der Bogen hat offene und geschlossene Fragen. Mit ihnen sollten die Lehrpersonen

- das Projekt charakterisieren,
- politikvernetzte Projektarbeit sowie den möglichen Kompetenzgewinn der Klasse beurteilen,
- von ggf. Schwierigkeiten mit politikvernetzter Projektarbeit berichten.

Die Auswertung zu den geschlossenen Fragen erfolgte deskriptiv. Die offenen Fragen wurden in Anlehnung an Mayring (2007) qualitativ ausgewertet.

6. Fragen zur Kompetenzentwicklung und zum Interesse an Politik

Während alle Lehrpersonen Politische Bildung für eher wichtig bzw. wichtig halten, sind es gleichzeitig 12 von 15 Lehrpersonen, für die es (eher) wichtig ist, dass der Politikunterricht projektorientiert stattfindet. Das erstaunt, zumal viele der Lehrpersonen zum ersten Mal Projektarbeit in ihrem (häufig schon seit mehreren Jahren unterrichteten) Geschichts-/Politikunterricht ausprobiert hatten. Für die befragten Lehrerinnen und Lehrer scheint also die politikvernetzte Projektarbeit einen hohen Stellenwert für ihren Politikunterricht zu haben.

Dagegen schätzten 13 Lehrer/innen das Interesse der Schülerinnen und Schüler an politischen Fragen als eher niedrig ein. Doch immerhin 11 von 15 Lehrpersonen meinten, dass die Lernenden ihre Kompetenzen während des Projektes erweitern konnten.

Der hier hoch eingeschätzte Kompetenzzugewinn wäre sicherlich ein Ausgangspunkt für weitere Untersuchungen, in denen Kompetenzen im Vordergrund stünden. Befragt nach ihrem eigenen Interesse an Politischer Bildung erstaunen die vier Lehrerinnen und Lehrer, die bei dieser Frage „eher niedrig" angaben.

Das könnten zum einen persönliche Gründe sein, zum anderen könnte es auch daran liegen, dass sich insgesamt viele der Lehrpersonen als Geschichtslehrer definieren und weniger als politische Bildner. Dies wird daran deutlich, dass das Schulfach Geschichte/Politik im Kanton Luzern schon aus Traditionsgründen nur „Geschichte" genannt wird, lange Zeit auch fast ausschließlich Geschichts-inhalte studiert wurden und in den Lehrplänen die Politik (immer noch) eher eine untergeordnete Rolle spielt.

7. Fragen zur politikvernetzten Projektarbeit

Die schriftlichen Antworten der Lehrpersonen auf die offenen Fragen zu ihrem Projekt werden mit Hilfe einer verkürzten qualitativen Inhaltsanalyse in Anlehnung an Mayring (2007) aufgeschlüsselt, wobei ein induktives Vorgehen mit deduktiven Analyseelementen genutzt wird. Es werden verdichtete schriftliche Aussagen der Lehrpersonen aus dem Textmaterial durch Reduktion abgeleitet (ebd., S. 74 ff.). Dabei werden die inhaltstragenden Teile der Antworten herausdestilliert. Die Se-lektion erfolgt vor allem durch Weglassungen, Zusammenfassungen und Erarbeiten von kategorialen Oberbegriffen. Darüber hinaus gibt es Grundannahmen, die zwar weniger als theoriegeleitete deduktive Kategorien gesehen werden können, aber doch die Blickrichtung des Verfassers leiten.

8. Ergebnisse

Die Lehrerinnen und Lehrer sollten in der ersten Frage ihr Projekt kurz darstellen. Für die Auswertung ist in diesem Zusammenhang wichtig, ob es sich laut Beschrei-bung um eine „politikvernetzte Projektarbeit" handelte, wie es die Bedingungen vorsehen. Die neun Projekte erstreckten sich über unterschiedliche Bereiche der Makropolitik zu den Themen Gemeinde und Gemeindeverwaltung, Migration und Einbürgerung, kantonale Wahlen und Debattieren/Parteien. Eine mikropo-litische Perspektive nahmen die Projekte zur Einführung eines Klassenrates und zur Veränderung des Schulzimmers/der Pausengestaltung ein.

In acht von neun Projekten gab es eine reflexive Auseinandersetzung mit dem Projekt, in der die Bezüge (z.B. Gemeinsamkeiten und Unterschiede) zum politischen System inhaltlich aufgegriffen, analysiert und diskutiert wurden. Das Projekt „Veränderung des Schulzimmers/der Pausengestaltung" konnte laut Beschreibung nur marginal solche Bezüge zum politischen System aufnehmen. Politische Institutionen wurden in sieben Projekte einbezogen, in einem Projekt gab es lediglich eine Führung durch den Kantonsratsaal (sowie eine Befragung von Bürgerinnen und Bürgern) und in einem weiteren Projekt (Klassenrat) wird aus der Beschreibung keine direkte Verbindung zu politischen Institutionen deutlich. Sämtliche Projekte wiesen nachvollziehbare Projektphasen und -merkmale auf.

In der zweiten Leitfrage sollten die Lehrerinnen und Lehrer politikvernetzte Projektarbeit beurteilen. Dazu nahmen sie Bezug auf die reflexiven Phasen zum politischen System sowie auf die Beteiligung politischer Institutionen.

Zu den Fragestellungen waren Grundannahmen des Verfassers vorhanden. So wurde erwartet, dass die Lehrpersonen neben vielen positiven Seiten der politik- vernetzten Projektarbeit (z.B. selbstständiges Lernen, Praxisbezug des Lerninhalts) auch negative Punkte in ihrer Beurteilung erwähnen würden: dass zum Beispiel im „Normalunterricht" wenig Platz für solche Projekte sei, dass die Vorbereitung (vor allem bei fächerübergreifenden Projekten) sehr intensiv und zeitraubend seien (vgl. Oelkers 1997, S. 26).

Insgesamt fanden die befragten Lehrerinnen und Lehrer projektorientiertes Ar- beiten sinnvoll und hielten diese Arbeitsweise für eine adäquate Unterrichtsform. Explizit beurteilten neun der fünfzehn Lehrerinnen und Lehrer den Projektunterricht als positiv. Die Kombination von Projektunterricht und Politikunterricht zu einer politikvernetzten Projektarbeit wurde von zwei Drittel der Lehrpersonen begrüßt, wie folgendes Zitat (in Klammern die jeweilige Lehrperson) veranschaulicht:

> „Grundsätzlich beurteile ich politikvernetzte Projektarbeit positiv. Das hängt sicher auch damit zusammen, dass ich bisher mit Projekten allgemein, aber auch mit dem durchgeführten Politikprojekt gute Erfahrungen gemacht habe" (LP 6).

So äußerten sich acht Lehrerinnen und Lehrer, dass die Lehr-/Lernform des Pro- jektunterrichts zu den gewählten Politikthemenbereichen gut bzw. besser passen würden als der „normale" Klassenunterricht – obwohl einige Lehrpersonen bislang noch keine Erfahrungen mit Projektunterricht im Geschichts-/Politikunterricht hatten – und argumentierten dafür auch aus der potenziellen Schülerperspektive:

> „Ich kann mir durchaus vorstellen, dass Jugendliche auf dieses Thema besser ansprechen, wenn es im Projektunterricht gemacht wird" (LP 2).

> „Ich beurteile politikvernetzte Projektarbeit als gewinnbringend für die Schüler/ innen und ich konnte bei meiner Klasse einen großen Lernzuwachs feststellen. Ich bin überzeugt, dass nur über politikvernetzte Projektarbeit eine bestimmte Nachhaltigkeit des zu behandelnden Stoffs sichergestellt wird. Als besonders positiv haben sich die einzelnen Gruppenarbeiten zu den verschiedenen The- men gezeigt. Für mich war es interessant zu beobachten, wie die Schülerinnen bei ihrem Thema „aufblühten" und sich in die Thematik einarbeiteten" (LP 8).

> „Politikbezogenes Arbeiten in Form von Projekten hat große Chancen, Demo- kratie wirklich zu erleben und innerlich zu erfassen anstatt nur mit Wissen aus Blättern und Lehrervorträgen zugetextet zu werden" (LP 5).

Diese Lehrperson (LP5) betont besonders das Interesse der Mädchen, was auch noch weitere Kolleginnen und Kollegen erwähnen. Neben diesen positiven

Rückmeldungen gab es aber auch wenige kritische Stimmen, die den besonderen Aufwand der politikorientierten Lehr-/Lernform herausstellten:

> „Ich persönlich beurteile die politikvernetzte Projektarbeit als sehr anspruchsvoll für die Lehrperson. Da sie einerseits viele Freiheiten den Schülerinnen und Schülern gewährt und trotzdem immer wieder auf dem Stand sein muss und Bezüge zum politischen System schaffen sollte. Das macht den Unterricht nur ‚bedingt' vorbereitbar – jedoch sicher auch spannend" (LP 9).

Dieser Einwand, der in den Überlegungen des Verfassers als ein verbreitetes negatives Feedback zur politikvernetzten Projektarbeit angenommen wurde, konnte nur noch bei einer weiteren Lehrperson aus ihren Beurteilungen herausgelesen werden. Die häufig geäußerte Kritik am Projektunterricht, er sei für alle Beteiligten sehr bzw. zu anspruchsvoll (vgl. Jung 2005, S. 27 f.; Oelkers 1997, S. 26; Claußen 1981, S. 251 f.), wurde also nur von wenigen befragten Lehrerinnen und Lehrern bestätigt. Insgesamt fanden die Lehrerinnen und Lehrer die Form des Projektunterrichts für den Themenbereich Politik angemessen und machbar. Viele Lehrpersonen äußerten sich zu den Kompetenzen, die ihre Schülerinnen und Schüler während der Projektarbeit entwickeln konnten. Vier Lehrerinnen und Lehrer machten darauf aufmerksam, dass die Vermittlung eines Mindestwissens unabdingbar sei.

> Sonst berge sie wie jede Projektarbeit „die Gefahr, dass Basiswissen nicht erarbeitet wird, wenn nur in reiner Projektarbeit gearbeitet wird. Deshalb ist es für mich persönlich von Wichtigkeit, auch einige lehrerzentrierte Sequenzen zur Grundlagenerarbeitung einzufügen, um vor allem die kognitiven Voraussetzungen im Lehrplan zu gewährleisten" (LP 5).

Dieses Mindestwissen sollte in Lehrgangssequenzen erfolgen. Dabei gab es die beiden Auffassungen, dass das Mindestwissen zum einen vor, zum anderen während der Projektarbeit erarbeitet werden sollte, damit die Lernenden nicht ohne Basiswissen ihre Projektarbeit in Angriff nehmen. Dieses Mindestwissen sei wichtig, weil die Schülerinnen und Schüler durch die Projektarbeit nur in jeweils kleine Ausschnitte der Politikfelder involviert waren, oftmals ohne den Gesamtzusammenhang des politischen Systems zu erfassen.

Die kognitiven Erkenntnisgewinne im Projekt für ihre Schülerinnen und Schüler sahen fünf Lehrpersonen als recht gering an, was zwei von ihnen allerdings mit der Vermittlung von Mindestwissen zu kompensieren versuchten. Der nur kleine Zugewinn an deklarativem Systemwissen innerhalb der eigenverantwortlichen Projektarbeit wurde von mehreren Lehrerinnen und Lehrern angemerkt, allerdings kamen alle zu einem ähnlichen Schluss: Der Mangel an deklarativem Wissen würde durch einen hohen Zugewinn an prozeduralem und methodischem Wissen ausgeglichen. Das deklarative Mindest- oder Basiswissen wurde dann laut zweier Aussagen in Lehrgangssequenzen nachgeliefert bzw. als Einstiegswissen der Projektarbeit vorgeschaltet, wie folgende Aussage illustriert:

„Ich persönlich bin der Meinung, dass die Schüler ein gewisses Basiswissen in Politik erhalten sollten, für mich gehört dies zu einer soliden Allgemeinbildung. Dies ermöglicht es den Schülern, sich objektiv mit dem Thema Politik auseinanderzusetzen, bevor sie mit der Projektarbeit beginnen können. Dadurch wird den Schülern bereits bei der Wahl ihres Themas bewusst, was in die Politik gehört und was nicht" (LP 2).

Diese Anforderung, eigenverantwortliche Projektarbeit um politisches Systemwissen in Lehrgangssequenzen zu erweitern, war eine der Voraussetzungen, die in allen Schulklassen zum Kern der politikvernetzten Projektarbeit gehörte und laut Projektbeschreibungen auch fast überall stattfand. Aber gerade das reflexive Wissen, also das Wissen, das sich aus der Praxiserfahrung speist und immer wieder am Systemwissen überprüft werden muss, wurde von einigen Lehrkräfte als wichtig angesehen:

„Sehr gut an dieser Methode finde ich das laufende Reflektieren. Schüler müssen sich überlegen, ‚was habe ich neu dazu gelernt', ‚was verstehe ich, wo habe ich noch Probleme'. Meiner Ansicht nach ist diese Auseinandersetzung mit dem eigenen Lernen und dem fachlichen Inhalt sehr unterstützend für die Wissensaufnahme der Jugendlichen. Die Auseinandersetzung verinnerlicht den Lernstoff automatisch" (LP 12).

„Für mich als Lehrperson sind auch Rückmeldungen zum Projekt wichtig. Schließlich muss ich mir ja selber die Frage stellen, ob es sich gelohnt hat, ob man das Projekt in ähnlicher Form wieder einmal durchführen kann" (LP 6).

Über das deklarative politische Wissen hinaus war explizit für fünf Lehrerinnen und Lehrer die Entwicklung von methodischen Kompetenzen besonders wichtig. Ein Lehrer stellte beispielsweise fest,

„dass das Projekt nicht nur in Bezug auf den Erwerb von politischem Wissen oder auf das Thema ‚Einbürgerung' seinen Erfolg verzeichnete, sondern dass verschiedenste Techniken und Fertigkeiten geübt und bestritten wurden, in den Bereichen Arbeitstechnik, im Erlernen von strategischem Vorgehen und der Planung bei einer Gruppenarbeit, im sozialen Umgang in einer Gruppe, Verbesserung der Kommunikations- und Präsentationstechnik und in der Selbständigkeit" (LP 8).

Diese Auffassung unterstützten auch andere Lehrer:

„Der Lernerfolg des Projektes darf nicht nur auf den kognitiven Wissensbereich reduziert werden, durch die Anlage konnten auch andere Kompetenzbereiche gefördert werden (...) Ich erlebte Schüler, die sich besonders hervortaten durch ihr planerisches Geschick oder solche, die sich dadurch auszeichneten, dass sie bei der Informationsbeschaffung von Parteienmaterial die Fähigkeiten entwickelten, Informationen richtig zu bündeln bzw. zu filtern, damit sie für ihre Weiterarbeit brauchbar sind" (LP 1).

Diese weiteren Kompetenzbereiche, die die Lehrperson hier anmerkt, gehen über die rein kognitiven Kompetenzen hinaus. Unter Kompetenzen werden nach Weinert die „bei Individuen verfügbaren oder durch sie erlernbare kognitive Fähigkeiten und Fertigkeiten" verstanden, „um bestimmte Probleme zu lösen, sowie die damit verbundenen motivationalen, volitionalen und sozialen Bereitschaften und Fähigkeiten" bereit zu stellen, „um die Problemlösungen in variablen Situationen erfolgreich und verantwortungsvoll nutzen zu können" (Weinert 2002, S. 27 f.). Von einem solchen Verständnis von Kompetenz als Befähigung zur Bewältigung von Lebenssituationen ausgehend, gelangen Lehr-/Lernverfahren in den Fokus der Betrachtung, mit denen das lebensweltlich Bedeutsame in didaktisch aufbereiteter Weise von Lernenden erworben werden kann. Dieser Zusammenhang wird in einem politikvernetzten Projektunterricht zentral, indem er die Lebenswelt in den Lernprozess einbezieht (Jung 2005, S. 14).

Gerade das Lösen von größeren und übergreifenden Aufgaben und Problemen fanden verschiedene Lehrpersonen mit der politikvernetzten Projektarbeit verwirklicht. Für diese Fähigkeit ist aber eigenverantwortliches Arbeiten Voraussetzung, weil ohne ein gewisses Maß an Selbstverantwortung solche Arbeiten gar nicht begonnen werden können und Ziel, weil diese Verantwortung für das eigene Lernen ständig weiterentwickelt und verbessert werden muss:

> „Entdeckendes und somit zu einem Teil auch selbstbestimmendes Lernen motiviert die Schüler generell sehr. Durch Projektunterricht kann ich den Lernenden beides zu einem gewissen Grad ermöglichen. Durch die eigene Regie in dem Thema müssen sich die Lernenden aber auch viel aktiver engagieren" (LP 2).

Eigenverantwortliches Arbeiten kann aber nur gelingen, wenn die Lehrperson die Schülerinnen und Schüler gerade bei schwierigen Praxisproblemen nicht sich selbst überlässt, sondern jederzeit beratend zur Seite steht.

9. Fazit

Insgesamt beurteilten fast alle befragten Lehrerinnen und Lehrer politikvernetzte Projektarbeit als eine effektive Methode, die die oftmals hohe Komplexität politischer Themen verstehbarer macht. Viele Lehrerinnen und Lehrer hielten es für die Methode ihrer Wahl im Politikunterricht, auch und gerade für Mädchen, die sich laut einiger Lehreraussagen damit eher an Politikthemen heranwagten als in einem gewöhnlichen Politikunterricht. Nur eine der befragten Lehrpersonen fand politikvernetzte Projektarbeit zu aufwändig.

Den Kompetenzzugewinn schätzten die Lehrerinnen und Lehrer für ihre Schülerinnen und Schüler als hoch ein, wenngleich sie vor allem den methodischen, arbeitstechnischen, sozialen Kompetenzzuwachs in den Vordergrund stellten. Daher erachteten es auch viele Lehrpersonen als wichtig, dass (u.a. in Lehrgangssequenzen) ein Mindest- oder Basiswissen vermittelt werden sollte, das durch Reflexion der

Projekterfahrungen im Verhältnis zur politischen Praxis und zur politischen Theorie erarbeitet würde. Gerade diese Verbindung von praktischen Erfahrungen mit Institutionenwissen stellten einige Lehrerinnen und Lehrer als großen Vorteil der politikvernetzten Projektarbeit dar. Eigenverantwortliches und selbstbestimmtes Lernen würde dadurch mit reflektiertem Systemwissen verknüpft.

Die Lehrerinnen und Lehrer nannten den Aktualitäts- und Lebensweltbezug als Wesensmerkmal der politikvernetzten Projektarbeit und empfanden das darin enthaltene exemplarische Lernen als wichtig. Die manchmal nicht zu vermeidenden Frustrationen auf Schülerseite, wenn bspw. politischen Akteure oder Institutionen nicht erwartungsgemäß reagierten, empfanden die befragten Lehrerinnen und Lehrer als hilfreich und für den Reflexionsprozess der Lernenden produktiv. Die oftmals überhöhten Erwartungen der Schülerinnen und Schüler gelte es auszutarieren. Auf der anderen Seite gab es in einzelnen Klassen auch Motivationsprobleme, wenn nur schon der Begriff *Politik* fiel.

Viele Lehrerinnen und Lehrer machten darauf aufmerksam, dass eine gute Planung und Strukturierung der Projekte unabdingbar sei und verwiesen auf die Notwendigkeit klarer Vorbereitung, gerade wenn die Projekte fächerübergreifend stattfinden sollten. Insgesamt überwogen nach Einschätzung der Lehrpersonen die positiven Aspekte der politikvernetzten Projektarbeit:

> „Wieso nicht einmal eine Projektwoche zum Thema Politische Bildung mit der ganzen Schule durchführen? So könnten vielleicht auch Lehrpersonen an den Gegenstand herangeführt werden, welche mit der Thematik bis anhin nichts am Hut hatten" (LP 7).

Literatur

Beutel, W./Fauser, P. (2009) (Hrsg.): Demokratie, Lernqualität und Schulentwicklung. Schwalbach/Ts.

Breit, H./Eckensberger, L. (2004): Demokratieerziehung zwischen Polis und Staat. In: dipf informiert. Journal des Deutschen Instituts für Internationale Pädagogische Forschung, Heft 6, S. 6-11.

Claußen, B. (1981): Methodik der politischen Bildung. Opladen.

Da Rin, S./Künzli, S. (2006): Forschungsbericht zur explorativen Studie „Umsetzung von politischer Bildung in der Volksschule". Zürich.

Dewey, J. (1966): Democracy and Education. An Introduction to the Philosophy of Education. New York (erste Ausgabe 1916).

Dewey, J. (1983): The Middle Works, 1899-1924. Carbondale/Edwardsville and London/ Amsterdam.

Förderprogramm Demokratisch Handeln (2002) (Hrsg.): Ergebnisse und Kurzdarstellungen zur Ausschreibung 2001. Jena.

Gagel, W. (1998): Denken und Handeln. Der Pragmatismus als Diagnosehilfe für Konzepte der Handlungsorientierung im Politikunterricht. In: Breit, G./Schiele, S. (Hrsg.): Handlungsorientierung im Politikunterricht. Schwalbach/Ts., S. 128-143.

Himmelmann, G. (2001): Demokratie Lernen als Lebens-, Gesellschafts- und Herrschaftsform. Ein Lehr- und Studienbuch. Schwalbach/Ts.

Himmelmann, G. (2002): Demokratie-Lernen als Aufgabe der politischen Bildung. In: Breit, G./Schiele, S.: Demokratie-Lernen als Aufgabe der politischen Bildung. Schwalbach/Ts., S. 21-39.

Jung, E. (2005): Projektpädagogik als didaktische Konzeption. In: Reinhardt, V.: Projekte machen Schule. Projektunterricht in der politischen Bildung. Schwalbach/Ts., S. 13-35.

Knoll, M. (1992a): John Dewey und die Projektmethode. Zur Aufklärung eines Missverständnisses. In: Bildung und Erziehung Jg. 45, Heft 1, S. 89-108.

Kötters-König, C. (2001): Handlungsorientierung und Kontroversität. Wege zur Wirksamkeit der politischen Bildung im Sozialkundeunterricht. In: Aus Politik und Zeitgeschichte, Heft 50, S. 6-12.

Krüger, H.-H. (2002): Jugend und Demokratie – Politische Bildung auf dem Prüfstand. Eine quantitative und qualitative Studie aus Sachsen-Anhalt. Opladen.

Kuhn, H.-W. (2003): Urteilsbildung im Politikunterricht. Ein multimediales Projekt. Buch–Video–CD. Schwalbach/Ts.

Lange, D. (2009): Demokratiepädagogik und Politische Bildung. Zwischen Fachlichkeit und Schulprinzip. In: Beutel, W./Fauser, P. (Hrsg.): Demokratie, Lernqualität und Schulentwicklung. Schwalbach/Ts., S. 43-54.

Mayring, P. (2007): Qualitative Inhaltsanalyse. Grundlagen und Techniken. Weinheim.

Nonnenmacher, F. (1996): Sozialkunde – vom Schulfach zum Lernbereich. In: Nonnenmacher, F.: Das Ganze sehen. Schule als Ort politischen und sozialen Lernens. Schwalbach/Ts..

Oelkers, J. (1997): Geschichte und Nutzen der Projektmethode. In: Hänsel, D. (Hrsg.): Handbuch Projektunterricht. Weinheim/Basel, S. 13-30.

Oetinger, F. (1956): Partnerschaft – Die Aufgabe der politischen Erziehung. Stuttgart.

Pohl, K. (2004): Demokratie als Versprechen In: Politische Bildung Jg. 37, H. 3, S. 129-139.

Reinhardt, S. (2010): Was leistet Demokratie-Lernen für die politische Bildung? Gibt es empirische Indizien zum Transfer von Partizipation im Nahraum auf Demokratie-Kompetenz im Staat? Ende einer Illusion und neue Fragen. In: Lange, D./Himmelmann, G. (Hrsg.): Demokratiedidaktik. Impulse für die Politische Bildung. Wiesbaden, S. 125-141.

Reinhardt, V. (2004): Partizipative Schul- und Unterrichtsentwicklung. Schule, Unterricht und politisch-ökonomische Bildung aus Sicht von Schülerinnen und Schülern. Baltmannsweiler.

Reinhardt, V. (2005): Projekte machen Schule. Projektunterricht in der politischen Bildung. Schwalbach/Ts.

Reinhoffer, B. (2005): Lehrkräfte geben Auskunft über ihren Unterricht. Ein systematisierender Vorschlag zur deduktiven und induktiven Kategorienbildung in der Unterrichtsforschung. In: Mayring, P./Gläser-Zikuda, M. (Hrsg.): Die Praxis der Qualitativen Inhaltsanalyse. Weinheim/Basel, S. 123-141.

Schreier, H. (1997): Drei Facetten der Projektidee. Die Sache des Projektunterrichts und das Problem der leeren Namen. Zur Begründung der Notwendigkeit eines Blicks in die Ideengeschichte. In: Bastian, J. et al. (Hrsg.): Theorie des Projektunterrichts. Hamburg, S. 71-88.

Shell AG (Hrsg.) (2000): Jugend 2000. 13. Shell Jugendstudie, Bd. 1 und 2. Opladen.

Shell AG (Hrsg.) (2002): Jugend 2002. 14. Shell Jugendstudie. Frankfurt/M.

Speth, M. (1997): John Dewey und der Projektgedanke. In: Bastian, J. et al. (Hrsg.): Theorie des Projektunterrichts. Hamburg, S.19-37.

Weinert, F. E. (2002): Vergleichende Leistungsmessung in Schulen – eine umstrittene Selbstverständlichkeit. In: ders. (Hrsg.): Leistungsmessungen in Schulen. Weinheim, S. 17-31.

174

Hermann Veith

Demokratie und Demokratiekompetenz bei Kindern

Im September 2010 besuchte der damals neu gewählte Bundespräsident Christian Wulff das Kinderhaus Friedewald bei Dresden, um sich über das bundesweite Modellprogramm der Deutschen Kinder- und Jugendstiftung „Demokratie von Anfang an - Kindertageseinrichtungen als Lernorte der Demokratie" zu informieren. Im Gespräch mit den Kindern ergab sich die Frage, wer denn in Deutschland „bestimmen" würde. Den Kleinen fiel die Antwort leicht: selbstverständlich ihre Kinderhausleiterin, der Bürgermeister und „der eine aus Sachsen". Die Vorstellung, dass der fremde Mann in ihrer Runde dabei auch eine Rolle spielen könnte, lag ihnen fern. Zwar schien es so, dass er „irgendwie" wichtig sein musste - dafür sprach das große Polizeiaufgebot an seiner Seite -, aber im direkten Vergleich mit den Polizeibeamten waren diese deutlich respekteinflößender - von „demokratischem Bewusstsein" also noch keine Spur.

Grund genug, danach zu fragen, welchen Sinn es haben mag, dass schon Vierjährige in Morgenkreisen oder Kinderkonferenzen demokratisch diskutieren. „Mündigkeit" kann man ihnen dabei sicherlich noch nicht attestieren - was aber dann? Was lernen Kinder, die im traditionellen Verständnis „unmündig" sind, wenn sie in demokratischen Formen handeln? Welche demokratischen Kompetenzen erwerben sie, wenn sie gemeinsam nach Lösungen bei der Gestaltung ihres Zusammenlebens suchen?

Im Folgenden soll begründet werden, warum man mit dem klassischen Zielbegriff der politischen Bildung, mit „Mündigkeit", bei der Beantwortung dieser Fragen an Grenzen stößt (1) und weshalb das Konzept der Kompetenzentwicklung besser geeignet ist, die Handlungspraktiken (2) und Lernprozesse (3) zu beschreiben, die zum Erwerb und zur Ausdifferenzierung von „Demokratiekompetenz" schon im Kindes- und Jugendalter beitragen (4).

1. Mündigkeit

Mit dem Begriff der „Mündigkeit" wird im Anschluss an Kant die Fähigkeit bezeichnet, sich seines eigenen Verstandes zu bedienen und in gesellschaftlichen Angelegenheiten mutig für das dabei als vernünftig Erachtete einzutreten. Aus der sozialkognitiven Entwicklungsforschung ist seit langem jedoch bekannt, dass Heranwachsende damit Probleme haben, in komplexen sozialen Handlungssituationen die Perspektiven und Rollen der anderen zu übernehmen. Es gelingt ihnen nur mit Schwierigkeiten, ihre Tätigkeiten so zu koordinieren, dass dabei tragfähige und wechselseitig ausbalancierte, also vernünftige Kooperationsbeziehungen entstehen (Edelstein/Habermas 1984). Aus unserer Alltagserfahrung wissen wir zudem, dass Vor- und Grundschulkinder dazu neigen, sich vorwiegend am sichtbaren Verhalten ihrer Handlungspartner zu orientieren. So werden beispielsweise bei Teamspielen strategische Anweisungen, die eine Berücksichtigung von taktischen Aufgaben, Positionen und Raumaufteilungen erfordern, nur partiell verstanden. Besonders auffällig ist dieses beim Fußballspiel, wo mit Ausnahme der kleinen Torhüter, die wie angewurzelt auf der Torlinie stehen, alle übrigen Kinder beständig versucht sind, dem Ball hinterherzulaufen. Der amerikanische Sozialpsychologe George Herbert Mead beschrieb diese Phänomene mit der Begriffstrias „play", „game" und „generalized other" (Mead 1934). Während jüngere Kinder ihr gemeinsames Handeln auf der Grundlage der beobachteten Folgen ihrer Einzelaktivitäten koordinieren (play), gelingt es den älteren, die unterschiedlichen Aktionen in ihrem sozialen Gesamtzusammenhang zu sehen (game). Erst jedoch im Jugendalter wird es möglich, kooperative Tätigkeiten mit Blick auf die übergreifenden gesellschaftlichen Kontexte zu reflektieren (generalized other). Von Vor- und Grundschulkindern kann deshalb aufgrund ihrer entwicklungstypisch fokussierten Fähigkeit zur „Rollenübernahme" nicht erwartet werden, dass sie gedanklich in der Lage sind, soziale Situationen in ihrer Komplexität zu erfassen, sie kritisch zu analysieren, sich ein differenziertes Urteil zu bilden und abgewogene, prinzipiengeleitete Entscheidungen zu treffen.

Tatsächlich nehmen Kinder in diesen frühen Phasen ihrer Entwicklung die soziale Welt vor allem auf der Grundlage sinnlich-anschaulich repräsentierter Verhaltensbeobachtungen wahr. Im Fokus ihrer Aufmerksamkeit steht dabei der Zusammenhang zwischen Handlungen und Handlungsfolgen. Handlungsabsichten werden erst in der Grundschulzeit als konstitutive Elemente der sozialen Wirklichkeit in Betracht gezogen. Die Heranwachsenden lernen zu verstehen, dass menschliches Verhalten sowohl durch subjektive Bedürfnisse und Motivlagen als auch über gesellschaftliche Normen gesteuert wird. Mit der Fähigkeit zum hypothetischen Denken wird es im beginnenden Jugendalter schließlich möglich, die gesellschaftliche Realität in ihrem systemischen Aufbau zu begreifen, aber auch kritisch zu hinterfragen, ob die Formen des sozialen Zusammenlebens den Kriterien einer an humanen Wertprinzipien orientierten Sozialethik genügen (Piaget 1983, Selman 1984, Kohlberg 1996). Auch „Mündigkeit" setzt komplexe kognitive, soziale und moralische Kompetenzen voraus. Es ergibt jedoch keinen Sinn, die Anstrengungen von Kindern und Jugendlichen, ihre Handlungen aufeinander abzustimmen, als „unmündige" Vorformen eines wünschenswerten „Reifezustandes" abzuqualifizieren. Mit Blick auf den gesamten Entwicklungsprozess ist es vielmehr erforderlich, danach zu fragen, wie die Fähigkeit, auf der Grundlage einer differenzierten, gemeinsam geteilten Situationsanalyse über Interessenlagen und Handlungsalternativen zu entscheiden, im Sozialisationsprozess erlernt und ausgebildet wird.

2. Demokratisch handeln

De jure stehen Kindertageseinrichtungen und Schulen in Deutschland in der Pflicht, Bedingungen zu schaffen, die der Entwicklung demokratischer Kompetenzen entgegenkommen. So schreibt beispielsweise das Bayerische Kinderbildungs- und Kinderbetreuungsgesetz vor, dass Kinder „entwicklungsangemessen an Entscheidungen zum Einrichtungsalltag und zur Gestaltung der Einrichtung beteiligt werden" sollen (BayKiBiG, Art. 10,2) – und in den Schulgesetzen aller Bundesländer gelten demokratische Rechtsnormen wie Autonomie und Gemeinsinn, Verständnis und Toleranz, Eigenverantwortung und Teilhabe als verbindliche Wertorientierungen. Der pädagogische Sinn dieser Rechtsbestimmungen besteht darin, durch die frühzeitige Einbeziehung der Heranwachsenden in demokratische Lebensformen das Demokratielernen, lange bevor die Heranwachsenden „mündig" werden, institutionell zu fördern und das sich dabei bildende Wertbewusstsein in der Alltagspraxis zu stabilisieren. Obwohl weder Kindertageseinrichtungen noch Schulen als souveräne Körperschaften gelten können, sind sie dennoch geeignete demokratiepädagogische Lernorte. Denn die Qualität der pädagogischen Arbeit hängt entscheidend davon ab, ob und wie die in den jeweiligen Einrichtungen handelnden Gruppen und Personen strukturell an den organisatorischen Entwicklungen beteiligt werden und verantwortlich in Entscheidungsprozesse eingebunden sind.

In pädagogischen Berufsfeldern ist der Gesprächskreis eine der Basiszellen demokratischer Mitbestimmung. Schon im Kindergarten können Kinder in einer vorstrukturierten Umgebung unter professioneller Anleitung in Gruppenrunden lernen, dass man sich gegenseitig zuhören muss, wenn man selbst gehört und ernstgenommen werden will. Hier wird für sie erfahrbar, dass man Argumente braucht, um eigene Bedürfnisse und Interessen zu artikulieren. Hier erleben sie, dass die Ansprüche und Erwartungen, die man an andere heranträgt, auch Selbstverpflichtungen mit sich bringen. Hier können sie Fragen stellen und gemeinsam versuchen, die „Probleme" zu lösen, die sie beschäftigen. Aufbauend auf diesen Erfahrungen kann die Grundschule beispielsweise mit Hilfe von Ämtersystemen Verantwortungen übertragen. Im Klassenrat oder im Schülerparlament haben die Schülerinnen und Schüler zudem die Möglichkeit, gleichberechtigt über Fragen zu beraten und zu entscheiden, die ihr Zusammenleben betreffen. Indem sie dieses tun, handeln sie demokratisch und erfahren dadurch gleichzeitig, dass nicht jeder das eigene Situationsverständnis teilt. Die in den Gesprächskreisen und Mitbestimmungsgremien wahrgenommenen Diskrepanzen und Dissonanzen „zwingen" die Beteiligten dazu, die unterschiedlichen Meinungen, Erwartungen und Bedürfnisse zur Kenntnis zu nehmen und mit den Differenzen so umzugehen, dass dennoch gemeinsames Handeln möglich wird. Diese Form der Auseinandersetzung und der gemeinsamen Abstimmung im Kontext der lernenden und handelnden Gruppe ist der Kern des Demokratielernens.

3. Demokratisches Lernen

In der Sozialisationsforschung ist dieser Lernmechanismus, der auf der kommunikativen Koordination dosierter sozialer Dissonanzen aufbaut, seit langem bekannt. Wenn Kinder unter ihresgleichen ihre persönlichen Meinungen, Erwartungen und Wünsche artikulieren, treffen sie fast zwangsläufig auf unterschiedliche Ansichten, Ansprüche und Absichten. Diese prallen dabei nicht selten „hart aufeinander" (Krappmann 2004, S. 254), so dass in der Konfrontation der kindlichen Subjektivität und Willensäußerungen ein hohes Streitpotenzial angelegt ist. Im Interesse des gemeinsamen Miteinanders jedoch entsteht zugleich ein nicht minder starker Zwang zur Suche nach kommunikativen Lösungen. Dabei mag den Kindern ihr „Egozentrismus" im Wege stehen – aber wenn sie längerfristiger miteinander spielen, kooperieren und kommunizieren wollen, sind sie gefordert, Absprachen zu treffen und Normierungen zu finden, die sich in ihrer konkreten Interaktionspraxis bewähren. In einer demokratiepädagogisch vorstrukturierten Umgebung werden diese kommunikativen „Bemühungen um die Koordination der verschiedenen Perspektiven" (ebd., S. 254) institutionell alleine schon dadurch verstärkt, dass die Kinder als Mitglieder der Einrichtung nicht einfach „weggehen" können, sondern sich auf Auseinandersetzungen einlassen müssen, um „intensiv nach einem Ausgleich zu suchen". Dabei lernen sie „zu argumentieren" (ebd., S. 266), während sie sich im Umgang untereinander als gleichberechtigte Akteure erleben. Im Verhältnis zu den pädagogischen Bezugspersonen hingegen machen sie die Erfahrung, dass es Ordnungen gibt, an die sich auch Erwachsenen zu halten haben und auch, dass nicht alles in der sozialen Welt verhandelbar ist. Sie beginnen dadurch zu verstehen, dass das Prozedere des Aushandelns und der gemeinsamen Entscheidungsfindung zur Gerechtigkeit beiträgt. Zugleich wird für sie erkennbar, dass dieses Procedere institutionell gegen Beliebigkeit und Willkür durch Peers oder Erwachsene geschützt werden muss, damit getroffene Vereinbarungen und Beschlüsse auch verbindlich durchgesetzt werden können.

Die in diesen Verständigungsprozessen entstehende Wertschätzung demokratischer Praktiken und Prozeduren bildet die Grundlage des demokratischen Bewusstseins. Damit sich dieses entwickeln kann, müssen entsprechende Handlungsgelegenheiten und demokratiepädagogisch gehaltvolle Infrastrukturen geschaffen werden. Diese müssen sicherstellen:

1. dass sich die Heranwachsenden bei aller Unterschiedlichkeit ihrer persönlichen Voraussetzungen als vollwertige Mitglieder ihrer Gemeinschaft anerkennen (Inklusion);
2. dass es eine hinreichend differenzierte Struktur von sozialen Rollen gibt, deren Übernahme die individuelle Teilhabe am Leben der Gemeinschaft sichert und die Bereitschaft zur Mitverantwortung weckt (Partizipation);
3. dass die Kinder darauf vertrauen können, dass mit offenen Karten gespielt wird und ihnen jederzeit alle verfügbaren Informationen zur Verfügung stehen (Transparenz);
4. dass vorschnelle Entscheidungen unterbunden werden und erst nach Prüfung der Sachlage ein Abwägen von Interessen und eine begründete Entscheidung möglich sind (Deliberation);
5. dass die getroffenen Abmachungen verbindlich eingehalten werden, wenn sie als richtig gelten und als wertkohärent Anerkennung finden (Legitimation);
6. dass die Beteiligten die Möglichkeit haben, die Angemessenheit ihres Vorgehens im Entscheidungsfindungsprozess zu überprüfen (Effizienz).

Während die Einbeziehung in Prozesse des Meinungsaustauschs, der Erwartungssondierung, der Interessenabklärung und der Entscheidungsfindung die Praxis der Demokratie erfahrbar werden lässt, entsteht aus der sozialen Verpflichtung, sich an die gefassten Beschlüsse zu halten, das demokratische Wertbewusstsein.

Vor diesem Hintergrund wird nun klar, warum die Auffassung, nur ein aufgeklärter politischer Fachunterricht könne zur „Mündigkeit" führen, viel zu kurz greift. Die Vorstellungen, die Schülerinnen und Schüler über die gesellschaftliche Wirklichkeit und ihre politischen Einflussmöglichkeiten haben, sind nicht lediglich eine Funktion ihres bereichsspezifischen Wissens. Maßgeblich sind vielmehr die Erfahrungen bei der Herstellung von „Verbindlichkeit innerhalb einer sozialen Gruppe" (Lange 2009, S. 50) im Umgang mit Meinungsdifferenzen, Erwartungsdiskrepanzen und Interessenkonflikten. Frühe Gelegenheiten zum demokratischen Handeln unterstützen dabei die Entwicklung eines demokratischen Habitus und ermöglichen die „Internalisierung" demokratischer Werte als Grundlage eines demokratischen Bewusstseins, das durch politische Bildung fachlich fundiert und reflexiv wird.

4. Demokratiekompetenz

Welche Fähigkeiten und Fertigkeiten im Prozess der demokratischen Kompetenzentwicklung erworben werden, erscheint derzeit noch stark klärungsbedürftig. Unklar ist vor allem, was unter „Demokratiekompetenz" zu verstehen ist. Während der Begriff in der einschlägigen empirischen Forschung in den Dimensionen Wissen, Wertorientierungen und Einstellungen operationalisiert wird, fokussieren die fachwissenschaftlichen Kerncurricula auf formale Sach- und Analysekompetenzen, methodische Kompetenzen, Urteilskompetenzen und politische Handlungskompetenzen (vgl. Veith 2010). Die bereichsspezifischen Anforderungen, die zur Erneuerung der demokratischen Systeme wichtig sind, werden in diesen Begriffsversionen allerdings nicht deutlich. Tatsächlich jedoch bilden die Fähigkeiten und Fertigkeiten, die sich aus der Notwendigkeit ergeben, gesellschaftliche und soziale Zielkonflikte gemeinsam zu bearbeiten, um tragfähige Lösungsvorschläge zu entwickeln, den Kern der Demokratiekompetenz (vgl. Beutel et al. 2009). Um diese zu erwerben, benötigen Kinder und Jugendliche Gelegenheitsstrukturen zum demokratischen Handeln. Pädagogisch geht es darum, Bildungseinrichtungen so zu organisieren und zu gestalten, dass die Heranwachsenden auf allen Altersstufen praktisch lernen können:

1. das Recht jedes einzelnen zur Gruppe gehörenden Kindes unabhängig von den besonderen Merkmalen der jeweiligen Person anzuerkennen und die dazu notwendige Wertschätzung und Toleranz aufzubringen (Inklusion);
2. die mit den unterschiedlichen Positionen, Rollen und Ämtern in der Gemeinschaft verbundene Verantwortung für die mitwirkende Gestaltung des Zusammenlebens zu übernehmen (Partizipation);
3. sich und andere umfassend über Sachzusammenhänge zu informieren, ohne Täuschungsabsicht und verständigungsorientiert zu kommunizieren sowie die Gründe für anstehende oder getroffene Entscheidungen offen zu legen, damit sich jeder ein Urteil bilden kann (Transparenz);
4. besonnen konkurrierende Ansichten im Rahmen der selbst gegebenen Ordnung zu thematisieren, um zwischen den Interessen Einzelner und dem Gemeinwohl abzuwägen, damit verbindliche, für alle Beteiligten akzeptable Entscheidungen vorbereitet, herbeigeführt und durchgesetzt werden können (Deliberation);
5. selbstkritisch oder in diskursiven Praktiken in Frage zu stellen, ob die Prämissen des eigenen Handelns oder die Normen, die den gemeinsamen Entscheidungen zugrunde liegen auch richtig sind (Legitimität);
6. gewissenhaft zu überprüfen, ob die eingesetzten Mittel zielführend sind und der Aufwand im Verhältnis zu den eingesetzten Mitteln gerechtfertigt ist (Effizienz).

Dieser Begriff von Demokratiekompetenz, der Anregungen des Magdeburger Manifests der Deutschen Gesellschaft für Demokratiepädagogik aufnimmt (2007), ist sowohl bereichsspezifisch als auch analytisch und normativ gehaltvoll. Er beinhaltet die Fähigkeit und Bereitschaft:

• sich aktiv in Gruppen einzubringen und gleichzeitig ohne Statusvorbehalte auf andere zuzugehen;
• die Chance zu nutzen, sich in verschiedenartigen zivilgesellschaftlichen Rollen und in unterschiedlichen sozialen Konstellationen an politischen Prozessen zu beteiligen;
• sich über soziale Zusammenhänge politisch zu bilden und offen darüber zu kommunizieren;

- zwischen privaten und öffentlichen Interessen abzuwägen, Konflikte auszuhalten und verständigungsorientiert nach gemeinsamen Lösungen zu suchen;
- Handlungen und Handlungsfolgen im Licht universalisierungsfähiger und darum als legitim erachteter Rechtsprinzipien und herrschaftskonstituierender Prozeduren zu beurteilen;
- die Wirkung und Effizienz von Abmachungen einzuschätzen, um gegebenenfalls Entscheidungen zu revidieren.

Alle diese Fähigkeiten benötigen Zeit zu ihrem Aufbau und Lernorte zu ihrer Entwicklung. Die gesellschaftliche Wertschätzung der Demokratie erweist sich nicht primär im Reden darüber, sondern im konkreten Handeln in einer inklusiv und partizipatorisch angelegten, auf Transparenz und Abwägung gegründeten und nach Legitimitäts- und Effizienzkriterien selbstüberprüfbaren Praxis. Das sind die harten Indikatoren demokratiepädagogischer Strukturqualität und die praktischen Folgen der Anwendung der Kompetenztheorie auf Politik in Demokratien.

Literatur

Bayerisches Staatsministerium für Arbeit und Sozialordnung, Familie und Frauen (2005): Das Bayerische Kinderbildungs- und -betreuungsgesetz (BayKiBiG) mit Ausführungsverordnung (AVBayKiBiG). München.

Beutel, W./Buhl, M./Fauser, P./Veith, H. (2009): Demokratiekompetenz durch Demokratieverstehen – Überlegungen zur Konstruktion eines Instruments zur Messung „demokratischer Verstehensintensität". In: Beutel, W./ Fauser, P. (Hrsg.): Kerngeschäft oder Beiwerk? Demokratie als schulpädagogischer Entwicklungsbegriff. Schwalbach/Ts., S. 177-208.

DKJS (2011): http://www.dkjs.de/presse/pressemitteilungen/presseinfo/period/1262300400/31535999// browse/1/article/140/demokratie-i.html (aufgerufen am 15.07.2011).

Edelstein, W./ Habermas, J. (Hrsg.) (1984): Soziale Interaktion und soziales Verstehen. Frankfurt/M.

Kohlberg, L. (1996). Die Psychologie der Moralentwicklung. Frankfurt/M.

Magdeburger Manifest (2007). In: Beutel, W./Fauser, P. (Hrsg.): Demokratiepädagogik. Lernen für die Zivilgesellschaft, Schwalbach/Ts., S. 200-202.

Krappmann, L. (2004): Sozialisation in Interaktionen und Beziehungen unter Gleichaltrigen in der Schulklasse. In: Geulen, Dieter / Veith, Hermann (Hrsg.): Sozialisationstheorie interdisziplinär. Stuttgart, S. 253-272.

Lange, D. (2009): Demokratiepädagogik und Politische Bildung. Zwischen Fachlichkeit und Schulprinzip. In: Beutel, W./Fauser, P. (Hrsg.): Demokratie, Lernqualität und Schulentwicklung. Schwalbach/ Ts., S. 43-54.

Mead, G. H. (1975): Geist, Identität und Gesellschaft. Mit einer Einleitung herausgegeben von Charles W. Morris. Frankfurt/M. (1. Aufl.: 1934).

Piaget, J. (1983): Meine Theorie der geistigen Entwicklung. Frankfurt/M.: Fischer.

Selman, R. L. (1984): Die Entwicklung des sozialen Verstehens. Entwicklungspsychologische und klinische Untersuchungen. Frankfurt/M.

Veith, H. (2010): Das Konzept der Demokratiekompetenz. In: Lange, Dirk/Himmelmann, G. (Hrsg.): Demokratiedidaktik. Impulse für die Politische Bildung. Wiesbaden, S. 142-156.

Carsten Rohlfs

Bildungseinstellungen im Kontext demokratischer Schulqualität

1. Die neue deutsche Bildungskatastrophe

Bildung ist in aller Munde - einmal mehr. Bildung hat Konjunktur, und sowohl die Bedeutung von Bildung in der modernen Gesellschaft als auch das öffentliche sowie fachöffentliche Interesse an Bildung hat in den vergangenen Jahren spürbar zugenommen. Die Krise der Bildung wird wieder einmal ausgerufen. Doch mehr denn je klingt dieser Ruf erschrocken und empört. International wie national vergleichende Schulleistungsstudien haben den Blick auf zum Teil dramatische - und bisweilen dramatisierte - Defizite von Schülerinnen und Schülern an deutschen Schulen in ihren fachlichen Kompetenzen gelenkt und damit einen kontroversen Bildungsdiskurs auf unterschiedlichsten Ebenen und aus unterschiedlichster Perspektive forciert. So wurde „erneut - nach den 60er Jahren des letzten Jahrhunderts - die Rede von einer deutschen Bildungskatastrophe provoziert" (Otto/Rauschenbach, 2004, S. 9). Nur selten - und wenn, dann primär als ein Nebenprodukt leistungsbezogener und kompetenzbereichspezifischer Studien (Harazd/Schürer 2006, S. 208) - wird die Frage nach den subjektiven Bedeutungen von Bildung und Schule aus der Perspektive der Heranwachsenden in einer Gesellschaft gestellt, die Bildung objektiv einen sehr hohen Stellenwert beimisst, während sie sich zugleich bemüht, die Herausforderungen der neuen deutschen Bildungskrise zu bewältigen. Der Beitrag rückt vor diesem Hintergrund die Bildungseinstellungen von Schülerinnen und Schülern anhand der Befunde einer empirischen Untersuchung an Brennpunktschulen in den Fokus. Er fragt nach der Relevanz der Entwicklung demokratischer Schulqualität als schulpraktische Aufgabe in diesem Kontext.

2. Eine Studie an „Brennpunktschulen" – zur methodischen Rahmung

Die Studie basiert auf einer standardisierten Fragebogenerhebung[1] aus dem Jahr 2008 an neun Bremer Schulzentren der Sekundarstufe I, die vom Senator für Bildung

---

1 Als Teilprojekt des vom Institut für Qualitätsentwicklung im Bildungswesen Berlin (IQB), dem Max-Planck-Institut für Bildungsforschung Berlin (MPIB) und der Friedrich-Alexander-Universität Nürnberg-Erlangen wissenschaftlich begleiteten Projektes „Schule macht sich stark" (SMS).

und Wissenschaft des Landes Bremen als „Brennpunktschulen" ausgewiesen und aus diesem Grund ausgewählt wurden. Es handelt sich somit um Schulen, „die sowohl bezüglich der äußeren Bedingungen in einer kritischen Lage sind (weit überproportionaler Anteil von Migranten, bildungsferne Elternhäuser, schwierige sozio-ökonomische Lage) als auch im Innern Krisensymptome zeigen (schwache Lernergebnisse, Konflikte im Kollegium, eine hohe Zahl von Wiederholern, Rückläufern und Schülerinnen und Schülern, die die Schule ohne Abschluss verlassen, Gewaltvorfälle)" (Senator für Bildung und Wissenschaft Bremen 2005, S. 5)

Untersucht wurden an diesen Schulen insgesamt N = 1689 Schülerinnen und Schüler sowie deren Eltern. 47,7 Prozent der Schülerinnen und Schüler besuchten zum Zeitpunkt der Erhebungen die siebte, 52,3 Prozent die neunte Jahrgangsstufe. 51,8 Prozent waren weiblichen und 48,2 Prozent männlichen Geschlechts und beinahe die Hälfte der Mädchen und Jungen wies einen Migrationshintergrund auf (45,1 Prozent). Nur 7,9 Prozent waren der Gruppe von Familien mit einem hohen sozioökonomischen Status (HISEI) zuzurechnen und etwa ein Viertel der Schülerinnen und Schüler besuchte ein Gymnasium, 37,5 Prozent eine Sekundarschule und 38,3 Prozent die Gesamtschule.

Für die Operationalisierung des Konstrukts der Bildungseinstellung wurden vier Dimensionen unterschieden: (1.) subjektive Bedeutungszuschreibungen der Schule und der formalisierten Bildung gegenüber, (2.) in diesem Kontext erlebte Emotionen, (3.) Interesse und Langeweile sowie (4.) Motivation. Tabelle 1 zeigt die zugehörigen Indikatoren bzw. Merkmale:

Nr.	Indikatoren / Merkmale
Subjektive Bedeutungszuschreibungen	
1	Subjektive Bedeutung von Schule
2	Subjektive Bedeutung guter schulischer Leistungen
3	Subjektive Bedeutung eines guten Schulabschlusses
4	Subjektive Bedeutung guter Mitarbeit im Unterricht
5	Subjektive Bedeutung des Faches Deutsch
6	Subjektive Bedeutung des Faches Mathematik
7	Subjektive Bedeutung von Schule außerhalb der Schule
Emotionen	
8	Schulzufriedenheit / Wohlbefinden in der Schule
9	Schulunzufriedenheit / Unwohlbefinden in der Schule

Nr.	Indikatoren / Merkmale
10	Schulfreude
11	Schulunlust
12	Angst vor der Schule
13	Schulstress
14	Schulabsentismus (als möglicher Ausdruck)
15	Lernfreude
16	Freude an schulischen Kompetenzerfahrungen
17	Freude an Hausaufgaben
18	Freude am Unterricht
Interesse und Langeweile	
19	Interesse
20	Langeweile in Schule und Unterricht
21	Abgelenktsein im Unterricht
Motivation	
22	Intrinsische Motivation
23	Extrinsische Motivation

Tab. 1: Operationalsierung des Konstrukts der Bildungseinstellung; Quelle: Eigene Darstellung

Die in diesen vier Bereichen über Einzelitems und komplexe Skalen erhobenen Daten wurden zunächst im Rahmen einer univariaten und bivariaten sowie im Anschluss daran in einer multivariaten Analyse ausgewertet. Das geschah, um mithilfe einer explorativen Faktoren- und Clusteranalyse zu einer Typologie der Bildungseinstellungen, der subjektiven Bedeutungen von Schule und formaler Bildung aus der Perspektive von Schülerinnen und Schülern an Schulen in benachteiligter Lage zu gelangen. Im Folgenden werden nun zunächst die Befunde der uni- und bivariaten Datenanalyse vorgestellt, bevor die generierten Cluster charakterisiert werden.

3. Pragmatik und Leistungsethos – die zentralen Befunde

Die deutliche Mehrheit der befragten Schülerinnen und Schüler an Schulen in benachteiligter Lage erachtet Schule, einen guten Schulabschluss, eine gute Mitarbeit im Unterricht und das Erbringen guter Leistungen als persönlich überaus wichtig. Stets sind es über 80 Prozent der Jugendlichen, die hier einen hohen Stellenwert bestätigen, und gute schulische Leistungen werden entsprechend nur von etwa jeder bzw. jedem Sechsten abgewertet und negativ eingeschätzt. Lernen in der Schule wird stark mit Leistungs- (85 Prozent) und Erfolgserwartungen konnotiert (84 Prozent) (vgl. Abb. 1).

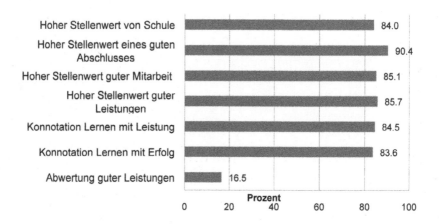

Abb. 1: Subjektive Bedeutungszuschreibungen; Quelle: Rohlfs 2011

Zudem äußern 90 Prozent der Mädchen und Jungen Freude an schulischen Kompetenzerfahrungen, welche erneut in enger Verbindung mit der großen Relevanz schulischer Leistungen und Abschlüsse steht (vgl. Abb. 2). Auffällig ist ebenso die starke Verknüpfung von schulischem Lernen mit Spaß - etwa drei Viertel der Befragten berichten hiervon. Allerdings sind es vorwiegend die informellen „Randzonen" (Krüger/Grunert 2005, S. 499) wie Ferien, Freizeit und Gleichaltrige, die Raum für positive Schulbezüge eröffnen (vgl. Behnken et al. 2005). Dabei zeigt sich ein deutlicher Pragmatismus - nur etwa 19 Prozent sind bspw. enttäuscht über Unterrichtsausfall. Negative Emotionen im Kontext Schule wie Angst, Unwohlbefinden oder Wut sind relativ gering ausgeprägt, allerdings erzeugt Schule durchaus Stress. Angesichts des hohen Stellenwerts von Zertifikaten erstaunt dies nicht.

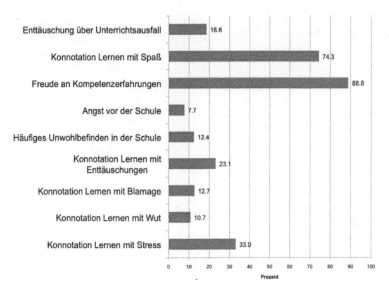

Abb. 2: Emotionen, Quelle: Rohlfs 2011

Darüber hinaus ist auch Langeweile in der Wahrnehmung der Schülerinnen und Schüler an Schulen in benachteiligter Lage ein durchaus ernstzunehmender Teil von Schule und schulischem Lernen. Allerdings ist zu berücksichtigen, dass beinahe zwei Drittel der Heranwachsenden angeben, sich nie oder selten in der Schule zu langweilen – eine bemerkenswert hohe Quote (vgl. Abb. 3). Ebenfalls aufschlussreich ist es zu betrachten, dass zwei Drittel der Jugendlichen zwar angeben, die Themen, welche im Unterricht behandelt werden, interessierten sie sehr, betrachtet man aber die Frage, ob dieser Unterricht auch interessant gestaltet sei, so sind es nur etwa mehr als ein Viertel. Hier lässt sich ein erster deutlicher Handlungsauftrag für die Schulpädagogik ableiten.

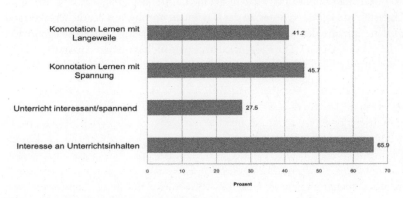

Abb. 3: Interesse und Langeweile, Quelle: Rohlfs 2011

Dabei ist ein Lernen aus Lust und Freude vergleichsweise gering ausgeprägt, etwa 50 bzw. 40 Prozent bestätigen dies (vgl. Abb. 4). Demgegenüber wird ein Lernen, weil es persönlich wichtig ist, von über 85 Prozent berichtet. Nimmt man hinzu, dass ein Lernen, um den Unterrichtsstoff zu verstehen (78 Prozent) und das Lernen, um eine positive Meinung bei den Lehrern zu erzielen an zweiter und dritter Stelle stehen, führt dies wiederum zurück zu dem Befund, dass es vorwiegend darum geht, gute Leistungen zu erbringen. Lernen und Verstehen sind vor allem wichtig, wenn sie einen Zweck erfüllen. Sie sind weniger mit Freude belegt als mit Leistung und Erfolg konnotiert. Zu bemerken ist zudem, dass beinahe 20 Prozent angeben, überhaupt nicht zu wissen, warum sie eigentlich in der Schule lernen sollen.

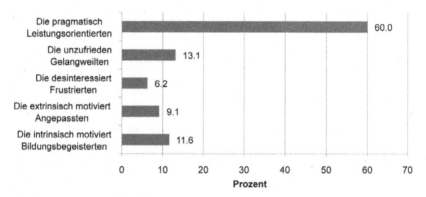

Abb. 4: Motivation, Quelle: Rohlfs 2011

Auf der Basis einer explorativen Faktoren- und Clusteranalyse ließen sich sodann fünf Typen unterscheiden, die durch eine bemerkenswerte Ungleichverteilung gekennzeichnet sind: Mit 60 Prozent hat das Cluster der „pragmatisch Leistungsorientierten" den größten Anteil an der Gesamtstichprobe, mit deutlichem Abstand vor den „unzufrieden Gelangweilten" (13,1 Prozent), den „intrinsisch motiviert Bildungsbegeisterten" (11,6 Prozent), den „extrinsisch motiviert Angepassten" (9,1 Prozent) und schließlich den „desinteressiert Frustrierten" (6,2 Prozent) (vgl. Abb. 5).

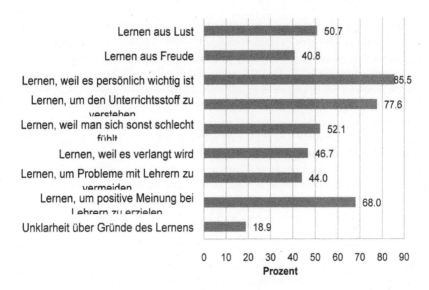

Abb. 5: Cluster nach Bildungseinstellungen, Quelle: Rohlfs 2010

Das Cluster 1 der „pragmatisch Leistungsorientierten" ist dabei als eine Subgruppe zu charakterisieren, deren insgesamt als positiv zu bewertende Bildungseinstellung insbesondere durch den sehr hohen Stellenwert von Leistung und guten Abschlüssen sowie eine starke Motivation dafür geprägt wird, diese zu erreichen. Es zählt weniger die Lernfreude oder eine bemerkenswerte Begeisterung etwa für den schulischen Unterricht. Dabei kennzeichnet vor allem ein realistisch-distanzierter Pragmatismus dieses Cluster, das vorwiegend aus Mädchen, Neuntklässlern der Gesamtschulen und Jugendlichen ohne Migrationshintergrund besteht.

Auch für das Cluster 2 der „unzufrieden Gelangweilten" kann ein hoher Stellenwert guter Abschlüsse konstatiert werden – vor allem aber eine geringe Lern- und Schulfreude, ein starkes Unwohlbefinden, ein geringes Gefühl von Geborgenheit, vergleichsweise starke negative Emotionen wie Angst vor der Schule sowie Langeweile. Eine in all diesen Dimensionen zu spürende Unzufriedenheit mit der eigenen Situation in den Kontexten formaler Bildung prägt deutlich diese Subgruppe, die sich vorwiegend aus Jungen, Neuntklässlern der Sekundarschulen und Jugendlichen ohne Migrationshintergrund zusammensetzt. Die Möglichkeit, dass es sich bei den „unzufrieden Gelangweilten" in Teilen um sogenannte „Underachiever" handelt, die sich in den Kontexten formaler Bildung unterfordert fühlen, ist nicht auszuschließen.

Im Zentrum des Clusters 3 steht hingegen eine auffällige Distanzierung von den Zielen und Motiven einer – aus Sicht dieser Schülerinnen und Schüler – stark leistungsorientierten Schule. Resigniert und frustriert flüchten sich die „desinteressiert Frustrierten" oftmals in Fatalismus und Desinteresse, um sich möglicherweise angesichts ihres vergleichsweise geringen Schulerfolgs vor weiteren Enttäuschungen und Blamagen zu schützen. Das Desinteresse dieser Jugendlichen, die vorwiegend männlich sind, eher die siebte Jahrgangstufe der Sekundarschulen besuchen und zu einem höheren Anteil keinen Migrationshintergrund aufweisen, ist allerdings differenziert zu betrachten, da es primär einer Distanzierung vom Gesamtsystem Schule Ausdruck verleiht. Diese Distanz schließt nicht aus, dass einzelne Dimensionen des Schullebens und der formalisierten Bildung durchaus positiv bewertet und mit Spaß, Lust und Spannung konnotiert werden. Denn es ist die Schule als Abschlüsse vergebende und zu diesem Zweck Leistung einfordernde Institution, welche die Bildungseinstellung dieser Schülerinnen und Schüler negativ färbt, jedoch nicht alle übrigen Facetten von Schule gänzlich überlagert.

Cluster 4 ist demgegenüber als eine Subgruppe zu beschreiben, deren Bildungseinstellung eher indirekt greifbar und in Teilen widersprüchlich erscheint, da das Antwortverhalten der „extrinsisch motiviert Angepassten" an zahlreichen Stellen eine deutliche Außenorientierung erkennen lässt. Weit stärker als in den sonstigen Clustern, auch wenn dies nie gänzlich auszuschließen ist, scheinen Antworten geprägt durch soziale Erwünschtheit (Diekmann 2009, S. 447 ff.; Schnell/Hill/Esser 1999, S. 332 ff.), durch die zweckdienliche Anpassung an gewisse Normen und antizipierte Erwartungen – vor allem der Schule, aber auch der Mitschülerinnen und Mitschüler. Und genau darin zeigt sich vermutlich auch ein Charakteristikum dieser Einstellungen selbst. Die Jugendlichen hier sind etwas häufiger männlich, besuchen zu einem höheren Anteil die neunte Jahrgangstufe der Sekundarschulen und weisen seltener einen Migrationshintergrund auf.

Im Gegensatz dazu besteht das Cluster 5 der „intrinsisch motiviert Bildungsbegeisterten" mehrheitlich aus Migrantinnen und Migranten, die vorwiegend weiblich, zu einem höheren Anteil in der Jahrgangstufe 7 und nur selten an den Sekundarschulen zu finden sind. Die positive Bildungseinstellung dieser Jugendlichen wird durch einen überaus hohen Stellenwert formaler Bildung, durch Lernfreude, Spaß und Interesse geprägt – durch Bildungsbegeisterung, gepaart mit einer starken intrinsischen und konstruktiv wirkenden Motivation.

Das vorwiegend positive innere Verhältnis der untersuchten Schülerinnen und Schüler der Schule und formalisierten Bildung gegenüber differiert also individuell in einem sehr breiten Spektrum unterschiedlicher Typen. Sie ist zudem häufig verknüpft mit einer fehlenden persönlichen Sinnhaftigkeit der Unterrichtsinhalte. Schule ist hier eine Pflichtveranstaltung, die zwar insgesamt von Bedeutung, jedoch von geringem sinnstiftendem Gehalt über die Zertifikatszuteilung hinaus erscheint. Dabei differieren die Bildungseinstellungen zunächst in Abhängigkeit von der besuchten Jahrgangstufe: Mit wachsender Verweildauer im Bildungssystem wird die Einstellungsausprägung zunehmend negativ. Zwar bleibt die Bedeutung von

Schule und guten Abschlüssen erhalten, die Schulfreude und Zufriedenheit aber nehmen sichtbar ab. Ebenso ist ein deutlicher Zusammenhang mit dem Geschlecht zu konstatieren. Mädchen zeigen tendenziell eine positivere Bildungseinstellung als Jungen. Auch zwischen der Einstellungsausprägung und dem besuchten Bildungsgang sind bemerkenswerte Korrelationen festzustellen, denn für Schülerinnen und Schüler niedrigerer Schulformen findet sich tendenziell eine negativer ausgeprägte Bildungseinstellung als für Heranwachsende aus höheren Bildungsgängen. Zudem weisen Heranwachsende mit Migrationshintergrund günstigere Einstellungen auf als Jugendliche ohne Migrationshintergrund. Es scheinen hier auf dem Weg der Umsetzung von Lernfreude in Lernerfolg zu große Hürden zu stehen. Man spricht hier auch vom Leistungs-Einstellungs-Paradoxon.

Weit weniger deutlich als erwartet differieren die Bildungseinstellungen in Abhängigkeit von der sozialen Herkunft. Dies begründet sich vor allem in dem insgesamt sehr geringen Anteil von Familien mit hohem sozioökonomischen Status an der Gesamtstichprobe. Interessant ist hier somit insbesondere der Befund, dass trotz dieser Verteilung vorwiegend positive Bildungseinstellungen für die befragten Schülerinnen und Schüler ermittelt werden konnten. Die Relevanz dieses Ergebnisses erscheint umso höher, als sich eine hochsignifikant positive Korrelation zwischen Einstellung und Schulerfolg zeigt, wobei von einem wechselseitigem Beziehungsgefüge auszugehen ist. Weiterhin konnte festgestellt werden, dass die Bildungseinstellungen weniger deutlich als erwartet und nur in wenigen Teildimensionen signifikant in Abhängigkeit vom kulturellen Kapital der Herkunftsfamilie differieren (vgl. Bourdieu 1983). Weit stärker als die impliziten Mechanismen des kulturellen Kapitals scheinen die z.T. wesentlich expliziteren Bildungsaspirationen der Eltern, das Bewusstmachen von Erwartungen, Zielen und Perspektiven, in Zusammenhang mit den Bildungseinstellungen der Schülerinnen und Schüler zu stehen.

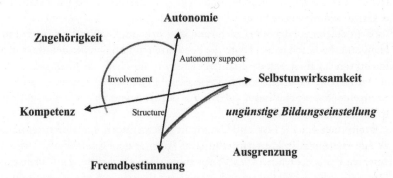

Abb. 6: Bildungseinstellungen im Spannungsfeld der psychologischen Grundbedürfnisse nach Deci und Ryan (1991, 1993), Quelle: Rohlfs 2011

Rekurrierend auf die Selbstbestimmungstheorie der Motivation nach Deci und Ryan (1991; 1993) lässt sich für die Verteilung der Schülerinnen und Schüler auf die vorgestellten Cluster schließlich ein jeweils hoch signifikanter Zusammenhang mit dem Erleben von Autonomie in der Schule, der Erfahrung eigener Kompetenz im Fach Deutsch und dem Empfinden sozialer Eingebundenheit nachweisen. Für das Kompetenzerleben im Fach Mathematik ist dieser Zusammenhang immerhin signifikant. Stets geht dabei eine hoch ausgeprägte Befriedigung dieser psychologischen Grundbedürfnisse mit günstigeren Bildungseinstellungen einher (vgl. Abb. 6) – und am stärksten korreliert eine positive Einstellung mit dem Gefühl der Selbstbestimmung.

4. Konklusionen: Die Entwicklung demokratischer Schulqualität als schulpraktische Aufgabe

Die Bildungseinstellungen der untersuchten Schülerinnen und Schüler an Brennpunktschulen sind überwiegend als günstig zu bewerten und dabei vielfach als pragmatisch und mit einem ausgeprägten Leistungsethos verbunden charakterisierbar – dies als zentraler Befund der vorgestellten empirischen Untersuchung. Ebenso wichtig aber erscheint das Ergebnis der großen Relevanz von Möglichkeiten der Partizipation in der Schule und vor allem im Unterricht sowie des damit verbundenen Autonomieerlebens für ein positives inneres Verhältnis zur Schule und formalen Bildung – für die Entstehung des beschriebenen Leistungsethos. In einem die Selbstbestimmung fördernden Klassenklima, in dem der Lehrer die Perspektive, Interessen und Lebensbezüge der Schüler ernst nimmt, zeigen die Kinder und Jugendlichen häufiger Neugier, größere Eigenständigkeit in der Problemlösung und eine positivere Selbsteinschätzung als in einer stärker kontrollierten Lernumgebung (vgl. Deci/Ryan 1993, S. 232). Und insbesondere das Gefühl von Fremdbestimmung und Selbstunwirksamkeit prägen deutlich eine negative Bildungseinstellung.

Nicht zuletzt vor diesem Hintergrund lässt sich aus dem Ergebnis ein deutlicher Handlungsbedarf ableiten: Denn die Schülerinnen und Schüler der untersuchten Stichprobe in ihrer Schule erfahren sich zwar durchaus zu über zwei Dritteln als vielfach in Entscheidungsprozesse eingebunden, im Unterreicht aber – im Kerngeschäft der Schule also – dürfen sie nur zu einem Drittel überhaupt mitbestimmen (vgl. Abb. 7).

Somit stellt sich die Frage, ob Unterricht in seiner noch immer weit verbreiteten und an traditionellen Mustern orientierten Form, in der Entscheidungen insbesondere den Unterrichtenden vorbehalten sind und ein sinnstiftender Gehalt aus der Perspektive der Schülerinnen und Schüler nur in geringem Maße vermittelt wird, geeignet erscheint, langfristig günstige Einstellungen von Kindern und Jugendlichen der Schule und der formalisierten Bildung gegenüber aufrechtzuerhalten.

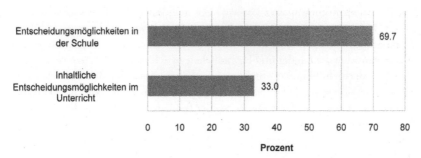

Abb. 7: Partizipationsmöglichkeiten in Schule und Unterricht, Quelle: Rohlfs 2011

Vor diesem Hintergrund eröffnen sich doch in demokratiepädagogischen Konzeptionen bemerkenswerte Perspektiven für die Gestaltung eines Unterrichts und einer Schule, in denen die Interessen der Schülerinnen und Schüler ernst genommen und Einstellungen nicht nur der formalen Bildung gegenüber entstehen können, die letztlich Konturen einer „demokratischen Schulqualität" (Edelstein 2009, S. 10) im Kontext eines auf diese Weise sinnstiftenden und selbstbestimmten Lernens bilden. Denn das „Konzept der Demokratiepädagogik zielt auf eine genaue Wahrnehmung der Möglichkeiten, die in institutionellen erzieherischen Kontexten bestehen, um Wissen, Haltung und Handlungsfähigkeiten in und für die Demokratie zu fördern" (Berkessel et al. 2011, S. 229) und legt somit zugleich eine entscheidende Grundlage für die Entwicklung eines positiven inneren Verhältnisses der Schule gegenüber.

Eine demokratiepädagogische Fundierung schulischen Unterrichts und die damit eng verbundene Orientierung an den Interessen der Schülerinnen und Schüler (Beutel/Fauser 2009) kann somit in vielerlei Hinsicht als einstellungsprägend bezeichnet werden und stellt eine der zentralen schulpraktischen Aufgaben dar, wenn es gilt, die neue deutsche Bildungskatastrophe als Anlass für eine konstruktive Schulentwicklung auf unterschiedlichen Ebenen zu nehmen. Dass in der vorgestellten Untersuchung das Gefühl der Ausgrenzung aus der sozialen Gruppe weniger relevant ist für die Entstehung einer günstigen Einstellung zur Schule als das Erleben eingeschränkter Autonomie und mangelnder Partizipationsmöglichkeiten, unterstreicht die Dringlichkeit dieser Aufgabe, die auch im hektischen Post-PISA-Diskurs weit stärkere Wahrnehmung erfahren sollte als bislang geschehen und hier als eine bedeutsame überfachliche Konstante verstanden werden kann.

Es erscheint darüber hinaus notwendig, Schule als sozialen Lebens- und politischen Lernraum wieder in den Fokus auch der öffentlichen Diskussion zu rücken. Demokratisches Engagement wächst dann, wenn schon Kinder erleben, dass sie als Person respektiert werden, und wenn sie ihr Leben und Lernen in der Schule verantwortlich mitbestimmen können. Die Schule ist alltäglicher Lebensraum, in dem Macht ausgeübt und Interessen ausgehandelt werden. Es muss somit ein grundsätzlicher Anspruch an die Gestaltung dieses Alltags sein, die grundlegenden Menschenrechte der Kinder und Jugendlichen zu achten und die Bereitschaft und Fähigkeit der Schülerinnen zum demokratischen Zusammenleben zu fördern. Auch darüber, wie sie diesen Anspruch umsetzen, haben Schulen Rechenschaft abzulegen, nicht nur über die Förderung der fachlichen Leistungen (Brügelmann/ Rohlfs 2008).

Dazu hat die Kultusministerkonferenz (2006) festgehalten, dass sie sich „... ausdrücklich zu der Kinderrechtskonvention und dem darin festgeschriebenen Recht des Kindes auf Bildung (bekennt), von dessen Verwirklichung die Zukunft des Einzelnen wie auch der Gesellschaft nicht unwesentlich abhängt. [...] Die Kultusministerkonferenz spricht sich dafür aus, dass die Subjektstellung des Kindes und dessen allseitiger Entfaltungsanspruch in allen Schulstufen und -arten zu respektieren sind und Maßnahmen zur Förderung von Begabungsvielfalt sowie zur Vermeidung von sozialer Ausgrenzung verstärkt werden müssen. Die Kultusministerkonferenz spricht sich dafür aus, dass die altersgerechte Berücksichtigung der Rechte des Kindes auf Schutz und Fürsorge sowie auf Partizipation essentiell für die Schulkultur ist" (KMK 2006).

Viele Schulen, viele Lehrerinnen und Lehrer haben bereits tragfähige Ansätze entwickelt, die eine ernsthafte Beteiligung an Entscheidungen ermöglichen: von Freiräumen für selbstständiges Arbeiten über Klassenräte bis hin zu Schulversammlungen (Drews/Wallrabenstein 2002; Burk et al. 2003). Diese Ansätze verdienen Beachtung und Wertschätzung, bedürfen der Unterstützung und Verbreitung. Denn nur in einem Schulklima, das geprägt ist durch eine Vermeidung und Ablehnung strafender Kontrolle, persönlicher Erniedrigung, Ohnmacht von Schülerinnen und Schülern und alleiniger Entscheidungskompetenz von Lehrerinnen und Lehrern kann es allen in Schule Handelnden gemeinsam gelingen, die in den letzten Jahrzehnten durchaus gewachsenen Räume der Mitbestimmung für Schülerinnen und Schüler zu öffnen und Partizipation als eine sinnvolle, notwendige und attraktive Aufgabe zu gestalten (Rohlfs/Topor/Palentien 2006) und die Bildungseinstellungen der Heranwachsenden positiv zu entwickeln.

Für die weitere empirische Forschung ist es entsprechend von großem Interesse, zu untersuchen, wann und wie Schülerinnen und Schülern in der Schule und vor allem im Unterricht die Übernahme von Verantwortung für ihre Interessen sowie für das eigene Lernen und das Lernen anderer ermöglicht wird und wie das wechselseitige Bedingungsgefüge zwischen Mitbestimmung und Einstellung konkret zu charakterisieren ist. Denn nicht nur das Autonomieerleben ist eine entscheidende Voraussetzung für ein günstiges Verhältnis zur Schule - eine positive Einstellung führt ebenso zu einer stärkeren Wahrnehmung der eröffneten Räume für Partizipation.

Literatur

Behnken, I. et al. (2005): Lernen, Bildung, Sozialisation. Die Perspektive der Kinder und Jugendlichen. Expertise zum 8. Kinder- und Jugendbericht der Landeregierung NRW. Düsseldorf.

Berkessel, H. et al. (2011): Präventionsarbeit und Demokratiepädagogik – Praxisbeispiele und Forschungsansätze zum Wechselspiel von Rechtsextremismus bei Jugendlichen und demokratischer Schulentwicklung. In: Aufenager, S. et al. (Hrsg.): Bildung in der Demokratie. Beiträge zum 22. Kongress der Deutschen Gesellschaft für Erziehungswissenschaft (229-260). Band 2. Opladen.

Beutel, W./Fauser, P. (2009). Demokratie, Lernqualität und Schulentwicklung. Eine Einführung. In: Beutel, W. & Fauser, P. (Hrsg.), Demokratie, Lernqualität und Schulentwicklung. Schwalbach/ Ts., S. 5-13.

Bourdieu, P. (1983): Ökonomisches Kapital, kulturelles Kapital, soziales Kapital. In: Kreckel, R. (Hrsg.): Soziale Ungleichheit (Soziale Welt/Sonderband 2) Göttingen, S. 183-198.

Brügelmann, H./Rohlfs, C. (2007): Die Grundschule als sozialer Lebens- und politischer Lernraum. Demokratisierung von Schule und Unterricht. In: Neue deutsche Schule NDS. 59(11), S. 14-15.

Burk, K. et al. (Hrsg.) (2003): Kinder beteiligen – Demokratie lernen? Beiträge zur Reform der Grundschule, Bd. 116. Frankfurt/M.

Deci, E. L./Ryan, R. M. (1991): A Motivational Approach to Self: Integration in Personality. In: Dienstbier, R. A. (Ed.): Perspectives on Motivation. Nebraska Symposium on Motivation, 1990. Lincoln, S. 237-288.

Deci, E. L./Ryan, R. M. (1993): Die Selbstbestimmungstheorie der Motivation und ihre Bedeutung für die Pädagogik. In: Zeitschrift für Pädagogik, Jg. 27, H. 2, S. 223-238.

Diekmann, A. (2009): Empirische Sozialforschung. Grundlagen, Methoden, Anwendungen. Reinbek.

Drews, U./Wallrabenstein, W. (Hrsg.) (2002): Freiarbeit in der Grundschule. Offener Unterricht in Theorie, Praxis und Forschung. Beiträge zur Reform der Grundschule, Bd. 114. Frankfurt/M.

Edelstein, W. (2009): Demokratie als Praxis und Demokratie als Wert. In: Edelstein, W./Frank, S./ Sliwka, A. (Hrsg.): Praxisbuch Demokratiepädagogik. Weinheim/Basel, S. 7-20.

Harazd, B./Schürer, S. (2006): Veränderung der Schulfreude von der Grundschule zur weiterführenden Schule. In: Schründer-Lenzen, A. (Hrsg.): Risikofaktoren kindlicher Entwicklung: Migration – Schulleistung – Emotionalität. Wiesbaden, S. 208-222.

Krüger, H.-H./Grunert, C. (2005): Jugend und Bildung. In: Tippelt, R. (Hrsg.): Handbuch Bildungsforschung. Wiesbaden, S. 495-512.

Kultusministerkonferenz (KMK) (2006): Erklärung der Kultusministerkonferenz vom 3.3.2006 zur Umsetzung des Übereinkommens der Vereinten Nationen über die Rechte des Kindes. Beschluss vom 3.3.2006. [online]: http://www.kmk.org/fileadmin/veroeffentlichungen_ beschluesse/2006/2006_03_03-Rechte-des-Kindes-UN.pdf [Stand: 13.07.2011].

Rohlfs, C. (2011): Bildungseinstellungen. Schule und formale Bildung aus der Perspektive von Schülerinnen und Schülern. Wiesbaden.

Rohlfs, C./Topor, M./Palentien, C. (2006): Demokratie im Klassenzimmer. In Arbeitsgemeinschaft Evangelische Schülerinnen- und Schülerarbeit e.V/Bildungswerk für Schülervertretungsarbeit in Deutschland e.V. (Hrsg.): Demokratie im Klassenzimmer. Dokumentation der Tagung vom 16. bis 18. Juni 2006. Berlin, S. 7-12.

Senator für Bildung und Wissenschaft Bremen (2005): Qualitätsprojekte an Schulen des Landes Bremen. Beschlussfassung. Vorlage Nr. L 165 für die Sitzung der Deputation für Bildung am 24. November 2005. [online]: http://www2.bildung.bremen.de/sfb/behoerde/deputation/depu/ l165_16.pdf [Stand: 05.08.2009].

Schnell, R./Hill, P.B./Esser, E. (1999): Methoden der empirischen Sozialforschung. München/Wien.

III. Praxis

Sonja Student

Der Klassenrat als Motor der Entwicklung zur kindergerechten Schule

Erfahrungen der Grundschule Süd in Landau

Wenn in der Demokratiepädagogik vom Klassenrat gesprochen wird, haben wir ein bestimmtes Konzept vor Augen: Es basiert darauf, dass der Klassenrat eine institutionell verankerte demokratische Gelegenheitsstruktur ist, bei der Kinder und Jugendliche im Rahmen ihrer Klasse altersgemäß und entsprechend ihrer Reife an allen Entscheidungen beteiligt werden, von denen sie betroffen sind.

Partizipation ist ein Kinderrecht, das in der UN-Kinderrechtskonvention (KRK) von 1989 in Artikel 12 ausdrücklich festgelegt ist. Seit ihrer Ratifizierung in Deutschland 1992 ist die KRK hier geltendes Recht und damit für das Zusammenleben und das Lernen in deutschen Schulen verbindlich. Beteiligung bezieht sich dabei nicht nur auf die Lösung sozialer Konflikte oder die Verteilung von Klassendiensten, sondern auch auf die Inhalte des Unterrichts, die Leistungsbewertung, die Angelegenheiten der Klasse oder Lerngruppe, der ganzen Schule sowie zivilgesellschaftliche Projekte und Beteiligung am kommunalen Leben. „Die Formulierung ‚nach Alter und Entwicklungsstand' im KRK-Artikel 12 ist nicht restriktiv auszulegen, denn Kinder entwickeln sich nur, wenn ihre Fähigkeiten hervorgelockt werden" (Krappmann 2008, S. 2).

Artikel 12 der KRK
(1) Die Vertragsstaaten sichern dem Kind, das fähig ist, sich eine eigene Meinung zu bilden, das Recht zu, diese Meinung in allen das Kind berührenden Angelegenheiten frei zu äußern, und berücksichtigen die Meinung des Kindes angemessen und entsprechend seinem Alter und seiner Reife.
Am 3. März 2006 hat die Kultusministerkonferenz eine „Erklärung zur Umsetzung der Konvention der Vereinten Nationen über die Rechte des Kindes" abgegeben. Darin heißt es unter anderem: „Die KMK spricht sich dafür aus, dass die altersgerechte Berücksichtigung der Rechte des Kindes auf Schutz und Fürsorge sowie auf Partizipation essentiell für die Schulkultur ist."[1]

---

1   KMK-Beschluss zit. nach: Portmann 2008, S. 5; Download unter: www.kinderrechte.rlp.de (Rubrik „Konvention/Politische Grundsatzbeschlüsse")

Für ein solches kinderrechtbasiertes und demokratiepädagogisches Verständnis des Klassenrats gilt, dass die dafür erforderlichen Fähigkeiten und Einstellungen der Kinder und Jugendlichen und der sie begleitenden Lehrkräfte in einem Entwicklungs- und Bildungsprozess entfaltet werden müssen – sowohl im lebensweltlichen Ernstfall als auch in einem begleitenden Demokratie-Curriculum (im Sinne einer Mischung aus Kommunikations- und Konfliktlösungsstrategien, Empathieförderung, Perspektivenerweiterung und Politischer Bildung). Dabei bezieht sich der Lernprozess ausdrücklich nicht nur auf Schülerinnen und Schüler, sondern auch auf die Lehrinnen und Lehrer bzw. pädagogischen Fachkräfte, die diesen Lernprozess nicht nur begleiten, sondern auch als Vorbilder repräsentieren sollten.

Klassenrat ist nicht gleich Klassenrat: die vier Varianten

Man muss darauf hinweisen, dass das hier beschriebene demokratiepädagogische und kinderrechtbasierte Verständnis von Klassenrat keineswegs bei allen Anwendern und Befürworterinnen des Klassenrats Konsens ist. Ich bin im Jahr 2002 im Rahmen des BLK-Modellprogramms „Demokratie lernen und leben" als Länderkoordinatorin für Rheinland-Pfalz bei der Betreuung von Schulnetzwerken für Partizipation und Demokratie auf den Klassenrat gestoßen. Im Laufe der Jahre habe ich ganz verschiedene Verständnisse und Anwendungsarten des Klassenrates kennengelernt, denen meist implizit sehr unterschiedliche Konzepte zugrunde lagen. Von der Grundschule bis zum Gymnasium oder zur Berufsbildenden Schule habe ich dabei mindestens vier verschiedene Konzepte des Klassenrats vorgefunden[2]:

1. Klassenrat als Instrument einer demokratisch geprägten Ordnungskultur (Anerkennung und Zugehörigkeit)
2. Klassenrat als Instrument einer demokratisch geprägten Leistungskultur (Selbstwirksamkeit)
3. Klassenrat als Instrument einer demokratischen Beziehungskultur (Partizipation und Verantwortung für die Gemeinschaft)
4. Klassenrat als lernende Institution und Instrument einer Integration von Ordnungs-, Leistungs- und Beziehungskultur (Lernende Individuen und Organisationen).

Die drei ersten Konzepte sind perspektivisch eingegrenzt, erst Konzept 4 wirkt demokratiepädagogisch gesprochen „integrativ". Diesem vierten Konzept entspricht m. E. die demokratiepädagogische Orientierung in ihrer reifen Form. Dabei gibt es Übergangs- und Mischformen. Die hier vorgenommene Klassifizierung dient

---

2   Bei der Charakterisierung der Ebenen des Klassenrats orientiere ich mich in freier Abwandlung an den Stufentheorien der Entwicklung nach Piaget, Kohlberg, Kegan, Cook-Greuter, Graves und Wilber.

vor allem der Schärfung der Aufmerksamkeit bei der Beobachtung konkreter An-
wendungsformen und ihrer Begründung und damit einer besseren Verständigung.

Die These ist: Der Klassenrat und unser Verständnis davon ist entwicklungsfähig
vor allem dann, wenn wir als Akteure in der Schule uns bewusst als Teil dieses
Entwicklungsprozesses verstehen. Je mehr wir das komplexe Verständnis teilen,
desto eher können wir den Klassenrat selbst als einen Entwicklungsrahmen nutzen.
Auch wenn der Klassenrat „klein" anfängt, können wir dadurch, dass wir vielfältige
Gelegenheitsstrukturen schaffen, jeden Klassenrat auf ein multiperspektivisches
Verständnis hin erweitern. Der Weg von Konzept 1 bis 4 wäre in diesem Sinne als
Entwicklung zu verstehen, die „Alter und Reife" der Kinder sowie die zunehmende
Komplexität im Verständnis der beteiligten Erwachsenen widerspiegelt. Jede der
Stufen sollte in einem Entwicklungsprozess die Kompetenzen der vorherigen Stufe
aufgreifen im Sinne eines „transzendiere und bewahre".

Der Klassenrat als Instrument einer demokratisch geprägten Ordnungskultur

In diesem Kontext wird der Klassenrat als Möglichkeit gesehen, das soziale Zusammenleben in der Klasse durch klare Regeln des Miteinanders sicher und verbindlich
zu gestalten. Die Kinder und Jugendlichen sind von Anfang an für ihre Gemeinschaft
mitverantwortlich und beteiligen sich entsprechend ihren Fähigkeiten und Interessen
an klar definierten und zeitlich begrenzten Aufgaben, z.B. im Chefsystem der Grundschule. Hier hat der Klassenrat eine starke Sozialisierungs- und Ordnungsfunktion.
Jede und jeder gehört zur sozialen Gruppe, niemand ist ausgeschlossen. Jeder trägt
etwas zum Gelingen der Gemeinschaft bei und erwirbt sich so Anerkennung.

Entwicklungspsychologisch entspricht diese Stufe dem konkret-operationalen
Denken und einer an Gruppennormen ausgerichteten Ethik. Sie stimmt mit dem
Denken und der Weltsicht von Kindern im Grundschulalter überein. Die weiteren
Entwicklungsebenen sind in einer demokratischen Sozialisation immer schon ange-
legt. Demokratie lernt man durch Demokratie und insofern sind Selbstwirksamkeit,
Partizipation und Verantwortung schon mit Beginn demokratischer Bildung und
Erziehung altersgerecht zu berücksichtigen.

Der Klassenrat als Instrument einer demokratisch geprägten Leistungskultur

Im Rahmen der Qualitätsdiskussion an Schulen mit dem Ziel der Förderung von
Kompetenzen wird der Klassenrat als Gelegenheitsstruktur gesehen, im Kontext
einer realen Situation soziale, demokratische und politische Kompetenzen zu
erwerben. Sogenannte Soft Skills werden heute im Berufsleben vorausgesetzt und
gehören zu den von EU und Europarat benannten Schlüsselkompetenzen. Selbst-

kompetenz und soziale Kompetenzen sind ebenso wichtig wie die durch PISA getesteten fachlichen und methodischen Fähigkeiten. Soziale Kompetenzen sind nach diesem Verständnis nicht nur erfreuliches Beiwerk zu den Fachkompetenzen, sondern gehören zum Kern der Leistungskultur. Entwicklungspsychologisch entspricht diese Phase dem formal-operationalen Denken und einer Gewissensethik, die am Ideal des freien, aufgeklärten und mündigen Menschen ausgerichtet ist.

Der Klassenrat als Instrument einer demokratischen Beziehungskultur

Schulen sind nicht nur Lernorte, sondern auch Lebensorte, in denen Kinder und Jugendliche, vor allem an Ganztagsschulen, einen großen Teil ihrer Zeit verbringen. Im Klassenrat haben sie Gelegenheit, von Anfang an ihr gemeinschaftliches Leben und Lernen zu gestalten. Eine bewusste, achtungsvolle und respektbasierte Ethik des WIR ist ein wesentlicher Faktor einer Schule, die als gerechte und fürsorgliche Gemeinschaft verstanden wird. Es geht hierbei um die Förderung der Persönlichkeit junger Menschen und zielt damit vor allem auf die Potenziale, die nicht in beruflicher Verwertbarkeit aufgehen. Hier geht es auch darum, soziale Benachteiligungen auszugleichen und der Verschiedenheit der Menschen gerecht zu werden. Der Aspekt der Chancengleichheit oder des Chancenausgleichs und der besonderen Förderung benachteiligter Gruppen spielen hier eine wichtige Rolle. Entwicklungspsychologisch entspricht diese Ausrichtung einer multiperspektivischen und pluralistischen Sichtweise und einer pluralistischen Ethik. Demokratische Gremien und Vorstellungen von Demokratie nicht nur als Staatsform, sondern auch als Gesellschaftsform und Lebensform entspringen dieser pluralistischen Entwicklungsebene ebenso wie die Kinderrechte.

Ein Problem dieser Entwicklungsebene ist, dass sie sich selbst nicht als Ergebnis eines langen individuellen und kollektiven Entwicklungsprozesses sieht, in ihrer unreifen Form andere Ebenen ablehnt und ihre wichtige Funktion im Entwicklungsprozess sowie als Basis der Entwicklung ignoriert. Man könnte sagen, nur die oberen Stockwerke des Hauses werden geschätzt, das Fundament wird vernachlässigt.

Der Klassenrat als lernende Institution und Instrument einer Integration von Ordnungs-, Leistungs- und Beziehungskultur

Ein integrativer Ansatz für den Klassenrat trägt der Entwicklungsdimension unseres Bewusstseins Rechnung. Kinder und Jugendliche sowie Lehrkräfte müssen dort abgeholt werden, wo sie in ihrer Entwicklung stehen. Solch ein wertschätzender und zugleich entwicklungsorientierter Ansatz bewahrt das Beste aller drei Ansätze und geht zugleich darüber hinaus: Zugehörigkeit, Einbindung in die Gemeinschaft, Anerkennung, Einhaltung von Regeln (Ordnungskultur); Selbstwirksamkeit und

Förderung individueller und sozialer Kompetenzen (Leistungskultur); Beteiligung und Verantwortung als zwei Seiten einer Medaille (Beziehungskultur).

Entwicklungspsychologisch entspricht dieses Konzept einer integrativen oder integralen Entwicklungsstufe, die die Stärken der vorhergehenden Konzepte wertschätzt, ihre gesunden Formen bewahrt und neue Qualitäten hinzufügt.

Der Klassenrat als lernende Institution. Ein Beispiel aus der Praxis

Am Beispiel der Grundschule Süd in Landau (Rheinland-Pfalz) kann gezeigt werden, wie sich der integrative Klassenrat sowohl von seinen Themen und von seiner Einbettung in eine demokratische Schulkultur und -struktur als auch in der Tiefe des Verständnisses durch das Schulkollegium entwickelt. Eine Fortsetzung der Betrachtung am Beispiel von Schulen des Sekundarbereiches im Kontrast mit der Grundschule wäre eine sinnvolle Weiterführung dieser Untersuchung.

Grundschule Süd – der Weg zum Schulpreis

Aus der Laudatio anlässlich der Verleihung des Deutschen Schulpreises 2010:
„Von der Grundschule Süd in Landau kann man lernen, warum Demokratie zu einer umfassenden Lernförderung von klein auf gehört und deshalb zu den wesentlichen Qualitäten guter Schule zählt ... Ein solcher Weg der Kompetenzbildung, dessen Kern darin besteht, Kindern Gehör zu schenken, sie zu eigenem Handeln und zur Mitwirkung einzuladen, charakterisiert die pädagogische Arbeit und Kultur der Landauer Schule in all ihren Facetten nach innen und außen. Im Unterricht lernen die Kinder gleichermaßen, individuell passende Aufgaben und Materialien auszuwählen, mit anderen gemeinsam Projekte zu planen, einander zu helfen als Experten, behinderte Mitschüler zu unterstützen und ihr Lernen mit einem Portfolio über die ganze Schulzeit zu dokumentieren. Sie lernen auch, im Klassenrat und im Schulparlament zu diskutieren und zu entscheiden und so Verantwortung zu übernehmen – ob es um alltägliche Rangeleien geht oder um den Plan für die Rollerbahn ... Sie erfahren Demokratie als Selbstverständlichkeit ..." (Blank/Beck 2010, S. 3).

Die Anfänge: Die Schulversammlung

Die Verleihung des Deutschen Schulpreises an die Grundschule Süd in Landau ist das Ergebnis eines langen Schulentwicklungsprozesses, bei dem der Klassenrat eine tragende Rolle spielt.[3]

---

3 Die Entwicklung von 2001 bis 2006 ist dem Praxisbaustein des BLK-Programms „Demokratie lernen & leben" entnommen: Burg et al. 2006. Seit 2007 begleite ich die Schule im Rahmen des Netzwerks der Modellschulen für Partizipation und Demokratie.

Begonnen hat der Prozess mit dem Aufbau der Schule im Jahr 2001. Zu diesem Zeitpunkt teilte sich die Grundschule Süd das Schulgelände mit der benachbarten Montessorischule. In den Pausen stritten die Kinder der beiden ersten Klassen der Grundschule Süd und der zwei Lerngruppen der Montessorischule um die Benutzung der Spielgeräte. Vereinbarungen, wie z.B. der Spieledienst, wurden häufig nicht eingehalten. Um das Problem zu klären und eine Lagerbildung zu verhindern, riefen die Lehrkräfte der beiden Schulen eine Schulversammlung ins Leben. Bei den ersten Versammlungen wurden Regeln zur gemeinsamen Nutzung der Spielgeräte und zur Pausenordnung besprochen und vereinbart. Die Leitung der Versammlung lag damals noch in den Händen der Lehrkräfte. An der Grundschule Süd wurden die Schulversammlungen beibehalten. Bei bis zu 100 Kindern wurden in dem Großgremium alle wichtigen Angelegenheiten besprochen. In der monatlichen Versammlung konnten nie alle Anträge behandelt werden und immer wieder wurden wichtige Anliegen verschoben, zur Unzufriedenheit aller Beteiligten. Bei der Reflexion wurde deutlich, dass ein demokratischer Prozess Kontinuität, Strukturierung und Qualifizierung brauchte. Das Lehrerkollegium beschäftigte sich in der Folge damit, wie die Schulversammlung in den Klassen fundiert und wie die Partizipation mehr sein könnte als die Regelung von Konflikten unter Beteiligung der Kinder. Dabei stießen die Kolleginnen auf das demokratische Gremium des Klassenrates und beschlossen, in allen Klassen Klassenräte aufzubauen. Mit diesem Anliegen und dem Ziel der Evaluation und Weiterentwicklung der Klassenratspraxis beteiligte sich die Schule am bundesweiten BLK-Programm „Demokratie lernen & leben" von 2002 bis 2007.

Der Klassenrat wird zur Basis der Demokratie an der Schule und entwickelt sich

Die Teilnahme an diesem Programm inspirierte das Kollegium, die demokratische Praxis an ihrer Schule systematischer zu reflektieren. Es wurde deutlich, dass die Basis für die Beteiligung und Verantwortlichkeit der Kinder nur innerhalb der Klasse liegen kann. Demokratie beginnt im Nahbereich, dort, wo die Kinder jeden Tag gemeinsam lernen und leben. Dieses Zusammenleben, das geteilte WIR, vollzieht sich entweder unbewusst oder es wird bewusst von allen gestaltet und kann so zur „Schule der Demokratie" werden. Die Schule hatte mittlerweile sieben Klassen und 150 Kinder. Zunächst wurde der Klassenrat beliebig abgehalten und es gab keine festen Klassenratszeiten. Meistens waren Konflikte unter Kindern der Anlass zur seiner Einberufung.

Bei der Entwicklung des Klassenrats stand die Qualifizierung der Kinder und des Kollegiums im Vordergrund: Ab 2003 wurden an der Schule regelmäßig Demokratietage durchgeführt, während denen die Kinder demokratische Kompetenzen erwerben konnten. Jede Klasse legte eigene Lernschwerpunkte fest:

Regeln aufstellen, Stopp-Zeichen beachten, Gefühle ausdrücken, Konflikte lösen etc. Ab Klasse 1 stand auf dem Lernprogramm: Regeln aufstellen und einhalten, einander zuhören, in Ich-Botschaften sprechen und Konflikte friedlich lösen. Alle Schülerinnen und Schüler erprobten ihre Rollen als Klassenratschefs und Protokollanten. Sie lernten Gesprächsführung und Präsentationstechniken, um wesentliche Stichpunkte notieren zu können.

Auch im Kollegium begann ein nachhaltiger Lernprozess. Um den gemeinsamen Weg zu reflektieren und mehr Absprachen treffen zu können, wurden zweimal in der Woche eine jeweils zweistündige verbindliche Präsenzzeit und einmal wöchentlich ein Jour Fixe zur internen Verständigung über die Unterrichts- und Schulentwicklung vereinbart. Die Teilnahme an den Fortbildungsveranstaltungen des Netzwerks „Demokratie leben & lernen" brachte immer wieder neue Impulse für die Schulentwicklung.

Ein wichtiges Thema war die „Zeit" für den Klassenrat. Von Anfang an ermutigte die Schulleiterin das Kollegium dazu, sich Zeit für die Demokratie an der Schule zu nehmen. Diese Zeit wird eingespart, wenn die Kinder konfliktfreier miteinander umgehen können und dadurch kostbare Unterrichtszeit frei wird. Trotz der Ermutigung musste jede Lehrkraft diese Erfahrung in ihrem eigenen Lernprozess machen. Das Kollegium brauchte selbst Zeit und gegenseitigen Austausch, um den praktischen Nutzen demokratischer Prozesse zu erleben. Sie können nicht umgangen, aber durch entgegenkommende Verhältnisse erleichtert werden. Das gilt für Entwicklungsprozesse von Kindern und Jugendlichen und ebenso für Erwachsene. Um die Lernbereitschaft bei Erwachsenen zu befördern, kann das Wissen um Entwicklungsprozesse im Erwachsenenalter eine Brücke zum lebenslangen Lernen sein. Robert Kegan (1986) beschreibt die Tatsache, dass stufenförmige Entwicklung im Erwachsenenalter nicht aufhört. Wenn Lehrkräfte persönliche Vorbilder fürs Lernen und für Entwicklung sein wollen und nicht nur fürs Fachlernen, kann diese Aussage nicht hoch genug eingeschätzt werden.

Für das Kollegium entstand durch die Teilnahme am BLK-Programm „Demokratie lernen & leben" ein selbst gewählter Druck, um das Vorhaben „Klassenrat als demokratischer Baustein zur Mitentscheidung und Mitgestaltung an Leben und Lernen in der Schule" weiterzuentwickeln. Ein Gelingensfaktor für beispielhafte Schulentwicklung ist das Zusammenwirken von WOLLEN, KÖNNEN und MÜSSEN. Die Teilnahme an dem Schulprogramm war so etwas wie ein selbst gewolltes Muss und förderte zugleich durch den Austausch und die Qualifizierungsangebote das Können aller Beteiligten.

Bei der demokratischen Schulentwicklung waren die Eltern von Anfang an wichtige Partner. Diese wurden über die Ziele des Schulprogramms und die Themen der Demokratietage informiert. Wie die Lehrkräfte machten sie die Erfahrung, dass ihre Kinder selbstbewusster wurden und auch zu Hause mehr „Mitsprache" einforderten. Andererseits waren die Kinder auch deutlicher bereit, ebenso wie in den schulischen Verantwortungsprojekten (Spieledienste, Anbieten von AGs, Ausüben der Rollen im Klassenrat, etc.) auch zu Hause mehr Pflichten in der Gemeinschaft zu übernehmen. Einige Eltern übernahmen eine wichtige Rolle bei der inhaltlichen Gestaltung der Demokratietage.

Demokratie lernen und lehren

Zu Beginn des Programms reiste das Kollegium zur Hospitation an Schulen in anderen Bundesländern, die schon länger eine demokratische Schulkultur praktizierten. Mittlerweile bietet die Schule im Rahmen ihrer Mitgliedschaft im Netzwerk der Modellschulen für Partizipation und Demokratie in Rheinland-Pfalz Schulen verschiedener Schularten Möglichkeiten zur Hospitation. Ich habe gemeinsam mit den Kindern der Grundschule Süd und ihren Lehrerinnen verschiedene Workshops für Lehrkräfte durchgeführt und war stets beeindruckt von der Kompetenz der Kinder, wenn sie konkret die Vorteile und die Praxis des Klassenrats aus ihrer Sicht erklärten. Die Kinder waren mit den Partizipationsmöglichkeiten an ihrer Schule sehr zufrieden. Die Angst, dass Kinder über alles entscheiden wollen, auch wenn sie dafür noch keine Kompetenz besitzen, ist unbegründet. Kinder sind zufrieden, wenn sie an Entscheidungen beteiligt sind, die sie überblicken und die sie mitverantworten können. Überforderung von Kindern im Bereich Partizipation kommt eher aus der ideologischen Perspektive von Anhängern einer Flachland-Demokratie, welche die Entwicklungsperspektive vernachlässigt und die Unterschiede zwischen Kindern und Erwachsenen „wegtheoretisiert", statt Entwicklung zu fördern. Dass bei den Kindern eine Entwicklung ihrer demokratischen Kompetenzen stattgefunden hat, kann man gut in dem Film über den Klassenrat an der Grundschule Süd im Vergleich der Klassen 2 und 4 beobachten. Ein weiterer eindrücklicher Beleg ist, dass viele der Kinder aus den vierten Klassen nach dem Übergang auf die weiterführenden Schulen zu Klassensprechern gewählt werden, auch wenn sie ihre erfolgreiche Praxis des Klassenrats an den meisten Schulen leider nicht weiterführen können.

Schule als eine lernende Institution

Seit dem Ende des BLK-Programms 2007 ist der Klassenrat in allen Klassen der Grundschule Süd fest etabliert und beansprucht dort etwa 20 bis 30 Minuten Zeit pro Woche. Er wird ständig weiterentwickelt. Um das Erreichte zu sichern, werden neue Kolleginnen in Theorie und Praxis des Klassenrats eingeführt und geschult. Der Klassenrat ist in eine sich entwickelnde demokratische Institution integriert und fest in die Schulstruktur und -kultur eingebunden. Die Repräsentanten der Klassenräte treffen sich alle zwei Wochen in der Abgeordnetenversammlung, monatlich findet eine Schulversammlung statt. Bei vier Demokratietagen im Jahr werden die erforderlichen demokratischen Kompetenzen eingeübt.

Anerkennung, Zugehörigkeit, Selbstwirksamkeit, Partizipation und Verantwortung sind Elemente der demokratischen Kultur an der Grundschule Süd. Sie werden im Miteinander der Klasse, im Klassenrat, im Unterricht, im Zusammenleben in der Schule und im zivilgesellschaftlichen Engagement in der Kommune gelebt. Die demokratische Schulkultur ist eine der drei Säulen des Schulkonzepts, das auf die Elemente „Eigenverantwortliches Lernen", „Demokratische Schulkultur" und „ Vielfalt" aufbaut.

Seit ihrer Gründung 2001 hat sich die Grundschule Süd immer weiter zu einer lernenden Institution entwickelt. In diesem Schulentwicklungsprozess haben sich das Verständnis von guter Schule als einer kindergerechten Schule sowie die erfolgreiche Praxis der Umsetzung dieses Gesamtkonzepts entfaltet. Am Beispiel des Klassenrats ist gut nachvollziehbar, wie das Zusammenspiel von Information und Qualifikation, Praxiserfahrung und systematischer Reflexion der Praxis nicht nur die Entwicklung des Klassenrats, sondern die gesamte Entwicklung der Schule befördert haben.

Filme und Materialien zum Klassenrat in Grund- und Sekundarschulen

Mitentscheiden und Mitverantworten von Anfang an.
Film (20 min.) zum Klassenrat an der Grundschule Süd in Landau; Bezug über: Serviceagentur
　　Ganztägig lernen Rheinland-Pfalz, Butenschönstraße 2, 67346 Speyer
Mehr Demokratie ... durch den Klassenrat
Film zum Klassenrat an der Erich-Kästner-Realschule Plus in Ransbach-Baumbach, Bezug über: Ser-
　　viceagentur Ganztägig lernen Rheinland-Pfalz
Mitmach-Set zum Klassenrat
Alles, was Sie zum Einstieg in den Klassenrat brauchen: Arbeitshilfen, Filme, Ämterkarten, Erklärung
　　des Klassenrats für die ganze Klasse, Briefkasten, etc. Zum Sofort-Starten. Infos und Bezug: www.
　　derKlassenrat.de

Literatur

Blank, J./Beck, S. (2010): Schüler stärken ... durch eigenverantwortliches Lernen. Das Beispiel der
　　Grundschule Süd Landau. Serviceagentur Ganztägig lernen Rheinland-Pfalz.
Blum, E./Blum, H. J. (2006): Der Klassenrat. Ziele, Vorteile, Organisation. Mühlheim an der Ruhr.
Bundesministerium für Familie, Frauen und Senioren (Hrsg.) (8/2008): Die Rechte der Kinder von
　　logo! einfach erklärt. Berlin.
Burg, S./Neufeld, D./Seither, A./Student, S. (2006): Mitentscheiden und Mitverantworten von Anfang
　　an. Klassenrat in der Grundschule. In: Eine Schriftenreihe des BLK-Programms „Demokratie lernen
　　& leben". Materialien aus den Bundesländern. Berlin.

Edelstein, W. (2010): Ressourcen für die Demokratie. Die Funktionen des Klassenrats in einer demokratischen Schulkultur. In: Aufenanger, S./Hamburger, F./Tippelt, R. (Hrsg.): Bildung in der Demokratie. Beiträge zum 22. Kongress der Deutschen Gesellschaft für Erziehungswissenschaft. Opladen & Farmington Hills, S. 65-78.

Edelstein, W./Frank, S./Sliwka, A. (2009): Praxisbuch Demokratiepädagogik. Sechs Bausteine für die Unterrichtsgestaltung und den Schulalltag. Weinheim/Basel.

Friedrichs, B. (2009): Praxisbuch Klassenrat: Gemeinschaft fördern, Konflikte lösen. Weinheim.

Kegan, R. (1986): Entwicklungsstufen des Selbst. Fortschritte und Krisen im menschlichen Leben. München.

Krappmann, L. (2008): Kinderrechte und Demokratiepädagogik. In: Macht Kinder stark für Demokratie e.V. (Hrsg.): Fortbildungsordner. JuniorBotschafter für Kinderrechte. Für pädagogische Fachkräfte und jugendliche Multiplikatoren. (Download unter www.makista.de/projekte).

Portmann, R. (2008): Kinderrechte machen Schule. Materialien zur Durchführung eines Projekttages. Macht Kinder stark für Demokratie e.V. (Download unter www.makista.de/projekte).

Sliwka, A. (2008): Bürgerbildung: Demokratie beginnt in der Schule. Weinheim/Basel.

Hans-Wolfram Stein

Wählen mit 16 in Bremen –
eine Aufgabe der Demokratieerziehung

„Wählen mit 16" – das kann als Frage, aber auch als Aufforderung verstanden werden. Möglicherweise wird es in den kommenden Jahren eine selbstverständliche Aussage, denn in mehreren Bundesländern wird die Debatte aufgegriffen; man denkt über die Herabsetzung des Wahlalters nach. Vorreiter im Umgang mit dem Thema ist der Stadtstaat Bremen. Denn im Mai 2011 sind bei den Bürgerschaftswahlen die jüngsten Erstwähler bei einer deutschen Landtagswahl zur Wahlurne gegangen. Die Basis dafür ist eine bereits im Jahr 2009 erreichte Gesetzesänderung gewesen – wobei bereits diese Wahlgesetznovelle starke Impulse aus engagierten Schulprojekten erhalten hat (Förderprogramm 2000, S. 148; 2008, S. 146; Stein 2007, S. 183ff.; Stein/Beutel 2009, S. 156ff.). Allerdings hat das neue Wahlrecht nebst Beteiligungschancen auch Schwierigkeiten mit sich gebracht. Es ist differenzierter in den Mitbestimmungsmöglichkeiten, jedoch auch komplizierter geworden. Aufklärung und Motivation junger Menschen dafür zu nutzen, dass die Jungwählerschaft ihr Recht auch in Anspruch nimmt, ist daher eine Aufgabe Politischer Bildung und demokratischer Erziehung.

Dieser Aufgabe hat sich eine Reihe von Projektinitiativen an Bremer Schulen gewidmet. Dabei ist auch die Komplexität des Gesetzes unter der „Erstwählerlupe" betrachtet worden. Stimmen auf mehrere Parteien oder Kandidaten zu verteilen (panaschieren) oder damit einen Kandidaten oder eine Partei zu stärken (kumulieren), das muss der Wähler und die Wählerin in seinen Effekten auch verstehen. Das gemeinsam verfolgte Ziel: erfahrungsnah Information und Wissen über das Wahlrecht und dessen Grundsubstanz der Beteiligung in der Demokratie mit einem Motivationsschub zu verbinden und die neuen Jungwähler ins Boot zu holen.

Das Projekt „Wählen mit 16 – Wir sind keine Idiotes" (Förderprogramm 2011, S. 188) lief aus schulpädagogischer Sicht durchaus erfolgreich, besonders erfreulich waren nicht nur seine wahlpraktischen Effekte, sondern zunächst auch die hohe öffentliche Resonanz, die es bundesweit erzielen konnte. Zugleich jedoch – so scheint es – wurden hier engagierte Schülerinnen und Schüler nicht wirklich ernst genommen, möglicherweise gar ein Teil ihres Engagements durch vermeintlich differenzierte Pressekritik in Frage gestellt. Aufgrund dieses Zusammenhangs einer ergebnisbezogenen demokratiepädagogischen Intervention mit einer zumindest disparaten öffentlichen Wirkung soll der Projektkontext hier skizziert werden (1.). Anschließend wird die öffentliche Presseresonanz nachgezeichnet und zugleich kritisch analysiert (2.), das in dieser Debatte vorgezeichnete Bild eines scheinbar „unreifen" Jungwählerverhaltens wird in Frage gestellt (3), abschließend wird eine Bilanz des Wahlprojektes gezogen, die zu deutlich besseren Diagnosen findet, als dies der öffentliche Diskurs leisten konnte (4.)

1. Der Verlauf des Projekts

Der Politik-Grundkurs der Jahrgangsstufe 11 an der Gesamtschule Bremen-Ost ist mit Beginn des Schuljahres 2010/11 neu zusammengestellt worden. Gleich zu Beginn hat der Politiklehrer folgende Frage an die Schülerinnen und Schüler gestellt: „Am 22. Mai 2011 sind in Bremen Bürgerschaftswahlen. Wer von euch ist dann wahlberechtigt?" Es melden sich zwei Schüler, die zum Wahlzeitpunkt bereits18 Jahre alt sein werden. Dieses Ergebnis zeigt exemplarisch einerseits, dass die Jugendlichen die Auswirkungen der Gesetzesänderung von 2009 nicht kennen, und es unterstreicht den Diskussions- und Aufklärungsbedarf zum geänderten Wahlrecht. In dieser Sache will der Grundkurs Politik aktiv werden. Schnell finden sie heraus, dass auch viele Lehrerinnen und Lehrer nichts von der Änderung mitbekommen hatben. Was also kann getan werden?

a. Eine Wette gegen Werder Bremen

Ein Weg zur Steigerung von Aufmerksamkeit und Wahlmotivation und der erste Projektschritt war die „Werderwette". 500 Schülerinnen und Schüler in Bremen haben sich daran beteiligt. Zusammengesetzt aus 25 Schulklassen unterschiedlicher Schulformen wetten sie, dass die Wahlbeteiligung der Erstwähler (16 bis 20 Jahre) bei der Bürgerschaftswahl prozentual höher sein wird als die der 21- bis 35-Jährigen – der Altersgruppe der Fußballprofis von Werder Bremen. Im Rahmen der „Nacht der Jugend" (Stein/Beutel 2009, S. 152 f.; Hafner/Stein 2006), einer bekannten, alljährlich öffentlichen Veranstaltung im Bremer Rathaus zur Erinnerung an die Reichspogromnacht, ist die Wette abgeschlossen worden. Vertreten hat den Bundesligaclub der österreichische Nationalspieler Sebastian Prödl, seit 2008 Spieler bei Werder. Die Wahl fiel begründet auf diesen prominenten Werder-Profi, denn Sebastian Prödl hatte bereits Erfahrungen mit dem Wahlrecht ab 16 bei den letzten Österreichischen Nationalratswahlen gesammelt.

Der Wetteinsatz der Schülerinnen und Schüler: Sie haben versprochen, an einem Sponsorenlauf der deutschen Krebsgesellschaft teilzunehmen, falls sie verlieren sollten. Sebastian Prödl setzte als Wettpfand dagegen, eine Stunde an einer Schule zu unterrichten.

b. Das neue Wahlrecht: Wie funktioniert was?

Je mehr sich die Schülerinnen und Schüler mit dem veränderten Wahlrecht auseinander gesetzt hatten, umso mehr haben sie dessen Komplexität verstanden und entdeckten Stolpersteine. Einer dieser Stolpersteine ist die Gestaltung des neuen Stimmzettels gewesen. Denn mit dem modifizierten Verhältniswahlrecht können Personen durch die Wählerinnen und Wähler gestärkt werden, Parteilisten wirken nicht mehr bindend. Deshalb konnte jeder einzelne Kandidat (ebenso wie jede Partei) mit bis zu fünf Kreuzen gewählt werden, aber die Summe der zu verteilenden Stimmen durfte fünf nicht überschreiten. Schon die Gestaltung des Stimmzettels drohte unübersichtlich, möglicherweise abschreckend zu werden: Ein 24-Seiten-Stimmzettelheft im DIN A4-Format oder ein Stimmzettel in „Plakatform" größer als DIN A1 waren die geplanten Alternativen.

Als im Politikkurs der Gesamtschule Bremen-Ost ein Muster vor den Schülerinnen und Schülern entfaltet worden war, war die sofortige Reaktion: „Was haben die sich denn da oben wieder ausgedacht? Das ist ja fürchterlich kompliziert!" Auch hier wird deutlich, dass man sich mit dem neuen Wahlrecht auseinandersetzen musste, wenn die Jungwählerinnen und -wähler ihr Wahlrecht nutzen sollten. Die „Werder-Wette" und ihr medienwirksamer Abschluss bei der „Nacht der Jugend" im Rathaus ist vom gesamten Kurs einstimmig beschlossen worden. In deren Rahmen hatten die Jugendlichen zudem die Möglichkeit, mit Politikern über das Wahlrecht ab 16 zu diskutieren. Die dafür notwendigen inhaltlichen Vorbereitungen haben sie in einer Ausstellung (Ausstellung „Wir sind keine Idiotes" 2010) zusammengefasst und ebenfalls dort präsentiert. Das Ziel insgesamt: Durch Selbstaufklärung auf Peer-to-Peer-Ebene sollte das Wahlrecht bekannt, nutzbar und schließlich auch im Sinne der Erhöhung von Wahlbeteiligung gestärkt werden.

In verschiedenen Arbeitsgruppen, haben sie ihre Ausstellung erarbeitet. Dabei ging es um folgende Schritte:

• Die Projektgruppe hat die Entstehung des neuen Wahlrechts untersucht und herausgefunden, dass nicht die etablierte Politik der Motor dieser auf mehr Bürgerbeteiligung gerichteten Änderung war, sondern „der Verein ‚Mehr Demokratie' seit Jahren für die Wahlrechtsänderung eintritt. Diese Bürgerinitiative sammelte ca. 70.000 Unterschriften in einem Bürgerbegehren, das den Wählern mehr Einfluss auf die Zusammensetzung der Bürgerschaft ermöglichte" (Ausstellung, S. 6).

• Von großer Bedeutung ist für die jungen Lernenden auch die Feststellung gewesen, dass „ehemalige Politikklassen der Gesamtschule Ost und des SZ Walliser Straße schon seit 1999 für das Wahlrecht ab 16 gekämpft haben. Auch Schüler anderer Schulen haben sich damals dafür eingesetzt". Sie stellten fest, dass ihre Vorgänger 1999 „vor die Bürgerschaft [gezogen sind], eine Ausstellung vor dem Parlament aufgebaut [hatten] und mit den Abgeordneten diskutierten.

[...] Sie [wurden] eingeladen, an einer Sitzung eines Bürgerschaftsausschusses teilzunehmen, in der der Jugendforscher Professor Hurrelmann zur Senkung des Wahlalters auf 16 Jahre referierte. Auch in diesem Ausschuss vertraten die Schülerinnen und Schüler ihre Forderung" (ebd.).

Das Fazit des Kurses zur Wahlrechtsänderung lag in der Einsicht, dass diese nicht direkt aus der Politik, sondern aus der Zivilgesellschaft ihre Impulse erhalten hatte, also „von unten" kam. Damit ist ein Lernziel Politischer Bildung erreicht: Die Überzeugung, dass es lohnend ist, sich politisch einzumischen, verbunden mit der Einsicht, dass politische Veränderungen erreicht werden können.

Während der Untersuchung des Wahlrechts ist ihnen auch aufgefallen, dass die Erweiterung auf fünf Stimmen und die damit verbundene Chance, Einzelkandidaten zu wählen, die Macht der Parteien begrenzt und den Wahlbürger stärkt. In der Ausstellung heißt es deshalb: „Die Reihenfolge der Listenplätze wird nicht von den Bürgern, sondern von den Parteien festgelegt. Bei solchen ,starren Listen' entscheiden die Wähler [...] nicht über die Personen, die in die Bürgerschaft einziehen" (Ausstellung, S. 3).

Tatsächlich sind die Chancen des Panaschierens und Kumulierens von den Bremer Wahlbürgerinnen und -bürgern genutzt worden. Mehr als die Hälfte der Wähler hat bei der Bürgerschaftswahl Stimmen an Einzelkandidaten gegeben und vielen, vor allem Migranten oder jüngeren Kandidaten auf schlechten Listenplätzen, zum Einzug in die Bürgerschaft verholfen.

c. Die „Nacht der Jugend" und die Aufklärungsstrategien der verschiedenen Projektklassen

Um die Mitschülerinnen und Mitschüler zum Gang zur Bürgerschaftswahl zu mobilisieren, ist die Teilnahme an der „Juniorwahl" ein wichtiges Mittel gewesen. Bei der Juniorwahl handelt es sich um ein Konzept der Politischen Bildung, das Unterrichtseinheiten und Aufklärung über die je konkrete Wahl mit der simulierten Stimmabgabe an der Schule verknüpft, meist eine Woche vor einer Wahl. Bei der Werder-Wette war bereits vereinbart worden, dass die Schule, deren Wahlbeteiligung bei der Juniorwahl am höchsten wäre, den Wettzuschlag von Herrn Prödl bekommen wird, was die Beteiligung an der Junior-Wahl beträchtlich anregen könnte. Mit der Juniorwahl ist ein wichtiger Teil der Aufklärungsarbeit geleistet worden. Auch das Ergebnis zeigt: Bei den Juniorwahlen vergab mindestens jeder dritte Schüler Personenstimmen. Die Gesetzesänderung hat also Anwendung bereits in der Vorstufe der Wahlen gefunden.

Zudem haben zu Beginn des Projekts die seinerzeit beteiligten 18 Schulklassen einen Brief geschrieben, der durch die Behördenpost an alle 5000 Bremer Lehrkräfte übermittelt wurde. In dem Schreiben haben sie über die Wette informiert sowie andere Klassen aufgefordert, sich anzuschließen (Ausstellung, S. 10). So kamen schließlich 25 Klassen bzw. Kurse zusammen. Die insgesamt beteiligte Schülerschaft lernt an Oberschulen, Gymnasien, Berufsschulen, in sozialen Brennpunkten und bürgerlichen Vierteln, an Elitegymnasien und Schulen mit „alternativem" Ruf; sogar zwei Klassen eines Förderzentrums haben sich angeschlossen und später bei der Juniorwahl weitere Förderzentren mitgezogen.

Ihre Aufgabe: Alle diese Klassen mussten, wenn sie gemeinsam die Wette gewinnen wollten, ihre Mitschüler über das neue Wahlrecht aufklären und zur Bürgerschaftswahl motivieren. Die Aktivitäten sind vielfältig gewesen: Sie haben andere Klassen besucht und auf diesem Wege ihre Mitschüler informiert. Manche ließen sich dabei auch für das Bremer Fernsehen filmen. Es sind Wahlplakate und Werbespots entstanden, die in einen Wettbewerb der Konrad-Adenauer-Stiftung eingebracht wurden. Auch über das soziale Netzwerk „Facebook" haben sie ihre Peers mobilisiert. Sie haben im Rahmen zahlreicher Podiumsdiskussionen im Vorfeld der Wahl eingegriffen sowie selbst Debatten an den je eigenen Schulen mit den Wahlkandidaten organisiert. Sie haben eine eigene Web-Seite (http://www.werderwette.de) entworfen und Wettpaten in Politikern aller Parteien der Bürgerschaft und bei Personen des öffentlichen Lebens gefunden. Sie sind auch auf Redakteure der wichtigsten Bremer Zeitungen, von Radio Bremen und Radio Energy zugegangen, um sie als Wettpaten und medialen Unterstützer zu gewinnen. Tatsächlich war das Medienecho außergewöhnlich: Meist wiederholt berichteten nicht nur die regionalen Medien (Weser-Kurier, Nordsee-Zeitung, taz-bremen, Weser-Report, Kreiszeitung, Radio Bremen Fernsehen und Rundfunk, Radio Energy, SAT 1- regional und „Center-TV"), sondern auch die überregionalen: Über SPIEGEL, Fokus, FAZ, Süddeutsche Zeitung, Welt Kompakt, taz, die Saarbrücker Zeitung, die Neue Westfälische, Kieler Nachrichten und Märkische Oderzeitung, der Bayrische Rundfunk und Deutschlandradio konnte sich die bundesweite Öffentlichkeit über das Projekt informieren. Die Schülerinnen und Schüler sind zu Wort gekommen und in Wahlsondersendungen der ARD und des ZDF und im Rahmen der Berichterstattung über das Wahlergebnis am Wahlsonntag aufgetreten. Über das „Deutsche Welle"-Fernsehen konnte das Wahlrecht ab 16 in Bremen sogar weltweit verfolgt werden und die Jugendlichen informierten Regierungsdelegationen aus Afghanistan und der Mongolei über Ziel und Verfahren der Juniorwahlen. Die Schülerinnen und Schüler haben die Medien genutzt, weil sie die Ansicht vertreten haben, dass die Wahl in Bremen nur der Testlauf für eine politische Entwicklung in allen Bundesländern und auf Bundesebene ist: „Ganz Deutschland schaut am Sonntag auf Bremen. Geht zur Wahl, damit auch in anderen Bundesländern Jugendliche in unserem Alter wählen dürfen" (Göres/Krich 2011). Mit diesem Aufruf hat eine Projektschülerin bei einer Podiumsdiskussion zur Bürgerschaftswahl an der Gesamtschule Ost nicht nur ihre Mitschüler begeistert, sondern gezeigt, dass das politische Bewusstsein der Lernenden nicht lokal gebunden ist, sondern die bundespolitischen Entwicklungen im Blick hat.

2. Wählen mit 16 und die Diffamierung von Zahnspangenträgern

Einige der Medien berichteten auch sehr kritisch, ja skeptisch. Zum Erstaunen der Beteiligten interessierten sich in der Woche vor der Bürgerschaftswahl in Bremen auch die bundesweiten Zeitungen für die Herabsetzung des Wahlalters auf 16 Jahre. Dabei hat sich ein mediales Bild durchgesetzt, das der Substanz des Vorgangs aus Sicht des Wahlprojekts nicht wirklich gerecht wird, sondern eher diskriminierend wirken kann: „Wähler mit Zahnspange" (Beutelsbacher) titelte die „Welt kompakt" in ihrem „Thema des Tages" im Mai 2011. Der erste Satz der Süddeutschen Zeitung zum Thema „Wählen mit 16" zwei Tage zuvor lautete: „In Bremen trägt der neue mündige Bürger Zahnspange; seine Hormone spielen ihm Streiche und verursachen Pickel" (Dobrinski 2011).

a. Die Diskussion in den Medien

Vermutlich haben beide Zeitungen dieses Bild einem Artikel des SPIEGEL entnommen, der weitere zwei Tage zuvor erschienen ist und ebenfalls so beginnt: „Der mündige Bürger ist klein und dünn, er trägt eine Zahnspange" (Friedmann/Fröhlingsdorf 2011). Die potenzielle Diskriminierung, die in einem solchen Bild liegt, wird erhellt durch die Tatsache, dass ein angehender Soldat bei der Tauglichkeitsprüfung ein „T4" erhält, wenn er noch eine Zahnspange trägt: „vorübergehend nicht wehrdienstfähig" (wikipedia, Tauglichkeitsgrad); die Assoziation hierbei ist: nicht kompetent, unreif, unfähig, Verantwortung für das Gemeinwesen zu übernehmen.

Während einer Podiumsdiskussion der Bremer Spitzenkandidaten, die vor Erscheinen dieser Presseberichte stattgefunden hatte, sind sich Schülerinnen und Schüler sowie Journalisten im Festsaal der Bremischen Bürgerschaft begegnet. Einer der 23 Jugendlichen des Projekts trägt eine Zahnspange und hat sich dabei zu Wort gemeldet. Wenig später hat ihn der SPIEGEL zitiert, wobei es ihm mehr um die Zahnspange zu gehen scheint als um die Inhalte. Das Blatt schreibt zu „seinem Auftritt im Festsaal der Bremischen Bürgerschaft" das, was in einer Theaterrezension eine vernichtende Kritik genannt wird: „S., 16 Jahre alt, besucht die Gesamtschule Bremen Ost (...) Sichtlich nervös schleicht der Schüler zum Mikrofon und liest dort vom Zettel seine Frage ab. Es geht um die Lehrstellensituation, die sei nicht befriedigend, sagt (S). Er referiert Zahlen und Zitate, die er zuvor mit seinen Mitschülern zusammengetragen hat. Er wird immer leiser, am Ende ist er fast nicht mehr zu verstehen. Nach einer Minute läutet eine Glocke, einige der 400 Schüler im Saal lachen" (Friedmann/Fröhlingsdorf 2011). Das Hervorheben äußerlicher Merkmale des jugendlichen Alters wird zum Bild für Inkompetenz, es verschwindet der nicht unbedeutende Fakt, dass sich ein Jugendlicher öffentlich äußert und Fragen stellt. Doch damit nicht genug: Der Autor benennt den Schüler mit vollständigem Namen und stellt ihn öffentlich bloß.

b. Politische Kompetenz und Interessenwahrnehmung bei einer Frage zur Lehrstellensituation

Tatsächlich hat der Jugendliche in seinem Beitrag die für seine Altersgruppe bedeutsamen Probleme der Lehrstellensituation in Deutschland und Bremen beleuchtet. Er hat mit seinen Mitschülern Statistiken gewälzt und herausgefunden, dass nach dem Berufsbildungsbericht des Jahres 2010 (BIBB 2011, S. 13) bundesweit nur 48 Prozent der Bewerber einen Ausbildungsplatz bekommen, in Bremen sogar nur 36 Prozent. Die Mehrheit der jugendlichen Bewerber sind 2010 ohne Lehrstelle geblieben und in Warteschleifen gelandet. Wenn der Schüler also nach der mangelnden „Berufseinmündung" fragt und die Fakten nennt, bringt er das Problem begrifflich kompetent auf den Punkt.

Die Projektgruppe hat das Problem noch weiter im Detail untersucht. Die Einmündungsquote steigt, wenn entweder mehr Bewerber eine Lehrstelle bekommen oder wenn die Bewerberzahl sinkt. Letzteres ist seit 2006 im Bund und in Bremen geschehen. Auch dazu gibt es einen Diskussionsbeitrag des Schülers, an den amtierenden Bremer Bürgermeister Böhrnsen gerichtet: Die Bewerberzahl sei seit 2006 um etwa 30 % zurückgegangen. Der Berufsbildungsbericht führe das auf die Bevölkerungsentwicklung und einen steigenden Anteil an Studierenden zurück. Tatsächlich lasse sich gerade in Bremen der starke Bewerberrückgang damit nur zu einem sehr kleinen Teil erklären. Was meist verschwiegen werde: Wenn man seit 2006 zum Arbeitsamt gehe und sage, man suche eine Lehrstelle, werde man damit noch nicht als Bewerber registriert. Vielmehr lehne das Amt viele wegen fehlender Ausbildungsreife als Bewerber ab. Wichtig zu wissen wäre, wie viele schon als Bewerber abgelehnt worden seien. Aber das werde nicht veröffentlicht. Der Deutsche Gewerkschaftsbund fordere deshalb, dass Jugendliche, die einen Ausbildungsplatz suchen, auch als Bewerber in der Statistik gezählt werden müssen. Werde Böhrnsen sich dafür einsetzen?

Bemerkenswert dabei ist, dass dieser Teil der Frage Bremens Bürgermeister Böhrnsen im Rahmen einer Diskussion zur Shell-Jugendstudie schon einmal gestellt worden war. Der Weser-Kurier referiert die Frage und kommentiert: „Entscheidende Antworten musste der Bürgermeister allerdings trotz erkennbarer Gesprächsbereitschaft schuldig bleiben. [...] So wurde etwa [...] [die] Statistik der Ausbildungsplatzbewerber kritisiert. [...] Nach unpolitischer Jugend sah das gestern jedenfalls nicht aus" (Sundermann 2011a).

Auf die erneute Fragestellung reagiert der Bürgermeister im Festsaal der Bürgerschaft mit Zustimmung und räumt die berechtigte Kritik an der Bewerberstatistik ein. Bereits zwei Wochen später im Rahmen einer weiteren Podiumsdiskussion an der Gesamtschule kommt der Aspekt erneut zur Sprache. Der Schüler bekommt daraufhin die Unterstützung von Vertretern aller fünf Bürgerschaftsfraktionen zugesichert und erhält das Versprechen, dass das Problem angegangen wird. Der

Deutsche Gewerkschaftsbund kritisiert diese statistischen Tricks mit den „Bewerberzahlen" in der „Verbleibstatistik" schon lange. Das Fazit der Projektgruppe ist deshalb völlig anders als das des SPIEGEL, ist es ihr doch gelungen, durch beharrliche und regelmäßige Intervention die öffentliche Unterstützung eines Ministerpräsidenten, später von zwei Fraktionschefs und drei weiterer Bürgerschaftskandidaten zu erhalten. Eine einprägsame und nachhaltige Erfahrung: Sich politisch einzumischen lohnt sich. Das Problem wird in Bremen so nicht mehr unter den Teppich gekehrt werden können.

Was können wir daran erkennen und mitnehmen? Bürgerinnen und Bürger mit 16 und 17 Jahren recherchieren die Probleme ihrer Altersgruppe detailliert und kompetent, wenn man sie nur lässt und dabei unterstützt. Sie konfrontieren damit Spitzenpolitiker und erhalten deren Unterstützung, kurz: Sie stärken ihre Mündigkeit. An manchen Journalisten der überregionalen Presse geht das offensichtlich völlig vorbei. Sie schauen stattdessen den Jugendlichen genau auf den Mund, weil es Zahnspangen und Pubertätspickel zu entdecken gibt. Aus Sicht der Politischen Bildung und der Demokratiepädagogik ist das respektlos und diskriminierend gegenüber einer ganzen Wählergruppe, die sich engagiert einmischt und für ihre Interessen kämpft.

3. Das Wahlverhalten der Jugendlichen: „unreifer Protest" oder ein genauer Blick?

Das Wahlverhalten von Jugendlichen bei Bundestags- oder Landtagswahlen hat sich in Deutschland bisher nur anhand der Juniorwahlen abschätzen lassen. Sowohl im SPIEGEL als auch in den Stellungnahmen einer Forschergruppe der Universität Hohenheim (Kercher 2008), auf die sich alle Skeptiker des Wahlrechts ab 16 im Vorfeld der Bremer Bürgerschaftswahl berufen haben , kommt man zu folgendem Ergebnis: „Jugendliche wählen gern Protest. So [...] [erreichte bei der Juniorwahl] in Sachsen-Anhalt die NPD mehr als doppelt so viele Stimmen wie bei der tatsächlichen Wahl" (Friedmann/Fröhlingsdorf 2011, S. 41). Diese kritischen Argumente sollen hier an drei Wahlbeispielen aus Sachsen-Anhalt, Baden-Württemberg und Bremen überprüft werden.

Zunächst ist danach zu fragen, weshalb das Wahlverhalten Jugendlicher bei gleichzeitiger Infragestellung ihrer berechtigten Interessen öffentlich diskutiert wird. Das Wahlverhalten älterer Generationen wird schließlich auch nicht unter seiner Interessensspezifik betrachtet oder gar kritisiert. Natürlich haben Jugendliche, die kaum oder gar keine betriebliche Ausbildung erreichen, deren Bildungs- und Studienchancen im internationalen Vergleich „suboptimal" sind, die am längsten der Staatsverschuldung, den Folgen der Klima- und Atomkraftpolitik ausgeliefert sein werden, ein Interesse daran, bei den Parteien nachzufragen, wie sie mit diesen Perspektiven und für Jugendliche besonders aktuellen politischen

Herausforderungen umgehen sollen. Selbstverständlich haben Jugendliche ein anderes Wahlverhalten als die stärkste Wählergruppe, die 60-Jährigen. Sie haben schließlich in vielen Fragen objektiv andere Ziele und Interessen als ihre Eltern, Großeltern und ihre Lehrerschaft.

Es ist erneut der SPIEGEL, der im Vorfeld der Bremer Bürgerschaftswahl zu einer kritischen Protestwählerthese hinsichtlich des Wahlrechts ab 16 kommt. Methodisch inkorrekt werden am Beispiel der Landtagswahl in Sachsen-Anhalt im Jahr 2011 der NPD-Stimmenanteil bei den Juniorwahlen (11,4 Prozent) mit dem durchschnittlichen NPD-Stimmenanteil aller Altersgruppen bei der Landtagswahl (4,5 Prozent) verglichen. Für die Fragestellung einer Absenkung des Wahlalters auf 16 Jahre ist aber nur ein Vergleich der Juniorwahl mit den Erstwählern – hier 18 bis 24 Jahre – sinnvoll. Diese haben zu 10,1 Prozent NPD gewählt. Die Differenz ist gering.

Das gilt auch für andere „Protestparteien": Die Piraten erhielten 10,5 Prozent bei der Juniorwahl und 8,6 Prozent bei den Erstwählern. Sollte die „Linke" auch als Protestpartei gelten, wird das Argument noch absurder: Juniorwahl 10,9 Prozent, Erstwähler 15,8 Prozent, Gesamtwahlergebnis 24,1 Prozent. Auch bei SPD, Grünen und FDP sind die Differenzen zwischen dem Wahlverhalten bei der Juniorwahl und der Erstwähler in Sachsen-Anhalt minimal. Der vom SPIEGEL vorgenommene Vergleich mit dem „Durchschnittswähler" ignoriert das auf verschiedenen Interessen beruhende unterschiedliche Wahlverhalten von Erstwählern und „alten" Wählern vollständig.

Ähnlich ist Jan Kercher vorgegangen, Autor der viel zitierten Expertise der Uni Hohenheim. Er vergleicht ebenfalls Ergebnisse der „Ü18-Wahl" bei der Landtagswahl in Baden-Württemberg mit deren Gesamtergebnis. „Hier erhielt die NPD eine Zustimmung von 3,9 Prozent und damit einen etwa vier Mal so hohen Stimmenanteil wie bei der eigentlichen Landtagswahl" (2011).

Wie sieht es bei einem Vergleich der „Ü18-Wahl" mit dem Stimmverhalten der Erstwähler laut amtlicher repräsentativer Wahlstatistik aus? Die Abweichung von Juniorwahl und endgültigem Wahlergebnis für die Altersgruppe der 18- bis 24-Jährigen liegt bei keiner Partei höher als 2,5 Prozent. Die NPD hat bei den 18- 24-Jährigen 2,8 Prozent der Stimmen bekommen. Das ist zwar auch höher als der Durchschnittswert von einem Prozent und niedriger als bei der Ü18-Wahl, aber der Anteil der NPD- Wähler bei der Juniorwahl liegt bei diesem Blickwinkel nur um 40 Prozent über der Vergleichsgruppe der Erstwähler statt um 400 Prozent über der Vergleichsgruppe aller Wähler, wie Kercher argumentiert.

Deshalb soll am Beispiel der Bremer Bürgerschaftswahlergebnisse und der Juniorwahlen überprüft werden, ob die bundesweit in der Presse diskutierten Vorbehalte gegen das Wahlrecht ab 16 bestätigt werden:

• Die Wahlbeteiligung der 16- bis 20-Jährigen liegt tatsächlich unter dem Durchschnitt aller Wahlberechtigten. Sie ist aber um mehr als sieben Prozent höher als die der 21- bis 35-Jährigen. Während die Wahlbeteiligung allgemein um 1,1 Prozent gefallen ist, ist die Altersgruppe der Erstwähler die einzige, die ihre Wahlbeteiligung gegen den Trend steigern konnte (+ 0,7 Prozent) (Habig 2011). Bremens Wahlamtschefin Zilm meint, dass innerhalb der Altersgruppe der 16-20-Jährigen gerade die beiden jüngeren Jahrgänge zur höheren Wahlbeteiligung beigetragen haben. Besonders deutlich ist die Steigerung bezogen nur auf die Altersgruppe der 16-17- Jährigen, wenn man sie an ihrer Wahlbeteiligung zu den „Beiratswahlen" auf Stadtteilebene im Jahr 2007 misst, zu der sie damals bereits wahlberechtigt waren: Sie stieg von 44,3 Prozent (Wahlbeteiligung Stadtteilbeiratswahlen 2007) um 9,2 Prozentpunkte auf 53,5 Prozent in den Wahlbezirken der repräsentativen Wahlstatistik der Landtagswahl 2011 in der Stadt Bremen[1]. Der Bremer Parteienforscher Lothar Probst gehörte laut Weser-Kurier „auch zu denen, die von einer niedrigeren Wahlbeteiligung ausgegangen waren. Er hatte mit nur 40 Prozent (statt tatsächlich 48,6 %) gerechnet. [...] Möglicherweise habe hier tatsächlich eine Mobilisierung der Schüler durch Aktionen wie Juniorwahl oder Werder-Wette stattgefunden" (Joppig 2011).

• Jugendliche seien im Unterschied zu erwachsenen Jungwählern besonders anfällig für rechte oder rechtspopulistische Protestparteien, ist die Behauptung von SPIEGEL und Kercher. Das musste schon am Beispiel Sachsen-Anhalts und Baden-Württembergs deutlich relativiert werden und gilt erst recht für Bremen und Bremerhaven. In Bremerhaven gibt es seit mehreren Legislaturperioden ein rechtes Wählerpotential, das der DVU oder auch im Jahr 2007 der „Bürger in Wut" (BIW) nahe steht. Nachdem die DVU mit der NPD fusionierte, gibt es mit NPD, BIW und der Partei „Protest der Bürger" bei der Bürgerschaftswahl drei rechtsradikale bzw. rechtspopulistische Parteien, die zur Bürgerschaftswahl angetreten sind. Wäre die „Protestwählerthese" richtig, hätte die Absenkung des Wahlalters auf 16 Jahre gerade in Bremerhaven zu einer Stärkung dieser Parteien führen müssen. Doch auch angesichts des starken Engagements an den Schulen ist es anders gekommen: In beiden Wahlbereichen (Bremen und Bremerhaven) sind die NPD und die Partei „Protest der Bürger" deutlich an der 5-Prozent-Hürde gescheitert. Lediglich die BIW haben in Bremerhaven durchschnittlich 7,1 Prozent der Stimmen, im Land Bremen 3,4 Prozent erhalten und sind damit erneut mit einem (Bremerhavener) Sitz in den Landtag eingezogen.

Hatten die Skeptiker der Absenkung des Wahlalters also doch Recht behalten? Im Gegenteil: Bei den Juniorwahlen in Bremerhaven erhielten BIW 2,5 Prozent und im Land 2,0 Prozent. Auch wenn man die drei genannten Parteien zusammenfasst,

---

1 Sonderauszählung des Stat. Landesamtes Bremen zu den Bürgerschaftswahlen 2011 für die Wählergruppe der 16- 17-Jährigen unter Einbeziehung der Briefwähler. Die Daten bei Habig 2011 beziehen
   sich nur auf die „Urnen-Stimmen".

ergibt sich in Bremerhaven ein rechter Stimmenblock von über 10 Prozent bei der Bürgerschaftswahl und 6,5 Prozent bei der Juniorwahl. Rechtspopulistische Meinungen zeigten sich hier offensichtlich eher bei „reifen" Erwachsenen als bei „unreifen" Jungwählern, die eindeutig demokratische Parteien gewählt haben.

Auch das vorgebliche Protestwahlverhalten im Hinblick auf die Linke oder die Piratenpartei hält sich sehr in Grenzen: Die Piratenpartei, eine Partei mit einem Thema, das vor allem junge Menschen anspricht, ist bei der Juniorwahl auf 5,1 Prozent gekommen. Im Vergleich zu 1,9 Prozent bei der Bürgerschaftswahl ist das alles andere als eine Protestwelle. Bei den anderen Parteien liegt die Abweichung zwischen Juniorwahl und Bürgerschaftswahl in der Altersgruppe 16 bis 20 Jahre bei etwa 2,5 Prozent (SPD, Grüne, Linke) oder deutlich darunter (CDU, FDP).

4. Folgerungen: populistische Jungwählerkritik oder demokratisches Erfahrungslernen?

Das unter dem Aspekt der Politischen Bildung Jugendlicher wichtigste Argument zur Frage des Wählens ab 16 soll abschließend diskutiert werden. Die Frage der politischen Reife wird oftmals an das Wissen gekoppelt: „Laut einer Studie der Universität Hohenheim (gemeint ist Kercher 2008) verfügen 16- und 17-Jährige über ein „signifikant geringeres politisches Wissen als Volljährige" (Friedmann/Fröhlingsdorf 2011, S. 40).

Abgefragt wird „politisches Wissen" bei Hauptschülern und Gymnasiasten unter 18 und verglichen mit volljährigen Studierenden, Abiturienten und mit FH-Abitur sowie Berufsschülern. Insgesamt ist mit 134 Schüler/innen und Student/innen die statistische Basis äußerst gering. Es fällt auf: Hier ist plötzlich nicht mehr der „Durchschnitt der Wahlbevölkerung" der Maßstab für politische Reife, sondern tatsächlich die Erstwähler. Allerdings wäre gerade hier ein Vergleich mit deutlich älteren Wahlberechtigten sinnvoll. Denn wie wird „politisches Wissen" gemessen? Die Schüler und Studenten erhalten 15 Multiple- Choice- Fragen. Sie sollen u.a. wissen, was die Abkürzungen „NGO", „GATT" und „OPEC" bedeuten; was die Begriffe „Subsidiarität", „Populismus" und „Föderalismus" beinhalten, welchen Parteien die Politiker Schäuble, Westerwelle und Zypries angehören und welche Funktion sie im Jahr 2008 ausübten. Der SPIEGEL stellte diesen Wissenstest mit Autorennachweis Jan Kercher online.[2]

Das hier abgefragte Standardwissen kann man auch als willkürlich zusammengestellt betrachten, es ist zumindest fragwürdig und repräsentiert kein anerkanntes Messverfahren für diese Frage. Es steht zudem in keinem erkennbaren Zusammenhang mit den politischen Interessen junger Menschen. Wozu muss ein 15-Jähriger oder auch ein 18-Jähriger wissen, was Subsidiarität oder GATT bedeutet? Für die Vertretung ihrer Interessen ist den Jugendlichen des Projekts die Kenntnis des

---

2 Vergl.: http://www1.spiegel.de/active/quiztool/fcgi/quiztool.fcgi?id=36363

Begriffes „Berufseinmündung" wichtig gewesen. Der Aspekt des Standardwissens entfällt z.B. bei Rentnern. Interessant wäre, wie diese Altersgruppe abschneidet. Könnte die Folge bei negativem Abschneiden hier auch das Urteil sein: leider politisch unreif, Wahlrecht entziehen? Eine absurde Vorstellung, aber bei der Beurteilung des Wahlrechts ab 16 zieht sich diese Ansicht durch die gesamte veröffentlichte Debatte.

Das Prüfen eines starren Wissensstandards kann nicht wirklich der kompetenzorientierte Maßstab für politische Reife sein und auch nicht über das Wahlrecht ab 16 entscheiden, zumal sich in der Kercher-Studie zwischen Jugendlichen und Erstwählern „beim politischen Interesse und der subjektiven Einschätzung des Verständnisses [...] keine signifikanten Unterschiede [ergaben]. Die minderjährigen Jugendlichen waren also [...] durchaus interessiert und selbstbewusst" (Kercher 2011b). Dennoch kommt der Autor zu dem vernichtenden Fazit: „Sie wollen, aber können (noch) nicht" (ebd., S. 19). Er schlägt deshalb eine Abfolge von Schritten vor: „Wer Jugendliche stärker an Politik beteiligen will, sollte damit also in der Schule anfangen und nicht an der Wahlurne" (a.a.O.). Diese Aussage ist an Banalität jedoch kaum zu überbieten und die Basis der gesamten Arbeit von Politischer Bildung und Demokratiepädagogik. Selbstverständlich darf man mit der politischen Beteiligung von Kindern und Jugendlichen nicht an der Wahlurne mit 16 oder 18 anfangen. Das muss in der Grundschule geschehen. Richtig ist an dem Gedanken lediglich, dass eine Absenkung des Wahlalters auf 16 in den Schulen ein Thema werden sollte. Dies sollte zudem ausdrücklich nicht nur durch die Politiklehrerschaft, sondern durch alle Lehrkräfte der Sekundarstufe I erfolgen – ganz im Sinne der Notwendigkeit, alle Jugendlichen über ihre politischen Rechte zu informieren und zu deren Gebrauch zu motivieren.

Die erstmalige Absenkung des Wahlalters auf 16 Jahre bei einer deutschen Landtagswahl in Bremen 2011 ist von einer solchen Informationskampagne an den Schulen begleitet worden. Die Juniorwahl an allen Schulen, die Werderwette mit 500 aktiven Schülerinnen und Schülern, die sehr breit angelegte Einbeziehung von Jugendlichen bei der Stimmauszählung der Bürgerschaftswahl sind Elemente dieser Kampagne, die – sicherlich neben anderen Faktoren – zu einem eindeutig positiven Fazit führen: Diese Projektinitiativen können für sich verbuchen, dass die Wahlbeteiligung bei Erstwählern als einziger Gruppe gegen den Trend gestiegen ist, dass ihre Wahlbeteiligung – verglichen mit den anderen jungen Wählergruppen bis 35 Jahre – deutlich höher ist. Sie haben also ihre Wette gewonnen (Sundermann 2011b). Bemerkenswert ist zudem, dass der Anteil der ungültigen Stimmen von 0,8 Prozent in dieser Altersgruppe am niedrigsten ist; der Durchschnitt liegt bei 2,6 Prozent, für die über 60-Jährigen sogar bei 3,7 Prozent. Wir können also festhalten: Die Erstwähler haben das neue Wahlrecht verstanden. Es ist kumuliert und panaschiert worden, auf über 40 Prozent der Stimmzettel wurden Personenstimmen und an verschiedene Parteien Stimmen vergeben.

Die wichtigste Erkenntnis für die Politische Bildung und die Demokratiepädagogik allerdings ist, dass den Befürchtungen, durch die Absenkung des Wahlalters würden vor allem rechtsradikale und rechtspopulistische Parteien gestärkt, empirischpraktisch entgegengetreten worden ist. Der Bremer Landeswahlleiter kommt in der Frage des Wahlalters resümierend zu folgendem Schluss: „Die Absenkung des aktiven Wahlalters auf 16 Jahre ist als Erfolg zu werten. [...] Dieser Erfolg ist jedoch nicht vom Himmel gefallen, sondern das Ergebnis einer intensiven Beschäftigung mit dem Thema Wahlen an den weiterführenden Schulen in Bremen und Bremerhaven. [...] Auch wenn die Stärke der jüngsten Altersklasse nicht ausreichte, den negativen Trend der gesamten Wahlbeteiligung spürbar aufzuhalten, waren die Aktivitäten an den Schulen sicher eine wertvolle Investition in die Zukunft" (Weyand 2011, S. 14). Eine Senkung des Wahlalters sollte deshalb auch in anderen Ländern von entsprechenden schulischen Kampagnen begleitet sein.

Klar ist allerdings auch, dass Jugendliche mit 16 Jahren ihre eigenen Interessen haben und diese in ihrem Wahlverhalten verantwortungsvoll umsetzen. Beide sind nicht „unreifer" als z.B. bei Menschen über 60, ihre Interessen allerdings in vieler Hinsicht anders.

Die Bremer Wahl und das plötzliche öffentliche überregionale Interesse an einem Landtagswahlalter ab 16 sind sehr skeptisch kommentiert worden. Bei aller Skepsis aber und bei aller denkbaren Kritik an dieser Form substanzieller Partizipation Jugendlicher am Kern der repräsentativen Demokratie – dem Wahlakt – sollte man doch gerade angesichts der vielerorts und stetig debattierten Abwendung Jugendlicher von der etablierten Politik nicht übersehen, dass man „die politisch informierten und interessierten Jugendlichen [...] von einem entscheidenden Mechanismus der politischen Willensbildung", eben nicht ausschließen sollte (Hurrelmann 2011, S. 18). Sichtbar werden ein breites Feld und eine Herausforderung für Politische Bildung und Demokratiepädagogik gleichermaßen.

Literatur

Ausstellung „Wir sind keine Idiotes", download: http://www.werderwette.de/downloads/Ausstellung_Wahlrecht_ab_16.pdf, abgerufen am 25.10.2011.

Baeck, J.-P./Schirrmeister, B. (2011): Wählen lernen. In: taz vom 19. 5. 2011.

Beutelsbacher, S. (2011): Wähler mit Zahnspange. In: Welt-Kompakt vom 20. 5. 2011 S. 2f.

BIBB (Bundesinstitut für Berufsbildung) (2011): Datenreport zum Berufsbildungsbericht 2011, Bonn 2011, S. 13, http://datenreport.bibb.de/Datenreport_2011.pdf , download vom 25.10. 2011.

Dobrinski, M. (2011): Wählen mit 16. In: Süddeutsche Zeitung vom 18.5. 2011, S. 4.

Förderprogramm Demokratisch Handeln (Hrsg.) (2011): Ergebnisse und Kurzdarstellungen zur Ausschreibung 2010. Jena.

Förderprogramm Demokratisch Handeln (Hrsg.) (2008): Ergebnisse und Kurzdarstellungen zur Ausschreibung 2007. Jena: Eigendruck.

Förderprogramm Demokratisch Handeln (Hrsg.) (2000): Ergebnisse und Kurzdarstellungen zur Ausschreibung 99. Jena: Eigendruck.

Friedmann, J./Fröhlingsdorf, M. (2011): Reif für die Urne. In: SPIEGEL, 20/11, S. 40.

Göres, J./ Kirch, D. (2011): Deutschland-Premiere im kleinsten Land. In: Saarbrücker Zeitung 19.5.2011, S. 2.

Habig, M. (2011), Wahlergebnis in der Stadt Bremen nach Altersgruppen und Geschlecht. In: Statistisches Landesamt Bremen, Heft 113, Teil 1, S. 37 f.

Hafner,H./ Stein, H.-W. (2006): Nacht der Jugend- Erinnern für die Zukunft; Berlin 2006, Internet: http://blk-demokratie.de/fileadmin/public/2hp/ndj_2006_Broschuere.pdf; abgerufen am 31.10.2011.

Hurrelmann, K. (2011) Wahlrecht: mit 16 an die Urne? In: Treffpunkt (Kundenmagazin der Sparkasse) Heft 2/2011, S. 18, Stuttgart 2011, abgerufen am 25.10.2011. https://www.uni-hohenheim.de/politmonitor/uploads/Treffpunkt_0211_Wahlrecht_ab_16.pdf; abgerufen am 12.08.2011.

Joppig, T. (2011): Aktionen an Schulen fördern Wahlbeteiligung. In: Weser-Kurier vom 3.6.2011.

Kercher, J. (2008): Politikverständnis und Wahlalter – Ergebnisse einer Studie mit Schülern und Studienanfängern, https://uni-hohenheim.de/politmonitor/uploads/Studie_Wahlalter.pdf, abgerufen am 25.10.2011.

Kercher, J. (2011a): Wahlrecht ab 16 – Chance oder Risiko? In: Zeit vom 7.5.2011. http://blog.zeit. de/zweitstimme/2011/05/07/wahlrecht-ab-16-%E2%80%93-chance-oder-risiko, abgerufen am 25.10. 2011.

Kercher, J. (2011b), Wahlrecht: mit 16 an die Urne?, In: Treffpunkt (Kundenmagazin der Sparkasse) Heft 2/2011, S. 19, Stuttgart 2011, download v. 25.10.2011, https://www.uni-hohenheim.de/politmonitor/uploads/Treffpunkt_0211_Wahlrecht_ab_16.pdf, abgerufen am 24.10.2011.

Lucius, R. (2011), Jugend wählt, Grün gewinnt. In: FAZ vom 2.5. 2011, S.4.

Schlesselmann, B. (2011): Wahl: Schüler wetten gegen Werder. In Weser-Kurier vom 18.5.2011, S. 1.

Schneider, B. (2011): Juniorwahl: Rekordbeteiligung, in Weser-Kurier vom 10.5.2011.

Stein, H.-W. (2007): Demokratisch handeln in der Schule und „große Politik" – Mission impossible? In: Beutel, W./Fauser, P. (Hrsg.): Demokratiepädagogik. Lernen für die Zivilgesellschaft. Schwalbach/Ts., S. 171-198.

Stein, H.-W./Beutel, W. (2009): „Forschendes Lernen" – eine Möglichkeit der Demokratiepädagogik. In: Beutel, W./Fauser, P. (Hrsg.): Demokratie, Lernqualität und Schulentwicklung. Schwalbach/ Ts., S. 151-175.

Sundermann, S. (2011a): Studie: Die Jugend ist nicht unpolitisch. In: Weser-Kurier vom 23.2.2011.

Sundermann,S. (2011b): Bremer Erstwähler gewinnen Werderwette. In: Weser-Kurier vom 30.5.2011.

Wayand, J. (2011): Die Wahl zur Bremischen Bürgerschaft am 22. Mai 2011. In: Statistische Mitteilungen Heft 113, StaLa Bremen, S. 14.

Wikipedia, Tauglichkeitsgrad, http://de.wikipedia.org/wiki/Tauglichkeitsgrad#cite_note_1 abgerufen am: 25.10.2011.

Wolfgang Beutel

Demokratiepädagogik in der Praxis

Projektbeispiele aus dem Wettbewerb Förderprogramm Demokratisch Handeln

Die hier vorgestellten Projekte entstammen der Ausschreibung 2010 des Wettbewerbs Demokratisch Handeln: „Gesagt. Getan." Diese Projekte wurden von der Auswahljury als besonders herausragend qualifiziert und zur Abschlussveranstaltung „Lernstatt Demokratie" im Juni 2011 in die Akademie für Politische Bildung nach Tutzing eingeladen. Hier wird von den dort vorgestellten 52 eine Auswahl von elf Projekten präsentiert. Diese Projekte repräsentieren eine breite Vielfalt möglicher Themen, Handlungsformen und auch Akteure – also Schularten und Schulformen.

Die Texte sollen einen Eindruck von den Chancen und den Grenzen dieser Projekte demokratischen Handelns wiedergeben. Sie sollen Anschaulichkeit und Anregungskraft in kompakter Weise vermitteln. Dass damit ein enger Rahmen in der Darstellung der meist sehr komplexen projektdidaktischen und schulischen Realität gezogen ist, liegt auf der Hand. Die Texte beruhen auf den von den Schulen bzw. den Projektgruppen eingesandten Dokumentationen, die als individuell gestaltete schriftliche Berichte mit ergänzendem Dokumentationsmaterial (Presse, Fotos, Videos, neue Medien wie CD-ROM-Dokumentationen, PowerPoint-Präsentationen u.Ä.m.) vorgelegt worden sind. Sie wurden – soweit möglich – mit dem jeweiligen Einsender abgestimmt und basieren damit in der Regel auf einer von den Autoren und Autorinnen sowie den Projektverantwortlichen geteilten Sichtweise. Gerade die Überlegungen zur demokratiepädagogischen Qualität der Projekte dokumentieren in lern- und schultheoretischer Perspektive den Minimalkonsens beschreibbarer Lernqualität, der auf dem Wege der Projektauswertung zwischen Schule und Wettbewerb ohne direkte Projektevaluation gegangen werden kann.

Bei den Entwürfen und der redaktionellen Bearbeitung dieser Projektskizzen haben in den Erstfassungen viele studentische Mitarbeiterinnen und Mitarbeiter des Förderprogramms Demokratisch Handeln mitgewirkt. Allen an dieser Arbeit Beteiligten, besonders aber den Schülerinnen und Schülern sowie den die Projekte betreuenden Lehrkräften der Projektschulen gilt unser besonderer Dank.

Denk-Mal an jüdische Mitbürger. Ein Projekt der Löcknitz-Grundschule in Berlin

Seit 1994 besteht das Projekt „Denk-Mal" an der Löcknitz-Grundschule. Die Schülerinnen und Schüler der Klassenstufen 6 beschäftigen sich mit den Schicksalen ehemaliger jüdischer Bewohner und erinnern mit Gedenksteinen – jeder für eines der Opfer, alle aber zusammen wirkend – an sie. So entstand im Laufe der Jahre ein eindrucksvolles Denkmal auf dem Schulgelände. Im Jahr 2011 wird der 900. Stein gelegt werden.

Das Bayerische Viertel im Bezirk Berlin Tempelhof-Schöneberg wurde vor der Nazizeit als „Jüdische Schweiz" bezeichnet: Die Löcknitz-Grundschule befindet sich auf dem Gelände einer ehemaligen Synagoge. Vor diesem Hintergrund entstand an der Schule ein besonderer und bewusster Umgang mit der Vergangenheit des Grundstückes. So wurde beispielsweise 2004 der Grundriss der Synagoge durch eine Umgestaltung des Schulhofs dauerhaft sichtbar gemacht.

Vor diesem Hintergrund betrachten die Kinder der Klasse 6 Biografien der damaligen Bewohner des Viertels. Sie suchen sich Personen heraus, zu denen sie eine persönliche Beziehung entwickeln können. Hierzu wurde vom Heimatmuseum eine Namensliste, die mehr als 6.000 ehemalige jüdische Mitbürgerinnen und Mitbürger des Bezirks benennt, zur Verfügung gestellt. Die Bezugspunkte sind dann beispielsweise Name, Alter, Geburtsdatum oder Straße. Zum Gedenken schreiben sie auf je einen Backstein die Namen der Opfer und deren Todesdatum. Auf diese Weise entsteht immer wieder eine altersgemäße intensive Beschäftigung mit dem Schicksal der jüdischen Bürgerschaft, die schließlich Opfer der Shoah geworden ist.

Das Projekt ist mittlerweile überwiegend in Schülerhand. Die Schülerinnen und Schüler stellen ihre Ergebnisse selbstständig vor und leiten einmal jährlich einen Workshop an der Staatlichen Erzieherfachhochschule. Zudem nehmen sie an verschiedenen Stolperstein-Verlegungen im Bezirk teil, sie verlesen dort Biografien oder begleiteten diese Aktionen durch Musik. Die Bedeutung des Projektes hat durch bundesweite Auszeichnungen und Medienberichte Anerkennung gefunden. Viele Zeitzeugen und Schulklassen nehmen jährlich an der feierlichen Verlegung der Gedenksteine teil. 2009 wurde das „Denk-Mal"-Projekt in die offiziellen Führungen des Jüdischen Museums Berlin aufgenommen. Damit empfängt die Schule fast täglich Besuchergruppen aus aller Welt. Jeder Jahrgang beschäftigt sich immer wieder neu, intensiv und mit viel Engagement mit der Geschichte, um sie aufzuarbeiten – solange dies der Wunsch der Kinder ist.

Das Projekt hat eine verschiedene Schülergenerationen übergreifende Perspektive gewonnen, es trägt zur Profilierung der Schule bei und entwickelt Nachhaltigkeit im Sinne zeitstabiler Wirksamkeit – eines der grundlegenden Elemente für eine aufgeklärt-kritische Form des Mahnens, Erinnerns und Gedenkens in der Schule heute. Durch die intensive persönliche Beschäftigung der Schülerinnen und Schüler mit individuellen Schicksalen und der eigenkreativen Form der Gedenksteinlegung erhalten die Kinder einen unmittelbaren und mit dem Einzelfall verbundenen Zugang zum System des Holocaust in der NS-Zeit. Neben der persönlichen Auseinandersetzung gestalten die Schülerinnen und Schüler Workshops und beteiligen sich regelmäßig an der Ausgestaltung der öffentlichen Verlegung von „Stolpersteinen". So entsteht eine umfassende Reflexion des Themas, die weit über die schulische Aktivität hinausgeht.

Kontaktadresse: Christa Niclasen, Löcknitz-Grundschule, Berchtesgadener Straße 10/11, 10779 Berlin, E-Mail: loecknitz-grundschule@t-online.de, www. loecknitz-grundschule.de

Für Zivilcourage und Toleranz. Ein Projekt des Goethe-Gymnasiums in Bensheim (Hessen)

Die Schülervertretung des Goethe-Gymnasiums organisierte eigenständig eine dreiteilige Projektreihe unter dem Titel „Für Zivilcourage und Toleranz". 80 Veranstaltungen mit über 2.700 Teilnehmenden wurden realisiert. Am Ende des Projektes unterschrieb die Mehrheit der Schulgemeinde eine Selbstverpflichtung als Voraussetzung für die Bewerbung um den Titel „Schule ohne Rassismus – Schule mit Courage".

Zu Beginn stand das Projekt „Für Zivilcourage und Toleranz", das im Zeitraum vom 9. bis 27. November 2009 verwirklicht wurde. Den 9. November wählten die Organisatoren aufgrund seiner historischen Bedeutung als Startdatum. Im Mittelpunkt des Projekts stand die Sensibilisierung der Beteiligten für die Themen Toleranz und Zivilcourage. Es gab Workshops für mehr Mut und gegen Gewalt in Zusammenarbeit mit außerschulischen Partnern. Ferner wurde eine interaktive Veranstaltung konzipiert, um eine kreative und künstlerische Annäherung zu schaffen.

Der zweite Block „Antidiskriminierung – Gegen das Vergessen" wurde vom 27. Januar bis 21. März 2010 durchgeführt. Hier richtete sich der Fokus auf die Ereignisse in der Region während der Zeit des Nationalsozialismus. Als Veranstaltungen und Aktionen organisierte die Schülervertretung Zeitzeugenbegegnungen, Workshops, Vorträge sowie Exkursionen zu KZ-Gedenkstätten und Synagogen. Ziel war es, „aus der Geschichte zu lernen, um sich aktiv gegen Diskriminierung in unserer Gesellschaft einzusetzen."

Der letzte Schritt in der Projektreihe befasste sich mit dem Thema „Schule ohne Rassismus – Schule mit Courage" im Zeitraum vom 21. April bis 8. Mai 2010. Aktuelle Formen der Diskriminierung wie Abstammung, Behinderung, sexuelle Orientierung oder Geschlecht standen diesmal im Mittelpunkt von Workshops, Vorträgen und Diskussionsrunden mit außerschulischen Partnern. Die Bilanz der Schülervertretung zur Projektreihe „Für Zivilcourage und Toleranz" ist sehr positiv: eine hohe

Beteiligung der Schulgemeinde, die große Unterstützung von außerschulischen Partnern, die Aufmerksamkeit durch eine intensive Berichterstattung in lokalen und überregionalen Medien sowie eine Zustimmung inner- und außerhalb der Schule.

Durch die hohe Schülerbeteiligung an den Projekten konnte der Blick der gesamten Schulgemeinde auf vorhandene soziale Ungleichheit und Ungerechtigkeit geschärft werden. Damit werden lebensfeldnahe aktuelle Themen aufgegriffen, Toleranz und Respekt werden in der Schule gefördert. Hier zeigt eine Schülervertretung, wie es gelingen kann, trotz der eher begrenzten Partizipation an den innerschulischen Entscheidungen Aspekte einer zeitkritischen und tätig-engagierten demokratischen Öffentlichkeit zur Angelegenheit der SV-Arbeit zu machen.

Kontaktadresse: Laurien Simon Wüst, Goethe-Gymnasium, Auerbacher Weg 24, 64625 Bensheim, E-Mail: sv@goethe-bensheim.de, www.goethe-bensheim.de

Senegal-Magazin. Ein Projekt des Gymnasiums auf den Seelower Höhen in Seelow (Brandenburg)

Das Gymnasium auf den Seelower Höhen pflegt im Rahmen der „Senegal-AG" seit 2003 eine Schulpartnerschaft mit einer senegalesischen Schule. 2009 übernahmen die beiden Partnerschulen eine gemeinsame Patenschaft zur Grundschule in Mbött. Hierfür organisierten sie in Zusammenarbeit den Bau einer Toilettenanlage. Um dieses Vorhaben umsetzen zu können, erstellten die Jugendlichen das „Senegal-Magazin – Projekte, Reiseeindrücke und Landesinformationen von einer Schulpartnerschaft", durch dessen Verkauf der Bau finanziert werden konnte.

Seit 2003 finden jedes Jahr abwechselnd dreiwöchige Besuche im jeweils anderen Land statt. Die Schülerinnen und Schüler lernen sich gegenseitig kennen, arbeiten zusammen an Themen und Projekten. Sie führen gemeinsame Aktionen durch. Die Wochen des Austausches werden inhaltlich und organisatorisch von den Mitgliedern der Senegal-AG vorbereitet. Dabei setzen sie sich mit politischen, kulturellen und wirtschaftlichen Strukturen und Besonderheiten des Senegal auseinander. Sie machen ihr Projekt in der Öffentlichkeit bekannt und kooperieren mit mehreren lokalen und bundesweiten Initiativen, die sich für Demokratie, Toleranz und nachhaltige Entwicklung einsetzen.

Im Zuge der Vorbereitungen des Besuches im Senegal im Jahr 2009 haben sich die Schülerinnen und Schüler mit dem Thema „Wasser als Lebenselixier" und arbeiteten in verschiedenen Workshops wie „Wasser – Ware oder Menschenrecht", „Bedrohtes Wasser" und „Verantwortung in Nord und Süd für den Erhalt der Wasservorräte" befasst. Während des Aufenthaltes im Senegal stellten die Jugendlichen fest, dass die Grundschule des Dorfes Mbött keine Toilettenanlage hat. Scheinbar ein kleines Problem, aber mit großer Wirkung, denn deshalb mussten vor allem die Mädchen den Unterricht oftmals früher verlassen und nach Hause gehen.

Wieder zuhause holten die Schülerinnen und Schüler sofort einen Kostenvoranschlag ein und beschlossen, den Bau einer Toilette zu organisieren. Dafür erstellten die Jugendlichen oben genanntes Magazin. Im ersten Teil dokumentierten sie die Partnerschaft der beiden Schulen; im zweiten wurde über den Besuch und die Ergebnisse zum Projekt „Wasser als Lebenselixier" berichtet; im dritten Teil beschrieben die Jugendlichen das Land und die Kultur des Senegal. Die Texte stammten sowohl von deutschen als auch von senegalesischen Schülerinnen und Schülern, die ins Deutsche übersetzt wurden. Die Vorbereitung des Drucks, das Layout, die Gestaltung, die Suche nach Sponsoren und Werbepartnern lagen ausschließlich in den Händen der Jugendlichen der „Senegal-AG".

Die Toilettenanlage konnte schließlich durch den Verkauf des Magazins sowie durch Werbung finanziert werden und ist inzwischen in Betrieb. Beim Gegenbesuch im April 2010 wurde über weitere Hilfen für das gemeinsame „Patenkind Grundschule Mbött" diskutiert.

Die Schulpartnerschaft und der Schüleraustausch sind seit Jahren fester Bestandteil des Angebots des Gymnasiums auf den Seelower Höhen. Dadurch entwickelte sich eine besondere Kontinuität und Nachhaltigkeit des Projekts. Aufklärung über die Dritte Welt, das globale Nord-Süd-Gefälle und praktische Entwicklungshilfe sind Teil des Schulprofils. Die Schülerinnen und Schüler begegnen Menschen in der Dritten Welt. Sie lernen diese nicht nur kennen, sondern arbeiten in gemeinsamen Projekten. Dadurch wird die interkulturelle Begegnung thematisch zentriert, zielorientiert und die erreichte Hilfe bzw. Unterstützung bekommt den Charakter zielbezogener gemeinsamer Arbeit – eine verantwortliche Wahrnehmung der Verpflichtung, in den westlichen Demokratien für „die eine Welt" und damit die Entwicklung benachteiligter Länder mit Sorge zu tragen.

Kontaktadresse: Jörg Miethe, Gymnasium auf den Seelower Höhen, Brecht-Straße 3, 15306 Seelow, E-Mail: Gymnasium.Seelow@t-online.de, www.gymnasiumseelow.de

Die Rechte der Kinder. Ein Projekt der Nordend-Schule in Eberswalde (Brandenburg)

Im Schuljahr 2007/08 begann an der Nordend-Schule ein Projekt zu den Rechten der Kinder, das innerhalb einer Klasse über die Jahre fortgesetzt wird. Die Schülerinnen und Schüler haben den Bürgermeister der Stadt Eberswalde und einige Passanten zum Thema befragt, produzierten einen Kinderrechte-Song sowie eine DVD, die an der Nordend-Schule und an anderen Schulen der Schüler-, Eltern- und Lehrerschaft präsentiert wurden.

Anlässlich des 50-jährigen Bestehens der Rechte der Kinder und des 20-jährigen Jahrestages der UN-Kinderrechte-Konvention wandte sich Helge Thomé von der Bürgerstiftung Uckermark/Barnim an die Förderschule Nordend, um ein Projekt zum Thema Kinderrechte zu initiieren. Im Mai 2008 begann die Projektarbeit mit der damaligen Klasse 4a.

Einmal wöchentlich trafen sich die Schülerinnen und Schüler, um zu „Kinder-rechts-Detektiven" ausgebildet zu werden. Diese führten unter Kindern und Eltern Befragungen zum Thema durch und stellten dabei erhebliche Kenntnislücken – insbesondere bei den Erwachsenen – fest. Aus diesem Grund wurden die Eltern in das Projekt einbezogen. Daraus entstand die Idee, einen Kinderrechte-Club zu gründen. Im Schuljahr 2008/2009 produzierten die Kinderrechts-Detektive einen Kinderrechte-Song, der in einem Tonstudio aufgenommen und vor Lehrern und Eltern präsentiert wurde. Schließlich stellten die Schülerinnen und Schüler ihren Song dem Bürgermeister von Eberswalde vor. Sie befragten ihn und weitere Passanten auf dem Marktplatz zu den Rechten der Kinder und filmten die Interviews. Mit Hilfe von „amigo-media" entstand daraus eine DVD.

Die Kinder beschäftigten sich auch im Schuljahr 2009/10 intensiv mit dem Thema Kinderrechte und entwickelten die Idee, einen eigenen Film zu drehen. Im Januar 2010 nahmen alle Schülerinnen und Schüler der nunmehr sechsten Klasse der Nordend-Schule an einem Filmworkshop teil. Dort erstellten sie ein Drehbuch und setzen sich mit filmtheoretischen und gestalterischen Aspekten auseinander. Der fertige Film leistet eine Aufzählung der Kinderrechte und zahl-reiche Interviews machen das Thema lebendig.

Das Projekt spielt im besten Sinne mit Aspekten der Selbstwirksamkeit und der Partizipation in Hinblick auf ein Rechtsgebiet, das substanzielle Qualität hat, ohne dass die betroffenen Rechteinhaber materiell wirksame Möglichkeiten der Rechtedurchsetzung besitzen. Partizipation wird mit Hilfe von kritischer Aufklä-rung, Öffentlichkeitsarbeit und Wissensvermittlung realisiert.

Kontaktadresse: Antje Mücke, Nordend-Schule, Lärchenweg 8, 16225 Eberswalde, E-Mail: nordendschule@telta.de, www.nordendschule.barnim.de

„Wanderausstellung Rechtsextremismus". Ein Projekt der Berufsbildenden Schulen Marienhain in Vechta (Niedersachsen)

Im Rahmen einer Projektwoche im Oktober 2010 gestaltete die Berufsbildende Schule Marienhain Vechta die „Wanderausstellung Rechtsextremismus". In 17 Workshops betrachteten die Schülerinnen und Schüler verschiedene Themen-bereiche des Rechtsextremismus. Sie erarbeiteten sich Wissen zu „Aussteigern", „Musik", „Begriffen/Codes", „Frauen in der Szene", „Fußball und Rassismus", „Rassismus und Religion" oder „Gegenstrategien".

Die Idee stammte von dem Schüler Sebastian Ramnitz, der zugleich Vorsitzen-der des örtlichen Vereins „ContRa – Contra Rassismus" ist. Der Leitgedanke des Projektes ist es, „Respekt vor dem Leben und voreinander zu bekunden und ein Bekenntnis zur Menschenwürde abzulegen".

Ausgangspunkt für diese Schülerinitiative ist das Projekt „Würdenträger – weil jeder Würde trägt", eine auf zwei Jahre angelegte Aktion der Katholischen Kirche im Oldenburger Land. Von Beginn an war die Schülervertretung am Entscheidungs- und Gestaltungsprozess beteiligt. Durch die Mitgestaltung der Schülerinnen und Schüler konnte ein Prozess direkter demokratischer Beteiligung etabliert und gewährleistet werden. Die Schülervertretung organisierte selbstverantwortlich die Informationen und deren Weitergabe an die Schülerschaft. Auch während der Projektwoche war die Schülervertretung in die Leitung des Organisationsbüros eingebunden. Zusammen mit der Schulleitung oblag ihr Gestaltungskompetenz und Verantwortung am zielorientierten und durch Pläne strukturierten Ablauf der Projektwoche.

Innerhalb dieser Projektwoche arbeiteten die Schülerinnen und Schüler der Berufsbildenden Schule in 17 Workshops. Eingeladen waren namhafte Experten aus dem gesamten Bundesgebiet. Die zukünftigen Multiplikatorinnen und Multiplikatoren erarbeiteten einerseits Themengebiete, die den Inhalt der Ausstellung bilden sowie andererseits Präsentations- und Medientechniken.

Zusammengeführt wurden die Workshopergebnisse in einer von den Jugendlichen entwickelten Ausstellung. Geplant ist, diese in den kommenden Jahren deutschlandweit zu zeigen. Für die zukünftige Arbeit mit Kindern und Jugendlichen bietet das eigenständig durchgeführte Projekt Anregungen und Ideen. Jetzt sind Projekte denkbar, die sich in Erinnerung an die Zeit des Nationalsozialismus mit aktuellen Erscheinungsformen des Rassismus und des Fanatismus auseinandersetzen. Die Perspektive des Unternehmens ist es, durch Informationen und Wissen die Kinder und Jugendlichen über Gefahren des Rechtsextremismus aufzuklären.

Das Projekt „Wanderausstellung" hat Nachhaltigkeits- und Aufforderungscharakter. Es zielt auf eine längerfristige Prophylaxe und Intervention gegen Rechtsradikalismus bei Jugendlichen. Besonders deutlich wird dies durch die Etablierung weitergehender neuer Ziele, indem beispielsweise die Ausstellung deutschlandweit präsentiert werden soll. Dass Demokratie Gewalt – die substantieller Bestandteil rechtsextremer Ideologien ist – ausschließt und umgekehrt die Vorbeugung „gegen Rechts" eine Förderung demokratischer Verhältnisse gleichkommt, ist Ausgangspunkt dieses Projekts. Indem die Jugendlichen für Diskriminierung, Rassismus und Gewalt sensibilisiert werden, wird zudem die Aufmerksamkeit für rechtsideologische Ansätze an der eigenen Schule gestärkt.

Kontaktadresse: Hartmut Pille, Berufsbildende Schulen Marienhain, Landwehrstraße 2, 49377 Vechta, E-Mail: BBS.Marienhain@t-online.de, www.bbs-marienhain.de

Free your mind. Ein Projekt des Gustav-Hertz-Gymnasiums in Leipzig (Sachsen)

Das „Free your mind"-Team führt mit Mitschülerinnen und Mitschülern Projekte und Projekttage durch. Die Projekte unterstützen die demokratische Schulprogrammentwicklung sowie die positive Entwicklung von Klassen- und Schulgemeinschaft. Schließlich dienen die Projekte der Entwicklung der Kritik-, Kommunikations- und Kooperationsfähigkeit der Schülerinnen und Schüler sowie der Förderung eines Denkens, das die Perspektive der anderen und die globale Entwicklungsdimension anspricht. Dabei soll sich die Schülerpersönlichkeit entfalten und die Überprüfung eigener Wertvorstellungen angeregt werden. Alle Projekte wurden von den Jugendlichen selbst geleitet.

Am Gustav-Hertz-Gymnasium ist seit sechs Jahren ein „Free your mind"-Team tätig. Es setzt sich aus 15 Schülerinnen und Schülern sowie einer Lehrerin und einer Sozialpädagogin zusammen. „Free your mind" ist ein Projekt, das an über zehn Schulen in Leipzig eingerichtet worden ist. Ziel des Projektes ist es, eine frühzeitige, kontinuierliche und langfristige primäre Suchtprävention und Gesundheitsförderung für Jugendliche zu etablieren und praxiswirksam werden zu lassen. Deshalb steht die Förderung und Entwicklung der Lebenskompetenzen für eine suchtmittelfreie und gewaltfreie Schule im Fokus der Projekte.

Grundlage ist das Lebenskompetenzmodell, nach dem nicht die Droge und deren möglicher Missbrauch im Mittelpunkt der Prävention stehen, sondern die Förderung allgemeiner Lebenskompetenzen – also ein stärkeorientierter Ansatz. Hierzu werden Jugendliche ab Klasse 7 zu Schülermultiplikatoren ausgebildet. Das neu gewonnene Wissen geben sie im Sinne eines Peer-to-Peer-Ansatzes an andere Jugendliche weiter.

Sieben Projekte hat das „Free your mind"-Team in den vergangenen zwei Jahren durchgeführt: Seine Mitglieder entwickelten Interviewfragen und führten mit Lehrerinnen und Lehrern, Schülerinnen und Schülern eine Talkshow zum Thema „Mobbing" durch, die sie in einem Film festhielten. Der Film diente mehrfach als Grundlage für weitere Projekttage.

„Gemeinsam oder einsam" ist der Titel eines selbst entwickelten Methodenplans, den das Team anderen Klassen in Form eines Projekttages anbot, um mit ihnen über Themen wie Mobbing und Ausgrenzung ins Gespräch zu kommen und alternative Handlungsstrategien zu entwerfen. Um Mitschülerinnen und Mitschüler für die lebenspraktischen Herausforderungen und Probleme von Behinderten zu sensibilisieren, gestalteten die Schülerinnen und Schüler Projektnachmittage, an denen die Teilnehmer sich erfahrungsnah mit verschiedenen Formen von Behinderung auseinandersetzen konnten. Entsprechendes Fachwissen eigneten sich die Teammitglieder vorher beim Körper- und Mehrfachbehindertenverband an.

Um alte und junge Menschen ins Gespräch zu bringen, wurde das Projekt „Jung und Alt an einem Strang" entwickelt. In diesem Zusammenhang besuchte das „FreeYour Mind"-Team mit anderen interessierten Schülerinnen und Schülern Bewohner eines Altenheims. Während die Jugendlichen den älteren Menschen neue mediengestützte Unterhaltungsformen wie z.b. Wii-Bowling nahebrachten, erfuhren sie im Gegenzug, dass Krankheit und Hilfsbedürftigkeit Lebensfreude nicht ausschließen. Zum Thema „Stoffungebundene Süchte – die unsichtbare Gefahr" entstand eine Ausstellung, zu der auch Workshops durchgeführt wurden. Auch zu den Themen „Essstörungen" und „Mediensucht" erarbeiteten sich die Schülerinnen und Schüler eine eigene Expertise.

Das Engagement der Schülerinnen und Schüler belegt ihren Impuls zur Stärkung zivilgesellschaftlicher Kompetenzen. Im Mittelpunkt ihrer Teilprojekte stehen zahlreiche Folgeprobleme und lebenseinschränkende Aspekte der Gesellschaft in der Moderne: Alter, Vereinsamung, Sucht etc. Demokratiepädagogisch einschlägig ist der altersgruppenbezogene „Peer-to-Peer"-Ansatz, der im Gesamtprojekt sichtbar nicht nur „soziale Eingebundenheit" etabliert, sondern durch die motivationspsychologisch lernförderlichen Aspekte der Autonomie- und der Kompetenzerfahrung ergänzt wird.

Kontaktadresse: Carmen Hildebrand-Kusari, Gustav-Hertz-Gymnasium, Dachstraße 5, 04329 Leipzig, E-Mail: ghgsekretariat@gmx.de, www.gustav-hertz-gymnasium.de

Rappen für die Menschenrechte. Ein Projekt des beruflichen Schulzentrums in Wurzen (Sachsen)

In diesem Projekt schufen die Schülerinnen und Schüler in enger Kooperation mit polnischen Jugendlichen einen zweisprachigen Rap-Song, dessen Grundlage die Beschäftigung mit dem Holocaust war. Vor diesem Hintergrund werden dabei die Themen Menschenrechte, Völkerverständigung, Zwangsarbeit und Gewalt behandelt. Die polnischen und deutschen Jugendlichen führten den Song gemeinsam im Rahmen ihrer zweiten Begegnung in Wurzen auf. Gerade dort ist bekanntlich einer der Konzentrationspunkte des gegenwärtigen Rechtsextremismus.

Motiviert durch alltagsnahe Erfahrungen und Begegnungen mit Rechtsextremismus in den Heimatregionen der deutschen und polnischen Schülerinnen und Schüler beschlossen sie, ein Signal für die Menschenrechte und gegen Rassismus und Antisemitismus zu setzen. Den Rahmen des Auschwitz-Projektes der Schule in Wurzen nutzten sie für die erste Begegnung. Sie begegneten in Auschwitz Überlebenden des Holocaust und ehemaligen Zwangsarbeitern. Deren Schicksale bestärkten die Jugendlichen in ihrem Vorhaben.

Zusammen suchten die polnischen und deutschen Schülerinnen und Schüler nach einer jugendadäquaten und insofern geeigneten Form, um junge Menschen zu erreichen und sie zur Auseinandersetzung mit dem Holocaust, Zwangsarbeit und Menschenrechten zu bewegen. Die Idee: Ein Rap-Song soll entstehen. Noch während dieser ersten Begegnung schrieben sie gemeinsam die ersten Strophen des Songs. Parallel dazu arbeiteten die Jugendlichen zusammen bei Instandhaltungsarbeiten in Auschwitz-Birkenau, nahmen an weiteren Zeitzeugengesprächen teil und verbrachten ihre Freizeit miteinander.

Während der zweiten Begegnung, nun in Deutschland, stellten die Schülerinnen und Schüler den Rap-Song fertig und führten ihn – trotz Ankündigung der lokalen rechtsextremen Szene, mit rechtsextremen Symbolen zur Aufführung zu kommen und den Konflikt zu suchen – gemeinsam in einer Kirche vor Publikum auf. Zudem produzierten sie eine CD mit einer Studio-Aufnahme des Songs.

Das Projekt ist ein beachtlicher, regional wirksamer Impuls zur Präventions- und Aufklärungsarbeit über Rechtsextremismus, der historisches Wissen, grenzübergreifende Schulpartnerschaft mit themenzentrierter Arbeit und einem aufklärungsorientierten Impuls verbindet. Bemerkenswert ist die Idee, das Thema in einer jugendgerechten Kulturform produktiv zu bündeln, denn gerade der Rap gilt als jugendspezifische und direkte Kommunikationsform von Problemen der eigenen Altersgruppe. Auch wird hier ein zielgruppenspezifischer Beitrag auf Ebene von Produkt und Didaktik sichtbar, da gerade in beruflichen Schulen der Geschichts- und der Politikunterricht mit den herkömmlichen Buchmedien nicht effektiv arbeiten kann. Das Engagement der Schülerinnen und Schüler ist nachhaltig, da es die Arbeit in mehreren Projektphasen organisiert und das Produkt als wiederholt nutzbares Ergebnis etabliert.

Kontaktadresse: Gabriele Hertel, Berufliches Schulzentrum, Straße des Friedens 12, 04808 Wurzen, E-Mail: bsz.wurzen@gmx.de, www.bsz-wurzen.de

„ZUKUNFT" (MIT)GESTALTEN. Ein Projekt der „Grundschule an der Marie" in Berlin (Berlin)

Die Schülerinnen und Schüler der „Grundschule an der Marie" in Berlin-Pankow erreichten durch ihr Engagement zahlreiche Verbesserungen des Umweltschutzes an ihrer Schule und im Stadtteil. Sie entwarfen eigene Mülleimer für den Stadtteil. In der Schule wurde ein Mülldienst eingerichtet und eine Schülerfirma gegründet, die Recyclingprodukte verkauft. Sie erreichten durch Öffentlichkeitsarbeit die Abschaltung einiger Heizstrahler in Cafés und wollen mit einer Petition ein Gesetz gegen Heizstrahler erreichen. Darüber hinaus machen sie sich für die Aufnahme von Kinderrechten in das Grundgesetz stark.

Mit der Teilnahme an der „jugendjury" Pankow begann das Engagement einer sechsten Klasse der Berliner Grundschule. Die Klasse möchte, dass ihr Stadtteil sauberer wird. Die Schülerinnen und Schüler fotografierten Müll in ihrem Stadtteil, zeichneten Mülleimer in Stadtpläne ein, entwarfen eigene Mülleimer und schrieben einen Rap-Song.

Sie gewannen 400 Euro für die Umsetzung ihres Projektentwurfes und gelangten dabei zur Erkenntnis, dass man mit Engagement und Verantwortungsübernahme auch (politischen) Einfluss gewinnen kann.

Das Projekt veränderte das Schulleben stark. So wurde ein schuleigener Mülldienst organisiert. Eine Schülerfirma, die Recyclingprodukte anbietet, wurde ebenfalls gegründet. Ab der dritten Klasse wird Recyclingpapier verwendet. Durch einen Bericht über die Klimakonferenz in Kopenhagen wurden die Schülerinnen und Schüler auf die Themen „Klimaschutz" und „Nachhaltige Entwicklung" aufmerksam. Sie bezweifelten mit kindertypischer Direktheit jedoch die Kompetenz der Erwachsenen, diese Ziele überhaupt zu erreichen – sitzen nicht genau diese im Frühjahr und Herbst ständig unter energieverschwendenden Heizstrahlern in den Cafés und Restaurants der Großstadt Berlin?

So suchten die Kinder nach eigenen Lösungsvorschlägen, mit denen Sie ihr „Kinderrecht auf eine gesunde Zukunft" durchsetzen möchten. In Hinblick auf die Cafés mit Heizstrahlern forderten sie Besitzer solcher Cafés in ihrem Stadtteil auf, diese nicht mehr zu nutzen. Diese Kampagne verbanden sie mit entschiedener Öffentlichkeitsarbeit: Sie klärten Cafégäste auf, schrieben Briefe an Cafébesitzer sowie Stadtteilpolitiker in Berlin. Sie erwirkten einen Zeitungsartikel in der lokalen Presse. Sie organisierten eine Gesprächsrunde mit einem Cafébesitzer und dem Bezirksstadtrat und erreichten, dass dieses Café auf einige Heizstrahler verzichtet. Ihr nächster Projektschritt: Die Kinder möchten, dass ein Gesetz gegen Heizstrahler erlassen wird. Sie sammelten bereits Unterschriften für eine entsprechende Petition.

Ein weiteres Thema ist für die Projektarbeit der Schülerinnen und Schüler von besonderer Bedeutung: die „Kinderrechte". Vor dem Bundestag interviewten sie Vertreterinnen und Vertreter verschiedener Parteien zum Thema „Kinderrechte" und warben mit Sketchen und einem weiteren Rap-Song dafür, die Kinderrechte in das Grundgesetz aufzunehmen. Das Engagement der Kinder dauert an. Auch in diesem Jahr möchte sich die Klasse bei der „jugendjury" Pankow beteiligen und einen Stand auf einem Ökomarkt organisieren, um über Kinderrechte zu informieren und Stimmen gegen Heizstrahler zu sammeln.

Das Projekt zeigt die Unteilbarkeit demokratischer, inklusiver Politik und Pädagogik. Gerade das Thema Kinderrechte hat in den Kindern eine besonders starke Interessenlobby – wenn sie es sich zu eigen machen.

Kontaktadresse: Sabine Weiche, Grundschule an der Marie, Klasse 6d, Christburger Straße 7, 10405 Berlin, E-Mail: gs.5.pb@t-online.de, www.schule-an-der-marie.de

Nachhaltig lernen – Schülerunternehmen ARTemis. Ein Projekt des evangelischen Ratsgymnasiums in Erfurt (Thüringen)

Schülerinnen und Schüler vermieten - organisiert in einer Schülerfirma - Kunstwerke ihrer firmeneigenen Kunstsammlung. Sie bieten für ihre Kunden zudem Beratung, die Organisation von Kunstausstellungen und die Rahmung von Kunstwerken an. Leitgedanke der Schülerfirma ist das Prinzip der Nachhaltigkeit.

Motiviert durch die Erfahrung, dass die im Kunstunterricht geschaffenen Kunstwerke nach Fertigstellung und Bewertung nicht weiter genutzt werden, sondern oftmals nach einer gewissen Lagerzeit vernichtet werden, beschlossen die Schülerinnen und Schüler bereits im Jahr 2000, eine Schülerfirma zu gründen, die diese Kunstwerke vermietet. Angefangen bei Kunden unter den Eltern, Lehrkräften und der Schule nahestehenden Personenkreisen gewannen die Jugendlichen schnell einen beachtlichen Kundenkreis.

Trotz schwankender Nachfrageentwicklung konnten sie den Kundenkreis und das Auftragsvolumen stetig weiterentwickeln. Sie knüpften ein festes Netzwerk mit Cafés, Kanzleien, Arztpraxen und Privatpersonen als Kundenstamm und Multiplikatoren ihrer Geschäftsidee. Aktuell arbeiten 16 Schülerinnen und Schüler und zwei Lehrer ehrenamtlich und außerschulisch in drei verschiedenen Arbeitsgruppen oder auch Firmensegmenten: der Kunstabteilung, der Kundenabteilung und der Finanzabteilung.

Die Arbeit der einzelnen Abteilungen wird von einer Geschäftsführung bestehend aus zwei Personen koordiniert und unterstützt. Die Jugendlichen führen ihre Firma eigenständig und arbeitsteilig auf Basis eines professionellen Unternehmensaufbaus. Unternehmerische Entscheidungen werden auf den wöchentlich stattfindenden Vollversammlungen besprochen und abgestimmt. Aufgrund des Tandemprinzips in der Firma - demzufolge alle Positionen doppelt oder mehrfach besetzt sind - erlangen demokratische Prinzipien sowie die Fähigkeit, Kompromisse zu schließen und Kooperationsmöglichkeiten einen bedeutenden Stellenwert in der Firma. Die Schülerinnen und Schüler verwenden für alle Kunstwerke und auch in der Schülerfirma umweltfreundliche Materialien. Ein wichtiges Arbeitsregulativ ist zudem das Kreislaufprinzip: Nach einer bestimmten Mietzeit werden die Kunstwerke wieder in den Katalog aufgenommen und können erneut vermietet werden, so dass sich die Produkte stetig in einem Kreislauf bewegen. Um das Weiterbestehen der Firma und das Prinzip Nachhaltigkeit zu gewährleisten, ist es den Firmenmitgliedern wichtig, jüngere Schülerinnen und Schüler für die Arbeit in der Firma zu gewinnen.

Bemerkenswert ist, dass aus einer originellen Idee - Schulkunst nicht nur als Produkt für Notengebung zu betrachten, sondern als Gewinn ästhetischer Erziehung und einer entsprechenden kulturellen Praxis im schulischen Umfeld - ein gemeinwesenorientierter Umgang mit einer „Marktnische" erwachsen ist, die öffentliche Aspekte mit unternehmerischem Handeln verknüpft. Die Jugendlichen bilden erfolgreich ein umfassendes Netzwerk von Kunden und Partnern. Durch die vielfältigen Außenkontakte entwickeln die Schülerinnen und Schüler einen hohen Grad an Selbstkompetenz.

Kontaktadresse: Jürgen Junker, Evangelisches Ratsgymnasium, ARTemis-Schüler-GmbH, Meister-Eckehart-Straße 1, 99084 Erfurt, E-Mail: Schuelerfirma-ARTemis@ gmx.de

Gegen Bruchrechnung in Bruchbuden – Campus Rutheneum. Ein Projekt des Goethe-Gymnasiums in Gera (Thüringen)

In diesem Projekt erkämpften sich Schülerinnen und Schüler durch ihr lokal- und landespolitisches Engagement die Finanzierung der baulichen Sanierung und Neugestaltung ihrer Schule. Das Handeln und der Einsatz der Jugendlichen ermöglichte die Wiedererlangung baulich akzeptabler Lern- und Lehrbedingungen für die gesamte Schüler- und Lehrerschaft.

Das 400-jährige Goethe-Gymnasium/Rutheneum in Gera ist seit Jahren in zwei ca. zehn Gehminuten entfernte Gebäude aufgeteilt. Eines davon ist in einem derart schlechten baulichen Zustand, dass die Schülerinnen und Schüler selbst den Kampf für die Wiedererlangung akzeptabler Lehr- und Lernbedingungen aufnahmen. Die schulorganisatorisch problematische Entfernung beider Schulteile, der teils baufällige Zustand eines der Schulgebäude sowie dessen Ausstattung, die von den Betroffenen als „nostalgisch" bezeichnet wird, waren aus Sicht der Schülerinnen und Schüler nicht mehr hinnehmbar.

Sie engagierten sich unter anderem auch deshalb, weil sie den Eindruck hatten, Opfer politischer Animositäten zwischen der Stadt Gera und dem Land Thüringen zu sein. Denn als die Landesregierung bereit ist, für die Bausanierung der Schule und die Zusammenführung der zwei Schulstandorte Fördergelder in Millionen-höhe bereitzustellen, lehnte die Stadt dies ab und verweigert dem so genannten „Campus Rutheneum" die Zustimmung. Die Landesregierung ihrerseits akzeptiert das Konzept der Stadt nicht, die Schule dauerhaft zu trennen und zeitweise in ein zehn Kilometer entferntes Gebäude auszulagern.

Die Schülerinnen und Schüler wollten diesem „Hickhack der Politik" nicht länger zusehen. Um den von ihnen favorisierten Campus Rutheneum und damit akzeptable Lern- und Lehrbedingungen zu realisieren, wählten sie das Mittel des Einwohnerantrags. Ein solcher Antrag – ein direktdemokratisches Element, eine Art Volksbegehren auf kommunaler Ebene, bei dem in Thüringen ab dem Alter von 14 mitgestimmt werden kann – wurde in Thüringen zuvor noch nie in Anspruch genommen. Erforderlich waren 300 Unterschriften, um den Stadtrat verbindlich dazu zu bringen, sich mit dem Antrag zu befassen: Der Stadtrat musste dann über das Anliegen der Zusammenführung der Schule zum „Campus Rutheneum" entscheiden.

Es kam also darauf an, eine breite Öffentlichkeit zu mobilisieren, um in den Stadtrat zu kommen. Den Beteiligten gelang dies durch Öffentlichkeitsarbeit und deren Resonanz in den örtlichen Medien, darunter Lokalzeitungen, regionale Radio- und TV-Sender und überregional sogar das ZDF. Zudem erreichten sie, dass Lokal- und Landespolitiker durch Ortstermine und Gespräche mit Schülerinnen und Schülern, Eltern und Lehrkräften aufgeklärt wurden. Sie verhandelten auch mit dem Stadtrat und dem Oberbürgermeister und sprachen in einer Stadtratssitzung vor. Zudem organisierten sie eine Diskussionsrunde mit Politikern und Politikerinnen, Schülern und Schülern, Eltern- und Lehrerschaft. So kamen letztlich über 3.000 Unterschriften zusammen. Schließlich war die Kampagne erfolgreich, so dass ihr Konzept nun politisch und finanziell realisiert werden kann.

Zusätzlich sammelten die Schüler eine große Menge von Spendengeldern, da die Stadt Gera bisher nicht in der Lage war, die nötigen kommunalen Eigenanteile zur Finanzierung des Projekts in den städtischen Haushalt einzustellen. Es gilt also weiterhin, hartnäckig zu bleiben, um den Bau des Campus und die damit verbundenen zeitgemäßen Lernbedingungen durchzusetzen.

Die Schülerinnen und Schüler haben ihre ureigenste Sache – die Verbesserung der Lernbedingungen an ihrer Schule – zum Ausgangspunkt eines kommunal- und landespolitisch hochwirksamen Projektes gemacht. Bemerkenswert ist die konsequente Umsetzung des kommunalpolitisch gebundenen Einwohnerantrags, in dessen Vorbereitung- bis hin zum Vorsprechen im Stadtrat – sie eine eigene präzise fachliche Basis ihres Anliegens entwickeln und erstellen mussten. Die Jugendlichen formulierten den ersten Einwohnerantrag Thüringens und aktivierten hierfür eine breite Bevölkerungsschicht, auch um das Thema Bildung als landespolitisch sichtbare Aufgabe von Kommune und Land zu thematisieren. Sie greifen einen zentralen Aspekt gegenwärtiger demokratischer Politik praxisgesättigt auf.

Kontaktadresse: Falk Müller, Goethe-Gymnasium, Nicolaiberg 6, 07545 Gera, E-Mail: goethe-haus1@rutheneum-gera.de, www.goethe-rutheneum.de

Wir sehen grün für unseren Schulhof! Ein Projekt der Anne-Frank-Gesamtschule in Havixbeck (Nordrhein-Westfalen)

Schülerinnen und Schüler der Anne-Frank-Gesamtschule setzten sich für eine kindgerechte Gestaltung ihres Schulhofes ein. Sie erreichten ein Parkverbot auf dem Schulgelände, das früher nach dem Unterricht als öffentlicher Parkplatz verwendet wurde. Weiterhin wollen sich die Beteiligten dafür einsetzen, dass das Gelände kindgerechter und attraktiver gestaltet wird und übernehmen in diesem langwierigen Projekt eigenständig Teile des Planungs- und Koordinierungsprozesses.

Den Ausgangspunkt für das Projekt bildete die Unzufriedenheit der Schülerschaft mit dem Schulgelände, das nach Schulschluss in Übereinstimmung mit dem Willen der kommunalen Politik als städtischer Parkplatz verwendet wurde, dementsprechend gestaltet war und somit nach Schulschluss durch die Kinder und Jugendlichen nicht mehr genutzt werden, zugleich aber auch als Pausengelände nur bedingte Attraktivität entfalten konnte.

Im Rahmen einer Projektwoche wurde über das Schulhofgelände als Ort für Kinder und Jugendliche nachgedacht und diskutiert. Die entstandenen Entwürfe wurden von der Schülervertretung der Schule aufgegriffen und Veränderungswünsche aus der Schülerschaft an die Gemeinde herangetragen. Hierfür übernahmen die Schülerinnen und Schüler nicht nur einen Teil des Planungs- und Koordinierungsprozesses, indem zum Beispiel Gespräche mit der Feuerwehr wegen der für Rettungsvorgaben notwendige Zufahrten geführt wurden, sondern halfen auch bei Vorbereitungen für die baulichen Maßnahmen.

Darüber hinaus wurden durch die Schule Unterstützungsaktionen organisiert und Lobbyarbeit geleistet. Den ersten Planungsentwurf eines städtischen Architekten lehnten die Schülerinnen und Schüler ab, da dieser nicht ihren Interessen und Ideen entsprach. Verschiedene Befragungen wurden durchgeführt, um Stimmungen und Wünsche der anderen betroffenen Gruppen im Umfeld der Schule und des Platzes zu erfassen. Über die Arbeit im Projekt wurden einige der Beteiligten selbst Mitglieder in der Schülervertretung – die SV hat ein politisch substanzielles Thema aufgegriffen und war auf neue Weise attraktiv geworden. Zudem wurde ein Arbeitskreis gegründet, der sich mit dem Thema befasst. Im Kern blieb alles in Schülerhand. Auch weiterhin wollen sich die Schülerinnen und Schüler dafür einsetzen, dass das Gelände attraktiver wird – nicht nur für die Schülerschaft, sondern für die gesamte Gemeinde Havixbeck.

Bemerkenswert ist besonders die Tatsache, dass die Initiative dieses Projektes ausschließlich in Schülerhand liegt. Die Schülerinnen und Schüler sind entschlossen, sich für ihre Interessen stark zu machen und arbeiten kontinuierlich daran, dass diese auch umgesetzt werden. Dadurch erfahren sie, wie sie durch Einsatz und Ausdauer ihre Lebensumwelt aktiv mitgestalten können. Sie kümmerten sich um alle Aspekte, die bei einer landschaftsarchitektonischen, aber auch die Umfeldinteressen berücksichtigenden Neugestaltung des Schulgeländes eine Rolle spielen.

Kontaktadresse: Franziska Daams, Anne-Frank-Gesamtschule, Schulstraße 5, 48329 Havixbeck, www.gesamtschule.havixbeck.de

Fazit

Diese elf Projekte stehen exemplarisch für die Breite der Themen und der Lern- sowie Arbeitsformen der demokratiepädagogischen Projekte, die das Förderprogramm erfasst, dokumentiert, berät und einer weiteren Öffentlichkeit sowie der pädagogischen Fachdiskussion zugänglich macht. Hier sind Schulen aus acht Bundesländern angesprochen worden (BE, HE, BB, ST, NI, SN, TH, NW), die zugleich unterschiedliche Organisationsformen von Schule – Halbtags-, Ganztagsschule, Berufsbildende Schulen – sowie Schularten von der Grundschule über Gesamtschulen bis zu Gymnasien ansprechen. Deutlich wird: Demokratiepädagogisch gehaltvolle Schulentwicklung ist in allen Schularten, Schulformen und Schulstufen praxiswirksam und erfolgreich möglich.

Dabei werden wichtige Themen der Demokratie als Lebens-, Gesellschafts- und Herrschaftsform durch entsprechend aktuelle inhaltliche und thematische Herausforderungen und Gegenwartsaufgaben angesprochen: von der Suchtprophylaxe über die Ökobilanz stadtteilnaher Gesellungsformen in Café und Restaurants bis hin zum Umgang mit Mahnen und Erinnern an die lokal und grenzüberschreitend auffindbaren Ereignisse während der Herrschaft des Nationalsozialismus in Deutschland. Die Vorbeugung von und Aufklärung über Rechtsradikalismus, die Stärkung von Peer-to-Peer-Konzepten und damit verbundener Selbstwirksamkeit, die deliberativen Aspekte der Einflussnahme in kommunalpolitische Entscheidungsfelder, aber auch die entwicklungspolitische Herausforderung globaler Verteilungsgerechtigkeit werden in Projekten und Lernformen bearbeitet, die stets das Appellative und Grundsätzliche überschreiten zugunsten entscheidungsnaher und zielorientierter politischer und pädagogischer Entwicklungsschritte. Demokratiepädagogik zeigt sich darin, dass sich – eines ihrer Grundtheoreme – Lernen mit Handeln verbindet.

IV. Länder und Regionen

Werner Wintersteiner

Jugendpartizipation: politische und pädagogische Dimensionen

Einige Fallstudien aus Österreich[1]

In Bezug auf Jugendpartizipation in der Politik sind zwei Zugänge möglich:
• Die Konzentration auf die soziale Dimension. Entscheidende Fragen in dieser Hinsicht sind zum Beispiel: An welchen Formen von Auseinandersetzungen haben Jugendliche teil? Was ist dabei die spezifische Rolle der Jugend? Was sind die Folgen?
• Die Konzentration auf Lernprozesse in der Jugendpartizipation. Dieser Zugang wirft einige Fragen auf: Wie hängen Lernen und Tun zusammen? Was müssen Schülerinnen und Schüler lernen, bevor sie sich mit Politik auseinandersetzen? Was lernen sie, wenn sie daran teilhaben?

In meinem Beitrag werde ich mich auf Jugendpartizipation als Lernprozess in formalisierten schulischen und schulähnlichen Lernsettings konzentrieren. Durch die Analyse von „Erfolgsgeschichten" Politischer Bildung und demokratischer Partizipation junger Menschen will ich die Gründe für diesen Erfolg und die Faktoren benennen, die das Engagement junger Menschen in der Politik unterstützen oder verhindern. Gibt es Gemeinsamkeiten in diesen Geschichten? Der Beitrag basiert auf Interviews mit ausgewählten Lehrerkräften und NGO-Vertretern sowie auf eigenen Erfahrungen. Mein hauptsächliches Ziel ist die Rolle der Lehrenden: Welche Interventionsstrategien sind hilfreich bzw. hinderlich? Was ist der professionelle „Habitus" von erfolgreichen Lehrerinnen und Lehrern? Welche allgemeinen Bedingungen sind notwendig, um die Qualitäten guter Lehrkräfte zur Geltung zu bringen? Welche Strukturen und Einstellungen unterstützen oder verhindern die weitere Entwicklung der Jugendpartizipation?

1. Die Situation in Österreich

Seit 2008 ist Österreich das einzige Land in Europa und eines der wenigen Länder der Welt, in denen junge Menschen von 16 Jahren an das Recht haben, auf Gemeinde-, regionaler und nationaler Ebene zu wählen. Diese neue Gesetzgebung hat ernsthafte Debatten nach sich gezogen. Kritiker stellen die Frage, inwieweit Jugendliche reif genug sind, um zu wählen. Sie argumentieren, dass derart junge Menschen einfach die Einstellung ihrer Eltern übernehmen anstatt ihre eigenen politischen Überzeugungen zu entwickeln. Andersdenkende erwidern: Viele Erwachsene sind in keinerlei Hinsicht besser darauf vorbereitet, am politischen Leben teilzuhaben. Alle Einwände gegen Jugendpartizipation sind übrigens genau die gleichen Argumente, die vor einem Jahrhundert gegen das Wahlrecht für Frauen vorgebracht wurden! Jedenfalls hat sich die klassische Ignoranz Erwachsener gegenüber dem Interesse Jugendlicher an Politik als falsch erwiesen. Im Herbst 2009 initiierten österreichische Studierende trotz ihres Rufs, weniger politisch aktiv als ihre deutschen oder französischen Kolleginnen und Kollegen zu sein, eine internationale Protestwelle. Die Studentenproteste in Wien von

---

1 Aus dem Englischen von Gerda Wobik, Klagenfurt.

Oktober bis Dezember 2009 lösten Streiks und Besetzungen von Universitätsgebäuden in anderen Teilen des Landes und in Deutschland wie auch Sympathiekundgebungen in einigen europäischen Ländern aus.

Andere ermutigende Beispiele aktiver junger Menschen hängen oft mit der österreichischen Einwanderungspolitik zusammen. Jugendliche und junge Erwachsene zeigen ihre Solidarität mit Schulkameraden oder Freunden mit Migrationshintergrund, deren Asylanträge abgelehnt und die somit in ihre „Heimat" zurückgeschickt werden. Ferner fügen sich junge Asylwerber nicht in ihr Schicksal, sie entkommen der Staatsgewalt, indem sie sich mit Hilfe österreichischer Bürgerinnen und Bürger verstecken und benutzen sehr effizient die Medien, um ihre perfekte Integration aufzuzeigen. Das bekannteste Beispiel ist die 16-jährige Arigona Zogaj aus dem Kosovo, die es trotz eines negativen Bescheides auf ihren Asylantrag schaffte, noch einige Jahre in Österreich zu bleiben und die so populär wurde, dass ihr nach ihrer Abschiebung schließlich die Rückkehr gestattet werden musste.[2] Ihr Fall inspirierte sogar einen bekannten österreichischen Autor zu einigen literarischen Texten (Franzobel 2009 a, b). Diese Beispiele zeigen deutlich, dass junge Menschen aktiv werden, wenn sie ihre Interessen tangiert werden. Allerdings ist dies nicht das sanfte und manierliche politische Engagement, das sich Erziehungswissenschafter vorstellen, sondern oft „roher" und existenzieller Widerstand.

Obwohl Österreich eine Vorreiterrolle in der gesetzlichen Jugendpartizipation innehat, wurde sehr wenig getan, um Jugendliche auf ihre Rolle als Bürgerinnen und Bürger vorzubereiten. Politische Bildung findet noch immer auf einem sehr niedrigen Niveau statt und ist in vielen Schultypen noch immer kein eigenes Fach. Trotz einiger Fortschritte auf der Ebene der Gesetzgebung, von Konzepten und Aktivitäten in den letzten Jahren ist die Situation noch immer sehr unbefriedigend, im Hinblick auf die Rolle der Politischen Bildung sowohl in den schulischen Lehrplänen als auch in der Lehrerbildung (Gruber/ Hämmerle 2008). Ferner fehlt es an einer einheitlichen Verfahrensweise für Politische Bildung und Jugendpartizipation in Österreich, die die schulische Bildung, die Sozialarbeit, die Gesetzgebung und die politische Kultur einschließt. Es scheint, als wären sich die Verantwortlichen nicht ganz klar über die Reichweite ihres Tuns gewesen, als sie das Wahlrecht auf 16 Jahre herabsetzten.

2. Die Konzepte: Politik und Erziehung, Jugendliche und Partizipation

„Im Anfang war das Wort" (Johannes, 1), alles beginnt mit dem Wort: Worte drücken in konzentrierter Form die Konzepte aus, in denen wir die Welt verstehen und ordnen. Was ist nun unser Konzept, unser geeignetes Wort für die Erziehung junger Menschen zur Teilnahme am politischen Leben? Im Englischen nennt man es civic education oder citizenship education, in den romanischen Sprachen verwendet man analoge Begriffe z.B. im Spanischen educación civica. Im deutschsprachigen Raum gibt es allerdings keinen vergleichbaren Ausdruck. Wir verwenden den Begriff Politische Bildung, der nicht nur ein anderer Ausdruck ist, sondern auch ein anderes Konzept meint. Im Deutschen kann man die Begriffe „bürgerlich" (civic) oder „Bürger" (citizen) nicht verwenden, da in dieser Sprache kein Unterschied zwischen citoyen und bourgeois gemacht wird. Das Wort

---

2   Vgl. auch: http://de.wikipedia.org/wiki/Asylfall_Familie_Zogaj

„Bürger" bezieht sich eher auf eine Gesellschaftsschicht denn auf politische Teilnahme. Deshalb war lange Zeit der Ausdruck Staatsbürgerkunde üblich, was eine eher autoritäre Idee, die Disziplinierung der Untertanen, zum Ausdruck brachte. In direkter Opposition zu diesem Konzept wurde vor rund fünfzig Jahren der Begriff Politische Bildung gewählt. „Politisch" bezieht sich dabei auf den Inhalt, wie Geographie oder Biologie. Es klingt eher wie Unterricht über Politik als nach Erziehung zur Politik und zur politischen Partizipation. Um den Aspekt der Partizipation zu betonen, wurden in den letzten Jahren neue Termini eingeführt: demokratisch Handeln und Demokratiepädagogik. Dennoch – weil die beiden Begriffe auch nicht ganz treffsicher sind – wird der englische Begriff education for democratic citizenship auch im deutschsprachigen Raum immer häufiger verwendet – zumal er in der Version education for global citizenship den Vorteil hat, die beiden Konzepte Politische Bildung und globales Lernen zusammenzudenken.

Jedenfalls ist Partizipation der Schlüssel zu Politischer Bildung. Der Begriff Partizipation bedeutet allgemein gesprochen den Zugang zu Macht, wenn Macht als Funktion menschlicher Beziehungen im Sinne Hannah Arendts verstanden wird: „*Macht* entspricht der menschlichen Fähigkeit, nicht nur zu handeln oder etwas zu tun, sondern sich mit anderen zusammenzuschließen und im Einvernehmen mit ihnen zu handeln. Über Macht verfügt niemals ein Einzelner; sie ist im Besitz einer Gruppe und bleibt nur solange existent, als die Gruppe zusammenhält" (Arendt 1970, S. 45). In einem demokratischen Staat haben alle Bürgerinnen und Bürger das Recht, in verschiedenen Formen zu partizipieren. Der Begriff Partizipation bezieht sich

> „generally to the process of sharing decisions which affect one's life and the life of the community in which one lives. It is the means by which a democracy is built and it is a standard against which democracies should be measured. Participation is the fundamental right of citizenship" (Hart 1992, S. 7).

Die Praxis der Partizipation von Kindern und Jugendlichen steht aber schnell vor großen Hindernissen. Sie widerspricht nämlich dem, was die Gesellschaft üblicherweise unter Kindern versteht. Kinder und junge Menschen sind nicht voll als Bürgerinnen und Bürger anerkannt. Sie haben kein Wahlrecht und werden als Menschen angesehen, die erst erzogen werden müssen, um vollendete Bürger zu werden. Dies eröffnet eine Reihe an Widersprüchen zwischen Bildung und politischem Leben. Was ist das eigentliche Ziel von Bildung? Es braucht Bildung, um sie in das erwachsene Leben einzuführen. Es kann beides bedeuten: ihnen beizubringen, die Welt so zu akzeptieren, wie sie ist, oder ihre eigenen Anlagen zu entwickeln, um die Gesellschaft zu verändern: „In der Erziehung entscheidet sich, ob wir die Welt genug lieben, um die Verantwortung für sie zu übernehmen und sie gleichzeitig vor dem Ruin zu retten, der ohne Erneuerung, ohne die Ankunft von Neuen und Jungen, unaufhaltsam wäre. Und in der Erziehung entscheidet sich auch, ob wir unsere Kinder genug lieben, um sie weder aus unserer Welt auszustoßen und sich selbst zu überlassen, noch ihnen ihre Chance, etwas Neues, von uns nicht Erwartetes, aus der Hand zu schlagen, sondern sie für ihre Aufgabe der Erneuerung einer gemeinsamen Welt vorzubereiten" (Arendt, 1958, S. 276).

Hannah Arendt betont, dass wir, Erwachsene und ErzieherInnen, für die Welt verantwortlich sind. Wir können diese Verantwortung nicht auf die Schultern Jugendlicher abwälzen. Wir müssen ihnen die Welt so erklären, wie sie ist, wir haben kein Recht, sie unsere eigenen Träume der Veränderung leben zu lassen. In diesem Sinn bedeutet die Annahme dieser Verantwortung auch, einen immer größer werdenden Teil unserer Macht an die junge Generation abzugeben. Es ist die Dialektik zwischen Erhalten und Erneuern, zwischen Konservatismus und Neuerungsgedanken, die nicht nur Bildung an sich, sondern auch jeden Versuch der Jugendpartizipation kennzeichnet. Wir müssen ihnen helfen, etwas Neues zu erschaffen, was nicht bedeutet, für die Kinder und Jugendlichen zu handeln, sondern sie zu ermächtigen, auf lange Sicht ohne uns zu handeln.

Arendt warnt davor, Bildung mit Politik zu verwechseln und sie als politische Strategie zu verwenden: „In der Politik kann Erziehung keine Rolle spielen, weil wir es im Politischen immer mit bereits Erzogenen zu tun haben. Wer erwachsene Menschen erziehen will, will sie in Wahrheit bevormunden und daran hindern, politisch zu handeln. Da man Erwachsene nicht erziehen kann, hat das Wort Erziehung einen üblen Klang in der Politik, man gibt vor zu erziehen, wo man zwingen will und sich scheut, Gewalt zu gebrauchen." (Arendt 1994, S. 258).

Erziehung mag in der Politik keine Rolle spielen, aber Politik spielt eine Rolle in der Erziehung, und das Interessante an der Jugendpartizipation ist, dass sie genau am Übergang zwischen Politik und Erziehung angesiedelt ist. Das macht Jugendpartizipation zu einem Grundstein nicht nur Politischer Bildung, sondern von Bildung an sich, und zwar in verschiedener Hinsicht:

- Partizipation als Prinzip jeder Erziehung (mit einem sehr unterschiedlichen Grad an Partizipation);
- als Methode, als die Verbindung zwischen Mitteln und Zweck, besonders in Politischer Bildung;
- als Thema, das es zu diskutieren gilt, um Wissen aufzubauen; als Thema, das man im Unterricht der Politischen Bildung reflektieren und erforschen kann;
- als Teil des demokratischen Lebens in einer Gesellschaft (Demokratie als Lebensform).

Die letzte Komponente wird meistens vergessen. Es ist nicht allgemein akzeptiert, dass Demokratie in der Schule nicht nur eine Vorbereitung für das spätere Leben, sondern dass sie bereits unmittelbare Erfahrung von Partizipation ist. Insofern hat demokratische, partizipatorische Bildung nicht nur nachhaltige und indirekte Auswirkungen auf die Gesellschaft, sondern auch direkten und unmittelbaren Einfluss. Partizipation von Kindern und Jugendlichen ist nicht nur ein Erziehungsprinzip, sie bezieht sich nicht nur auf die Bildungssphäre, sie ist auch ein politisches Prinzip und Teil des staatsbürgerlichen Habitus. Partizipation ist kein Gefallen, den man tut oder auch nicht, sondern sie ist ein Recht, verankert in der UN-Kinderrechtskonvention, vor allem in den Artikeln 12 und 13. Artikel 12 besagt:

„1. Die Vertragsstaaten sichern dem Kind, das fähig ist, sich eine eigene Meinung zu bilden, das Recht zu, diese Meinung in allen das Kind berührenden Angelegenheiten frei zu äußern, und berücksichtigen die Meinung des Kindes angemessen und entsprechend seinem Alter und seiner Reife.

2. Zu diesem Zweck wird dem Kind insbesondere Gelegenheit gegeben, in allen das Kind berührenden Gerichts- oder Verwaltungsverfahren entweder unmittelbar oder durch einen Vertreter oder eine geeignete Stelle im Einklang mit den innerstaatlichen Verfahrensvorschriften gehört zu werden" (Kinderrechtskonvention 2010).

Die bereits erwähnte Dialektik zwischen Erhalt und Erneuerung spiegelt sich in der Dialektik zwischen dem politischen und dem bildungspolitischen Aspekt der Partizipation. Manchmal scheint es, als würden beide Aspekte unterschätzt:

- die Kapazität junger Menschen, etwas Neues zu erschaffen und aktiv am gesellschaftlichen und politischen Leben teilzunehmen,
- die Notwendigkeit von Bildung vor und während der Teilnahme.

Dies bedeutet nicht, dass politische Beteiligung Jugendlicher außerhalb eines pädagogischen Kontexts unmöglich wäre (man beachte die oben erwähnten Beispiele). Es bedeutet einfach, dass eine pädagogische Verantwortung, junge Menschen bei der Entwicklung ihrer Fähigkeiten in (politischer) Beurteilung und Handeln vorzubereiten, zu trainieren und zu begleiten, vorhanden ist.

Zusammenfassend ist also meine These, dass ein Hauptkriterium der Qualität von Partizipationsprojekten die Art und Weise ist, wie sie mit der Dialektik von politischer und pädagogischer Sphäre, von Freiheit und Lenkung, von Vertrauen und Obsorge umgehen. Dieses Kriterium wird als Maß angelegt werden, um die folgenden praktischen Beispiele von Jugendpartizipation in Österreich einzuschätzen.

3. Partizipation in der Praxis: Erfahrungen aus Fallstudien

Um eine große Bandbreite darzustellen, habe ich Beispiele von Schulen aus unterschiedlichen Teilen des Landes gewählt wie auch Beispiele außerschulischer Jugendarbeit, eines auf kommunaler, eines auf internationaler Ebene. Die vier Beispiele sind:

- Von der Sozialforschung zum sozialen Engagement (Rosanas Geschichte)
- „Öffnet die Schule für die wirkliche Welt!" (Gernots Geschichte)
- „Bitte nehmt uns ernst!" (Bettinas Geschichte)
- Ein Manifest für die europäische Jugend (meine Geschichte)

Partizipation kann im schulischen Kontext unter zwei Gesichtspunkten verstanden werden. Als Partizipation im Sinne des demokratischen Lernens: Die Schule (oder der Klassenraum) wird als „Polis", als politisches Forum, angesehen. Als Partizipation im Klassenraum im Sinne eines ersten Schrittes, um die Mauern der Schule zu überschreiten und am richtigen politischen Leben teilzunehmen. Mein Interesse ist es, zu erkunden, wie diese Zugänge untereinander verbunden sind und wie das partizipatorische Klassenzimmerprojekt sich an einem „magischen Punkt" zu praktischem politischen Engagement über die Schule hinaus entwickeln kann. Die beiden ersten Beispiele zeigen genau diesen Übergang.

3.1 Von der Sozialforschung zum sozialen Engagement: eine Gymnasialklasse in Wien

Das ist die Geschichte einer Höheren Schule in Wien, an der junge Menschen neben den normalen Unterrichtsstunden „Module" wählen können, die thematische Schwerpunkte wie zum Beispiel „Flüchtlinge" behandeln. Im Allgemeinen geben solche Module den Schülerinnen und Schülern mehr Gelegenheit zur Partizipation, als es in normalen Unterrichtsfächern üblich ist. Mein erstes Beispiel beleuchtet die Verbindung zwischen dem Zuwachs an Wissen und dem Engagement im politischen Geschehen. Es ist die Geschichte von Rosana, einer erfahrenen Deutsch- und Geschichtelehrerin. Bereits vor zwanzig Jahren begann sie, sich mit sozialem Lernen und Friedenserziehung auseinanderzusetzen, und sie experimentiert noch immer gern mit neuen Lehrmethoden und Inhalten (Wintersteiner 1994).

Ihr Modul „Flüchtlinge" vermittelte den Lernenden von der sechsten bis zur achten Klasse (16 bis 18 Jahre) Wissen aus erster Hand über das Leben von Asylwerbern in Österreich. Die Jugendlichen besuchten diese zu Hause, interviewten sie und lernten über deren Leben, etwa, wie wenig Geld sie täglich zur Verfügung haben. Sie erfuhren von der Frustration, nicht legal arbeiten zu dürfen, sie beschäftigten sich mit den unterschiedlichen Kulturen und so weiter. Sie verstanden, warum Isolda aus Georgien geflohen war und waren glücklich, als sie erfuhren, dass der Asylantrag einer tschetschenischen Familie endlich positiv beschieden worden war.

Das Wissen, das sich die Schülerinnen und Schüler dank ihrer eigenen Nachforschungen aneigneten, war anders als das in der Schule erlernte Wissen. Es war mit ihrer eigenen Persönlichkeit verbunden, da es eine emotionale Komponente beinhaltete. Sie vollzogen schnell den Schritt von der Sozialforschung zum sozialen Engagement – aus freien Stücken, als integraler Bestandteil ihrer Persönlichkeits- und Gruppenentwicklung. Als sie hörten, dass der Asylantrag eines jungen afrikanischen Mädchens abgelehnt worden war und sie mit ihrem Baby abgeschoben werden sollte, wurden sie zornig. Sie versuchten alles, um ihr zum Hierbleiben zu verhelfen, gingen zur Gemeindeverwaltung, erhoben Einspruch gegen den Bescheid und stellten einen Antrag auf Aufenthalt. Der Versuch war vergeblich, das Mädchen wurde abgeschoben, aber die Schülerinnen und Schüler hatten den Schritt von politischem Lernen zu politischem Handeln vollzogen, von einer angeleiteten Tätigkeit zu autonomem Tun. Aus dem Gespräch mit Rosana lassen sich einige Faktoren herauslesen, die an dieser Entwicklung Anteil gehabt haben könnten:

- Die Rolle der Lehrerin dürfte entscheidend sein: Rosana ist selbst sehr engagiert, hat Kontakt mit Flüchtlingen und versucht zu helfen, wann immer sie kann. Ohne eine offizielle politische Funktion in der Gemeinde zu haben, ist sie eine Person mit einem politischen Habitus.
- Partizipation ist keine Ausnahme, sondern die Regel in ihrem Unterricht. Wenn sie Geschichte unterrichtet, präsentiert sie nicht nur die Fakten, sondern sie ermutigt ihre Schülerinnen und Schüler zu Diskussionen und dazu, ihre eigenen Entscheidungen zu treffen.
- Das Schulklima: Viele Lehrerinnen und Lehrer arbeiten an ähnlichen Projekten, außerdem handeln sie selbst politisch, wenn es um ihre Interessen geht. Zum Beispiel wollen sie mitentscheiden, wenn ein neuer Direktor bestimmt wird. So praktizieren sie selbst die Demokratie, die sie ihren Schülerinnen und Schülern beibringen möchten.
- Positive allgemeine Bedingungen: Der Landesschulrat Wien bietet extracurriculare Programme zur Peer-Mediation an. Viele Schülerinnen und Schüler von Rosanas Schule nutzen diese Gelegenheit.

3.2 „Öffnet die Schule für die wirkliche Welt!" (Sekundarschule, Klagenfurt)

Für Gernot, Religions- und Deutschlehrer an einer Berufsbildenden Höheren Schule in Österreich, ist Partizipation im Klassenraum ebenfalls essentiell. Er meint, dieser Aspekt mache das Lernen (und Lehren) viel aufregender. Er ist sich bewusst, dass es manchmal ein halbes Jahr oder länger dauert, die Jugendlichen auf die ungewohnte Freiheit, über Lerninhalte und -methoden zu entscheiden, vorzubereiten. Aber diese Zeit ist es ihm wert:

„Für mich ist es von großer Wichtigkeit, über den geschlossenen Klassenraum hinauszuschauen. Wir müssen die wirkliche Welt in die Schule bringen. Andererseits sollten wir das Wissen, das wir im Klassenraum angehäuft haben, mit einem größeren Publikum teilen." Insofern ist Gernots Lieblingslehrmethode die Projektarbeit.

Ein Beispiel für ein solches Projekt waren die Nachforschungen der Jugendlichen über das Schicksal jüdischer Schülerinnen und Schüler ihrer eigenen Schule während des Naziregimes. Sie mussten in Archive gehen, Universitätsprofessoren kontaktieren, mit Autoritäten diskutieren. Das Ergebnis übertraf alle Erwartungen. Die Jugendlichen entdeckten rund 50 Schülerinnen und Schüler, sie dokumentierten deren Leben. Viele dieser Namen waren sogar der Geschichtswissenschaft unbekannt. Die Jugendlichen erhielten viel Anerkennung und Lob für ihre Arbeit – ein sehr stimulierender Effekt für ihr weiteres Schaffen. Der zweite und genauso wichtige Aspekt war die Dokumentation und die Verbreitung ihrer Ergebnisse. Ausgehend von ihrem neu erworbenen Wissen verfassten sie eine Broschüre und organisierten eine öffentliche Veranstaltung in der Schule, worüber die lokalen Medien ausführlich berichteten. In Kooperation mit einem Künstler wurden drei Gedenktafeln in der Eingangshalle der Schule aufgestellt.

Für Gernot ist Partizipation wesentlich mehr als nur eine Lehrmethode. Sie ist Teil seines pädagogischen Ethos, der Gesellschaft „Wissen zurückzubringen". Unterrichten ist für ihn ein politischer Akt, und Lernen bedeutet auch zu lernen, mit einem Publikum außerhalb der Schule in Kontakt zu kommen. Ein weiteres Beispiel: Anlässlich des Besuchs des brasilianischen Bischofs mit österreichischer Abstammung, Erwin Kräutler, recherchierten die Jugendlichen die ungleichen wirtschaftlichen Beziehungen zwischen Erster und Dritter Welt. Sie wandten ihr Wissen an, indem sie in einem Kaufhaus Boals Methode des „Unsichtbaren Theaters" nutzten, um aufzuzeigen, dass der Orangensaft, den wir konsumieren, oft in Kinderarbeit produziert wird. Außerdem organisierten sie auf dem Hauptplatz der Stadt einen symbolischen Protest gegen die Abholzung des brasilianischen Regenwaldes.

Für Gernot sind die Gründe für diesen Erfolg ähnlich wie Rosanas Beobachtungen:

- Er betont, dass das gute Beispiel und der Enthusiasmus der Lehrperson der wichtigste Faktor ist, um die Schülerinnen und Schüler zu inspirieren.
- Kinder und Jugendliche müssen Gelegenheiten bekommen, um ihr Wissen mit ihrem eigenen Leben zu verbinden. Als sie zum Beispiel über Kinder in den Konzentrationslagern der Nazis lernten, waren sie berührt von den Puppen und Spielzeugen, die diesen Kindern beim Überleben halfen. Als er ihr Interesse bemerkte, bat Gernot sie, Spielsachen und Puppen aus ihrer eigenen Kindheit mitzubringen und diesen Figuren Briefe darüber zu schreiben, was sie über die Konzentrationslager gelernt hatten.
- Nach einer ersten Zeit der Skepsis unterstützen ihn der Direktor sowie seine Kolleginnen und Kollegen. Einige neue Lehrerkräfte folgen seinem Beispiel und machen ähnliche Projekte.

3.3 Bitte nehmt uns ernst! Ein bahnbrechender Jugendgemeinderat in Villach

In einigen Teilen Österreichs gibt es kommunale oder regionale Jugendräte mit unterschiedlichen Rechten und Aktivitätsebenen. Ein Beispiel:

In Villach, einer mittelgroßen Stadt, gab der Bürgermeister der NGO „Alpen-Adria-Alternativ" den Auftrag, im Rahmen eines kommunalen „Jahres der Jugend" ein Partizipationsprojekt durchzuführen. Das Resultat war vielversprechender, als er gedacht hatte. Es

gab nicht nur eine Reihe von Workshops und die Ausbildung einer Kerngruppe, sondern
– basierend auf einer Studie über internationale Erfahrungen mit Jugendpartizipation auf
kommunaler Ebene (Stenner 1996) – einen detaillierten Plan für einen Jugendrat mit relativ
großen Rechten. Nach einer längeren Diskussion wurde dieser Plan akzeptiert und „Alpen-
Adria-Alternativ" autorisiert, konkrete Maßnahmen zur Einrichtung eines Jugendrates zu
treffen. Der Aktionsplan bestand aus mehreren Schritten:

- ein Hearing zur Idee und zum Plan für den Jugendrat, das 400 junge Leute der Stadt
  besuchen;
- eine Debatte zur Definition der Rechte und Pflichten des Jugendrates, die zu einer
  Änderung der Stadtverfassung führte. Die wichtigsten Regelungen sind: Das Recht zu
  wählen und gewählt zu werden für alle jungen Leute von 14 bis 19 Jahre, die in Villach
  leben, zur Schule gehen oder arbeiten, unabhängig von ihrer Nationalität. Der Jugendrat,
  für zwei Jahre gewählt, ist beratendes Mitglied des kommunalen Jugendausschusses, er
  ist zu den Gemeinderatssitzungen eingeladen, wenn es im Fragen geht, die die Jugend
  betreffen. Der Rat hat ein eigenes Budget und organisiert jedes Jahr ein Jugendhearing
  (Gruber 2003).
- eine Schulung der Kerngruppe;
- die Durchführung der Wahl des ersten Jugendrates; eine Begleitung des ersten Rates
  (Beratung und Ausbildung) in den ersten beiden Jahren.

Dieser Plan wurde mit großem Erfolg durchgeführt. Junge Menschen nutzten diese neue
Chance der Partizipation, da ihnen auch die Möglichkeit geboten wurde, an einer autonomen
Zeitung mitzuwirken. Sie fühlten sich von den Erwachsenen akzeptiert und ernst genommen:
  „Mit dem Projekt Jugendmitbestimmung in Villach ist etwas ganz Einzigartiges passiert.
Wir Jugendlichen hatten zum ersten Mal die Chance, selbst für uns zu reden und die
berechtigte Hoffnung, dass wir auch ernst genommen werden. Dadurch, dass wir selbst
an der gesamten Planung und Organisation beteiligt waren, konnte man sehen, dass es
dieses Mal wirklich um unsere Belange geht, von uns vorgetragen und von uns gewünscht.
Keine Jungpolitiker oder andere ambitionierte Erwachsene, sondern Jugendliche hatten das
Wort. Wer weiß schon besser als die Jugend selbst, was die Jugend will" (Gruber 2003, 118).
  Bettina, die Hauptperson der verantwortlichen NGO, benennt die folgenden Gründe
für den Erfolg dieses Modells der Jugendpartizipation:

- Ganz zu Beginn entwickelte sich eine Art „Jugendbewegung". Der Jugendrat war also
  die Antwort auf eine bestehende Nachfrage, kein auf dem Reißbrett von Erwachsenen
  erdachtes Konzept, das der Realität übergestülpt wurde.
- Eine kleine, aber sehr gut ausgebildete Gruppe Jugendlicher war sehr motiviert, sich mit
  Partizipation auseinanderzusetzen und riss mit ihrer Begeisterung die anderen mit.
- Die Kerngruppe wurde von Pädagoginnen und Pädagogen einer NGO unterstützt, die
  sie trainierten und berieten.
- Der Gemeinderat und der Bürgermeister unterstützen die Initiative und akzeptierten,
  dass der Jugendrat wirklichen Einfluss auf das politische Leben bekommt.
- Allerdings traten auch einige problematische Phänomene auf, die nicht unter den Tisch
  gekehrt werden dürfen:
- Junge Leute sind skeptisch bezüglich aller Angebote zur Mitbestimmung. Sie glauben nicht
  einfach, dass Politikerinnen und Politiker (und Erwachsene generell) sie an Entscheidungen

teilhaben lassen. Insofern sind eine lange Zeit der Vorbereitung und Kommunikation wichtig.

• Junge Leute in einer Gemeinde bilden keine einheitliche Gruppe, sie sind sehr verschieden. Vor allem junge Arbeiterinnen und Arbeiter haben andere Interessen und eine andere Kultur als Schülerinnen und Schüler. Dies erfordert unterschiedliche Vorgehensweisen, manchmal muss man sogar mit verschiedenen Gruppen getrennt voneinander arbeiten.

• Einerseits haben junge Menschen mehr „Visionen" als Erwachsene, andererseits müssen sie einen unmittelbaren Erfolg sehen. Das erfordert sensible Fähigkeiten von den Erwachsenen, um die Schere zwischen hohen Aspirationen und kurzfristigen Erwartungen immer wieder punktuell zu überbrücken.

• Wenn junge Menschen Macht erhalten, gibt es immer das Risiko der Intervention politischer Parteien, die beabsichtigen, diese unter ihre Kontrolle zu bringen. Es ist nicht einfach, dieser subtilen Instrumentalisierung entgegenzuwirken.

3.4 Ein Manifest für die europäische Jugend: Transnationale Bildung und Vorgehen

Dieses Beispiel handelt von einem öffentlichen Raum, der selbst Erwachsenen nur schwierig zugänglich ist. Die Rede ist von der europäischen Ebene. Die Erfahrung fand im Rahmen der „Europäischen Jugendakademie" statt, einem multilateralen Schulprojekt, das von Österreich ausging und von einer vom Bildungsministerium finanzierten NGO organisiert wurde. An den vier halbjährlichen Veranstaltungen, die in den 1990er Jahren stattgefunden haben, haben 19 verschiedene Länder aus ganz Europa teilgenommen: von Albanien bis Belgien, von Bosnien-Herzegowina bis Deutschland, von Italien bis zur Ukraine, von Kroatien bis zu den Niederlanden, weiter Österreich, Polen, Lettland, Schweden und viele andere.

Bei der zweiten Europäischen Jugendakademie wurde von mir ein Workshop angeboten, in dem Bedingungen formuliert werden sollten, die es allen Menschen in Europa ermöglichen, ein gutes Leben zu leben. Dies wurde sehr positiv aufgenommen und es war bemerkenswert, wie dynamisch sich die Aktivitäten entwickelten. Im Laufe des Workshops verfassten Teilnehmerinnen und Teilnehmer aus elf Ländern ein „Youth Manifesto", das dann mit allen teilnehmenden Schulklassen in einem so genannten Europäischen Jugendparlament (ungefähr 300 Personen) diskutiert wurde. Dieses Manifest behandelte drei grundsätzliche Themen: Jugendpartizipation in einem Vereinten Europa, Frieden sowie Ökologie. Das Manifest schloss auch die Forderung nach einem Europäischen Jugendparlament mit ein, die Verbesserung der Politischen Bildung sowie Demokratisierung des Schulsystems etc.

Der Enthusiasmus, den alle im Workshop wie auch im Jugendparlament aufbrachten, war sehr beeindruckend. Das zeigte, dass sie wirklich gehört werden wollten. Es war faszinierend zu sehen, wie ernst sie jeden einzelnen Satz des Textes diskutierten; wie klug sie mit Konflikten während der Parlamentsdebatte umgingen; wie eifrig sie waren, um so viele Menschen wie möglich zu erreichen (Wintersteiner 1996; 1997).

Nach dem Treffen auf der Jugendakademie ging die Arbeit trotz räumlicher Trennung weiter – was im schulischen Kontext unüblich ist. Als die Schülerinnen und Schüler nach Hause zurückkehrten, übersetzten sie das auf Englisch verfasste Manifest in ihre Muttersprache und verteilten es an die Behörden auf nationaler und europäischer Ebene. Eine Delegation der Gruppe wurde sogar vom Europarat nach Straßburg eingeladen, um dort das Manifest zu präsentieren. Dies war eine sehr ermutigende Erfahrung und trug zur Formierung einer kleinen internationalen Gruppe von Jugendlichen bei, die eine Weiterführung dieser Arbeit sicherstellen wollten. Die Erfahrung von Straßburg und viele andere positive Reaktionen führten zum Vorbereitungsseminar „Political Participation of Young People at a European level" und zur Gründung der europäischen Plattform „Young Europe 2028". Diese unabhängige und autonome Plattform junger Europäerinnen und Europäer schaffte es, sich zwei weitere Jahre selbstständig zu organisieren und weitere Jugendliche in einigen europäischen Ländern anzusprechen (Gruber 2003, S. 193 ff.).

Die Gründe für diesen Erfolg sind vielfältig: Zuallererst war der allgemeine Rahmen der Europäischen Jugendakademie sehr förderlich. Gut vorbereitete Schülerinnen und Schüler versammelten sich in einem einwöchigen Treffen - gut ausgeglichen zwischen formeller Gruppenarbeit, gemeinsamen Veranstaltungen und hinreichend Raum für persönliche Begegnungen. Dies erzeugte eine Atmosphäre von Begeisterung und Enthusiasmus. Darüber hinaus war es eine herausfordernde Aufgabe für die Jugendlichen aus verschiedenen Ländern, in wenigen Tagen einen gemeinsamen Appell zu formulieren und auszuhandeln. Der Erfolg des Workshops inspirierte die ganze Versammlung, ihr Bestes zu geben, um das große Wort „Europäisches Jugendparlament" zu rechtfertigen. Die positive Erfahrung des Verhandelns und der Konfliktlösung während der Parlamentssitzung ermutigte sie weiterzumachen. Da jeder weitere Schritt nach vorne sich als erfolgreich erwies, ging eine Einsatzgruppe Jugendlicher weit über das hinaus, was sie zu erreichen erwartet hatten. Nicht einmal der Mangel an Möglichkeiten zur Partizipation auf europäischer Ebene entmutigte sie, im Gegenteil, er inspirierte sie dazu, neue Formen autonomer, transnationaler Partizipationswege zu schaffen und zu erproben. Schließlich gab es die helfenden Hände vieler Erwachsener. Sie stellten die Struktur zur Verfügung, um die Reise zum Europarat und die ersten Treffen der Europäischen Jugend-Plattform zu organisieren.

Im Rückblick auf diese Erfahrung kann man drei Schritte in Richtung auf mehr Autonomie im Handeln Jugendlicher erkennen. Diese Schritte entsprechen in vieler Hinsicht den Stufen von Roger Harts bekannter ladder of participation (Hart 1992, siehe Abb. 1):

- Die erste Aktivität - der Manifest-Workshop - korrelierte mit Stufe 6 (oder ging sogar darüber hinaus): von Erwachsenen initiierte, mit jungen Menschen gemeinsam getroffene Entscheidungen. Der Workshop wurde von einem Erwachsenen organisiert und geleitet. Aber das Resultat - die Form des Manifests und dessen Inhalt - wurde von den Teilnehmenden gestaltet.
- Die zweite Phase - die Reise nach Straßburg und die Verbreitung des Manifests - kam der siebten Stufe der Leiter sehr nahe: Initiiert und geleitet von jungen Menschen. Erwachsene fungierten nur als Hilfesteller.
- Schließlich entsprach die Gründung der Plattform „Young Europe 2028" der achten Stufe: initiiert von jungen Menschen, mit Erwachsenen getroffene Entscheidungen. Das Projekt war wirklich von jungen Menschen initiiert. Im Unterschied zu Harts Modell spielten Erwachsene keine wichtige Rolle außer bei der Bereitstellung der Infrastruktur. Es war eher eine autonom jugendliche Bewegung denn eine Partnerschaft zwischen Jugendlichen und Erwachsenen.

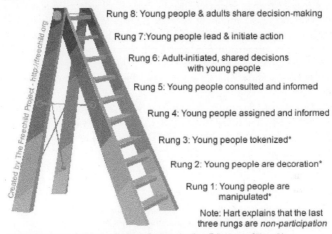

Abb. 1: Quelle: http://www.freechild.org/ladder.htm (abgerufen 20.4.2010)

4. Ausblick: Die Angst der Erwachsenen vor der Demokratie

Der Gegensatz zwischen Erziehung und Politik ist unlösbar, dennoch kann er als positive Dynamik verstanden werden. Erzieherinnen und Erzieher müssen sich selbst eher Begleitende von Prozessen denn als Überbringende von Ideologien sehen. Sie können junge Menschen mit ihrem eigenen Engagement inspirieren, sie können sie ermutigen, ihren eigenen Weg zu gehen und sie können ihnen helfen, Tatsachen, Kontexte und Hintergründe zu verstehen. In keinem Fall aber dürfen sie junge Menschen bevormunden. Für die Arbeit an Projekten bedeutet das, dass deren Resultate nicht im Vorhinein festgelegt werden können. Vielmehr sollten die Ziele eines Prozesses von jungen Menschen selbst entschieden werden. Insofern ist autonomes Lernen das Leitprinzip emanzipatorischer Jugendarbeit – ein Prinzip, das heutzutage von einem generellen Trend zur Standardisierung und von der Output-Orientierung im schulischen Bildungswesen bedroht wird.

Wie die vier Beispiele zeigen, sind substantielle Fortschritte möglich, wenn Pädagoginnen und Pädagogen in Schule und Jugendarbeit selbst engagiert und einige förderliche Rahmenbedingungen gegeben sind. Dennoch: Diese Beispiele sind nach wie vor Ausnahmen und haben kaum Auswirkungen auf das Bildungssystem. Ihre Bedeutung wird von den Schulautoritäten und vom österreichischen Bildungsministerium nicht wirklich anerkannt. In Folge dessen werden sie nicht als Modelle angesehen, die es im täglichen Schulleben nachzuahmen und in die Lehrerbildung zu integrieren gilt. Während diese Initiativen einerseits geschätzt und als Vorzeigeprojekte herumgereicht oder für die Schärfung des Schulprofils genutzt werden, haben sie andrerseits wenig Einfluss auf die Struktur des Schulsystems. Trotz der Tatsache, dass in Österreich ab 16 Jahren gewählt werden darf, werden keine Anstrengungen unternommen, Jugendliche systematisch darauf vorzubereiten. Das ist nicht einfach ein Mangel des Bildungssystems, das ist ein Mangel des demokratischen Systems selbst. Es scheint, als sei es richtig, wenn von außen festgestellt wird, das „most important contextual obstacle to organic growth of political youth participation seem to be not political structures, but barriers in people's heads. It is currently reported that ‚mainstream' adults still have a negative attitude towards youth participation" (Riepl/Wintersberger 1999, S. 226). Als Ergebnis meiner Untersuchung komme ich zu dem Schluss, dass die wahre Herausforderung nicht das Finden geeigneter Unterrichtsmethoden und pädagogischer Settings ist. Es ist eher die Überwindung der klassischen Double-bind-Situation „that children will experience simulated democracy in the classroom while the traditional structure of teacher authority and autocratic governance in schools remains intact" (Hart 1992, S. 37). Dieses Zurückweisen von Partizipation ist nicht nur ein pädagogischer, sondern auch ein demokratischer Skandal: „Nonparticipatory education corresponds to the exclusion of ordinary people from policy-making in society at large. Students come of age in a society where average people do not participate in governance, in framing major purposes, in making policy, or in having a strong voice in media and public affairs. (...) In this social setting, passive curricula help prepare students for life in undemocratic institutions" (Shor 1992, S. 19).

Unter diesen Umständen scheint das, was Roger Hart in seinem Report für die UNICEF vor beinahe zwanzig Jahren festgestellt hat, noch immer Gültigkeit zu haben, wenn er darauf beharrt, dass die für Erziehung politisch Verantwortlichen ihr Konzept von Schule ändern müssen:

> „Currently they fear too much the collapse of control which would result from practising democracy. While we work on this slow and difficult process, we must continue to work with non-governmental organizations which, throughout the world, have been providing most of the creative examples for effecting children's participation" (Hart 1992, S. 37).

Literatur

Arendt, H. (1970): Macht und Gewalt: München.

Dies. (1994): Die Krise der Erziehung. In: Zwischen Vergangenheit und Zukunft. Übungen im politischen Denken I. Hrsgg. von Ursula Ludz. München, S. 255-276.

Bürger, H./Gruber, B./Wintersteiner, W. (Hrsg.) (2002): „Erziehung zur interkulturellen Verständigung." Das Handbuch der Europäischen Jugendakademie. Innsbruck.

Franzobel (2009a), Texte zur Theaterproduktion A Hetz oder Die letzten Tage der Menschlichkeit. Wien (vgl. auch: http://www.ahetz.at/).

Franzobel (2009b): Österreich ist schön. Ein Märchen. Wien.

Gänssle, A. (2009): Partizipation von Jugendlichen an gesellschaftlichen Prozessen im postkolonialen Tanzania. Master Thesis, Vienna University.

Gruber, B. (2003): Die Zukunft mitgestalten – Jugend auf dem Weg von der Kommune nach Europa. Dissertation, Universität Salzburg.

Dies./Hämmerle, K. (Hrsg.) (2008): Demokratie lernen heute. Politische Bildung am Wendepunkt. Wien.

Hart, R. (1992): Children's Participation: from Tokenism to Citizenship. UNICEF Innocenti Essays, No. 4, UNICEF/International Child Development Centre, Florence, Italy. In: http://web.gc.cuny. edu/che/cerg/documents/childrens_participation.pdf (abgerufen 20. 4. 2010).

Hickey, S./Mohan, G. (Hrsg.)(2004): Participation: from tyranny to transformation? Exploring new approaches to participation in development. London/New York.

Kinderrechtskonvention (2010): http://www.gegen-nrecht.at/download/konvention_kinderrechte.pdf; abgerufen am 20.07.2010.

Riepl, B./Wintersberger, H. (1999): Political Participation of Youth below voting age. Examples of European Practices, Vol.66, 1999. Wien: European Centre for Social Welfare and Policy Research.

Shor, I. (1992): Empowering education. Critical Teaching for Social Change. Chicago/London.

Stenner, C. (1996): Kinder und Jugendbeteiligungsmodelle. Graz: Alpen Adria Alternativ.

Wintersteiner, W. (Hrsg.) (1994): Das neue Europa wächst von unten. Friedenserziehung als Friedenskultur. Klagenfurt.

Ders. (1996): Wie es zum „Manifest der Jugend" kam. In: Gutes Leben in Europa. Die zweite Europäische Jugendakademie Villach 1995/96 (= alpe-adria Heft 4/96), 31-39.

Ders. (1997): Anstoß für eine Jugend-Bewegung. Das „Manifest der Jugend". In: alpe-adria Heft 3/97, 16-18.

Susanne Frank

Citizenship Education in England – Kontext, Implementierung und Ergebnisse der Einführung eines Schulfachs

1. Einführung und Überblick

Bildung ist in einer Gesellschaft ein Hebel für die Sozialisation von Kindern und Jugendlichen. Die citizenship education (CE) ist dabei für die Bewahrung und Erneuerung der Demokratie von Bedeutung, da sie Schülerinnen und Schülern Wissen, Fertigkeiten und Haltungen vermitteln will, die sie als Bürger in einer demokratischen Gesellschaft benötigen.

Die Einführung des Fachs CE in England im Jahr 2002 hat viel Aufmerksamkeit erregt, zum einen, weil die Neueinführung eines Pflichtfachs ein einschneidender Schritt ist, der viele Veränderungen im Bildungssystem als Ganzes und in den einzelnen Schulen hervorruft. Zum anderen war das Konzept der CE, wie es mit dem neuen Fach umgesetzt werden sollte, in seinen Zielen und benötigten Methoden umfassend. Es sollte eine education *for* citizenship sein, die eine demokratische Gestaltung der Schulkultur sowie die Entwicklung von demokratischen Kompetenzen durch die Verbindung von curricularen Inhalten und aktiver Partizipation, d.h. durch Erfahrung von Demokratie innerhalb der Schule und über diese hinaus erforderte.

Im vorliegenden Artikel wird die Einführung des Fachs CE in England auf zwei Ebenen beleuchtet: Zum einen wird die Debatte um citizenship und citizenship education in England vor, während und nach der Einführung des Fachs dargestellt (Abschnitt 2), zum anderen werden einzelne Aspekte der Implementierung des Fachs und Ergebnisse der diesen Prozess begleitenden Längsschnittstudie in zusammengefasster Form beschrieben (Abschnitt 3). Im letzten Abschnitt werde ich versuchen, einige Aspekte, die daraus für die Verankerung der Demokratiepädagogik in deutschen Schulen von Interesse sein könnten, zusammenzufassen.

2. Die gesellschaftspolitische Dimension von citizenship education in England

An den Entwicklungen rund um die Konzipierung, Einführung und Weiterentwicklung der CE in England lässt sich sehr anschaulich die gesellschaftspolitische Dimension eines solchen Faches zeigen. Dabei wird gerade am englischen Beispiel deutlich, wie stark gesellschaftliche Entwicklungen und wahrgenommene gesellschaftspolitische Notwendigkeiten Inhalte und Zielsetzungen des Fachs bestimmen können.

citizenship – „a contested concept".

Ein Grund für Deutung und Umdeutung der Funktion der CE mag sein, dass citizenship ein umstrittenes Konzept ist. Kerr (2003) weist darauf hin, dass es in der Literatur 300 Definitionen von Demokratie in Verbindung mit CE gibt (Davies 1999). Diesen Auseinandersetzungen liegt ein Streit über die Funktion und Organisation einer demokratischen Gesellschaft in heutiger Zeit und die Rolle der CE dabei zugrunde.

Das Bedürfnis, citizenship und CE neu zu definieren, entspringt häufig der Wahrnehmung gesellschaftlicher Krisen. Diese Wahrnehmung zieht den Wunsch nach sich, Beziehungen zwischen Individuen sowie zwischen Individuen und dem demokratisch verfassten Staat bzw. der Gesellschaft in den Blick zu nehmen und politisch zu justieren (vgl. Kerr 2003).

Auch wenn sich Großbritannien als Staat mit einer langen demokratischen Tradition versteht, war und ist das Konzept des Bürgers/der Bürgerin in Großbritannien nicht explizit verankert. „Citizenship ... is not a widely understood idea in Britain. People do not have a clear idea of what it means to be a citizen, as opposed to being one of her Majesty's subjects. ... Citizenship is not a concept that has played a central role in our political tradition. ... We are still inclined to see citizenship as ... slightly unsettling – the citizen is a busy-body who goes round disturbing the easy-going, tolerant quality of life in Britain" (Miller 2000, S. 26).

Eine öffentliche Debatte um diese Beziehung und um eine entsprechende CE begann in Großbritannien in den 80er Jahren. Ausschlaggebend dafür waren u.a. ökonomische und soziale Probleme, die sich in einer Zunahme von Gewalt und Vandalismus im öffentlichen Raum bemerkbar machten. Dies erzeugte Angst vor einem Verlust sozialer Kohäsion, der „bürgerlichen Moral" (civic morality) und des Interesses und der Motivation der Bürger, sich für die Gemeinschaft und die Politik zu engagieren (Heater 2004; Kerr 2003).

Die zu dieser Zeit regierenden Konservativen plädierten für eine „aktive Staatsbürgerschaft" (active citizenship), die die Verantwortungsübernahme des einzelnen Individuums auch in zuvor dem staatlichen Handeln vorbehaltenen Bereichen wie Bildung und Gesundheitsversorgung einforderte (Kerr 2003). Die Thatcher-Regierung sah jedoch zunächst keine Notwendigkeit einer verpflichtenden CE als Teil des Curriculums. Politische Bildung sollte – wie die Sexualerziehung – der privaten Sphäre der Familie vorbehalten bleiben. Erst das neben den o. g. sozialen Problemen auftretende offensichtliche Desinteresse von Jugendlichen an Politik führte dazu, dass citizenship 1989 ein fächerübergreifendes Thema im National Curriculum wurde. Es spielte allerdings wegen seiner geringen Bedeutung im Alltag der Schulen meist keine große Rolle (Sliwka 2005; Huddleston 2008).

Labour und der Crick Report

Die von 1997 an regierende Labour-Partei betonte demgegenüber eine eher kommunitaristische Definition von Staatsbürgerschaft und CE, bei der die Individuen ihre Verantwortung gemeinsam mit dem Staat übernehmen sollen und bei der die so genannte „bürgerliche Moral" im Mittelpunkt steht (Kerr 2003). Das bislang sehr gedämpfte Engagement der Regierung wurde zu einem bewussten, proaktiven Engagement. Im selben Jahr wurde die Advisory Group on Education for Citizenship and the Teaching of Democracy in Schools unter dem Vorsitz des Politikwissenschaftlers Bernard Crick eingesetzt. Sie hatte zwei Aufgaben:

• eine Definition von CE zu erarbeiten und
• Empfehlungen zu geben, wie diese in Schulen umgesetzt werden kann.

Dem 1998 veröffentlichten Crick Report liegt eine weitreichende Definition von CE zugrunde, die die Partizipation der Bürgerinnen und Bürger in den Mittelpunkt stellt und auf einem republikanischen Konzept von Staatsbürgerschaft beruht. Das republikanische Verständnis von citizenship betont Rechte und Pflichten der Bürger/innen gleichermaßen und ermutigt die Bürger zur Partizipation in allen Bereichen gesellschaftlichen Lebens (Sliwka 2005; Figueroa 2004). Der Crick Report plädiert für eine education for citizenship, die sowohl eine education <u>about</u> citizenship (eine Vermittlung von Wissen über Geschichte, politische Institutionen und Prozesse) als auch eine education <u>through</u> citizenship (Schüler und Schülerinnen lernen durch tatsächliche Partizipation in Schule und Gemeinde) beinhaltet und sogar noch darüber hinausgeht (QCA/DfEE 1998; Himmelmann 2005).

Kinder und Jugendliche sollen durch eine kognitive, affektive und praktische Dimension staatsbürgerlichen Lernens Wissen, Werte und Haltungen sowie Fertigkeiten aufbauen, um als aktive Bürger die Demokratie gestalten zu können (Sliwka 2005). Die Empfehlungen des Crick Reports schlugen sich 2000 in der Einführung von citizenship als Kernaufgabe von Schule im National Curriculum nieder, 2002 dann in der Einführung des Fachs CE als foundation subject – also als Pflichtfach – in Sekundarschulen, das sich an der maximalen Definition von CE orientierte und – wie vom Crick Report vorgeschlagen – auf eine education <u>for</u> citizenship abzielte. Für die Sekundarschulen als Pflichtfach, für die Primarschulen optional eingeführt. Inhaltlich umfasste das Fach drei Säulen:

• soziale und moralische Verantwortung,
• Engagement für und in der Gemeinde sowie
• political literacy, eine Art politischer Alphabetisierung, d.h. die Fähigkeit zum politischen Handeln.

Gesellschaftliche Entwicklungen und (bildungs-)politische Maßnahmen: Diversität, Identität und Kohäsion

Kurz vor Einführung des Fachs CE kam es im Frühjahr und Sommer 2001 zu gewaltsamen Ausschreitungen von Jugendlichen verschiedener Bevölkerungsgruppen in mehreren englischen Städten (wie Oldham, Bradford und Leeds). Als Folge dieser Ereignisse wurden – mit begründet durch den sog. Cantle Report (2001), der die Ursachen der Ausschreitungen in einer bürgernahen Weise untersucht hatte, – nationale politische Maßnahmen auf das Ziel der community cohesion (Kohäsion in der lokalen Gemeinschaft) ausgerichtet, darunter auch bildungspolitische Maßnahmen. So wurden die englischen Schulen ab 2007 verpflichtet, kommunale Kohäsion in ihrem Umfeld zu fördern. Die Schulaufsicht (Ofsted: Office for Standards in Education) nahm diese Ziele in ihr Evaluationsdesign auf.

Die unter Intellektuellen und Politikern (darunter auch der damalige britische Finanzminister und spätere Premier Gordon Brown) ab Herbst 2001 geführte Debatte um eine (Neu-) Definition der britischen Identität („britishness") kann auch in diesem Zusammenhang gesehen werden (Ascherson 2005; Brown 2006). Unter dem Eindruck der von islamischen Extremisten verübten Bombenanschläge auf die U-Bahn und einen Bus in London im Juli 2005 gab schließlich der damalige britische Staatssekretär für Bildung die Studie „Diversity and Citizenship", den sog. Ajegbo Report, zum Thema Diversität in Schulen in Auftrag. Dabei handelte es sich um eine Evaluierung der Praxis der CE in Hinblick auf die Diversität der Schülerschaft und auf eine education for diversity. Die Untersuchung machte viele Defizite in der Umsetzung der CE aus, gerade in Bezug auf die Aufgaben, die ihr angesichts der gesellschaftlichen Diversität zukommen. Sie stellte bei verschiedenen Gruppen von Jugendlichen, darunter insbesondere unter Jugendlichen der weißen Arbeiterschicht, ein Defizit in der Identitätsentwicklung fest (Crace 2007). Der Abschlussbericht der Untersuchung betonte die Rolle der Identitätsbildung als wichtige Vorbedingung von demokratischem und politischem Engagement aller Bevölkerungsgruppen und die Bedeutung von Dialog und Kommunikation in pädagogischen Strategien (DfES 2007).

Das seit September 2008 geltende überarbeitete National Curriculum, das auch eine veränderte Fassung des citizenship curriculum enthält, nahm viele der Empfehlungen auf. Es stellt politische Sozialisation, political literacy und Schülerpartizipation in den Mittelpunkt. Ein Kernziel ist, alle jungen Menschen zu befähigen, verantwortliche Bürgerinnen und Bürger zu werden, die einen positiven Beitrag zur Gesellschaft leisten (QCDA 2008). Eine vierte Säule der CE („Identities and diversities: living together in the UK") wurde eingeführt, ebenso wie die o. g. Verpflichtung der Schulen, kommunale Kohäsion zu entwickeln (DCSF 2007). CE wird somit nun (auch) als wesentliches gesellschaftspolitisches Mittel angesehen, individuelle wie kollektive Identitäten, Kompetenzen für den demokratischen Umgang mit gesellschaftlicher Diversität und zur Herstellung gesellschaftlicher Kohäsion zu entwickeln.

3. Education for Citizenship – Ergebnisse einer Längsschnittstudie zur Einführung des Schulfachs citizenship education in England (2002-2008)

Für die – zunächst drei – Säulen der CE (s.o.) wurden für die vier Schulstufen (key stages) ergebnisorientierte Bildungsstandards definiert, deren Erreichung von der Ofsted in externen Evaluationen überprüft werden. Die einzelnen Schulen erhielten weitgehende Freiheit dahingehend, wie sie diese Standards erreichen wollen. Sie haben lediglich die Vorgabe, dass Schülerinnen und Schüler fünf Prozent der Zeit, die sie in der Schule verbringen, dem Fach CE und seinen Inhalten widmen müssen. Die Optionen für die Gestaltung des Fachs reichen dabei von Blockveranstaltungen, Projekttagen und -wochen, Modulen in Fächern wie personal, social and health education (PSHE), interdisziplinären, fächerübergreifenden Projekten bis zur partizipativen Gestaltung des Schullebens oder Mentoraten und Tutorien (Frank 2005).

Eine „erfolgreiche" CE, die die Lernenden zum einen citizenship als eine demokratische Lebensform („a way of life") vermitteln und die zum anderen ihre Kompetenzen für ein Leben als active citizen entwickeln will, benötigt ein schulisches Gesamtkonzept von CE, das sich neben dem Unterricht im Ethos, im Schulklima und in einer demokratischen Kultur der Schule widerspiegelt. Diese Notwendigkeit begründete bereits der Crick Report.

Die Interdependenz zwischen einer demokratischen Schulkultur, d.h. auch realer Gelegenheiten für Schüler, Demokratie zu erfahren und zu leben, und der Entwicklung demokratischer Kompetenzen werden auch in der Demokratiepädagogik in Deutschland immer wieder betont (Edelstein u.a. 2007). Interessant für den deutschen Kontext ist die Frage, ob und inwieweit sich durch die Einführung des Pflichtfachs CE die englischen Sekundarschulen zu demokratischen Schulen entwickelt haben, die ihren Schülern und Schülerinnen Partizipationsmöglichkeiten und „Gelegenheitsstrukturen für die Erfahrung demokratischer Verhältnisse" (Edelstein 2009, S. 11) bieten und inwiefern Demokratielernen in Unterricht und Schulleben miteinander verzahnt sind.

Erkenntnisse darüber enthält eine zwischen 2001 und 2009 von der National Foundation for Educational Research im Auftrag des Department for Children, Schools and Families (DCSF)[1], durchgeführte Längsschnittstudie (The Citizenship Education Longitudinal Study, kurz CELS), aus welcher hier zusammenfassend einige Ergebnisse dargestellt werden sollen (Keating u.a. 2009).

---

1   britisches Ministerium für Kinder, Schulen und Familien (2007-2010), vormals (bis 2007) Department for Education and Standards (DfES), seit dem Regierungswechsel im Mai 2010 Department for Education

Die Studie untersucht die Umsetzung der CE in englischen Sekundarschulen und ihre Auswirkungen auf Schulen, Schüler- und Lehrerschaft sowie Schulleitungen. Das Design der Studie ist quantitativ und qualitativ angelegt. CELS besteht aus folgenden, miteinander in Beziehung stehenden Komponenten: eine Längsschnittstudie einer Kohorte von Schülern, die im Jahr 2002 mit der Einführung von CE als 6. Sechstklässler (Year 7) in die Sekundarschule kamen, deren Einschätzungen und Entwicklung in der 8., 10. und 12. Klasse (respektive Year 9, 11, 13) ausgewertet wird (inklusive der Entwicklung der jeweiligen Schule und Lehrer); vier Querschnittstudien von 7., 9. und 11.Klassen (Year 8, 10 und 12) (inklusive deren Schule und Lehrer); Längsschnitt-Fallstudien von zwölf Sekundarschulen (die nicht repräsentativ ausgewählt wurden, sondern eine Bandbreite an Umsetzungsvarianten von CE, regionaler Verteilung, Profilen etc. widerspiegeln); eine Zusammenfassung des Forschungsstands zum Thema. Durch die Kombination dieser Komponenten konnten Aussagen über die Veränderungen, die die Einführung des Fachs bewirkt hat, sowohl in der Breite, als auch in der Tiefe und über die Zeit hinweg gemacht werden. Die Studie orientierte sich an folgenden zentralen Forschungsfragen:

• Welche Wirkungen hat die CE auf das Wissen, die Fertigkeiten und Haltungen der jungen Menschen?
• Wie wird CE in Schulen umgesetzt/vermittelt?
• Wie beeinflussen die unterschiedlichen Arten, CE umzusetzen, die Wirkungen auf Schülerinnen und Schüler sowie Schulen?

Aus den bis heute vorliegenden Ergebnissen sind folgende Punkte besonders interessant:
• Die Erfahrung von Selbstwirksamkeit (personal self efficacy) – die in der Studie als „extent to which [students] feel that their actions can bring a change for the better" (Benton et al. 2008, S. 97) definiert wird – von Schülerinnen und Schülern hat auf ihre Haltung zu politischem und zivilgesellschaftlichem Engagement und ihrer Intention, später einmal politisch und zivilgesellschaftlich aktiv zu werden, großen Einfluss (Benton et al. 2008). Selbstwirksamkeitserfahrungen können im Schule und Unterricht durch aktivierende Lernarrangements und im Schulleben durch horizontale und vertikale Partizipation ermöglicht werden. Unter horizontaler Partizipation versteht die Studie die Beteiligung von Schülern in extracurricularen Aktivitäten, wie z.B. Debating-Clubs, Fundraising-Aktivitäten, Sport etc. Unter vertikaler Partizipation versteht die Studie demgegenüber die Beteiligung von Schülern in formellen und informellen Formen der Entscheidungsfindung einer Schule (z.B. School Council, Befragungen und Beratungen etc.). In beiden Bereichen hat sich in den englischen Schulen seit Einführung von CE etwas zum Positiven verändert. Jedoch sind die Einschätzungen der Lehrenden und der Schulleitungen positiver als die der Schülerschaft (Keating et al. 2009).
• Aus den Längsschnitt-Fallstudien wird deutlich, dass es für die Schulen eine große Herausforderung ist, CE so umzusetzen, dass gleichzeitig Wissen, Fertigkeiten und Haltungen entwickelt werden (Kerr et al. 2007). Als schwierig erweist sich insbesondere die Verknüpfung der Lernkontexte von CE (Unterricht, Schulkultur, Gemeinde) zu einem sinnvollen Ganzen und damit die Zusammenführung der in den Lernkontexten gemachten Lernerfahrungen (Keating et al. 2009).
• CE wird in den Schulen jeweils sehr unterschiedlich implementiert. Eine Mischung aus Vision und pragmatischen Überlegungen, wie die Vision an der jeweiligen Schule

praktisch und anknüpfend an die Ausgangsbedingungen der Schule umgesetzt werden kann, bestimmt, welche Art der Umsetzung von CE eine Schule wählt. Die Frage, welche der Umsetzungsformen die besten Ergebnisse bringt, lässt sich jedoch nicht eindeutig beantworten (Kerr et al. 2007).

Inwiefern schafft CE Möglichkeiten, Selbstwirksamkeit zu erfahren?

Obwohl die Daten aus der Querschnittstudie ein recht positives Bild der Entwicklung der Schulen hin zu mehr Partizipationsmöglichkeiten zeichnet, spiegelt sich dieses nicht in den Einschätzungen und Aktivitäten der Schülerinnen und Schüler.

Sie äußerten sich verhalten positiv, was die vertikalen demokratischen Partizipationsmöglichkeiten in ihrer Schule betrifft. Knapp über 50 % fühlten sich einigermaßen oder sehr einbezogen, sich an Entscheidungen in School Councils zu beteiligen, knapp über 30 % an Beratungen über Regeln und Politiken an der Schule mitzuwirken, knapp über 20 %, sich in Diskussionen über die Arbeitsweise in Unterrichtsstunden einzubringen und nur knapp über 5 % in die Planung des Unterrichts (Keating et al. 2009, S. 51). Die Einschätzungen der Jugendlichen veränderten sich dabei zwischen 2004 und 2006 zum Positiven, während sie seitdem auf einem konstanten Niveau blieben.

Daten aus dem Jahr 2008 zeigen einen relativ geringen Grad tatsächlicher vertikaler Partizipation (z.B. haben nur 45 % der Schülerinnen und Schüler an einer Wahl von Schülervertretern teilgenommen). Schulleitung und Lehrerschaft haben eine wesentlich positivere Einschätzung der vertikalen Partizipationsmöglichkeiten irer Klientel an ihrer Schule als diese selbst. So sagten 74 % der Schulleiter, dass die gesamte Schule in Entscheidungsfindungen einbezogen sei, 46 % der Lehrenden stimmten dem ebenfalls zu.

95 % der Schulleiter und 91 % der Lehrenden gaben an, dass Schülerinnen und Schüler motiviert würden, an extracurricularen Aktivitäten teilzunehmen (horizontale Partizipation). Allerdings gaben 31 % der Jugendlichen an, dass sie an keinerlei Aktivitäten in der Schule teilnähmen. Diese Zahlen veränderten sich zwischen 2002 und 2008 nicht. Die hauptsächlichen Aktivitäten, an denen Schülerinnen und Schüler sich beteiligten, waren: Fundraising (42 %), Sport (41 %), künstlerische Aktivitäten (24 %), Arbeitsgemeinschaften zur Erledigung von Hausaufgaben (23 %) und diverse Hobbies (12 %). Weniger als 10 % beteiligten sich jeweils an: Umweltaktivitäten, Debating-Clubs, Computer-AGs, Menschenrechtsarbeit, religiösen Aktivitäten, Jugendclubs, Schüleraustausch, gemeinnützigem Engagement in der Gemeinde oder der Schulzeitung (Keating et al. 2009). Auffällig ist hier der große Anteil an nicht-gemeinnützigen Aktivitäten, die zu horizontalen Partizipationsmöglichkeiten zählen.

Während es, wie die Längsschnitt-Fallstudien von zwölf Schulen zeigen, in den Strategien und Strukturen innerhalb der Schulen viele positive Entwicklungen gibt, Schülerpartizipation zu ermöglichen, berichten die Schulen gleichzeitig von Schwierigkeiten, die Lernenden zu mehr Engagement zu motivieren und ihre Partizipation in Aktivitäten zu erhöhen. In manchen Schulen sei die Förderung vertikaler Partizipation auch nur ein Lippenbekenntnis: „The students are consulted about almost everything and then the Head and Senior Management do what they wanted in the first place" (Keating u.a. 2009, S. 59). Fehlendes Vertrauen in die Fähigkeiten der Schüler und Schülerinnen, Verantwortung zu übernehmen oder die Angst vor unangemessenem Verhalten wurden als weitere Hindernisse genannt. Zudem verdränge manchmal Prüfungsdruck die Realisierung von Partizipation (Keating et al. 2009).

Die Längsschnitt-Fallstudien identifizieren den Schulethos und die Charakteristika der lokalen Gemeinde, also das Umfeld der Schule, als Hauptfaktoren für das Gelingen von Partizipation von Schülern. In Schulen, in denen ein demokratisches Klima vorherrscht und sich dieses in allen Bereichen, vom Unterricht bis zum Schulleben widerspiegelt, ist auch die Partizipation von Schülern am stärksten. Für extracurriculare Angebote, deren Thematik weitab von ihrem alltäglichen Lebensumfeld liegt, wie z.B. globale Themen in abgelegenen, ländlichen Gebieten, sind Schülerinnen und Schüler nur schwer zu motivieren. Einige Schulen, die sehr auf Leistung setzen, haben auch das Problem, dass sie zwar viele extracurriculare Aktivitäten anbieten, die Teilnahme der Schüler darin jedoch eher auf ihre Leistungsmotivation zurückgeht und nicht auf eine zivilgesellschaftliche Motivation (Keating et al. 2009).

Was den Unterricht betrifft, so sagen die Jugendlichen, dass der CE-Unterricht mehr aktive Elemente enthalte als andere Fächer. Die Schulen setzen eine Vielfalt aktivierender Unterrichtsmethoden wie Diskussionen, Gruppenarbeit, Forschungsaufträge oder Rollenspiele ein. Das Ausmaß, in dem diese Ansätze in Schulen verwendet werden, variiert jedoch stark. Lehrerschaft wie Schülerschaft beurteilen aktivierende Unterrichtsmethoden positiv und empfinden sie als motivierend. In dem Fall einer Schule kam jedoch zur Sprache, dass Schülerinnen und Schüler im Rahmen der aktiven Arbeit im Unterricht nicht so recht wussten, welches Ziel das Lernen hatte (Keating et al. 2009).

Wie werden die Lernkontexte für citizenship education in Curriculum, Schulkultur und Gemeinde miteinander verbunden?

Wie die Längsschnitt-Fallstudien zeigen, sehen die Schulen es als große und noch nicht bewältigte Herausforderung, eine Verbindung zwischen aktiver Partizipation und über das Curriculum vermittelter Inhalte herzustellen und für Lernende transparent zu machen. In vielen Schulen wird zwischen CE und Partizipation eine Trennlinie gezogen. Ursache ist häufig, dass an den Schulen eine Koordination der verschiedenen Initiativen und Aktivitäten fehlt, die alles zu einem sinnvollen Ganzen, einem umfassenden citizenship learning verbinden könnte. Die Beziehungen zum Schulumfeld, der Gemeinde, bezeichnen die meisten Schulen als positiv. Die Ergebnisse der Querschnittstudie zeigen jedoch, dass diese Beziehungen eine Art Einbahnstrasse sind und die Schule sich noch nicht in die Gemeinde hinein bewegt und so Lernerfahrungen außerhalb der Schultore schaffen kann (Keating et al. 2009).

Als schulseitige Gelingensbedingungen für eine umfassende und damit gute Umsetzung von CE nennt CELS eine starke und visionäre Schulleitung, gute Koordinierung aller Aktivitäten, die in den Bereich der CE fallen sowie selbstbewusste und enthusiastische Lehrerinnen und Lehrer. Außerdem sollte CE in der Schule deutlich sichtbar und Schulkultur und -ethos demokratisch geprägt sein. Als weitere Gelingensbedingungen werden eigene Zeiten für die Vermittlung des CE Curriculums, Ansätze der Bewertung (assessment) im CE-Unterricht, interne und externe Evaluierung, Fortbildung und das Angebot vertikaler und horizontaler Partizipationsmöglichkeiten genannt (Keating et al. 2009).

Umsetzungsmodelle von citizenship education und ihre Wirkung

Die Art, wie Schulen CE jeweils umsetzen und implementieren, hängt von einer Mischung aus Vision und pragmatischen Überlegungen ab. Dabei ließen sich vier Haupttypen der Umsetzung von CE an Schulen identifizieren. Ihr Charakteristikum ist jeweils ein Hauptantriebsmotor für die CE (Kerr et al. 2007):

1. Das CE-Curriculum ist der Motor für die Implementierung (dafür weniger stark ausgeprägte Partizipation und unterschiedlich hohe Schülerselbstwirksamkeit);
2. die Förderung von Selbstwirksamkeitserfahrungen von Schülern ist der Motor für die Implementierung (dafür schwache Beteiligung von Schülern in extracurricularen Aktivitäten und schwache Vermittlung von CE über den Unterricht);
3. die horizontale Partizipation ist der Motor für die Implementierung (dafür geringe Selbstwirksamkeit und mittelstarke Vermittlung von CE über den Unterricht);
4. eine Mischung von Ansätzen ist der Motor für die Implementierung (dabei hohe Selbstwirksamkeit, hoher Grad an Partizipation und gute Verankerung von CE im Unterricht).

Wenn es um die Vorgaben aus dem National Curriculum geht, ist die Umsetzung im Sinne eines Fachunterrichts, insbesondere im Rahmen von Abschlussprüfungen (GCSE)[2], am effektivsten. Schulen, die diesen Weg wählten, konnten die meisten Inhalte vermitteln, waren in ihrer Methodenvielfalt aufgrund des Prüfungsdrucks allerdings sehr eingeschränkt. Fachunterricht (zudem, wenn die Lernenden bewertet wurden) konnte am besten sicherstellen, dass CE in der Schule wahrgenommen wird und als Fach Ansehen genießt. Was die Entwicklung der Kompetenzen der Schüler betrifft, war CE als eigenes Fach oder als Modul in PSHE am erfolgreichsten, da so aktives und interaktives Lernen, Arbeit in Gruppen, Diskussionen, Debatten und Nutzung von Informationstechnologie einen Platz hatten. Als großes Problem stellte sich die Vermittlung von political literacy dar. Lehrende empfinden es als große Herausforderung, für diesen Strang der CE Interesse zu wecken und ihn für Lernende relevant zu machen.

Die uneffektivste Art der Umsetzung von CE scheint der fächerübergreifende Ansatz mit Beteiligung vieler Fächer sowie Tutorien und Schülerversammlungen zu sein. Hier kommt es zu einer ungleichmäßigen und inkonsistenten Vermittlung von CE, z.T. mit Personal, das nicht ausgebildet ist.

Auch wenn so die Vermittlung von CE über Unterricht viele Vorteile zu bieten scheint, hat diese Art der Implementierung auch ihre Nachteile. So beschränkt sie die Möglichkeit, aktive und interaktive Methoden einzusetzen, führt meist zu einer Bewertung der Schülerleistungen über traditionelle Tests und Prüfungen statt zu Formen der Selbstevaluation und Feedback unter Schülern und begrenzt – wegen des Fokus auf starre Themen aus dem Curriculum – die Flexibilität, aktuelle und für Schüler im Alltag relevante Themen zu bearbeiten (Kerr et al. 2007).

Ergebnis der Studie ist, dass die Art der Implementierung nicht als einzige Determinante für eine erfolgreiche Umsetzung von CE gesehen werden kann. Jedes Umsetzungsmodell kann erfolgreich sein, wenn CE von einem kleinen, motivierten Team von Lehrern umgesetzt wird, eine klare Zielrichtung und starke Koordinierung der Aktivitäten vorhanden ist und die Umsetzung von ständig aktualisierten, für alle zugänglichen „Unterrichts"-Planungen und dazugehörigen Materialien und Ressourcen unterstützt wird (Kerr et al. 2007). Aus den Längsschnitt-Fallstudien war ersichtlich, dass Schulen, die eine Mischung von Ansätzen als Motor für die Implementierung von CE (4. Gruppe, siehe oben) nutzten, eine

---

2 GCSE = General Certificate of Secondary Education, ähnlich dem Mittleren Schulabschluss in Deutschland

besonders positive Entwicklung in Richtung einer demokratischen Schule nahmen. Sie konnten über die Jahre ihre Stärken immer weiter ausbauen (Keating et al. 2009). „School typ 4 is what some observers have defined as offering a ‚full service' or ‚citizenship-rich' delivery model ... . It is therefore, an ‚ideal' type and the model which comes closest to turning the vision of the Crick Report ... for citizenship in schools into effective practice" (Keating et al. 2009, S. 65).

4. Schlussfolgerungen

Wenngleich das englische Bildungssystem nicht direkt mit dem deutschen und somit die CE auch nicht mit den in Deutschland umgesetzten Ansätzen der Politischen Bildung und der Demokratiepädagogik vergleichbar ist, so sind die CELS-Ergebnisse dennoch für den deutschen Kontext von Interesse. Die CE als eine education for citizenship lässt sich mit der Kombination aus fachlichem Unterricht in Politischer Bildung und demokratiepädagogischen Ansätzen und Methoden in Unterricht, Schulleben und in Verbindungen zur Gemeinde vergleichen. Obwohl der englische Ansatz beides von Anfang an zusammengedacht hat, bleibt es eine der größten Herausforderungen, CE-Unterricht und demokratische Erfahrungen durch Partizipation in Schulleben und über die Schule hinaus zu einem ganzheitlichen citizenship-Lernen zusammenzubringen. Es lohnt sich dennoch, die Entwicklung in England weiter zu verfolgen, da sich aus erfolgreichen Ansätzen (insbesondere des Umsetzungstyps 4, s. o.), nützliche Erkenntnisse auch für deutsche Schulen ableiten lassen könnten.

Andererseits zeigen die Ergebnisse der englischen Studie, dass es für die Bereitschaft zur Partizipation bei Kindern und Jugendlichen eines die Schule umfassenden demokratischen Ethos bedarf. Schule muss Demokratie glaubhaft in ihrer Kultur und ihren Prozessen verankern. Zudem sind für eine erfolgreiche CE eine Schulleitung mit einer klaren Zielsetzung und eine gute Koordination von Aktivitäten wichtig. Dies sind Erkenntnisse, die den in Deutschland beispielsweise während des BLK-Modellprogramms „Demokratie lernen und leben" gesammelten Erfahrungen entsprechen. Sie scheinen somit über die Grenzen einzelner Bildungssysteme hinweg Gültigkeit zu haben.

Gespannt darf man zudem auf die Weiterentwicklung der CE in England mit ihrem neuen Fokus auf Diversität, Identität und Kohäsion blicken. Für diesen Bereich der CE liegen bis dato noch keine Ergebnisse vor. Ansätze, die sich dort entwickeln und erfolgreich sind, dürften jedoch auch für deutsche Schulen, gerade in Großstädten und Ballungszentren mit heterogener Schülerschaft interessant sein.

Literatur

Ascherson, N. (2005): Britain rediscovered. In: Prospect, Issue 109, 17.04.2005. Download unter: http://www.prospectmagazine.co.uk/2005/04/britainrediscovered/ [22.04.2010].

Benton, T. et al. (2008): Citizenship Education Longitudinal Study (CELS): Sixth Annual Report. Young People's Civic Participation In and Beyond School: Attitudes, Intentions and Influences (DCSF Research Report 052), London.

Brown, G. (2006): Who do we want to be? The future of Britishness. Speech given to the Fabian Society, 14th January 2006. Download unter: http://www.fabians.org.uk/events/speeches/the-future-of-britishness [22.04.2010].

Crace, J. (2007): How to be British. In: The Guardian, 30.01.2007, Download unter: http://www.guardian.co.uk/education/2007/jan/30/schools.uk [21.04.2010].

Davies, L. (1999): Comparing definitions of democracy in education. In: Compare, 29 (2), S. 127-40.

DCSF (2007): Guidance on the duty to promote community cohesion. Nottingham: Department for Children, Schools and Families.

DfES (2007): Diversity & Citizenship – Curriculum Review. Nottingham: Department for Education and Skills, Download unter: http://publications.education.gov.uk/eOrderingDownload/DfES_Diversity_&_Citizenship.pdf [18.01.2011].

Edelstein, W. (2007): Was ist Demokratiepädagogik? In: de Haan, G./Edelstein, W./Eikel, A. (Hrsg.): Qualitätsrahmen Demokratiepädagogik, Band 1, Grundlagen zur Demokratiepädagogik. Weinheim/Basel, S. 3-5.

Edelstein, W. (2009): Demokratie als Praxis und Demokratie als Wert. In: Edelstein, W./Frank, S./Sliwka, A. (Hrsg.): Praxisbuch Demokratiepädagogik. Weinheim/Basel, S. 7-19.

Figueroa, P. (2004): Diversity and Citizenship Education in England. In: Banks, J. A. (Hrsg.): Diversity and Citizenship Education. Global Perspectives. San Francisco, S. 219-244.

Frank, S. (2005): Demokratie-Baustein „Civic Education – was ist das?", Berlin: BLK-Programm Demokratie lernen & leben, Download unter: http://www.blk-demokratie.de/fileadmin/public/dokumente/Bausteine/bausteine_komplett/Civic_education.pdf [30.01.2011].

Georgi, V. B. (Hrsg.) (2008): The Making of Citizens in Europe. New perspectives on Citizenship Education. Bonn.

Heater, D. (2004): Citizenship. Third Edition. Manchester/New York.

Himmelmann, G. (2005): Was ist Demokratiekompetenz? Ein Vergleich von Kompetenzmodellen unter Berücksichtigung internationaler Ansätze. Beiträge zur Demokratiepädagogik, Berlin. Download unter: http://www.pedocs.de/volltexte/2008/257/pdf/Himmelmann2.pdf [19.03.2010].

Huddleston, T. (2008): Citizenship Education in England. In: Georgi, V. B. (Hrsg.), S. 96-103.

Keating, A. et al. (2009): Embedding Citizenship Education in Secondary Schools in England (2002-08). Citizenship Education Longitudinal Study Seventh Annual Report (DCSF Research Report 172), London.

Kerr, D. (2003): Citizenship Education in England. The Making of a New Subject. Sowi-Onlinejournal, Download unter: http://www.jsse.org/2003/2003-2/england-kerr.htm [31.01.2011].

Kerr, D. et al. (2007): Vision Versus Pragmatism. Citizenship in the Secondary School Curriculum in England. Citizenship Education Longitudinal Study, Fifth Annual Report (DfES Research Report 845), London DfES.

Miller, D. (2000): Citizenship. What does it mean and why is it important? In: Pearce, N./Hallgarten, J. (Hrsg.). Tomorrow's citizens. Critical debates in citizenship and education. London: Institute for Public Policy Research, S. 26-35.

QCA/DfEE (1998): Education for citizenship and teaching democracy in schools. Final report of the Advisory Group on Citizenship (Crick Report), 22. Sept. 1998. London: QCA, Download unter: http://www.tesisenxarxa.net/TESIS_UB/AVAILABLE/TDX-0930108-130039//08.AFR_ANEXO_B_Citizenship_Advisory_Group_1998.pdf [29.01.2011].

QCDA (2008): The National Curriculum for England, London: QCDA, Download unter: http://curriculum.qcda.gov.uk/ [29.01.2011].

Sliwka, A. (2005): Vorbild auch für Deutschland. ‚Education for Citizenship' in England. Beiträge zur Demokratiepädagogik, Berlin, Download unter: http://blk-demokratie.de/fileadmin/public/dokumente/Sliwka3.pdf [19.03.2010].

Kurt Edler

Eine demokratiepädagogische Partnerschaft im Council of Europe[1]

Wenn sich ein- bis zweimal im Jahr die Koordinatoren des Europaratsprogramms „Education for Democratic Citizenship and Human Rights" (EDC/HRE) treffen, dann gibt dies nicht nur Gelegenheit zum Erfahrungsaustausch; es eröffnet den Beteiligten aus den 47 Mitgliedsstaaten auch den Blick in einen riesigen Raum bildungspolitischer Transformationen. Faszinierend ist dabei besonders der Austausch zwischen den alten und den neuen Demokratien. Die meisten EDC-Coordinators arbeiten in den jeweiligen nationalen Bildungsminsterien, dabei oft in der Grundsatzabteilung für Schul- oder Unterrichtsentwicklung. Andere leiten nationale Forschungsprogramme, die die Demokratie- und Menschenrechtsbildung berühren, sind an pädagogischen Hochschulen tätig oder kommen aus Tätigkeitsfeldern zwischen Bildung und Politik.

Über die Leistungsfähigkeit ihrer politischen Systeme haben viele von ihnen recht eigenwillige Ansichten. Ambitionierte schulentwicklerische Vorstellungen kollidieren offenbar nicht nur in Deutschland mit den politischen Rahmenbedingungen. Bei einigen EDC-Coordinators liegen die Schatten einer kriegerischen Vergangenheit auf der Schulgegenwart. Als es im Workshop um das Demokratielernen mit Hilfe außerschulischer Kooperationspartner geht, meint eine serbische Kollegin: „Wenn wir bei uns Parteienvertreter in die Schule lassen, ist leicht der alte Hass da." Aber auch im alten Westen gibt es kuriose Konfliktlinien. Im Hinblick auf den Einfluss der katholischen Kirche sagt eine spanische Vertreterin: „Kommen Sie in diesem Schulsektor gern mit Menschenrechten. Aber wagen Sie bloß nicht, nach Demokratie in der Schule zu fragen."

Der Weg zur Verwirklichung der EDC-Programmziele ist also recht dornig. Gerade deshalb ist die Anlage des Programms, dessen Anfänge in die neunziger Jahre zurückreichen, zur Stärkung aller nationalen Ansätze so wertvoll. Eine regelmäßige Berichterstattung anhand vereinbarter Leitfragen ist eingebaut. Auf den Konferenzen liegt der Fokus auf beispielhaften Projekten. In den vergangenen Jahren sind Unterrichtsmaterialien erstellt worden. Regionale Verbünde ermöglichen den spezifischen Erfahrungsaustausch zwischen strukturell verwandten Bildungssystemen sowie die Publikation von praxis- oder politikorientierten Leitfäden. Zum Glück spielen die alten politischen Antagonismen keine Rolle; es ist eine Freude zu erleben, wie selbstverständlich z.B. die ex-jugoslawische Community zusammenarbeitet. Überall dort, wo eine Gesellschaft die Folgen von Bürgerkrieg und Diktatur verarbeitet, sind die Anstrengungen meistens sehr deutlich auf Gewaltprävention und Konfliktfähigkeit gerichtet. Die Frage, ob es gelingt, im eigenen Schulsystem Multiperspektivität, Ambiguitätstoleranz, Pluralismus und Diversity-Management zu verankern, entscheidet im gesellschaftlichen Zusammenleben über die Frage, ob ein dauerhafter Frieden etabliert werden kann.

---

1 Europarat. Wegen der Verwechslungsmöglichkeit mit dem Europäischen Rat und dem Ministerrat der EU verwenden wir die englische Bezeichnung.

Gerade dort, wo bisher kaum demokratische Traditionen verankert sind und ein politischer Rückfall nicht ausgeschlossen ist, kann man sich den Luxus einer Entgegensetzung von „Politischer Bildung" und „Demokratiepädagogik" nicht erlauben. Für unsere Partner im Council of Europe ist Kompetenzorientierung, ist ein moderner, komplexer Lernbegriff, welcher Reflexion und Praxis umschließt, eine Selbstverständlichkeit. Attitude – awareness – knowledge – skills, diese vier Aspekte stehen im Mittelpunkt, wenn es um den Erwerb demokratischer Handlungskompetenz, also um die Frage geht, wie aus einem jungen Menschen ein aktives Mitglied der Zivilgesellschaft werden kann. Auf dem 18. Meeting der EDC-Coordinators in Antalya/Türkei im Mai 2011 wurde zu diesem Thema ein angelsächsisches Konzept des Volunteering[2] vorgestellt und diskutiert, das demokratiepädagogisch auf gesellschaftliche Verantwortungsübernahme abzielt. Auf dem vorangegangenen Treffen, das 2010 in Norwegen stattfand, wurde die International Civic and Citizenship Education Study (ICCS)[3] referiert – die bisher größte vergleichende empirische Studie zu Demokratielernen und politischem Engagement. An ihr nahmen 38 Länder aus Asien, Europa, Lateinamerika und Ozeanien teil. Befragt wurden über 140.000 Schüler/innen im 8. Schuljahr und 62.000 Lehrkräfte aus 5.000 Schulen. Deutschland allerdings war nicht dabei. Es lässt sich übrigens – auch nach Befragung der Eingeweihten – kaum rekonstruieren, ob dahinter eine bewusste politische Entscheidung stand.

Das European Wergeland Centre in Oslo ist derzeit in den Mitgliedsstaaten des Council of Europe unterwegs, um die Ergebnisse dieser Studie vorzustellen. Sie ist von großem Interesse auch für die demokratiepädagogische Praxis in Deutschland. Denn es geht bei dieser Studie um eine Grundfrage aller politischen Bildung, die zur Demokratie erziehen will: Kann sie ihre Wirksamkeit nachweisen, weil sich ihre Adressaten, nachdem sie demokratische Handlungskompetenzen erworben haben, auch wirklich politisch engagieren? Es ist allen Verantwortlichen nur zu empfehlen, von den Erkenntnissen dieser Studie auch in Deutschland zu profitieren. Das Wergeland Centre steht mit seiner Expertise zur Verfügung. Die Studie kann von ihm – wie schon in Österreich und anderen Ländern – in Zusammenarbeit mit Universitäten, Lehrerbildungseinrichtungen, Nichtregierungsorganisationen, aber auch Jugendorganisationen, Kultusministerien und Trägern politischer Bildungsarbeit der interessierten Fachöffentlichkeit vorgestellt werden. Reflektierte demokratiepädagogische Praxis kann einem solchen Fundus gegenüber nicht ignorant bleiben.

Als gemeinsamer Handlungsrahmen im EDC-Programm ist allerdings die „Council of Europe Charter on Education for Democratic Citizenship and Human Rights Education" – im Folgenden EDC-Charta genannt – noch entscheidender. Sie wurde im Mai 2010 vom CoE-Ministerkomitee als Empfehlung angenommen. Denn guter Brauch im Council of Europe ist es, auf Beschlusszwänge zu verzichten; während die Europäische Union ein Machtkomplex ist, versteht sich der Council of Europe als eine Werteallianz. Wie tief, so mag der Skeptiker fragen, kann der pädagogische Konsens schon gehen, wenn sich 47 Einzelstaaten, von Portugal bis Russland und von Island bis Malta, auf eine gemeinsame demokratiepädagogische Option zu verständigen suchen?

---

2 www.volunteurope.org Selbstbeschreibung: „Volonteurope is one of the founding members of the Alliance of European NGOs that have successfully campaigned for 2011 to be designated as the European Year of Volunteering".

3 http://www.theewc.org/search/?searchtxt=ICCS

Das Ergebnis ist jedoch überraschend eindeutig. Es ist hier nicht der Ort, das gesamte Dokument[4] zu referieren. Konzentrieren wir uns daher auf das Wichtigste. Die Charta

- wendet sich gleichermaßen an pädagogische Praktiker/innen, Nichtregierungsorganisationen, Jugendorganisationen, Erziehungseinrichtungen, Bildungsadministrationen, Politiker/innen, Medien;
- steckt den EDC-Geltungsbereich sehr weit ab und schließt Bereiche nichtformaler Bildung mit ein;
- ruft zu einer engen Zusammenarbeit staatlicher Stellen mit Nichtregierungsorganisationen auf;
- unterstreicht, wie bedeutsam die Entwicklung demokratischer Handlungskompetenzen ist;
- plädiert für eine Stärkung der Partizipation und der Partizipationsfähigkeit von Lernenden, Mitarbeitern von Bildungseinrichtungen und Eltern und
- betont, wie wichtig democratic governance[5] ist, „...as a practical means of learning and experiencing democracy and respect for human rights" (III, 8).

Diese Orientierung der Charta ist für die Bildungsadministrationen der Mitgliedsstaaten eine erhebliche politische Herausforderung. Zugleich legitimiert sie das Handeln aller an und in der Bildung Tätigen, die sich für die Demokratiepädagogik engagieren. Ergänzt wird die Charta-Orientierung durch eine Selbstverpflichtung der Unterzeichner zu einem ständigen Monitoring. Sie verpflichten sich zu einer Begleitforschung und zur Aufstellung von Kriterien für die Evaluation der EDC/HRE-Programmatik. Auf dem 18. Meeting in Antalya ist bereits vereinbart worden, Monitoring und Evaluation in den Mittelpunkt der für den Herbst 2012 geplanten Konferenz in Strasbourg zu stellen.

Für die deutsche Koordination ist eine Beteiligung an diesem Programm mit Hürden verbunden, die der vorliegende Beitrag bewusst machen möchte. Wer von außen in das deutsche föderale System hineinblickt, sieht sich mit einer Unüberschaubarkeit von Praktiken in 16 Bundesländern konfrontiert. Wer von innen Bericht erstatten oder gar gute Praxis empfehlen will, steht vor einem Erkundungsprojekt sui generis. An den gegenüber der KMK erstatteten Bericht über das 17. Meeting der Coordinators im November 2010 in Drammen/Norwegen waren folgende Vorschläge angehängt, die hier in Erinnerung gebracht werden sollen:

1. Die Einführung und Bekanntmachung der Europaratscharta für Demokratie- und Menschenrechtsbildung in Deutschland sowie ihre Anwendung und konkrete Umsetzung in den Bildungssystemen der Bundesländer bedarf der Unterstützung durch die Kultusministerien und die KMK.
2. Ministerien und Landesinstitute sollten ihre Websites für eine Bekanntmachung der Charta zur Verfügung stellen.

---

4 https://wcd.coe.int/wcd/ViewDoc.jsp?Ref=CM/Rec%282010%297&Language=lanEnglish&Ver= original&Site=CM&BackColorInternet=C3C3C3&BackColorIntranet=EDB021&BackColorLog ged=F5D383

5 Der Begriff harrt noch einer guten deutschen Übersetzung. Keine der bisher kursierenden scheint richtig zu treffen. Bei dem Wort „Führung" zucken nicht nur wir Deutschen historisch zusammen. Andererseits ist „Governance" mehr als nur „Stil" oder Management.

3. Bei einer Beratung über die Art und Weise, wie die EDC/HRE-Charta in Deutschland angewendet werden kann, ist – im Sinne der Empfehlungen des 17. Koordinatorentreffens – eine Zusammenarbeit mit all jenen Nichtregierungsorganisationen und Institutionen anzuraten, die im Themenfeld der Demokratie- und Menschenrechtsbildung ihre Expertise, ihre Fachautorität und ihre Kommunikationsmöglichkeiten einbringen können.

4. Für eine effektivere Zusammenarbeit mit der hier zuständigen Europaratsabteilung und dem Koordinatorenverbund ist der Aufbau eines bundesweiten Netzwerks unverzichtbar.

5. Die Bemühungen des European Wergeland Centre in Oslo um eine Kenntnisnahme und Diskussion der Ergebnisse der ICCS-Studie sollten von deutscher Seite unterstützt werden.

Die Kultusministerien werden mit diesem Anspruch nicht alleingelassen. So hat sich die Deutsche Gesellschaft für Demokratiepädagogik e.V. inzwischen dazu entschlossen, bei der Verankerung der Education for Democratic Citizenship and Human Rights eine Verstärker- und Unterstützerrolle für den Council of Europe zu spielen. Es ist zu hoffen, dass sich die demokratiepädagogisch engagierten Stiftungen, Initiativen und Verbände die EDC-Charta zu Eigen machen und im Verbund zu ihrer Verwirklichung beitragen.

Jan Hofmann, Michael Rump-Räuber

Berlin und Brandenburg – aktiv in der Demokratiepädagogik

Die Bundesländern Berlin und Brandenburg verfolgen auf verschiedenen staatlichen wie nichtstaatlichen Ebenen demokratiepädagogische Ziele. So gelang es beiden Bundesländern in den letzten Jahren, die Demokratiepädagogik im Bildungsbereich auf Bundes-, Länder- und regionaler Ebene zu verankern. Wir geben einen Überblick über die Aktivitäten.

Initiativen und Aktivitäten mit bundesweiter Bedeutung

Zusammen mit Thüringen initiierte das Land Brandenburg einen Beschluss der KMK zur „Stärkung der Demokratieerziehung" (KMK 2009). Darin wird das „Demokratielernen als Grundprinzip in allen Bereichen der pädagogischen Arbeit", also als Aufgabe aller schulischen Fachbereiche ausgewiesen. Hervorgehoben wird die Notwendigkeit, Demokratiepädagogik sowohl in den schuleigenen Curricula zu verankern als auch Demokratieerziehung und demokratische Kultur als Kriterium von Schulentwicklung mit Hilfe von Unterstützungsangeboten für Schulen zu realisieren. Auch soll die Demokratiepädagogik in beiden Phasen der Ausbildung von Lehrkräften integriert werden, ebenso soll – beginnend bereits in der Grundschule – eine Auseinandersetzung mit demokratiegefährdenden Haltungen und Inhalten stattfinden.

Als ein erster Schritt zur Umsetzung dieses Beschlusses kann die im Juni 2009 von Brandenburg und Thüringen im Auftrag der KMK durchgeführte Tagung „Demokratie in der Schule: Partizipation – Historisch-politische Bildung – Werte" in der Potsdamer Staatskanzlei gelten. Bei der Tagung wurden besonders die Aspekte des Gelingens demokratiepädagogischer Schulentwicklung diskutiert. Auch wurde dem Aspekt der Wirksamkeit politischer Bildung in den Unterrichtsfächern Politik und Geschichte nachgegangen.

1. Initiativen und Aktivitäten auf Länderebene

Das Landesinstitut für Schule und Medien Berlin-Brandenburg LISUM unterstützt schulische Akteure durch eine Reihe von Programmen und Aktivitäten bei der Umsetzung demokratiepädagogischer Ziele. Einige sollen hier knapp skizziert werden:

a. Das Multiplikatorenprogramm im BLK Modellversuch „Demokratie lernen & leben" (2002-2007)

Eine die Demokratie fördernde Schule ist auch auf Beratung hinsichtlich demokratiepädagogischer Inhalte und Konzepte sowie deren Realisierung angewiesen. Deshalb wurde dem BLK-Programm „Demokratie lernen & leben" ein „Multiplikatorenprogramm" zur Ausbildung qualifizierter Beraterinnen und Berater für Demokratiepädagogik an die Seite gestellt. Das damalige Landesinstitut für Schule und Medien Brandenburg (LISUM) übernahm die Aufgabe, dieses Multiplikatorenprogramm zu konzipieren und umzusetzen. Die Ausbildung zielte darauf, theoretische und praktische Ansätze der Demokratiepädagogik zu vermitteln und die Beraterinnen und Berater in die Lage zu versetzen, Schulen bei demokratischen Schulentwicklungsprozessen konzeptionell und praktisch zu begleiten.

Im Rahmen des Multiplikatorenprogramms wurden bundesweit 116 Beraterinnen und Berater für Demokratiepädagogik ausgebildet. Davon waren 15 Teilnehmerinnen und Teilnehmer aus Brandenburg und 12 Absolventinnen und Absolventen aus Berlin.

Sie sind heute vor allen Dingen in folgenden Bereichen tätig:
- Referenten im Landesinstitut Berlin- Brandenburg,
- Mitarbeiterinnen und Mitarbeiter der Regionalen Arbeitsstelle n für Ausländerintegration (RAA) in Brandenburg und in Berlin,
- Lehrkräfte im Bereich der regionalen Fortbildung in Berlin,
- Lehrkräfte im Beratungs- und Unterstützungssystem des Landes Brandenburg und
- Referenten in demokratiepädagogischen Initiativen und Projekten freier Träger.

b. Die Ausbildung von Schülern und Eltern als Fortbilder im LISUM

Inhaltlich ist der Bereich Demokratiepädagogik im LISUM im Referat „Schulkultur und Weiterbildung" angesiedelt. Da Demokratie in der Schule eine entsprechende Kommunikationskultur und damit einschlägige Kompetenzen bei allen Beteiligten erfordert, kümmert sich das Referat neben der Qualifizierung der regionalen Fortbildnerinnen von Lehrkräften in Brandenburg und Berlin auch um die Qualifizierung von Schülerinnen und Schülern sowie der Eltern. Dazu zählen folgende Programme:
- die Qualifizierung von Schüler/innen und Eltern zu Fortbildnern für Mitwirkung (seit 1997),
- die Qualifizierung von Eltern zu Berater/innen für die Kommunikation zwischen Schule und Eltern in Brandenburg sowie
- die Qualifizierung von Schülerfortbildner/innen für Mitwirkung in Brandenburg mit dem Titel „Effektiv arbeiten in großen Schülervertretungen – von Schülern für Schüler".

c. Die Demokratieprogramme „Hands across the campus" und „Hands for kids"

In Kooperation mit dem American Jewish Committee (AJC) und der RAA Brandenburg adaptierte das LISUM Berlin-Brandenburg das „Hands across the campus"-Programm (Sekundarstufe) und entwickelte passgenau dazu ein „Hands for kids"-Programm für das Grundschulalter. So sind zwei aufeinander bezogene Grundwertecurricula für die Jahrgangsstufen eins bis zwölf entstanden, durch die demokratische Werte und Kompetenzen gelernt, geübt und erprobt werden können. Inhalte der Programme sind unter andrem Identität, Kinder- und Menschenrechte, Partizipation und Verantwortung sowie Herausforderungen für die Demokratie.

Methodisch stehen dabei individuelles, verständnisintensives und selbstgesteuertes Lernen sowie aktivierende Lernformen wie kooperatives Lernen, handlungsorientierte Lernformen und soziales Lernen im Mittelpunkt. Die in der Regel aus zwei bis fünf Unterrichtsübungen bestehenden Bausteine der Programme sind bereits im Schulalltag in Berliner Pilotschulen erprobt und für gut befunden worden.

d. Das LISUM Projekt „20 Jahre deutsche Einheit– Schule in der Demokratie"

Mit finanzieller Unterstützung des Bundesministeriums für Bildung und Forschung startete das LISUM Berlin Brandenburg in der zweiten Jahreshälfte 2010 die Initiative „20 Jahre deutsche Einheit: Schule in der Demokratie/Demokratie in der Schule". Zu dieser Initiative zählten mehrere Teilprojekte:
- Eine Reise von Pädagoginnen und Pädagogen aus neun Bundesländern nach Israel wurde durchgeführt, verbunden mit Besuchen jüdischer und arabischer Schulen sowie verschiedener Demokratieschulen. Es gab auch eine gemeinsam mit dem Beit Berl College für Lehrerbildung durchgeführte Konferenz „Demokratie in der Schule".

- Die Tagung „Kinderschutz als gemeinsame Aufgabe von Jugendhilfe und Schule" fand in Berlin erfolgreich statt.
- Auch die Konferenz „Demokratiepädagogik als gesellschaftliche Aufgabe" Anfang Dezember 2010 in Berlin zählt zu dieser Reihe. An dieser Konferenz waren das Sächsische Bildungsinstitut, das Thüringer Institut für Lehrerfortbildung, Lehrplanentwicklung und Medien, das Landesinstitut für Schulqualität und Lehrerbildung Sachsen-Anhalt, das Landesinstitut für Lehrerbildung und Schulentwicklung Hamburg sowie die Deutsche Gesellschaft für Demokratiepädagogik und das Förderprogramm Demokratisch Handeln beteiligt.

Als Ergebnis des Gesamtprojekts entstand ein Materialband „Merkmale demokratiepädagogischer Schulen – ein Katalog" sowie die Ausstellung „ Demokratie in der Schule – Schule der Demokratie". Beides wird ergänzt durch verschiedene Filme über Demokratiepädagogik in Israel und Deutschland sowie über die Arbeit mit Zeitzeugen des Holocaust (vgl. http://schule-demokratie.brandenburg.de).

2. Initiativen und Aktivitäten nichtstaatlicher Organisationen

a. Die Demokratiepädagogik in der Arbeit der RAA Brandenburg und Berlin

Demokratiepädagogik bildet einen wichtigen Schwerpunkt in der Arbeit der RAA Brandenburg. Exemplarisch sei hier das Projekt DEINS! (**de**mokratische und **in**terkulturelle **S**chulentwicklung) erwähnt. Im Rahmen des Projekts DEINS! wird ein brandenburgisches Netzwerk mit demokratiepädagogisch orientierten Schulen aufgebaut und eineProzessbegleitung für demokratische und interkulturelle Schulentwicklung und öffentlichen Einrichtungen gewährt, die beteiligten Akteure qualifiziert. So sollen brandenburgische Schülerinnen und Schüler dabei unterstützt werden, die von der OECD geforderten sozialen, interkulturellen und demokratischen Schlüsselkompetenzen im schulischen Alltag zu erwerben.

„Demokratie lernen und leben" ist die Überschrift für einen Arbeitsansatz der RAA Berlin, in dessen Rahmen mehrere Vorhaben in Kooperation mit ihren Partnern umgesetzt werden. Dazu gehören unter anderem Projekte wie:

- die Unterstützung von Schüler- und Lehrerinitiativen und Projekten an Berliner Berufsschulen im Projekt Berufsbildende Träger und Schulen für Demokratie, Gleichwertigkeit und Pluralismus,
- die Zusammenarbeit mit ausgebildeten jugendlichen „peer leaders" für interkulturelle Kompetenz im Projekt „Jugendkulturlotsen 2010",
- die Schülerclubs der RAA Berlin,
- das Transferprojekt „Demokratie leben in der Einwanderungsgesellschaft" zum abgeschlossenen Berliner Vorhaben im Rahmen des BLK-Programms „Demokratie lernen & leben" und
- die Mitarbeit im Netzwerk Yeff-Young European Film Forum for Cultural Diversity.

b. Ein Quadratkilometer Bildung

Besonderen Stellenwert hat in diesem Zusammenhang das Projekt „Ein Quadratkilometer Bildung". Das Projekt ist eine langfristig angelegte, gemeinsame Lern- und Entwicklungsplattform für Personen und Institutionen, die in einem Stadtteil oder einer dörflichen Gemeinde

Verantwortung für den Bildungserfolg aller Kinder und Jugendlichen übernehmen. In dem Projekt wird in ein lokales Bündnis für Bildung investiert, das sich durch eine Kultur der Anerkennung und des sozialen Vertrauens auszeichnet. Professionelle, Eltern und Externe lernen in diesem Prozess, wie sich Bildung im Stadtteil als System begreifen und verändern lässt. Durch das Projekt wird zugleich ein Qualitätsverständnis gestärkt, das Kindertagesstätten, Jugendhilfeeinrichtungen und Schulen miteinander verbindet.

c. Die DeGeDe – Landesverband Berlin-Brandenburg

Schon im Jahre 2009 gründete sich ein eigener Landesverband der DeGeDe in Berlin und Brandenburg. Das Projekt „Wir sind Klasse" ist eine Initiative der DeGeDe e.V. Berlin-Brandenburg, die zum Ziel hat, den Klassenrat möglichst flächendeckend an weiterführenden Schulen in Berlin und Brandenburg einzuführen. Dabei werden nach dem Peer-Prinzip Trainerinnen und Trainer qualifiziert, die dann als Teams die Schulen bei der Einführung des Klassenrats begleiten.

An jeder Schule beginnt die Einführung des Klassenrats mit einem pädagogischen Seminar. Dieses dauert einen Tag bzw. zwei Nachmittage. Die Durchführung erfolgt durch das Trainerteam der Pädagogen-Peers. Entscheidet sich die Schule für die Einführung des Klassenrats, beginnen die Start-up-Seminare in den Klassen der siebten Jahrgangsstufe. Jede Klasse wird mit einem zweistündigen Seminar durch die Jugend-Peer-Trainer/innen auf die eigenständige Leitung des Klassenrats vorbereitet. Durch die Initiative wird standardgemäß das Modul „Kinder- und Jugendrechte" angeboten. Außerdem kann auch das „Hands across the campus"-Programm vorgestellt werden.

3. Lokale Aktivitäten: Teilnehmer am Förderprogramm „Demokratisch Handeln" in Brandenburg

Das Land Brandenburg beteiligt sich seit 1999 mit einem kleinen Förderbetrag und einer regionalen Beratung am Wettbewerb Demokratisch Handeln. Von dort kommen seither regelmäßig interessante Einsendungen und Projektbeschreibungen, die zugleich eine kontinuierliche Linie projektdidaktischer Entwicklungsansätze bei den Regelschulen in Brandenburg dokumentieren helfen. Seit dieser Zeit kommen aus Brandenburg jährlich durchschnittlich etwa 17 Projekte in den Wettbewerb. Die meisten dieser Beiträge werden von Gymnasien eingereicht. Es gibt Schulen, die sich in zeitlichen Abständen regelmäßig am Wettbewerb beteiligen. Dazu gehören u.a. die Meusebach-Grundschule in Geltow, das Paul-Praetorius-Gymnasium in Bernau oder das Fontane-Gymnasium Rangsdorf.

Auch die Gruppe der Schülerfortbildnerinnen und Schülerfortbildner für Mitwirkung des Landes Brandenburg, die am LISUM qualifiziert wird, nahm schon mehrfach am Wettbewerb teil. Mit ihren Projekten „Mitwirkung transparent gemacht", „Wählen, aber richtig!", einem modifizierten Angebot für Grundschüler, und dem Seminar „Effektiv arbeiten in großen Schülervertretungen" gehörten sie bereits dreimal zu den Preisträgern.

In jedem Ausschreibungsjahr sind einige herausragende Projekte erkennbar, die das demokratische Engagement der Kinder und Jugendlichen besonders sichtbar machen, darunter das interkulturelle Schüleraustauschprojekt „Friends play together" der Hans-Klakow-Oberschule aus Brieselang (2010 mit dem erstmals verliehenen Hildegard-Hamm-Brücher-Preis geehrt), das Schulpartnerschaftsprojekt zum Thema Straßenfußball der Oberschule Brieselang, das Projekt „1. Direktwahl eines Schülersprechers im Land Brandenburg" des

Heinitz-Gymnasiums Rüdersdorf sowie das Forschungsprojekt zum jüdischen Friedhof in Templin des Gymnasiums Templin.

Auch überschulisches Engagement wird im Bundeswettbewerb „Demokratisch Handeln" sichtbar. So nahm der Kreisschülerrat Oberhavel zwei rassistisch motivierte Übergriffe im Landkreis Oberhavel zum Anlass, einen Aktionstag unter dem Motto „Kreis OHNE Rassismus – Kreis MIT Courage" mit mehreren Schulen durchzuführen, um Jugendliche zu mehr Zivilcourage und verantwortungsbewussterem Handeln aufzurufen.

3. Zusammenfassung und Ausblick

Es gibt in Brandenburg und Berlin sehr unterschiedliche Ansätze für Strategien im Bereich der Demokratiepädagogik. Zusammengefasst lassen sich folgende Perspektiven beschreiben:

- die weitere Unterstützung des Aufbaus von nachhaltigen Strukturen der Demokratie-pädagogik in Form von Netzwerken zwischen staatlichen Institutionen, freien Trägern und Modellschulen,
- die Integration der Demokratiepädagogik in alle Phasen der Lehrerbildung durch den Ausbau der Zusammenarbeit mit den Universitäten und Seminaren der Ausbildung der Referendare,
- die Unterstützung der Vernetzung der Landesinstitute im Bereich Demokratiepädagogik auf der Basis der im LISUM Projekt „20 Jahre deutsche Einheit – Schule in der Demo-kratie" erreichten Ergebnisse,
- die weitere Stärkung des Förderprogramms „Demokratisch Handeln" durch „regionale Lernstätten" und andere Veranstaltungskonzepte sowie durch „Best-Practice"-Publikati-onen,
- die Verknüpfung des Bereichs der Demokratiepädagogik mit verwandten Handlungs-feldern im nationalen oder internationalen Rahmen durch den Ausbau der Kontakte zu israelischen und amerikanischen Partnern.

Helmolt Rademacher

Demokratielernen in Hessen

Anfänge

Eine systematische Unterstützung von Demokratielernen begann in hessischen Schulen im Jahr 2002 mit dem BLK-Programm „Demokratie lernen & leben", das mit dem Schwerpunkt „Mediation und Partizipation" realisiert wurde. Die Grundlage waren damals ca. 200 beteiligte Schulen, die sich in unterschiedlicher Intensität mit Mediationsprogrammen beschäftigt hatten. Das BLK-Programm bot nun die Chance, diese Programme weiterzuentwickeln und zu erweitern, beispielsweise um Konzepte des selbstwirksamen Lernens. Das BLK-Programm wurde auch zu einem Retter in der Not, da durch die Schließung des Hessischen Landesinstituts für Pädagogik (HeLP) und anlässlich der teilweisen Überführung von dessen Angeboten in das Amt für Lehrerbildung (AfL) die Unterstützung der 200 Schulen mit Mediationsprogrammen eingestellt wurde. Die einzige landesweite Struktur, die 2005 weiter bestehen blieb, war das BLK-Programm.

Mit maßgeblicher Unterstützung des damals zuständigen Referenten im Hessischen Kultusministerium, Falko Franz, gelang es auf der Grundlage eines Landtagsbeschlusses gegen Verrohung und Gewalt, ein Transferprogramm im Jahr 2007 mit dem Titel „Gewaltprävention und Demokratielernen" auf die Beine zu stellen, das bis heute in Projektform existiert. Dieses Projekt konnte neben der Weiterentwicklung von „Mediation und Partizipation" zwei weitere Säulen unter seinem Dach vereinigen: zum einen das Buddy-Projekt mit 140 eingebundenen Schulen, das von 2006 bis 2009 teilweise ein Ersatz bzw. eine Weiterführung von Mediationsprogrammen war. Zum anderen wurde eine Verbindung zum Projekt „Prävention im Team" (Zusammenarbeit Schule, Polizei und Jugendhilfe mit dem opferzentrierten Programm „Cool sein – cool bleiben") hergestellt, die aber erst seit 2010 in eine konkreten Zusammenarbeit mündete.

Projekt „Gewaltprävention und Demokratielernen" (GuD)

Am 1.8.2007 – also fast unmittelbar nach Ende des BLK-Projekts – begann das Projekt „Gewaltprävention und Demokratielernen" (GuD), das zunächst für eine Laufzeit von fünf Jahren bis Sommer 2012 geplant wurde, voraussichtlich aber bis Sommer 2014 weiterlaufen soll. Derzeit (Ende 2011) führt GuD ein umfangreiches Fortbildungs- und Beratungsprogramm durch, um Schulen auf ihrem Weg zu einer gewaltpräventiven bzw. demokratiefördernden Einrichtung zu unterstützen. Dabei ist die Verknüpfung von Fortbildungs- und Beratungsangeboten entscheidend, um eine Nachhaltigkeit der Umsetzung zu erreichen.

Im Bereich Fortbildung sind neben den klassischen Mediationsangeboten (Grundlagentraining, Fortbildung zum Schulmediator, Fortbildung zur Umsetzung von Klassenprogrammen) sowie den verschiedenen Buddy-Fortbildungen im Bereich des Peer-Lernens seit 2007 insbesondere der Klassenrat, ein Demokratietraining sowie seit 2010 das kooperative Lernen und das Thema Kinderrechte hinzugekommen. Weitere neuere Ansätze sind die Unterstützung von Schulen, die das Trainingsraumkonzept im Sinne der humanistischen Psychologie umsetzen wollen sowie der Bereich Mobbing und Jugendmedienschutz.

Der Klassenrat wurde in den letzten drei Jahren sehr stark angenommen und wird von externen Partnern wie der Heraeus Bildungsstiftung, der Deutschen Gesellschaft für Demokratiepädagogik sowie dem Xenos-Projekt im Amt für Lehrerbildung finanziell unterstützt. Die Fortbildung wird nur schulintern durchgeführt, um zu erreichen, dass der Klassenrat möglichst in der ganzen Schule realisiert wird. Die Fortbildung ist auf drei Nachmittage verteilt, die in größerem Abstand stattfinden, damit die Umsetzung immer wieder reflektiert werden kann. Die Fortbildung und die Umsetzung werden vom hessischen Institut für Qualitätsentwicklung (IQ) im Herbst 2011 evaluiert.

Das Demokratietraining konnte bisher erst zweimal durchgeführt werden. Es erhielt jedes Mal eine ausgezeichnete Rückmeldung. Da aber diese Fortbildung bis zu sieben Tage umfasste – also sehr zeitintensiv war – gab es nur eine begrenzte Zahl hochmotivierter Lehrkräfte, die sich für diese Reihe begeistern ließen. Mittlerweile wurde das Angebot auf vier Tage reduziert. Mithilfe der Finanzierung dieser Reihe durch das Xenos-Projekt im AfL kann das Training kostenfrei angeboten werden. Dadurch kann es nach einjähriger Pause wieder realisiert werden.

Die Verbreitung des Themas Kinderrechte wird insbesondere durch eine Kooperation mit dem Verein „Macht Kinder stark für Demokratie" (Makista) ermöglicht. Makista hat mit Unterstützung der Ann Kathrin Linsenhoff-UNICEF-Stiftung sowie der Flughafen-Stiftung Frankfurt ein Projekt zur Bildung eines regionalen Netzwerks von Kinderrechte-Schulen im Rhein-Main-Gebiet auf den Weg gebracht. GuD unterstützt dieses Projekt durch Mitarbeit in einem Beirat und in einer Jury sowie durch die Verbreitung von zwei Broschüren zum Thema Kinderrechte.

Ein weiterer wichtiger Baustein des Demokratielernens ist eine Fortbildungsreihe für Schulleitungsteams mit dem Titel „Schule demokratisch und partizipativ leiten", die bisher insbesondere mit Unterstützung des Amts für Lehrerbildung (AfL), Abteilung VI (Personalentwicklung), durchgeführt worden ist und zukünftig entweder mit Mitteln aus dem Xenos-Projekt oder direkt durch das Hessische Kultusministerium realisiert werden wird. Im Zentrum steht hierbei, dass sich Schulleitungsteams überlegen, was sie im Hinblick auf ihre Strukturen und ihr Leitungsverhalten verändern können, um mehr Demokratie in Schule zu ermöglichen.

Die Nachfrage nach Fortbildungen zu gewaltpräventiven Programmen ist nach wie vor hoch. In verschiedenen Regionen Hessens werden Grundlagentrainings zur konstruktiven Konfliktbearbeitung angeboten. Sie sind gedacht als eine Einführung in das Thema und bilden die Grundlage zur Vermittlung einer Haltung, die durch weitere Trainings vertieft werden muss. Auf diesem Seminar aufbauend können sich Lehrkräfte sowie andere Pädagoginnen und Pädagogen zum Schulmediator bzw. -mediatorin qualifizieren. Das Grundlagentraining ist aber auch eine gute Voraussetzung (die bisher verpflichtend war), um Klassenprogramme zum sozialen Lernen in der Schule durchzuführen. Dieses verpflichtende Prinzip mussten wir leider aufgeben, da die Belastungen in den Schulen in den letzten Jahren so stark zugenommen haben, dass die Bereitschaft deutlich sank, an beiden Fortbildungsteilen teilzunehmen. Seit der Entkoppelung der beiden Fortbildungen hat die Nachfrage nach Fortbildungsveranstaltungen zum sozialen Lernen in der Klasse wieder sehr deutlich zugenommen.

Neben diesen Programmen, die auf der Grundhaltung der Mediation basieren, haben andere Themenbereiche deutlich an Nachfrage gewonnen. Hier sind insbesondere Programme zum Umgang mit Mobbing zu nennen. Dabei spielt der Ansatz des No-blame-approach, bei dem eine Unterstützergruppe (unter Einschluss der Täter) für das Opfer gebildet wird, eine wesentliche Rolle. Das Mobbing-Thema gewinnt durch das verstärkte Cyber-Mobbing, also die virtuelle Variante im Netz, noch mehr an Bedeutung. Deshalb hat sich GuD dieses Themas unter dem Oberbegriff Jugendmedienschutz angenommen. Es bedarf hier im Moment nicht unbedingt neuer Programme, sondern der Vermittlung von Medienkompetenz und einer Sensibilisierung der Eltern, die oft noch sehr wenig bewusst auf den Umgang von Kindern und Jugendlichen mit den Neuen Medien reagieren.

Lehrkräfte sind im Unterricht immer wieder mit Störungen konfrontiert und daher auf der Suche nach adäquaten Reaktionsformen. In den letzten Jahren hat sich deshalb das Konzept des Trainingsraums relativ weit verbreitet, wobei allerdings die Qualität dieser Angebote sehr unterschiedlich ist. Häufig wird der Trainingsraum nur als „time-out"-Modell verstanden, d.h. Lehrkräfte möchten störende Schüler und Schülerinnen loswerden, um ungestört unterrichten zu können, ohne dass ein wirklicher Lernprozess – im Sinne des Verstehens – bei den Störern eingeleitet wird. GuD hat es sich zur Aufgabe gemacht, diesem Fehlverständnis des Trainingsraums entgegenzuwirken und durch Fortbildungen und dem Austausch mit qualitativ arbeitenden Schulen den Gedanken zu verbreiten, dass sowohl bei störenden Schülern als auch bei den Lehrkräften und ggf. den Eltern ein Verstehensprozess in Gang gesetzt werden muss. Erst auf dieser Grundlage können wirkliche Veränderungen erfolgen. Wenn die Ursachen von Störungen komplexer sind, als dass sie mit mehreren Gesprächsrunden geklärt werden könnten, ist die Hinzuziehung weiterer Experten notwendig.

Beratung von Schulen

Neben den verschiedenen Fortbildungsangeboten zu den unterschiedlichen Programmen ist der zweite Arbeitsschwerpunkt die Beratung von Schulen bei der Umsetzung der Programme. Dieser Schwerpunkt ist der Erkenntnis entsprungen, dass die besten Fortbildungsprogramme nur dann wirksam werden, wenn sie gezielt und damit bedarfsgerecht in den Schulen eingesetzt werden. Oft sind Schulen überfordert, aus der Fülle an Angeboten das für sie passende Programm zu bestimmen und die notwendigen Voraussetzungen dafür zu schaffen. Teilweise gibt es auch Schwierigkeiten, die bei der Einführung oder der nachhaltigen Implementierung entstehen, die durch außenstehende Personen besser gelöst werden können. GuD hat unterschiedliche Formen der Beratung entwickelt. Es gibt eine einmalige Beratung von Lehrkräften und Schulleitungsmitgliedern in Form einer Bestandsaufnahme und der Beratung zu weiteren Schritten. Es gibt Prozessberatungen, die sich über mehrere Sitzungen hinziehen und es gibt sogenannte Projektentwicklungsgruppen, in denen jeweils zwischen sieben und zehn Projektschulen zusammengeschlossen sind. Sie treffen sich zweimal jährlich unter Anleitung ausgebildeter Moderatoren. Diese Treffen dienen dem Austausch, der Besprechung aktueller Anliegen und der Vermittlung aktueller Möglichkeiten der Weiterentwicklung der Vorhaben an der jeweiligen Schule.

Die oben erwähnte Seminarreihe „Schule demokratisch und partizipativ leiten" umfasst auch eine auf die jeweiligen Bedürfnisse der Schulleitungsteams zugeschnittene Beratung.

Netzwerkarbeit

Neben Fortbildung und Beratung hat GuD noch eine weitere wesentliche Aufgabe, nämlich die Vernetzung unterschiedlicher Akteure im Feld Gewaltprävention und Demokratielernen. Einer der wichtigsten Partner ist das Netzwerk gegen Gewalt. Das Netzwerk ist eine spezifisch hessische Einrichtung, die nach dem Amoklauf von Erfurt unter der Beteiligung von vier Ministerien (Kultus, Inneres, Soziales und Justiz) Ende 2002 gegründet wurde und nach einer mehrjährigen Vorlaufphase seit fünf Jahren gezielt verschiedene gewaltpräventive Vorhaben vernetzt. GuD kann sehr gut die schulische Expertise in das Netzwerk einbringen.

Ebenso wichtig ist die Zusammenarbeit mit den Schulpsychologinnen und Schulpsychologen an den 15 Staatlichen Schulämtern, die die Generalia haben, d.h. die gebündelte Verantwortung für Gewaltprävention. Hier ist das wechselseitige Wissen über die jeweiligen Angebote wichtig, aber auch gemeinsame Initiativen wie die Einrichtung von sogenannten „Runden Tischen", bei denen im jeweiligen Schulamtsbezirk alle wesentlichen Akteure der Gewaltprävention ihre Strategien miteinander abgleichen.

Weitere Kooperationspartner sind das Xenos-Projekt im Amt für Lehrerbildung (AfL), die Abteilung VI im AfL, die Jugendbegegnungsstätte Anne Frank, das Beratungsnetzwerk Rechtsextremismus, die Serviceagentur Ganztägig Lernen, das Haus am Maiberg, die Evangelische Akademie Arnoldshain sowie die Bildungsstätte Alte Schule Anspach. Mit diesen Partnern werden gemeinsam Seminare durchgeführt (beispielsweise zum Thema „Digitale Demokratie"), ebenso seit 2007 jährliche Demokratietage, die bisher in Heppenheim, Marburg, Kassel und Fulda stattgefunden haben. Sie werden jeweils mit regionalen Bündnispartnern durchgeführt und richten sich an interessierte Schülerinnen und Schüler, Lehrkräfte und Elternvertreter.

Die Arbeit von GuD unterliegt einem ständigen von uns aktiv gestalteten Wandel, um den gesellschaftlichen und pädagogischen Veränderungsprozessen in Schulen möglichst gerecht zu werden.

Hans Berkessel, Josef Blank

Demokratie lernen und erleben in Rheinland-Pfalz

Eine systematische Bildung und Erziehung zur Demokratie für Schülerinnen und Schüler war in Rheinland-Pfalz der Politischen Bildung in der Schule, also dem einstündigen Schulfach Sozialkunde in der Sek. I und den Grund- und Leistungskursen Sozialkunde in der Sek. II überlassen. Dabei muss beachtet werden, dass mit dem Integrationskonzept „Gemeinschaftskunde" auch die Fächer Erdkunde und Geschichte in der Sek. II Beiträge zur Politischen Bildung leisten. Dies gilt auch für das Integrationsfach Gesellschaftslehre, das an den Integrierten Gesamtschulen und optional an den Realschulen Plus ab der Klasse 5 Themen der politischen Bildung und Demokratieerziehung behandelt. Andererseits gab es hier schon seit den 1990er Jahren ein jugendpolitisches Netzwerk (www.net-part.rlp.de) sowie eine ausgeprägte Wettbewerbskultur für Politischen Bildung, die sich durch hohe Beteiligung am gemeinsamen Wettbewerb von Landtag und Landeszentrale für Politische Bildung zeigt. Zudem gab und gibt es schulische Projekte und Strukturen im „Sozialen Lernen", bei der Gewaltprävention, der Streitschlichtung, beim Engagement von Schülervertretungen und Schülerzeitungen, so dass die Teilnahme des Bundeslandes am BLK-Modellprogramm „Demokratie lernen & leben" ab Sommer 2002 nahe lag.

Die Schwerpunktsetzung in den Modulen „Demokratie in der Schule" und „Schule in der Demokratie" ließ von Beginn an erkennen, dass das BLK-Programm hier als Schulentwicklungsprogramm verstanden und Wert auf eine Vernetzung mit der ausgeprägten außerschulischen Kultur ehrenamtlichen Engagements, insbesondere im kommunalen Raum, gelegt wurde. Von den anfänglich 15 Modellschulen aller Schularten und -stufen von der Grundschule bis zur Berufsbildenden Schule blieben 13 bis zum Ende des BLK-Programms im Frühjahr 2007 dabei.

Demokratie-Tage, Modellschule und Klassenratsinitiative – Chancen zur Fortführung demokratiepädagogischer Arbeit

Das Modell Demokratie-Tag: Im Wissen um das bevorstehende Ende des Modellversuchs ohne Anschluss an ein Transferprogramm hatten die Organisatoren und Netzwerkkoordinatoren des Programms in Rheinland-Pfalz die Idee, bereits im Herbst 2006 eine Großveranstaltung durchzuführen. Sie sollte einerseits – unterstützt durch eine Publikation – eine Bilanz der demokratiepädagogischen Erfolge und Veränderungen vorlegen, die schulische und außerschulische Fachwelt ansprechen und rechtzeitig ein für die spätere Fortsetzung der demokratiepädagogischen Arbeit notwendiges breites Netzwerk aus staatlichen und zivilgesellschaftlichen Partnerinstitutionen begründen. Diente der erste Demokratie-Tag noch überwiegend der Darstellung der Entwicklungsschwerpunkte und -fortschritte sowie der beteiligten Modellschulen selbst, so war schon der Fokus des zweiten Demokratie-Tags im Oktober 2007 an der Berufsbildenden Schule Bingen der übergreifenden Perspektive des Demokratie-Lernens in Schule, Gemeinde und Unternehmen gewidmet. Hier ging es um Themen wie Corporate Citizenship (am Beispiel ausgewählter Unternehmen), das bürgerschaftliche Engagement in Schule und Kommune, das Zusammenleben und -lernen in kultureller Vielfalt, die Kinder- und Menschenrechtserziehung sowie um Jugend und Rechtsextremismus. Betont wurde dabei insbesondere die Kooperation mit außerschulischen Partnern. Diese gesamtgesellschaftliche Perspektive prägte auch die folgenden Demokratie-Tage, so den dritten im Oktober 2008 an der IGS Ernst Bloch in Ludwigshafen-Oggersheim („Schule und Gesellschaft demokratisch gestalten") mit einem Schwerpunkt auf der Elternpartizipation und den vierten im Oktober 2009 in der Erich Kästner Realschule Plus Ransbach-Baumbach („Mitgestalten und Mitverantworten – Partizipation als Qualitätsmerkmal guter Schulen"). Hier spielten zudem Erfahrungen aus dem inzwischen breit anerkannten Deutschen Schulpreis eine Rolle. Auch der fünfte Demokratietag im September 2010 im Sebastian-Münster-Gymnasium Ingelheim („Demokratie als Praxis und Demokratie als Wert") und der sechste im September 2011 in der Georg-Forster-Gesamtschule Wörrstadt („Wege zu einer demokratischen Lernkultur") führen diese Linie weiter. Thematisch ging es einerseits um kritische Selbstreflexion der bisherigen Praxis und der eigenen Wertorientierung, andererseits darum, Partizipationsmöglichkeiten auch im „Kerngeschäft" der Schule auszuloten und gleichzeitig den Anspruch der Vermittlung von „demokratischer Handlungskompetenz" in der Praxis zu überprüfen.

Insgesamt lässt sich feststellen, dass das große Forum der Demokratie-Tage in Rheinland-Pfalz aus dem demokratiepädagogischen Kalender nicht mehr wegzudenken ist und nicht nur durch seine anhaltende Professionalisierung bei Planung, Durchführung, Auswertung, Aussteller- und Medienresonanz weit über die Schule und Rheinland-Pfalz hinaus ausstrahlt.

Modellschulen für Partizipation und Demokratie: Neben dem Demokratie-Tag als jährlicher Vernetzungsplattform sollten auch die beteiligten Schulen ihre begonnenen Schulentwicklungsprozesse fortsetzen können. Die Serviceagentur „Ganztägig lernen" Rheinland-Pfalz konnte den Ganztagsschulen aus dem BLK-Programm eine weitere Zusammenarbeit ermöglichen. Im Netzwerk der Modellschulen für Partizipation und Demokratie arbeiteten zunächst neun Schulen zusammen. Gemeinsam mit dem landeseigenen Transferprogramm „Demokratie lernen & lernen", das heute als gleichnamige Koordinierungsstelle dauerhaft im Pädagogischen Landesinstitut verankert ist, konnte das Netzwerk auf aktuell 27 Modellschulen erweitert werden. Mit der Bildung von vier regionalen Netzwerken wurde die strukturelle Grundlage dafür geschaffen, die Schulen kontinuierlich gut betreuen zu können.

Die Modellschulen für Partizipation und Demokratie entwickeln Beispiele der Beteiligung aller Akteursgruppen und der Förderung der demokratischen Bildung. Die Fortschritte jeder einzelnen Modellschule sind unterschiedlich: Die Entwicklungsstadien reichen von Schulen, in denen einzelne Ansätze realisiert sind, bis hin zu profilierten Gesamtkonzepten. Bei den zwei jährlichen regionalen Netzwerktreffen standen zunächst der gegenseitige Austausch und das kollegiale Feedback im Mittelpunkt.

2009 zeichnete sich ab, dass diese Netzwerkarbeit an ihre Grenzen stieß. Besonders Schulen, die bereits im BLK-Programm aktiv waren, erhielten nur noch wenige Impulse für ihre Schulentwicklung. Die Schulen und ihre Partnerinstitutionen entwickelten daher ein neues Netzwerkkonzept, dessen Kern die Orientierung an der individuellen Weiterentwicklung der beteiligten Schulen ist. In Entwicklungsgesprächen mit jeder Schule stellten die Netzwerkkoordinatoren und die Schulleitung den derzeitigen Entwicklungsstand fest, formulierten Entwicklungsziele und schrieben sie mit dem nötigen Unterstützungsbedarf in Entwicklungsvereinbarungen fest. In fünf Entwicklungswerkstätten erproben Modellschulen neue Partizipationsansätze. Mit einer inhaltlichen und finanziellen Unterstützung sollen sie als Think Tanks der Demokratiepädagogik wirken. Ihre Konzepte und Erfahrungen stellen die Modellschulen in Flyern, auf Plakate, im Internet und auf Veranstaltungen vor. Ein reflektierter Erfahrungstransfer erfolgt im Rahmen von Fachveröffentlichungen, welche die Modellschulen mit externer Hilfe realisieren. Zudem veröffentlicht die Serviceagentur „Ganztägig lernen" gute Beispiele der Schulen in ihrer Reihe „Arbeitshilfen und Filme zur Partizipation an Ganztagsschulen".

Die seit 2009 stattfindende Fortbildungsreihe „Fortbildungen von Schulen für Schulen" ist das erfolgreichste Konzept, Erfahrungen der Modellschulen weiterzutragen. Jedes Schulhalbjahr bieten bis zu sechs Modellschulen Fortbildungen zu ihren demokratiepädagogischen Schwerpunkten an. Im Mittelpunkt steht die Hospitation im Unterricht oder im Projekt. Die Evaluationen zeigen eine sehr hohe Zufriedenheit der Teilnehmerschaft, besonders in Bezug auf die Praxisnähe.

Initiative „Der Klassenrat": Mit der Initiative „Der Klassenrat. Gemeinschaft fördern. Kompetenzen bilden. Demokratie lernen." unterstützt das demokratiepädagogische Netzwerk in Rheinland-Pfalz unter Federführung der Serviceagentur „Ganztägig lernen" Schulen bei der Einführung des Klassenrats. Im Zentrum der Initiative stehen kostenlose „Mitmach-Sets", die mit praktischen Materialien den Einstieg in den Klassenrat unterstützen. Hinzu kommt die Webseite www.derKlassenrat.de.

Ausgangspunkt hierfür war, dass sich immer mehr Schulen für das Konzept interessierten und nicht mehr jede Schule individuell unterstützt werden konnte. Aus demokratiepädagogischer Perspektive liegt eine Besonderheit der Initiative darin, dass sie die Aushandlungsprozesse über die Gestaltung des Klassenrats in die Klasse selbst verlagert. Die Mitmach-Sets sind so konzipiert, dass sie einen roten Faden für die ersten Sitzungen bieten. Im Anschluss kann und soll eine eigene Variante des Klassenrats entstehen.

Die Nachfrage nach den Mitmach-Sets zum Klassenrat ist enorm. Seit dem Start der Initiative zum 5. Demokratie-Tag im September 2010 bis Dezember 2011 sind bereits über 5.000 Mitmach-Sets an mehr als 500 Schulen – und damit an über einem Drittel aller allgemeinbildenden Schulen in Rheinland-Pfalz – im Einsatz. Die Rückmeldungen zeigen eine hohe Zufriedenheit mit den Sets.

Demokratiepädagogik in Rheinland-Pfalz – Auf dem Weg in die Schulen

Die vielfältigen Aktivitäten zur Demokratiepädagogik ermöglichen ein starkes Netzwerk, dessen tragende Akteure die Koordinierungsstelle „Demokratie lernen und leben" im Pädagogischen Landesinstitut, die Serviceagentur „Ganztägig lernen", die DeGeDe e.V. und das Ministerium für Bildung, Wissenschaft, Weiterbildung und Kultur Rheinland-Pfalz sind. Dort können auch Schulen, die sich auf den Weg zur „Schule der Demokratie" machen und entsprechende Projekte anstoßen wollen, finanzielle Förderung erfahren[1].

Das kontinuierliche, zielgerichtete und gemeinsame Engagement dieses breiten Bündnisses für die Demokratiepädagogik sicherte auch ein Ineinandergreifen der einzelnen Ansätze. Der Demokratie-Tag als jährliche Forumsveranstaltung, die Netzwerke der Modellschulen als Versuchslabore, deren Fortbildungen sowie die Initiative „Der Klassenrat" und die kontinuierliche Öffentlichkeitsarbeit führten gemeinsam dazu, dass der Gedanke der Demokratiepädagogik eine zunehmende Verbreitung an Schulen in Rheinland-Pfalz findet und sich immer mehr

---

1 Über ein formloses Schreiben per mail an gernot.stiwitz@mbwwk.rlp.de oder frank.schnadthorst@ mbwwk.rlp.de kann unter Angabe der Zielsetzung, der Inhalte, der Adressaten und der Kosten finanzielle Unterstützung beantragt werden.

Schulen der Aufgabe stellen, demokratiepädagogische Ansätze als Bestandteil ihrer Schulentwicklung zu etablieren.

Weitere Informationen

Gemeinsam betreiben die Akteure eine umfassende Öffentlichkeitsarbeit. Der Newsletter „Neuigkeiten zur Partizipation und Demokratie" informiert alle zwei Monate mehr als 500 Personen über demokratiepädagogische Ereignisse und gute Beispiele. Die Webseiten www.demokratielernenundleben.rlp.de und www.rlp.ganztaegig-lernen.de sowie zum Demokratie-Tag auch www.demokratietag-rlp.de sind wichtige Informationskanäle der Demokratiepädagogik in Rheinland-Pfalz.

V. Zivilgesellschaft, Dokumentation und Rezensionen

Wolfgang Beutel, Sven Tetzlaff

DemokratieErleben – Strategie eines zivilgesellschaftlichen Bündnisses

Für eine Stärkung demokratiepädagogischer Angebote in Schulen engagieren sich seit längerem auch Akteure aus der Zivilgesellschaft. So unterschiedlich wie die handelnden Institutionen, so vielfältig sind auch die Angebote, die von regelmäßigen Wettbewerben über einzelne Projektinitiativen bis hin zu größeren Förderprogrammen reichen. Entstanden ist eine bunte Landschaft an außerschulischen Unterstützungssystemen, die sich teils nebeneinander, teils ergänzend zueinander, teils aber auch konkurrierend an die Schulen richten. Die relativ zerklüftete Landschaft zivilgesellschaftlicher Initiativen wird durch die unterschiedlichen Zuständigkeiten für das Bildungs- und Erziehungswesen gespiegelt: Im Bereich des schulischen wie außerschulischen Lernens sind die Länder und die Kommunen in der Pflicht, zugleich fallen die Zuständigkeiten in unterschiedliche Ressorts etwa der Kultus- oder der Jugend- und Familienministerien.

Um die demokratiepädagogische Arbeit in Schulen und in Projekten an außerschulischen Lernorten zu intensivieren und zu stabilisieren, wäre eine stetige und genaue Abstimmung von Seiten der Zivilgesellschaft wie auch des Staates wünschenswert. Positiv in diese Richtung ist zu beobachten, dass sich im Bereich außerschulischer Unterstützungssysteme, projektbezogener Wettbewerbe und kommunal sowie landesspezifisch wirksamer Initiativen in den letzten Jahren die wechselseitige Wahrnehmung der Akteure und die Kooperation verschiedener Projekte bereits verstärkt hat. Gleichwohl ist ebenso deutlich wahrnehmbar, dass hier nicht die zivilen Akteure und Projekte an die Stelle staatlichen Handelns treten wollen, sondern dass beide Felder – Staat und Zivilgesellschaft – gleichermaßen für die Weiterentwicklung einer lebendigen Demokratie aktiv werden müssen, es also um eine gesamtgesellschaftliche Entwicklung geht. Die Herausforderung liegt darin, das Feld demokratiepädagogischer Ansätze auf Seiten der Zivilgesellschaft stärker koordinierend in den Blick zu nehmen, Gemeinsamkeiten zu stärken, den fachlichen Austausch zu fördern und die Vernetzung voranzutreiben. Mit Blick auf die staatlichen Ansprechpartner gilt es, Verbindungen zwischen den unterschiedlichen Zuständigkeiten und Ressorts herzustellen, einen kontinuierlichen Dialog im Sinne einer gemeinsamen Verantwortung zu organisieren und lokale wie auch überregionale Netzwerke aufzubauen. Klar ist auch, dass anstelle des oftmals üblichen krisenbezogenen Aktivismus eine stetige und berechenbare Wirksamkeit entfaltet werden sollte – Nachhaltigkeit bei demokratischem Lernen und aktiver Kinder- und Jugendbeteiligung heißt Verlässlichkeit und zeitliche Stabilität von Projekten und Angeboten.

Ausgangslage, Voraussetzungen und Ziele

An diese Einsichten und Erfahrungen knüpft die Initiative „DemokratieErleben" an. Mit ihr sollen Stand und Perspektiven zivilgesellschaftlicher Demokratieerziehung in Deutschland gebündelt, sichtbar gemacht, öffentlich diskutiert und so als reiche Landschaft bedeutsamer und sich ergänzender Stützsysteme und pädagogischer Angebote erkennbar und stabilisiert werden. Ziel ist, dass Akteure und Projekte auch gegenüber ihren staatlichen und zivilen Förderern mehr Rückhalt bekommen und verlässlichere, somit nachhaltigere, zeitstabilere, Strukturen aufbauen können, als dies bislang der Fall ist.

Demokratische Verhältnisse sind nicht nur Voraussetzung für die Entwicklung und Gestaltung einer lebendigen Zivilgesellschaft, umgekehrt kann und muss die Zivilgesellschaft einen zentralen Beitrag dazu leisten, schulische und außerschulische Erfahrungsräume so mitzugestalten, dass sich junge Menschen demokratische Kenntnisse, Kompetenzen und Wertorientierungen aneignen können. Die Initiative „DemokratieErleben" setzt sich dafür ein, Demokratielernen als integralen Bestandteil der schulischen und außerschulischen Alltagswelt von Kindern und Jugendlichen zu verankern und dieses als zentrale Aufgabe aller gesellschaftlichen Akteure, insbesondere der Zivilgesellschaft selbst, in den Fokus zu rücken. Der bisherigen Selbstmarginalisierung der Zivilgesellschaft im Bereich Demokratieerziehung soll entgegengewirkt und ein entsprechend positives Selbstverständnis gezielt gefördert werden. Aber auch die in der demokratischen Erziehung, der Toleranzförderung und der Gewaltprävention tätigen staatlichen Stellen sollen ermutigt werden, diesen Prozess mitzugestalten und zu unterstützen. Es werden Instrumente entwickelt, die den fachlichen Austausch, die Effektivität durch Vernetzung und die regelmäßige Koordination und Abstimmung zwischen den Akteuren pflegen, um die Qualität dieser Arbeit sicherzustellen sowie Maßstäbe und Standards der Demokratiepädagogik kontinuierlich weiterzuentwickeln. Es geht – zusammenfassend gesprochen – um eine mittelfristig wirksame Initiative zur Stärkung und Verankerung demokratischer Erfahrung, des Demokratielernens und damit der zivilgesellschaftlich orientierten Demokratie.

Demokratiefest, Round-Table-Fachgespräche und Kinderkampagne „Orte der Demokratie"

Das Programm wird zunächst mit drei Handlungsschienen konkretisiert, die sich darauf richten, erstens das Thema, den Gegenstand und die Konkretisierungsformen öffentlich sichtbar werden zu lassen, zweitens Kinder und Jugendliche aktiv und variantenreich einzubeziehen sowie drittens in der Fachwelt kompakt und zugespitzt verschiedene Dimensionen des demokratischen Handelns und der Demokratieerziehung kritisch und mit Blick auf weitere Entwicklungsperspektiven zu diskutieren.

Ein besonderer Höhepunkt ist dabei das Demokratiefest, das unter der Prämisse „Gutes sichtbar machen" am 18. Juni 2012 in Schloss Bellevue stattfinden wird und dem skizzierten Prozess und Anliegen Sichtbarkeit verleihen soll. Dabei wird in Anwesenheit des Bundespräsidenten der Wille zur gesamtstaatlichen Verantwortung für eine zivilgesellschaftliche Demokratie und deren demokratiepädagogisches Abbild in Schule, Lernen, Jugendbildung sowie der Entwicklung kommunaler Bildungslandschaften hervorgehoben: Die Vielfalt gelingender Initiativen und Projekte zur Kinder- und Jugendbeteiligung in Deutschland soll exemplarisch präsentiert werden. Leitbild des Festes sind die Wünsche und Vorstellungen von Kindern und Jugendlichen zum Thema Mitbestimmung und Demokratie.

„Momente festhalten – ErlebnisOrte der Demokratie" ist das Leitmotiv einer Fotokampagne für Kinder und Jugendlichen, die – in einer Ausstellung zusammengefasst – beim Demokratiefest und darüber hinaus präsentiert und öffentlich vermittelt werden soll. Junge Menschen sind eingeladen, ihre persönlichen Erlebnisorte der Demokratie in Bildern festzuhalten und zu kommentieren. Gemeint sind Orte ihres Alltags, an denen sie verantwortlich entscheiden und aktiv mitgestalten. Die Fotos bieten Denkanstöße, sie zeigen, wo und wie Kinder und Jugendliche Demokratie positiv erleben – und wo sie sich mehr Beteiligung wünschen. Diese Initiative soll zugleich eine Idee davon geben, wie die Vorstellungswelten von Kindern und Jugendlichen Demokratie und Partizipation abbilden – im Kleinen, im Ungewohnten, lebensnah und für die Erwachsenenwelt sicherlich kreativ und Fragen auslösend.

„Brücken bauen – RoundTable-Gespräche", so lautet die Zielrichtung einer zunächst zweijährigen Reihe von moderierten Fachgesprächen, in denen Entscheidungsträger aus Politik in Bund, Ländern und Kommunen mit Expertinnen und Experten zivilgesellschaftlich fundierter Demokratieprojekte zusammenkommen und vielfältige Aspekte des Themenfeldes konzentriert bearbeiten. Diese Gespräche werden dokumentiert und sollen in eine bildungspolitische Empfehlung münden, da in ihnen Perspektiven für eine gelingende Zusammenarbeit aller Akteure bei der Verbreitung und Verankerung aussichtsreicher Beteiligungsmodelle und demokratischer Lern- und Erlebnisqualitäten sichtbar werden.

Folgerungen und Perspektiven

Die Initiative „DemokratieErleben" will das Demokratielernen in den Lebens- und Erfahrungsräumen von Kindern und Jugendlichen langfristig stärken und fördern. Sie möchte mit dem umfassenden fachlichen Wissen der beteiligten Akteure, Programmträger und Stiftungen ein Element und Kristallisationspunkt der Zivilgesellschaft dafür werden, dass die Demokratie für jedes Kind und jeden Jugendlichen erlebbar werden kann. Sie will diese Perspektive zugleich dauerhaft und mit Kontinuität stärken und wirksam machen.

Demokratielernen und Demokratieerleben sowie eine Politische Bildung, die auf Handeln und Partizipation gründet, müssen zwar auch von staatlichen Trägern gefördert und unterstützt werden. Doch ihre Ideenvielfalt, die Breite ihrer Konzepte und die Pluralität vorfindlicher Praxis leben nicht von staatlichen Impulsen, von Verwaltungs- und Regierungshandeln, sondern von den freien und kreativen Ideen und Erfahrungspotenzialen der Bürgergesellschaft mit ihren eigenen Kommunitäten und Gesellungen. Die Initiative „DemokratieErleben" macht es sich deshalb zur Aufgabe, die Möglichkeiten und Potenziale kreativen, selbsttätigen und mit besonderem Engagement verbundenen Demokratielernens aufzuzeigen – durch Konzepte, durch gute Praxisbeispiele, durch Hilfen und Hinweise für praktische Projekte in den Lebens- und Lernwelten von Kindern und Jugendlichen.

Damit möchte die Initiative „DemokratieErleben" in Ergänzung und zugleich im Kontrast zu den Projekten und Initiativen, die durch Bund, Länder und Kommunen meist punktuell und mit engen zweckbezogenen Blickrichtungen durchgeführt und erprobt werden, eine fundierte Basis gemeinsamen Handelns privater Akteure in der demokratischen Öffentlichkeit bieten. Diese soll bundesweit gesamtgesellschaftlich in die Breite wirken und zugleich ein breites Netz verschiedener Ansätze, Erfahrungen und Konzepte knüpfen.

Angesprochen sind alle Akteure der Bürgergesellschaft, die Erziehungs- und Bildungseinrichtungen von der Kita bis zur Hochschule, die Demokratiepädagogik sowie die Pädagogik in Wissenschaft und Praxis. Die Aufgaben und die Herausforderungen sind groß, das Ziel ambitioniert – weitere Mitstreiter aus der Welt der Projekte, Initiativen und der Demokratie verbundenen Stiftungen sind willkommen.

*„DemokratieErleben" ist eine Initiative der Körber-Stiftung, der Deutschen Kinder-
und Jugendstiftung sowie des Förderprogramms Demokratisch Handeln. Als
Programmpartner hinzugetreten sind: Robert-Bosch-Stiftung, Freudenberg-Stiftung,
SV-Bildungswerk, Deutsche Gesellschaft für Demokratiepädagogik, Deutsche
Vereinigung für Politische Bildung. Die Initiative steht unter der Schirmherrschaft
von Bundespräsident Joachim Gauck. Sie wird von der Ständigen Konferenz der
Kultusminister Deutschlands unterstützt.*

Weitere Informationen und Kontakt: www.demokratieerleben.de

Mario Förster, Hermann Veith, Michaela Weiss

Demokratiepädagogik-Quellentexte, Dokumente, Netzwerke, Initiativen und Aktivitäten

In einer im März 2011 im Auftrag der Vodafone Stiftung vom Institut für Demoskopie Allensbach durchgeführten Studie zur „Schul- und Bildungspolitik in Deutschland" erklärten 87 % der befragten Lehrerinnen und Lehrer, dass die „Vermittlung von Werten" zu den zentralen Aufgaben ihres Berufes gehören würde (Vodafone Stiftung 2011, S. 12). 90 % vertraten sogar die Auffassung, dass die „Achtung vor der Meinung anderer" eines der wichtigsten Ziele schulischer Erziehung und Bildung sei (ebd., S. 10). Verwandte Haltungen wie Ehrlichkeit, Rücksichtnahme, Engagement, Zivilcourage und Hilfsbereitschaft rangierten auf der Werteskala ebenfalls weit oben. In der gleichen Umfrage zeigte sich aber auch, dass viele Lehrende ihre eigene pädagogische Durchsetzungsfähigkeit in Frage stellen. Fast 50 % schätzten ihre Möglichkeiten, auf die Entwicklung der Schülerinnen und Schüler Einfluss zu nehmen, im Vergleich mit dem Einfluss durch Medien sowie jugendliche Peers als nur „sehr gering" ein. Eine deutliche Mehrheit war schulformübergreifend zudem der Ansicht, dass „der Unterricht und der Umgang" mit den Kindern und Jugendlichen in den letzten zehn Jahren „anstrengender geworden" seien (ebd., S. 19). Als Gründe dafür wurden vor allem Konzentrationsschwierigkeiten und Verhaltenskomplikationen auf Seiten der Schüler und Schülerinnen genannt.

Aus demokratiepädagogischer Sicht sind diese Stimmungsbilder deshalb interessant, weil sie auf eine problematisierungsbedürftige Diskrepanz im professionellen Selbstverständnis der Lehrerinnen und Lehrer hinweisen: Der hohen Wertschätzung zivilgesellschaftlicher Werte und Einstellungen steht die Erfahrung begrenzter Wirkungsmacht im pädagogischen Alltag entgegen. Viele fühlen sich durch störende oder problembelastete Kinder und Jugendliche in die Defensive gedrängt. Ihr Blick fällt auf Einzelne, während die Lerngruppe als soziales System, dessen Teil man ist, ausgeblendet wird. Folglich spielen kooperative Lernformen oder verständigungsorientierte Handlungsformen, wie sie im Kontext der Demokratiepädagogik zur Verbesserung der Schulkultur und Lernqualität entwickelt wurden, zumeist keine nennenswerte Rolle. Dieses den Lehrenden anzulasten, wäre jedoch unangemessen und falsch. Tatsächlich ist die Auffassung, dass es ein hohes Maß an Kongruenz zwischen pädagogischen und demokratischen Bildungszielen gibt, bislang kaum über erziehungs- und bildungswissenschaftliche Randdiskurse hinaus gekommen. Dafür ist die Ausrichtung an fachlichen Lernerfolgen in der derzeitigen Bildungsdiskussion zu dominant und die Sichtbarkeit demokratiepädagogischer Konzepte sowohl im Wissenschaftssystem als auch in den unterschiedlichen Berufsfeldern zu gering. Zwar ist die Zahl der Publikationen in den vergangenen Jahren deutlich gestiegen, aber noch immer sind die Vorstellungen von „Demokratielernen" zu eng mit Politischer Bildung als Unterrichtsfach und mit formalen Partizipationsmodellen im Rahmen der verfassten Schule verbunden. Um das Feld in seiner Buntheit und Breite darzustellen, soll im Folgenden eine kurze Auswahl im Internet zugänglicher demokratiepädagogischer Quellentexte und Dokumente vorgestellt (1) und auf bereits bestehende Netzwerke, Initiativen und Aktivitäten (2) sowie auf einige wenige grundlegende Veröffentlichungen (3) hingewiesen werden.

1. Demokratiepädagogische Quellentexte und Dokumente

Demokratische Gesellschaften begründen ihre eigene Legitimation und Legitimität damit, dass sie auf der Grundlage anerkannter Menschenrechte jedem Einzelnen, unabhängig von körperlichen oder geschlechtlichen Merkmalen, ethnischen oder sozialen Zuschreibungen, kulturellen, religiösen oder sexuellen Orientierungen, Teilhabe- und Gestaltungschancen bieten, um – frei von Diskriminierung und Vorurteilen – eine auf Dauer gestellte Entwicklung wohlfahrtsstabilisierender, umweltverträglicher und gerechter Lebensverhältnisse zu ermöglichen. Dies setzt voraus, dass die jeweils nachwachsenden Generationen den Sinn und Wertgehalt dieser auf Autonomie und Verantwortungsübernahme gegründeten Lebens- und Ordnungsformen verstehen und verinnerlichen.

Für die demokratiepädagogische Diskussion in Deutschland wurde vor allem Gerhard Himmelmanns (2001) Unterscheidung zwischen Demokratie als Herrschafts-, Gesellschafts- und Lebensform grundlegend. Sein Hinweis, dass die Reproduktion und Erneuerung politischer Kulturen nicht nur eine Frage der Verfassung staatlicher Institutionen und gesellschaftlicher Rahmenordnungen ist, sondern auch davon abhängt, in welchen Formen die leitenden Maximen auch in der alltäglichen Lebenspraxis Verbindlichkeit gewinnen, ermöglichte es, Demokratie als ein strukturbildendes Prinzip auch auf der Ebene von „face to face"-Interaktionen in unterschiedlichen Sozialsystemen wie zum Beispiel der Schule zu begreifen. Das Buch ist hinlänglich und sowohl äußerst positiv als auch sehr kritisch rezipiert worden. Eine kürzere Fassung seines vom angelsächsischen Pragmatismus inspirierten dreigeteilten Demokratiekonzepts ist in der von Wolfgang Edelstein und Peter Fauser herausgegebenen Schriftenreihe des 2007 ausgelaufenen BLK-Programms „Demokratie lernen & leben" erscheinen (Himmelmann 2004) und wie viele andere in diesem Kontext veröffentlichte „Beiträge zur Demokratiepädagogik" online noch verfügbar.

Es muss zudem darauf hingewiesen werden, dass die Demokratiepädagogik einen starken Impuls aus einer europäischen Diskussion erhält. Zentral ist hierfür das Ministerkomitee des Europarats, das in seiner Empfehlung „zur Demokratie- und Menschenrechtsbildung" vom 11. Mai 2010 erklärt, dass eines der fundamentalen Ziele sowohl der Demokratiepädagogik als auch der Menschenrechtsbildung („education for democratic citizenship and human rights education") darin besteht, Lernende nicht nur mit Wissen, Verständnis und Fertigkeiten in diesen Bereichen auszustatten, sondern ebenso darin, sie zur aktiven Teilhabe und demokratischen Mitgestaltung zu befähigen (Council of Europe 2010). Auch dieser Text ist im Internet über die Seite des Europarates verfügbar.

2. Netzwerke, Initiativen und Aktivitäten

Hier sollen einige Internetadressen genannt werden, über die Zugänge zu weiterführenden Informationen zu demokratiepädagogischen Akteuren und Aktivitäten eröffnet werden. Dabei kann es sich nur um eine exemplarische Auswahl handeln, deren Schwerpunkt auch darin liegt, die Akteure, Programme und Stiftungen zu benennen, die das Feld seit Beginn der Diskussion um Demokratielernen, demokratische Bildung und Demokratiepädagogik mit zu bestellen versuchen. Inzwischen sind noch viele weitere Initiativen und Projekte aktiv. Eine systematische Dokumentation muss erst noch erarbeitet werden.

Wettbewerb „Förderprogramm Demokratisch Handeln"

Das bundesweite Förderprogramm informiert umfassend und aktuell über die Entwicklungen des Wettbewerbs und möchte durch eine Vielzahl von Angeboten Hilfen zur demokratischen Schulentwicklung leisten. So wird auf Publikationen hingewiesen, die in Zusammenarbeit mit dem Wettbewerb entstanden sind. Zusätzlich stellt der Wettbewerb neben einer umfassenden bibliografischen Datenbank alle seit Gründung des Wettbewerbs eingegangenen Projekte mit Hilfe von kurzen Beschreibungen dar. In dieser mittlerweile rund 4.500 Projektskizzen enthaltenden Datenbank kann nach Kriterien und Stichworten recherchiert werden. Weiterhin nennt die Webseite regionale Ansprechmöglichkeiten und weist auf die jeweils aktuelle Ausschreibung und Veranstaltungen des Wettbewerbs hin. Internet: www.demokratisch-handeln.de

BLK-Programm „Demokratie lernen & leben"

Die Bund-Länder-Kommission für Bildungsplanung und Forschungsförderung (BLK) führte von 2002 bis 2007 das Schulentwicklungsprogramm „Demokratie lernen & leben" durch. In 13 Bundesländern beteiligten sich mit Unterstützung des Bundesministeriums für Bildung und Forschung, von Stiftungen und einer Reihe freier Träger insgesamt rund 200 allgemeinbildende und berufliche Schulen. Auch wenn die Seite derzeit nicht mehr aktualisiert wird, bietet sie nach wie vor umfassende Informationen zur demokratiepädagogischen Schulentwicklung an. So finden sich eine Vielzahl grundlegender Materialien und Unterstützungsangebote zu unterschiedlichen Themen der Demokratiepädagogik zum Download. Literaturhinweise ergänzen das Angebot. Internet: www.blk-demokratie.de

Deutsche Gesellschaft für Demokratiepädagogik e.V. (DeGeDe e.V.)

Die Deutsche Gesellschaft für Demokratiepädagogik e.V. (DeGeDe) widmet sich der Entwicklung demokratischer Handlungskompetenzen und der Förderung demokratischer Innovationsprozesse in schulischen und außerschulischen Bildungseinrichtungen. Die Webseite nennt regionale Ansprechpartner, pflegt eine umfangreiche Terminliste und verlinkt auf grundlegende Materialen zur demokratiepädagogischen Debatte. Internet: www.degede.de

Deutsche Kinder- und Jugendstiftung

Die Deutsche Kinder- und Jugendstiftung mit Hauptsitz in Berlin engagiert sich für das Demokratielernen in Kindergärten, Schulen und Jugendarbeit insbesondere mit Blick auf die Stärkung von Eigenverantwortung. Sie unterstützt viele Initiativen und Träger im Bereich der Demokratiepädagogik. Die umfassende Webseite bietet einen Einblick in die verschiedenen Programme der Stiftung, nennt die regionalen Ansprechpartner und bietet eine große Anzahl von eigenen Publikationen zum direkten Download an. Internet: www.dkjs.de

Bildungswerk für Schülervertretung und Schülerbeteiligung e.V.

Das SV-Bildungswerk möchte Schülerinnen und Schüler dabei unterstützen, ihre Schule zu einer demokratischen Schule zu entwickeln und führt zu diesem Zweck SV-Beraterseminare durch. Auf der Webseite finden sich neben Materialien auch Podcasts, Termine und eine Linksammlung zu Schülerrechten in Deutschland. Internet: www.sv-bildungswerk.de

Demokratietag Rheinland-Pfalz

Seit 2006 wird der landesweite Demokratietag Rheinland-Pfalz durchgeführt. Er dient als Ort des Austausches aller interessierten Schulen, Eltern und außerschulischen Partner des Landes. Die Website nennt Unterstützer und Programm der Veranstaltung und dokumentiert die einzelnen Elemente des jährlichen Demokratietages. Internet: www. demokratietag-rlp.de

Der Klassenrat

Die Initiative „der Klassenrat" unterstützt Schulen in Rheinland-Pfalz und im Saarland bei der Einführung des Klassenrats. Neben grundlegenden Informationen zum Klassenrat bietet die Website auch die Möglichkeit zur Bestellung eines Mitmachsets, welches die Einführung des Klassenrates bereits im zweiten Schulhalbjahr der Klasse eins ermöglichen soll. Internet: www.derklassenrat.de

Demokratie lernen und leben in Rheinland-Pfalz

Im Anschluss an das bundesweite Schulentwicklungsprogramm „Demokratie lernen & leben" beschloss das Ministerium für Bildung, Wissenschaft, Jugend und Kultur in Rheinland-Pfalz ein landesweites Transferprogramm. Ziel ist es, die Erfahrungen und Ergebnisse des Bundes- bzw. Landesprogramms für alle Schulen in Rheinland-Pfalz nutzbar zu machen. Die Website informiert über demokratiepädagogische Entwicklungsmöglichkeiten für Schulen in Rheinland-Pfalz und gibt Auskunft über aktuelle Veranstaltungen und Ausschreibungen. Internet: http://demokratielernenundleben.rlp.de

Macht Kinder stark für Demokratie

Der Verein „Macht Kinder stark für Demokratie!" will dazu beitragen, dass Kinder bereits von klein auf Demokratie leben und lernen und widmet sich insbesondere dem Thema Kinderrechte. Der Verein führt Fortbildungen und Workshops durch und organisiert bundesweite Projekte und Aktionen. Die Webseite des Vereins informiert über die Aktivitäten des Vereins und bietet Broschüren an. Internet: http://www.makista.de

National Coalition für die Umsetzung der UN-Kinderrechtskonvention in Deutschland

In der National Coalition sind etwa 100 bundesweit tätige Organisationen und Initiativen aus verschiedenen gesellschaftlichen Bereichen zusammengeschlossen, die das Ziel verfolgen, die UN-Kinderrechtskonvention in Deutschland bekannt zu machen und deren Umsetzung voranzubringen Die Website nennt Partner und bietet umfangreiches Informationsmaterial zum Thema Kinderrechte an. Internet: www.national-coalition.de

Netzwerk für Demokratie und Courage

Das Netzwerk für Demokratie und Courage e.V. führt Projekttage zum Thema „Für Demokratie Courage zeigen" an Schulen und Ausbildungseinrichtungen durch. Das Netzwerk besteht seit 1999 und ist in elf Bundesländern sowie in Frankreich und Belgien aktiv. Die Website gibt einen Überblick über die verschiedenen Aktivitäten des Programms und nennt Ansprechpartner in den beteiligten Bundesländern. Internet: www.netzwerk-courage.de

Demokratie in der Schule – Schule der Demokratie

Das Landesinstitut für Schule und Medien Berlin-Brandenburg (LISUM) stellt auf der Homepage auf anschauliche und kreative Weise verschiedene Teilprojekte zum Thema „Demokratie in der Schule - Schule der Demokratie" dar. Dargestellt sind Filme, Tonmitschnitte von Konferenzbeiträge und Experteninterviews sowie eine Wanderausstellung, welche das Thema Demokratieerziehung in seiner Vielfalt darstellt. Internet: www.schuledemokratie.brandenburg.de

DemokratieErleben – Ein zivilgesellschaftliches Bündnis

Dieses Bündnis zivilgesellschaftlicher Akteure setzt sich dafür ein, junge Menschen zur Mitgestaltung ihrer Lebenswelt zu ermutigen, ihnen vielfältige Möglichkeiten für Teilhabe zu bieten und Verantwortung für sie betreffende Entscheidungen zu übertragen. Um demokratische Lern- und Erlebnisorte in unseren Städten und Gemeinden zu stärken oder neu zu initiieren, setzt das Bündnis auf den Dialog zwischen Politik und Praxis, die Verbreitung guter Beispiele und die gemeinsame Verantwortung von Staat und Zivilgesellschaft beim Aufbau einer nachhaltigen Beteiligungskultur. „DemokratieErleben" steht unter der Schirmherrschaft des Bundespräsidenten und wird unterstützt von der Kultusministerkonferenz. Internet: www.demokratieerleben.de.

Amadeu-Antonio-Stiftung

Ermutigen – beraten – fördern sind die drei Säulen der Amadeu-Antonio-Stiftung, um die demokratische Zivilgesellschaft zu fördern. Seit 1998 setzt sich die Stiftung durch zahlreiche Projekte konsequent gegen Rechtsextremismus, Rassismus und Antisemitismus ein. Die Homepage der Stiftung informiert über die zahlreichen Projekte und stellt neben Materialien zum Download auch Informationen über zwei Wanderausstellungen zur Verfügung. Ein Newsletter sowie der Veranstaltungskalender informieren regelmäßig über die Aktivitäten der Stiftung und rufen zum Mitmachen auf. Internet: www.amadeu-antonio-stiftung.de

YouBos

Seit 2011 unterstützen Schülerinnen und Schüler das Förderprogramm Demokratisch Handeln als Juniorbotschafter. Gemeinsam mit den Regionalberatern des Förderprogramms unterstützen die Jugendlichen Mitschülerinnen und Mitschüler bei der Planung und Durchführung von Projekten in Schule und darüber hinaus. Außerdem sind die YouBos ab 2012 Mitglieder der Jury des Förderprogramms. Die Website informiert über die bisherigen Aktivitäten der Schülerinitiative. Internet: www.youbos.de

UNICEF Juniorbotschafter

Die Website der Juniorbotschafter der Vereinten Nationen informiert umfassend über die Kinderrechte und die Arbeit der Vereinten Nationen sowie die Möglichkeiten jedes Einzelnen gegen Verstöße gegen die Rechte der Kinder weltweit vorzugehen. Internet: www.younicef.de

Bundeszentrale für politische Bildung

Die Homepage der Bundeszentrale für politische Bildung informiert umfangreich über die Angebote und Initiativen der Einrichtung. Neben der Bestellmöglichkeit von Publikationen stehen informative Artikel, Dossiers, Reportagen und Zeitschriften zu aktuellen und historischen Themen sowie eine Reihe von Veranstaltungsangeboten bereit. Internet: www.bpb.de

Lernen aus der Geschichte e.V.

„Lernen aus der Geschichte" widmet sich der historisch-politischen Bildungsarbeit zur Geschichte des 20. Jahrhunderts und bietet seit 2004 eine Onlineplattform an, an deren Gestaltung man sich selbst aktiv beteiligen kann. Aktuell umfasst das Portal knapp 5.000 Beiträge. Thematische Schwerpunkte des Portals sind der Nationalsozialismus und der Holocaust, darüber hinaus werden weitere Themen umfassend dargestellt und wird zu Initiativen informiert. Internet: www.lernen-aus-der-geschichte.de

Freudenberg-Stiftung

Gesellschaftlicher Ausgrenzung und versagter Anerkennung stellt sich die Freudenberg Stiftung durch die Förderung zahlreicher Projekte entgegen. Die Förderung von Wissenschaft, Erziehung und Bildung sowie die Stärkung des friedlichen Zusammenlebens in der Gesellschaft ist dabei Hauptanliegen der Stiftung. Zahlreiche Projekte zu den einzelnen Schwerpunkten wie vor allem Service-Learning sowie lokale Modelle in benachteiligten Stadtbezirken oder Orten sowie das Projekt „Ein Quadratmeter Bildung" werden auf der Homepage ausführlich dargestellt, ebenso die Publikationen und Veranstaltungen der Stiftung. Internet: www.freudenbergstiftung.de

3. Grundlagenliteratur

Einerseits muss Demokratiepädagogik als originäre Wissenschaftsrichtung und praxiswirksame Entwicklungsform schulischen und erzieherischen Handelns sich noch weiter ausdifferenzieren und ihre Wirksamkeit stärken. Andererseits gibt es seit etwa 2001 – dem Jahr, in dem das Grundlagenwerk zur Kritik der Politischen Bildung von Himmelmann erschien, in dem die Expertise für das BLK-Modellprogramm „Demokratie lernen & leben" verfasst wurde (Edelstein/Fauser 2001) und in dem das Förderprogramm Demokratisch Handeln eine erste Beispiel- und Wirkungsanalyse erstellen konnte (Beutel/Fauser 2001) – eine Fülle an Literatur in der Fachwelt von pädagogischer Wissenschaft und Praxis, die dazu beitragen konnte, das Profil demokratiepädagogischer Schulentwicklung zu schärfen. Einige Grundlagenschriften sollen kurz angesprochen werden.

Beutel, W./Fauser, P. (Hrsg.) (2009): Demokratie, Lernqualität und Schulentwicklung. Schwalbach/Ts.: Wochenschau-Verlag.

Demokratie, Lernqualität und Schulentwicklung sind Eckpunkte der Demokratiepädagogik. Schulpraktische Erfahrungen mit demokratiepädagogischen Konzepten zeigen, wie in vielfältigen Ansätzen, Methoden und Aufgaben kompetenzorientiert für die und in der Demokratie gelernt werden kann. Demokratiepädagogik greift Gelegenheitsstrukturen der Schule auf, nutzt intensiv die Vielfalt der Möglichkeiten von Projekten, stellt sich den aktuellen Themen des Gemeinwesens und korrespondiert mit grundlegenden Bedürfnissen eines an den Interessen der Schülerinnen und Schüler orientierten Lernens. Eine demokratische Schule bietet zugleich der Politischen Bildung im fachlichen Sinne eine gute Grundlage, um sich in verschiedenen Lernfeldern wirksam zu entfalten.

Der Band geht dem Wechselspiel von Demokratiepädagogik und Politischer Bildung in Blick auf die Qualität des Lernens und Verstehens in der Schule nach. Hierzu werden Grundfragen demokratiepädagogischer Schulentwicklung wie verständnisintensives Lernen, Fachlichkeit, Schulverfassung, Zeitkultur, Unterricht, forschendes Lernen aufgegriffen,

Ansätze der Evaluation und des Qualitätsnachweises demokratischen Lernens skizziert sowie Beispiele aus dem Wettbewerb „Förderprogramm Demokratisch Handeln" vorgestellt.

Edelstein, W./Frank, S./Sliwka, A. (Hrsg.) (2009): Praxisbuch Demokratiepädagogik. Weinheim: Beltz.
Demokratiepädagogik soll Demokratie als Lebensform in der Schule erfahrbar machen. Gelebte Demokratie bedeutet, dass Schülerinnen und Schüler die konkrete Erfahrung demokratischer Teilhabe machen, Verantwortung übernehmen, Konfliktlösung trainieren. Wie dies in der Schule und im alltäglichen Unterricht möglich ist, zeigt das Praxisbuch mit theoretischen Konzepten, Anregungen und Materialien. Das Buch enthält eine theoretische Einleitung und Kapitel zu Partizipation, Klassenrat, Mediation, Service-Learning bzw. Lernen durch Engagement.

Haan, G. de/Edelstein, W./Eikel, A. (Hrsg.) (2007): Qualitätsrahmen Demokratiepädagogik. Weinheim: Beltz.
Diese Veröffentlichung bietet eine umfassende Orientierung zur demokratiepädagogischen Schulentwicklung für Schulleitungen und Lehrkräfte. Die sieben Hefte im Schuber stellen einen Leitfaden mit Praxishilfen zur Schulprogrammarbeit und Evaluierung dar. Am Ende des Prozesses steht das „Demokratie-Audit" für die Zertifizierung einer Schule in der Demokratie. Darüber hinaus bietet der Schuber Lehrerinnen und Lehrern Materialien zur Gestaltung von Unterricht und Schulleben.

Schröder, A./Rademacher, H./Merkle, A. (Hrsg.) (2008): Handbuch Konfliktpädagogik. Verfahren für Schule und Jugendhilfe. Schwalbach/Ts.: Wochenschau-Verlag.
Das Handbuch gibt einen umfassenden Überblick zum aktuellen Stand der Konflikt- und Gewaltpädagogik. Nach einführenden Beiträgen über Erscheinungsformen und Hintergründe jugendlicher Gewalt stellen renommierte Autorinnen und Autoren ihr pädagogisches Verfahren vor. Neben der wissenschaftlichen Begründung und dem methodischen Vorgehen werden die wichtigsten Evaluationsergebnisse erläutert und kritische Einwände reflektiert. Ein dritter Teil des Handbuchs ist übergreifenden Themen gewidmet wie Gewaltprävention im europäischen Kontext und in der Entwicklungszusammenarbeit, Konfliktbearbeitung im Rahmen der Politischen Bildung sowie Chancen durch Kooperation von Jugendhilfe und Schule.

Sliwka, A. (2008): Bürgerbildung. Demokratie beginnt in der Schule. Weinheim: Beltz.
Hier werden die demokratiepädagogischen Grundlagen einer Bürgerbildung konzeptuell wie praktisch-pädagogisch beschrieben. Dabei hebt die Autorin Formen der Verständigung und der Verantwortungsübernahme in der Praxis der Schule, in Unterricht, Schulentwicklung und Innovationsmanagement hervor. Besondere Aufmerksamkeit gilt dem Klassenrat und den verschiedenen Formen des demokratischen Sprechens einerseits sowie dem Lernen durch Engagement (Projekten des Service-Learning) andererseits. Die schultheoretische Einführung in die Demokratiepädagogik wird durch eine Darstellung der angelsächsischen Tradition bereichert.

Inzwischen ist eine Reihe weiterer Studien, Monographien und Herausgeberbände zur Demokratiepädagogik erschienen. Das Jahrbuch für Demokratiepädagogik wird durch ausgewählte Rezensionen und Fortschreibung dieser Übersicht über dieses Feld weiter informieren.

Literatur

Beutel, W./Fauser, P. (Hrsg.) (2001): Erfahrene Demokratie. Wie Politik praktisch gelernt werden kann. Opladen.

Council of Europe (Hrsg.) (2010): Council of Europe Charter on Education for Democratic Citizenship and Human Rights Education. Strasbourg. www.coe.int/t/dg4/education/edc/Links/charter_adopted_en.asp#TopOfPage, Zugriff v. 02.01.2012.

Edelstein, W./Fauser, P. (2001): Demokratie lernen und leben. Gutachten für ein Modellversuchsprogramm der Bund-Länder-Kommission. Materialien zur Bildungsplanung und zur Forschungsförderung, H. 96. Bonn.

Himmelmann, G. (2001): Demokratie Lernen als Lebens-, Gesellschafts- und Herrschaftsform. Ein Lehr- und Studienbuch. Schwalbach/Ts.

Himmelmann, G. (2004): Demokratie-Lernen: Was? Warum? Wozu? In: Edelstein, W./Fauser, P. (Hrsg.): Beiträge zur Demokratiepädagogik. Berlin 2004. www.blk-demokratie.de/fileadmin/public/dokumente/Himmelmann.pdf, Zugriff vom 05.01.2011.

Vodafone Stiftung Deutschland gemeinnützige GmbH (Hrsg.) (2011): Schul- und Bildungspolitik in Deutschland 2011. Ein aktuelles Stimmungsbild der Bevölkerung und der Lehrer. Düsseldorf.

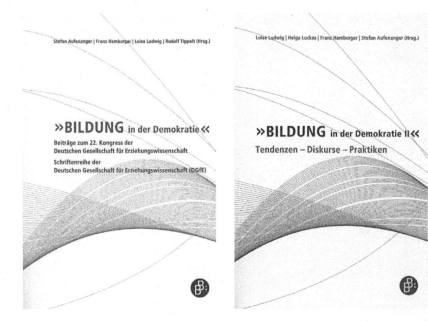

Stefan Aufenanger | Franz Hamburger | Luise Ludwig | Rudolf Tippelt (Hrsg.)

»BILDUNG in der Demokratie «
Beiträge zum 22. Kongress der
Deutschen Gesellschaft für Erziehungswissenschaft
Schriftenreihe der
Deutschen Gesellschaft für Erziehungswissenschaft (DGfE)

Luise Ludwig | Helga Luckas | Franz Hamburger | Stefan Aufenanger (Hrsg.)

»BILDUNG in der Demokratie II«
Tendenzen – Diskurse – Praktiken

Mario Förster/Michaela Weiss: Bildung in der Demokratie – der Mainzer Kongress 2010 der DGfE.
Eine Rezension der beiden Tagungsbände: Aufenanger, S./Hamburger, F./Ludwig, L./ Tippelt, R. (Hrsg.) (2010): Bildung in der Demokratie. Beiträge zum 22. Kongress der Deutschen Gesellschaft für Erziehungswissenschaft. Opladen: Schriftenreihe der Deutschen Gesellschaft für Erziehungswissenschaft (DGfE). Verlag Barbara Budrich.

Ludwig, L./Luckas, H./Hamburger, F./ Aufenanger, S. . et al (Hrsg.) (2011): Bildung in der Demokratie II. Tendenzen – Diskurse – Praktiken. Deutsche Gesellschaft für Erziehungswissenschaft. Opladen: Schriftenreihe der Deutschen Gesellschaft für Erziehungswissenschaft (DGfE). Verlag Barbara Budrich.

Macht Bildung demokratisch oder welche Bedeutung hat Bildung für die Demokratie? Beide Begriffe scheinen wie selbstverständlich zueinander gehören – aber wie sieht das Verhältnis zwischen Bildung und Demokratie genau aus und welchen Beitrag kann und sollte die Erziehungswissenschaft dazu besteuern? Diese Fragen zu diskutieren war zentrales Anliegen des 22. Kongresses der Deutschen Gesellschaft für Erziehungswissenschaft (DGfE) im März 2010 an der Universität Mainz. Die Tagung selbst war überschattet von den sexuellen Übergriffen, die an der Odenwaldschule, dem Canisius-Kolleg Berlin und anderen Einrichtungen ans Licht gekommen waren und den daraus entstehenden Fragen danach, wie auf sexualisierte Gewalt in pädagogischen Einrichtungen, Internaten und Schulen durch die Profession reagiert werden muss und welcher Neubewertung des bisherigen Verständnisses von Nähe und Distanz in pädagogischen Kontexten es nun bedarf. Der erste Dokumentationsband konzentriert sich auf die Hauptvorträge des Kongresses. Diese Perspektive wird im zweiten Kongressband durch Beiträge aus den Symposien ergänzt.

Beide Bände liefern so ein umfassendes Bild davon, wie die Erziehungswissenschaft gegenwärtig den Zusammenhang von „Bildung in der Demokratie" in Forschung und Praxis entfaltet und diskutiert.

Rudolf Tippelt (1) bezieht sich in seinem Vortrag „Bildung in der Demokratie" direkt auf den Kongresstitel und sieht in der Veranstaltung die Chance für eine grundlegende erziehungswissenschaftliche Debatte, die an die Stelle einer normativen Einengung des Verhältnisses von Demokratie und Bildung treten kann, da Bildung nicht nur auf Leistung und Wissen, sondern auch auf Selbstbestimmung zielt. Mündigkeit ist Ziel von Bildung und somit eine notwendige Bedingung der Möglichkeit von Demokratie. Da bestehende Demokratien sich jedoch beständig weiterentwickeln, sich also den fortschreitenden Wandlungsprozessen und damit den Bedürfnissen ihrer Bürgerschaft anpassen, sind sie auf politisch gebildete Bürgerinnen und Bürger angewiesen. Jene Beschleunigungslogik moderner Gesellschaften nimmt der Bildung jedoch ihren politischen Charakter. Diese Ambivalenz gilt es aufzubrechen, so **Oskar Negt (2)** in seinem Beitrag „Politische Bildung und Demokratie", in dem er die Bedeutung der Politischen Bildung in der Demokratie hervorhebt. „[...] [E]in[en] Bildungsbegriff, der das Subjekt zum Handeln an Wissens- und Machtdiskursen befähigen soll" (Greif 2010 S. 44) forderte bereits der Mainzer Georg Forster im ausgehenden 18. Jahrhundert. **Steffen Greif (3)** stellt diesen revolutionären Denker in seinem Beitrag vor und plädiert dafür, die Schriften Forsters bildungstheoretisch zu analysieren und zu berücksichtigen. Unter der Zwischenüberschrift „Pädagogik zwischen politischer Bildung und Bildungssystem" geht **Christine Delory-Momberger (4)** der Frage nach, inwieweit sich Schulunterricht der kulturellen Diversität seiner Schülerinnen und Schüler zu stellen vermag.

Delory-Momberger beschreibt die Pädagogik der Diversität als eine Pädagogik der Relation, bei der die kulturellen Verschiedenheiten aller am Unterricht Beteiligten in der Gemeinsamkeit anerkannt werden müssen. Bildung in der Demokratie bedeutet eben auch, die kulturelle Vielfalt aller aufzunehmen, als Chance und Bereicherung wahrzunehmen und zu nutzen.

Einen Blick auf bzw. in die Institution Schule wirft **Wolfgang Edelstein (5)**. Eine Schule für alle hat in der Demokratie eine bedeutende und grundlegende Funktion. Die Bereitstellung von Erfahrungsräumen im Sinne eines demokratiepädgogischen Programms macht Schule in der Demokratie und die Demokratie in der Schule sichtbar. Edelstein geht in seinem Beitrag auf die Beteiligungsmöglichkeiten im Klassenrat, beim Service-Learning und in Blick auf bürgerschaftliches Engagement im Allgemeinen als notwendige und essentielle Elemente einer demokratischen Schulkultur ein.

Schule in der Demokratie muss sich notwendigerweise auch immer dem Thema der gerechten Zugangsmöglichkeiten stellen. **Hartmut Ditton (6)** konnte in der in seinem Beitrag „Schullaufbahnen und soziale Herkunft – eine Frage von Leistung oder Diskriminierung?" vorgestellten Längsschnittstudien zum Übergang von der Primar- in die Sekundarstufe feststellen, dass bei der Selektion primäre Effekte (d.h. die Leistung) der Schülerinnen und Schüler eine deutlich höhere Relevanz haben als sekundäre Effekte (soziale Effekte). Trotz dieser durchaus positiven Befundlage weist Ditton auf andere Forschungsergebnisse hin, denen zufolge schulische Förderprozesse und die institutionelle Gestaltung des Übergangs weiterhin unter Gerechtigkeitsaspekten relevant bleiben. Den eher praxisbezogenen Betrachtungen hinsichtlich des Verhältnisses zwischen Bildung und Demokratie folgt eine theoretische. Im zweiten großen Abschnitt werden die Vorträge von Oelkers, Henrich und Reichenbach unter der Topik „Grenzen und Möglichkeiten Demokratischer Bildung" präsentiert. **Jürgen Oelkers (7)** betrachtet mit dem Dreiklang von „Demokratie, Globalisierung und Bildung" die Entwicklung einer demokratischen Bildung seit dem 18. Jahrhundert bis heute. Bildung und Demokratie sind eingelagert in historische Prozesse. Demokratie kann nicht exportiert werden, sie muss sich entwickeln.

Erklärtes Ziel demokratischer Staatsformenformen ist ein Anspruch auf Gleichheit ihrer Bürgerinnen und Staatsbürger. Doch fördert Bildung die Gleichheit der Staatbürger in der Demokratie? Diese Frage beschäftigt **Martin Heinrich (8)** unter dem Titel „Bildungsgerechtigkeit – Zum Problem der Anerkennung fragiler Bildungsprozesse innerhalb neuer Steuerung und demokratischer Governance". Statt Bildungsgerechtigkeit fordert Heinrich ein Bildungssystem, das gegenseitige Anerkennung, Wertschätzung und Selbstvertrauen forciert. Gleichheit ist so gesehen kein normativer Begriff, sondern Anspruch und Ergebnis guter und effektiver Leistung des Bildungssystems.

Der Konflikt als Lebenselixier demokratischer Gesellschaften oder die Apathie der vielen. Mit diesen und anderen Metaphern rund um das Postulat „Demokratie!" setzt sich **Roland Reichenbach (9)** erneut als skeptischer Begleiter des Demokratiepädagogikdiskurses in seiner „Kritik persuasiver Metaphoriken im pädagogischen Demokratiediskus" auseinander. Er weist darauf hin, dass der politische Diskurs neben Tatsacheninformationen auch Momente bzw. Wahrheitslagen enthält, die nicht alle rational geklärt werden, sondern appellativ unaufgeklärte Normen befördern.

Einblicke in die Fachdisziplinen der Erziehungswissenschaft bieten die beiden abschließenden Beiträge des ersten Kongressbandes. **Christine Zeuner (10)** sieht in der demokratischen Orientierung des Bildungswesens besonders für den Bereich der Erwachsenbildung eine notwendige Rückbesinnung auf ihr Aufgabengebiet sowie eine große Herausforderung und Chance. Demokratiepädagogik und Erwachsenenbildung stehen sicherlich noch in einem offenen Bezug zueinander.

Ähnlich verhält es sich auf dem Feld der Sozialpädagogik. Auch hier ist das Thema weitestgehend neu, wie **Cornelia Schweppe (11)** zeigt. Als nationalstaatliches Projekt sieht sich die Demokratie zunehmend mit Prozessen der Globalisierung konfrontiert, die es zu integrieren gilt. Stärkt oder schwächt die Transnationalität die Demokratie, wenn z.B. Bürgerinnen und Bürger ohne Staatsbürgerrechte von der Meinungsbildung ausgeschlossen werden oder im Bereich Pflege, Haushalt etc. eine weltweite Migration stattfindet? Überlegungen hierzu haben erst begonnen, zeigen aber die ungeheure Reichweite des Themas „Bildung in der Demokratie" und machen die Notwendigkeit einer grundlegenden Diskussion deutlich.

Der Tagungs- und Sammelband „Bildung in der Demokratie II. Tendenzen, Diskurse, Praktiken" fasst die auf der Tagung durchgeführten Symposien, Workshops und Vorträge zusammen. Einzelbeiträge finden sich dort ebenso wie Sammelbeiträge aus Symposien und Workshops. Er ergänzt den zuvor erschienen Tagungsband um die Diskussionen der Tagung und weitere Beiträge, erhebt aber keinen Anspruch auf dokumentarische Abbildung aller Kongressangebote. Wir kommentieren hier mit Schwerpunktsetzungen: Insbesondere der Beitrag „Zur Bedeutung des aktuellen Diskurses über sexuelle Gewalt in pädagogischen Institutionen für die Erziehungswissenschaft" von Uwe Sielert ist auch aus Aktualitätsgründen beachtenswert. Anlässlich des Bekanntwerdens der Missbrauchsfälle an der Odenwaldschule und anderen pädagogischen Einrichtungen setzt sich Sielert mit dem Thema Gewalt und Sexualität in pädagogischen Beziehungen und Einrichtungen auseinander, wobei die Struktur von Nähe und Distanz im Erziehungsverhältnis im Mittelpunkt stehen. Der Aufsatz greift die gegenwärtige Diskussion zum Thema auf und gibt die Tendenzen und Diskussionsverläufe des Kongresses wieder. Darüber hinaus war es angesichts der Konfrontation mit sexualisierter Gewalt in pädagogischen Institutionen sowie sich ausbereitender extrem rechter Tendenzen und einer rassistisch gefärbten Integrationsdiskussion Ziel des Kongresses, eine engagierte und kritische Reflexion anzustoßen und zur historisch-begrifflichen Klärung einer Bildung zur Demokratie beizutragen.

So beschäftigt sich **Abschnitt 1** des Bandes mit Tendenzen. **Wolfgang Fichten** et al. und Urs Haeberlin et al. setzten sich gemeinsam mit ihren Koautoren mit den organisatorischen Grenzen von Partizipation auseinander. Ihre durchaus pragmatischen Einsichten werden durch theoretische Ansichten und empirische Beobachtungen bezüglich der Bedingungen demokratischer Erziehung durch **Tobias Feldhoff** et al. und **Annedore Prengel** ergänzt. Die Gesamtheit der Artikel aus den verschiedenen Fachdisziplinen macht deutlich, dass Demokratie eine notwendige und lohnenswerte, wenn auch kaum zu vollendende Aufgabe darstellt. Doch gerade in dieser Herausforderung liegt die Chance, neue Handlungsspielräume zu erkennen, zu nutzen und den Entwicklungsprozessen einer globalen Gesellschaft anzupassen.

Der mit sieben Beiträgen umfangreichste **zweite Abschnitt** des Bandes widmet sich **Diskursen**. **Leopold Klepacki** betont in seinem Beitrag die Notwendigkeit der ästhetischen Bildung in der Demokratie, während **Andreas Hoffmann-Ocon** aus Sicht der historischen Bildungsforschung die bildungspolitische und bildungswissenschaftliche Legitimation von Strukturreformen in den

Blick nimmt. Auch **Stefan Weyers** sensibilisiert für Strukturpläne demokratischer Erziehung. **Michael Göhlich** konstatiert eine kollektive und demokratisierende Entwicklung in und von Organisationen, während der Beitrag von **Edith Glaser** die Reaktionen verschiedener Staatsformen auf die zunehmende Internationalisierung im Bildungsbereich beschreibt.

Dieses breite Feld der Diskussionen wird deutlich durch die Beiträge von **Nico Hirt**, der den Einfluss ökonomischer Interessen auf die Reformen im Bildungswesen aufzeigt, und **Fabian Kessl**, bei dem die Dimensionen einer aktuellen politischen Theorie der Sozialen Arbeit im Mittelpunkt steht. Nahezu alle Teilperspektive der Erziehungswissenschaft beschäftigen sich mit den Herausforderungen, die eine komplexe globalisierte Welt der Demokratie stellt.

Den vielfältigen Diskussionen in den Teildisziplinen schließt sich **Abschnitt 3** des Bandes unter der Überschrift Praktiken an. Rolf Dubs zeigt hier die Notwendigkeit einer ökonomischen Bildungsarbeit auf, **Achim Schröder** verweist auf die Rolle von Gefühlen und Emotionen bei der politischen Urteilsbildung und **Isabell Diehm** hinterfragt die intensive Förderung und Reichweite in der Pädagogik der Frühen Kindheit. Dem Zusammenhang von Präventionsarbeit gegen rechte Gewalt und Demokratiepädagogik widmet sich der Sammelbeitrag von **Hans Berkessel, Hermann Veith, Carsten Rohlfs und weiteren Ko-Autoren bzw. -Autorinnen.** Den Abschluss bildet der Beitrag von **Monika Buhl und Hans-Peter Kuhn**, mit dem sie eigene Forschungsergebnisse zur Auswirkungen des Unterrichtsklimas auf den politischen Wissensstand von Schülerinnen und Schüler darlegen.

Der Tagungsband endet mit einer Kontroverse zum Thema „PISA und die Folgen". **Eckard Klieme** und **Richard Münch** diskutieren abschließend über die politische und ökonomische Zielführung von PISA und stellen die neuen Herausforderungen und Chancen der Erziehungswissenschaft heraus. Für die Fortentwicklung der Debatten um Bildung in der Demokratie sind die beiden Kongressbände eine wichtige Grundlage, da sie einerseits bilanzieren, andererseits eine Fülle an Fragen an die erziehungswissenschaftliche Forschung aufwerfen. Deutlich wird zum einen, dass die scheinbare Selbstverständlichkeit im Wechselspiel von Bildung und Demokratie, die der Kongresstitel und damit das Thema der beiden hier vorgestellten Bände nahelegt, sich in demokratiepädagogischen Grundlagenforschungen der Erziehungswissenschaften nicht hinreichend widerspiegelt. Zum anderen wird sichtbar, dass die vorhandenen Forschungen und Projekte zum Wechselverhältnis von Demokratie und Bildung bisweilen hochgradig spezialisiert sind. Demokratie ist keine Grundsatzfrage der heutigen Erziehungswissenschaft, sondern ein jeweiliger Nebenaspekt verschiedener

Forschungs- und Feldzugänge unserer Disziplin. Nicht zuletzt verbirgt sich hinter dieser Diffusion von Begriff und Gegenstand im Feld der Pädagogik eine gegenwärtige sowie forschungsmethodisch und wissenschaftstheoretisch kontroverse Debatte um Erkenntnisweite, Praxisbezüge und Forschungszugänge zur Erziehungswirklichkeit. Jenseits all dieser Fragen zwischen Empirie und Verstehen, zwischen Leistungsmessung und qualitativer Beschreibung guter Lern- und Lebensverhältnisse in den pädagogischen Institutionen bleibt zu wünschen, dass der Diskurs fortgeführt wird und die im Mainzer Kongress sichtbar gewordenen Entwicklungen in der wissenschaftlichen Auseinandersetzungen mit den Themen von Erziehung und Bildung weiter ihren Widerhall finden: Demokratie und eine ihr gemäße Bildung in allen pädagogischen Institutionen ist ein Grundsatzanliegen, das unsere Wissenschaft stärker als bislang auch forschungspraktisch und methodenspezifisch beschäftigen muss.

Marcia Hermann, Volker Reinhardt: Leistungsbeurteilung verantwortungshaltig, gerecht, lernförderlich?

Rezension zu: Beutel, Silvia-Iris und/ Beutel, Wolfgang (Hrsg.) (2010): Beteiligt oder bewertet? Leistungsbeurteilung und Demokratiepädagogik., Schwalbach/Ts.: Wochenschau Verlag.

Die Herausgeber Silvia-Iris Beutel und Wolfgang Beutel nehmen das Spannungsfeld der Leistungsbeurteilung ins Zentrum ihres Buches und stellen es den Erkenntnissen der Demokratiepädagogik gegenüber. Sie führen in ihrem Einleitungskapitel in die Problematik der Notengebung und der Ziffernzeugnisse und in die damit verbundenen pädagogisch-kontroversen Diskussionen ein. Im Diskurs werden Probleme der sozialen Diskriminierung durch Leistungsbewertung

und Notengebung angeschnitten, die die Schule als zutiefst undemokratische Institution entlarven.

Im ersten Teil, der den Grundlagen und grundsätzlichen Fragen nachgeht, zeigt **Kurt Edler** auf, welche Probleme der Schule aufgrund der Leistungsbewertung und Notenvergabe und der damit verbundenen psychischen Belastung der Lehrer entstehen. Durch die Standardisierung, im Speziellen durch Demokratiestandards, kann diese Belastung gemindert werden. Gleichzeitig legen die Standards fest, welche Kompetenzen verlangt werden. Das Dilemma der Lehrperson jedoch bleibt; sie ist zugleich dem Wohl des Kindes und dessen Selektion verpflichtet. Edler weist mehrfach auf die ökonomische und demokratische Bedeutung der Leistungsbewertung und -beurteilung hin: Bildung hat einen Zweck, der mit Zensuren ökonomisch gemessen wird. Die demokratische Komponente der Noten kann in der Notenvergabe liegen. Die Schüler sollen an ihrer Leistungsbewertung teilhaben.

Im folgenden Artikel stellt die Mitherausgeberin **Silvia-Iris Beutel** die bildungspolitische und schulpädagogische Brisanz der Leistungsbeurteilung ins Zentrum. Die Autorin zeigt die Aufgaben einer demokratischen Schule auf, bei der in die Leistungsbeurteilung die individuellen Stärken und Schwächen, die Chancengerechtigkeit und die Anerkennung (Inklusion) einbezogen werden und nicht Exklusion oder Ausschluss im Vordergrund stehen. Dazu wird im Artikel die Verbalbeurteilung als Alternativmöglichkeit zur Ziffernbenotung und -bewertung vorgestellt. Diese hat den Vorteil, dass sie die Leistungen mehrdimensional und adäquater erfassen und so differenziertere Diagnosen liefern kann. Die Verbalbeurteilungen sind das Ergebnis einer prozessorientierten Beschreibung des Lernens und der Partizipation der Schüler. Trotz allem sind Verbalbeurteilungen nicht

per se und ohne Probleme die Lösung. Sie müssen sich an professionell handelnden Lehrpersonen, Standards in der Leistungsbeurteilung und an einem prozessorientierten Lernweg orientieren.

Peter Fauser nimmt in seinem Beitrag „Leistungsprinzip und demokratisches Leistungsethos" die Leistung aus dem Blickwinkel der Gesellschaft und Demokratie in den Fokus. Denn erst durch Leistung können sich diese entfalten. Die Schule ist ein Teil der Gesellschaft und muss sich als solche diesen Herausforderungen stellen, ohne den Zugang zu Chancengleichheit zu verschließen. Auch Fauser spricht den Konflikt der Schule an und formuliert ihn als Kontroverse zwischen Förderung und Auslese. Um aufzuzeigen, was zu einem pädagogisch angemessenen Umgang mit Leistung gehört, werden Beispiele guter Praxis vorgestellt, die im Rahmen des Deutschen Schulpreises entstanden sind. Danach widmet der Artikel sich dem Leistungsethos und dessen Ausgestaltung. Der Autor fordert einen Paradigmenwechsel vom Lehren zum Lernen, bei dem die zentralen Begriffe Individualität, Mündigkeit und Emanzipation genauer erläutert werden.

Thomas Goll leistet einen Beitrag zur Leistungsbeurteilung im Fachbereich Politischer Bildung und damit zu den fachlichen Aspekten und Beteiligungsmöglichkeiten. Zunächst klärt er die Ziele bzw. Bildungsstandards des Faches Politische Bildung in der Schule und stellt fest, dass diese zugleich die Grenzen der Leistungsmessung aufzeigen.

Im zweiten Teil werden sechs Beispiele schulischer Praxis vorgestellt, die aus den Schulentwicklungswettbewerben „Förderprogramm Demokratisch Handeln" und „Deutscher Schulpreis" stammen. Die spannenden Beiträge berichten über verschiedene Projekte und Gestaltungsmöglichkeiten im Bereich der Leistungsbeurteilung unter dem Aspekt der demokratischen Erfahrung und

Erziehung. Dabei erheben die Herausgeber des Buches keinen Anspruch auf ein repräsentatives oder systematisches Abbild des Bildungswesens, dennoch werden im Kapitel einige Schulformen sowie private und öffentliche Institutionen vorgestellt. Der dritte und letzte Teil des Buches wird mit dem Artikel „Die Not mit den Noten – Zur Dokumentation und Beurteilung von Lernen und Handeln in demokratiepädagogischen Projekten" von **Wolfgang Beutel** eröffnet und zeigt anhand von Praxisbeispielen den Konflikt in der Projektarbeit bezüglich Lernen und Leisten auf. Projekte des „Förderprogramms Demokratisch Handeln" wurden zum Thema Leistungsbeurteilung und Projektarbeit untersucht. Das Ergebnis war, dass bei 82% der untersuchten Projekte die Lernenden die Möglichkeit hatten, an der Beurteilung mitzuwirken. Die Bilanz von Wolfgang Beutel zeigt, dass ein breites Spektrum an Leistungsbeschreibung und -bewertung notwendig ist, um Projektdidaktik und Demokratiepädagogik gerecht zu werden.

Thomas Häcker und **Felix Winter** zeigen in ihrem Beitrag die Möglichkeiten und Grenzen der Arbeit mit Portfolios im Vergleich zu traditionellen Formen der Leistungsbeurteilung auf. Sie arbeiteten heraus, dass die selbstverantwortete und individuelle Portfolioarbeit zur Demokratisierung der Leistungsbewertung und Lernkultur beitragen kann. Häcker und Winter attestieren, dass Portfolioarbeit eine besondere Praxis ermöglicht, „die für den Erwerb demokratierelevanter Kompetenzen von Bedeutung ist." Allerdings macht der Artikel deutlich: Nicht jede Arbeit mit Portfolios im Unterricht führt auch zu demokratischer und partizipativer Leistungsbeurteilung.

Anhand der Jenaplanschule (Gesamt- und Integrationsschule) zeigt **Helmut Frommer**, wie Bewertungs- und Leistungsverfahren weiterentwickelt und verbessert werden können. In der Jenaplanschule werden die starke Orientierung an individuellen Bezugsnormen und die dadurch entstehenden Kriterien der Gerechtigkeit von Lehrern, Schülern und Eltern getragen.

Zielgruppen des Buches sind Lehrerinnen und Lehrer aller Fächer sowie Studierende und Dozierende der Fächer Erziehungswissenschaft, Demokratiepädagogik und Politische Bildung, aber auch all diejenigen aus weiteren Fachbereichen, die an demokratiepädagogischer Leistungsbewertung und -beurteilung interessiert sind. Das Buch liefert in insgesamt 20 Beiträgen zu Grundfragen, Praxisbeispielen und deren Reflexion einen Nutzen für die praktische Anwendung, für die Weiterbildung und für die persönliche Auseinandersetzung mit dem Thema. Für Interessierte an einer Schul- und Unterrichtsentwicklung, welche die Lern-, Leistungs- und Partizipationskultur voranbringen möchten, ist dieses Buch sehr zu empfehlen.

Demokratie-Lernen und demokratisch-
partizipative Schulentwicklung als Aufgabe
für Schule und Schulaufsicht

Gernod Röken

Gerhard Himmelmann: Ein umfassender Blick auf die Demokratiepädagogik

Rezension zu: Röken, Gernod: Demokratie-Lernen und demokratisch-partizipative Schulentwicklung als Aufgabe für Schule und Schulaufsicht, Münster 2011: MV-Verlag: Wissenschaftliche Schriften der WWU Münster, Reihe VI, Bd. 8.

Gernod Röken hat mit dieser Schrift zum Demokratie-Lernen einen eminent wichtigen Beitrag zur andauernden Debatte um das Verhältnis von Demokratiepädagogik und Politischer Bildung vorgelegt. Im Besonderen nutzt er den übergreifenden Blick der Schulaufsicht und der Schulprogrammentwicklung, um die allgemeine Aufgabe des Demokratie-Lernens in der Schule und die spezielle Aufgabe des Unterrichts im Fach Politik in ein neues Licht zu rücken. Röken spricht von der Notwendigkeit eines kombinierten „politisch-demokratischen Lernens". Für ihn sind die schulübergreifen-

de Demokratiepädagogik und die fachlich ausgerichtete Politische Bildung die „beiden Standbeine" (S. 171) einer demokratischen Schulausgestaltung. Mit dieser Kombination ist ein notwendiger Schulterschluss zwischen zwei sich bisher eher befremdlich gegenüberstehenden Ansätzen hergestellt.

Gernod Röken hat als Dezernent für Politische Bildung (Gymnasien) in der Bezirksregierung Münster, zugleich als engagierter Pädagoge und schließlich als Leiter einer Arbeitsgruppe Schulprogrammentwicklung profunde Kenntnisse der Möglichkeiten und Widerstände einer demokratieorientierten Schulentwicklung.

Zunächst widmet sich Röken den theoretischen Konzepten von Demokratie und den Möglichkeiten ihrer Verwirklichung in der Schule. Zunächst wird John Deweys Verknüpfung von Demokratie und Erziehung im Sinne der Schule als „embryonic society" vorangestellt. Es folgt Hartmut von Hentigs Konzept der „Schule als Polis", dann das Konzept der „Gerechten Schulgemeinde" von Lawrence Kohlberg. Röken greift schließlich die Ansätze des Förderprogramms „Demokratisch Handeln" und des BLK-Programms „Demokratie lernen & leben" auf. Im Spiegel der kritischen Diskussion dieser Ansätze befasst sich Röken immer wieder auch mit deren Grenzen. Er beharrt jedoch stets und nachdrücklich auf der grundsätzlichen Orientierung am Ziel des Demokratie-Lernens in der Schule. Ebenso zeigt Röken die Ambivalenzen schulischer Partizipation und schulischer Demokratie. Er weist allerdings gleichzeitig – und dies nachdrücklich – allzu plakative Aus- und Abgrenzungen gegenüber demokratiepädagogischen Initiativen zurück. Vor allem beharrt er auf dem dreifach entfalteten Verständnis von Demokratie als Lebens-, Gesellschafts- und Herrschaftsform, das einen sowohl lebens- und schulnahen Zugang als auch eine gesellschaftlich und politisch vertiefende Fachanalyse der Demokratie erlaubt.

Im dritten Kapitel zeigt Röken die unterschiedlichen Realisierungsmöglichkeiten für Demokratie-Lernen im Rahmen einer demokratisch-partizipativen Schul- und Unterrichtsentwicklung auf. In erster Linie setzt er sich mit dem Politikunterricht selbst auseinander. Er fordert dabei unter anderem das Anknüpfen an die Lebens- und Erfahrungswelt der Schülerinnen und Schüler. Es folgt zweitens die Handlungsebene der Schulklasse. Hier widmet Röken dem Klassenrat eine ausführliche Analyse. Dann wendet er sich drittens der Schülervertretung und dem Schülerparlament zu. Es folgt viertens die Handlungsebene der institutionellen Kooperation des Lehrpersonals und schließlich fünftens die Handlungsebene der kohärenten und systematischen Schul- und Unterrichtsentwicklung mittels eines Schulprogramms. Dies alles wird sehr systematisch und mit Verweis auf die zum Teil sehr ausdifferenzierte Literatur dargelegt und auch kritisch gewertet.

Das 4. Kapitel befasst sich mit den Möglichkeiten und Grenzen, wie sie sich der Schulaufsicht stellen. Röken sieht die Schulentwicklungsberatung vor allem als Initiative, Förderung und Unterstützung des Demokratie-Lernens. Hier formen sich die organisationspädagogischen Handlungsebenen für das Demokratie-Lernen in der Schule zu einem schlüssigen Ganzen, das den Ansatz der Demokratie als Lebensform immer wieder in Erinnerung ruft. Erneut verschweigt Röken nicht die Hemmnisse und Widerstände, die einem solchen kombinierten Ansatz entgegenstehen: die Unkenntnis von Verfahrens- und Methodenfragen in der Lehrerschaft, das alte Akzeptanzproblem bei Neuerungen, die allgemeine Schwerfälligkeit und das Beharrungsvermögen von Schulen sowie der Mangel an Zeit der Lehrkräfte und die Defizite ihrer Ausstattung.

Zu diesem gesamten Themenkomplex hat Röken eine ausführliche Erhebung zur Schulprogrammarbeit in 75 staatlichen Gymnasien des Regierungsbezirks Münster durchgeführt. Dieser Erhebung aus dem Jahre 2005 folgte eine weitere Befragung von 92 Gymnasien und 27 Gesamtschulen zur Frage der Praxis der Fachkonferenzarbeit. Hier stand zugleich speziell das Ziel des Demokratie-Lernens im Mittelpunkt. Röken stellt abschließend fest, dass das Demokratie-Lernen in den Schulprogrammen immer noch ein weitgehend „unbestelltes Feld" ist (S. 602). Demokratie-Lernen, so legt diese überaus ausdrucksstarke und sorgfältige Arbeit nahe, bedarf gegenüber dem reinen Fachlernen in Zukunft noch der besonderen Förderung und Unterstützung seitens der Schulaufsicht. Dabei sollte die gezielte und politisch abgesicherte Stärkung des Demokratie-Lernens durch die ministeriellen Spitzen eine entscheidende Rolle spielen. Hier kann der Autor auf verschiedene Beschlüsse der Kultusministerkonferenz zur Demokratieerziehung verweisen.

Die von Dirk Lange und Wolfgang Sander (Münster) begutachtete Dissertation von Gernod Röken schlägt gewiss einen großen Bogen. Immerhin hat die Arbeit über 900 Seiten. Das Literaturverzeichnis beweist mit fast 90 Seiten die umfangreiche Literaturverarbeitung. Und der Anmerkungsapparat mit vielfältig vertiefenden Erläuterungen zu den Literaturquellen und zu Kontroversen füllt selbst schon mehr als 200 Seiten. All dies zeigt eindrücklich die fachliche Leidenschaft, mit der Gernod Röken seine Arbeit angegangen ist, mit der er sie durchgeführt und mit der er sie schließlich zu einem herausragenden Ergebnis geführt hat. Trotz ihres erheblichen Umfangs kann die intensive Lektüre nur dringend empfohlen werden.

Das Magdeburger Manifest

Am 26. Februar 2005 wurde im Rahmen der Halbzeitkonferenz des BLK-Programms „Demokratie lernen & leben" das „Magdeburger Manifest" zur Demokratiepädagogik verabschiedet. Das Manifest entfaltet in 10 Punkten, warum demokratiepädagogische Aktivitäten in Deutschland engagiert vorangebracht werden müssen. Der Text wurde von Wolfgang Edelstein (Berlin), Peter Fauser (Jena) und Gerhard de Haan (Berlin) formuliert.

1. Demokratie ist eine historische Errungenschaft. Sie ist kein Naturgesetz oder Zufall, sondern Ergebnis menschlichen Handelns und menschlicher Erziehung. Sie ist deshalb eine zentrale Aufgabe für Schule und Jugendbildung. Demokratie kann und muss gelernt werden – individuell und gesellschaftlich. Die Demokratie hat eine Schlüsselbedeutung für die Verwirklichung der Menschenrechte. Die Entwicklung und die ständige Erneuerung demokratischer Verhältnisse bildet deshalb eine bleibende Aufgabe und Herausforderung für Staat, Gesellschaft und Erziehung. Die Erfahrung des menschenverachtenden Regimes des Nationalsozialismus zeigt, wie rasch die Demokratie in Staat und Gesellschaft zerstört werden kann. Das aktive Erinnern an diesen Zivilisationsbruch ist deshalb notwendiger Bestandteil demokratischer Erziehung.

2. Angesichts der Geschichte, nicht weniger jedoch angesichts gegenwärtiger Entwicklungen und Gefährdungen durch Rechtsextremismus, Fremdenfeindlichkeit, Gewalt und Antisemitismus, wird deutlich, dass die Demokratisierung von Staat und Verfassung allein nicht genügt, die Demokratie zu erhalten und mit Leben zu erfüllen. Dazu bedarf es vielmehr der Verankerung der Demokratie nicht nur als Verfassungsanspruch und Regierungsform, sondern als Gesellschaftsform und als Lebensform.

3. Demokratie als Gesellschaftsform bedeutet, diese als praktisch wirksamen Maßstab für die Entwicklung und Gestaltung zivilgesellschaftlicher Gemeinschaften, Verbände und Institutionen zu achten, zur Geltung zu bringen und öffentlich zu vertreten.

4. Demokratie als Lebensform bedeutet, ihre Prinzipien als Grundlage und Ziel für den menschlichen Umgang und das menschliche Handeln in die Praxis des gelebten Alltags hineinzutragen und in dieser Praxis immer wieder zu erneuern. Grundlage demokratischen Verhaltens sind die auf gegenseitiger Anerkennung beruhende Achtung und Solidarität zwischen Menschen unabhängig von Herkunft, Geschlecht, Alter, ethnischer Zugehörigkeit, Religion und gesellschaftlichem Status.

5. Politisch wie pädagogisch beruht der demokratische Weg auf dem entschiedenen und gemeinsam geteilten Willen, alle Betroffenen einzubeziehen (Inklusion und Partizipation), eine abwägende, am Prinzip der Gerechtigkeit orientierte Entscheidungspraxis zu ermöglichen (Deliberation), Mittel zweckdienlich und sparsam einzusetzen (Effizienz), Öffentlichkeit herzustellen (Transparenz) und eine kritische Prüfung des Handelns und der Institutionen nach Maßstäben von Recht und Moral zu sichern (Legitimität).

6. Demokratie lernen und Demokratie leben gehören zusammen: In demokratischen Verhältnissen aufzuwachsen und respektvollen Umgang als selbstverständlich zu erfahren, bildet eine wesentliche Grundlage für die Bildung belastbarer demokratischer Einstellungen und Verhaltensgewohnheiten. Darüber hinaus erfordert die Entwicklung demokratischer Handlungskompetenz Wissen über Prinzipien und Regeln, über Fakten und Modelle sowie über Institutionen und historische Zusammenhänge.

7. Demokratie lernen ist eine lebenslange Herausforderung; jede neue gesellschaftliche

und politische Situation kann neue Fähigkeiten und demokratische Lösungswege verlangen. Ganz besonders stellt Demokratielernen ein grundlegendes Ziel für Schule und Jugendbildung dar. Das ergibt sich zuerst aus deren Aufgabe, Lernen und Entwicklung aller Heranwachsenden zu fördern. In welchem Verhältnis Einbezug und Ausgrenzung, Förderung und Auslese, Anerkennung und Demütigung, Transparenz und Verantwortung in der Schule zueinander stehen, entscheidet darüber, welche Einstellung Jugendliche zur Demokratie entwickeln und wie sinnvoll, selbstverständlich und nützlich ihnen eigenes Engagement erscheint.

8. Demokratie wird erfahren durch Zugehörigkeit, Mitwirkung, Anerkennung und Verantwortung. Diese Erfahrung bildet eine Grundlage dafür, dass Alternativen zur Gewalt wahrgenommen und gewählt werden können und dass sich Vertrauen in die eigene Handlungsfähigkeit (Selbstwirksamkeit) und die Bereitschaft, sich für Aufgaben des Gemeinwesens einzusetzen, ausbilden können. Von dieser Erfahrung hängt die Fähigkeit ab, Zugehörigkeit zu anderen und Abgrenzung von anderen als demokratische Grundsituation zu verstehen und sie nicht mit blinder Gefolgschaft, mit der Abwertung anderer und mit Fremdenfeindlichkeit zu beantworten. Gewalt, Rechtsextremismus und Fremdenfeindlichkeit bei Jugendlichen sind auch die Folge fehlender Erfahrung der Zugehörigkeit, mangelnder Anerkennung und ungenügender Aufklärung.

9. Die Forderung, Demokratie lernen und Demokratie leben in der Schule miteinander zu verbinden, hat Konsequenzen für Ziele, Inhalte, Methoden und Umgangsformen in jedem Unterricht sowie für die Leistungsbewertung. Daraus folgt die Bedeutung des Projektlernens als einer grundlegend demokratisch angelegten pädagogischen Großform. Demokratie lernen und leben in der Schule impliziert die Forderung, Mitwirkung und Teilhabe in den verschiedenen Formen und auf den verschiedenen Ebenen des Schullebens und der schulischen Gremien zu erproben und zu erweitern und verlangt die Anerkennung und Wertschätzung von Aktivitäten und Leistungen, mit denen sich Schüler und Lehrer über die Schule hinaus an Aufgaben und Problemen des Gemeinwesens beteiligen.

10. Erziehung zur Demokratie und politische Bildung stellen für die Schule, besonders für Lehrerinnen und Lehrer, eine Aufgabe von zunehmender gesellschaftlicher Dringlichkeit dar. Alle staatlichen und zivilgesellschaftlichen Kräfte sind gefordert, pädagogische Anstrengungen auf diesem Feld zu unterstützen, mit ausreichenden Mitteln zu versehen und ihre öffentliche Wahrnehmung zu stärken.

Magdeburg, den 26. Februar 2005

Abgedruckt nach: Beutel, W./Fauser, P. (Hrsg.) (2007): Demokratiepädagogik. Lernen für die Zivilgesellschaft. Schwalbach/ Ts., S. 200-202.

Stärkung der Demokratieerziehung
(Beschluss der KMK vom 06.03.2009)

Der 90. Jahrestag der Konstituierung der Weimarer Republik und der Annahme der ersten praktizierten demokratischen Verfassung auf deutschem Boden, der 60. Jahrestag

des Grundgesetzes und der 20. Jahrestag der friedlichen Revolution in der DDR im Jahr 2009 sowie der 20. Jahrestag der Deutschen Einheit im Jahr 2010 sind geeignete Anlässe, die herausragende Bedeutung der Erziehung zur Demokratie als Aufgabe schulischer Arbeit hervorzuheben und demokratisches

Engagement im Rahmen schulischer Aktivitäten zu würdigen.

Die Entwicklung Deutschlands zu einem sozialen Rechtsstaat in Einheit und Freiheit wäre ohne unsere demokratische Grundordnung und ohne die erfolgreiche friedliche Revolution in der DDR nicht möglich gewesen. Wir wissen: Demokratie ist nicht selbstverständlich; sie musste in einem langen historischen Prozess errungen werden. Demokratie ist stets aufs Neue Gefahren ausgesetzt. Dies zeigt die deutsche Geschichte mit zwei Diktaturen im 20. Jahrhundert.

Aktuelle Gefahren stellen insbesondere der Rechtsextremismus, der religiöse Fundamentalismus und der Linksextremismus dar. Dies belegen z.B. auch die Ergebnisse von rechtextremistischen Parteien bei Kommunal- und Landtagswahlen sowie die allein im Jahr 2007 bundesweit registrierten 17.607 rechtsextremistisch motivierten Straftaten. Wir dürfen nicht zulassen, dass unsere Demokratie beschädigt oder ausgehöhlt wird. An einer Auseinandersetzung mit den Feinden der Demokratie und deren Demagogie führt kein Weg vorbei.

Erziehung für die Demokratie ist eine zentrale Aufgabe für Schule und Jugendbildung - Demokratie und demokratisches Handeln können und müssen gelernt werden. Kinder und Jugendliche sollen bereits in jungen Jahren Vorzüge, Leistungen und Chancen der Demokratie erfahren und erkennen, dass demokratische Grundwerte wie Freiheit, Gerechtigkeit und Solidarität sowie Toleranz niemals zur Disposition stehen dürfen - auch nicht in Zeiten eines tiefgreifenden gesellschaftlichen Wandels.

Schon in der Grundschule sollen Kinder Partizipation einüben und an die Grundprinzipien unserer demokratischen Staats- und Gesellschaftsordnung und die Unterschiede zu diktatorischen Herrschaftsformen herangeführt werden, zum Beispiel die Meinungs- und Pressefreiheit, den politischen Pluralismus und freie Wahlen gegen den weltanschaulichen Wahrheitsanspruch, das Machtmonopol einer Partei und die Unterdrückung von Opposition. Sie sollen lernen, dass die Demokratie den Menschen die Möglichkeit eröffnet, für sich selbst und die Gemeinschaft Verantwortung zu übernehmen, während die Diktatur den Menschen der Verantwortung enthebt und ihn zwingt, auch gegen besseres Wissen und Gewissen mitzutun.

Schon in der frühen Sekundarstufe I sollen die Schülerinnen und Schüler fundierte Kenntnisse unserer jüngeren Geschichte erwerben. Den Erfahrungen aus der deutschen Geschichte des 20. Jahrhunderts, aus der Weimarer Republik, aus der Zeit des Nationalsozialismus, aus 60 Jahren gelebter Demokratie in der Bundesrepublik, aus der Zeit der DDR und aus der friedlichen Revolution kommt im Rahmen einer demokratischen Bildung und Erziehung eine Schlüsselrolle zu.

Demokratisches Verständnis entwickeln Kinder und Jugendliche ganz besonders über persönliche Erfahrung und über eigenes Handeln. Elementare Grundlagen hierfür werden bereits im frühkindlichen Entwicklungsstadium gelegt. Partizipation und Selbstverantwortung müssen früh und in möglichst allen Lebenszusammenhängen erlernt und erfahren werden - auch und gerade in Familie und Schule.

Für die Schule bedeutet dies: Demokratielernen ist Grundprinzip in allen Bereichen ihrer pädagogischen Arbeit. Die Schule selbst muss Handlungsfeld gelebter Demokratie sein, in dem die Würde des jeweils Anderen großgeschrieben, Toleranz gegenüber anderen Menschen und Meinungen geübt, für Zivilcourage eingetreten wird, Regeln eingehalten und Konflikte gewaltfrei gelöst werden.

Demokratieerziehung ist Aufgabe aller Fächer. In jedem Fach wie auch außerhalb des Unterrichts geht es darum, die Verantwortungsübernahme durch Schülerinnen und Schüler sowohl zu fordern als auch fördern und sie damit zugleich beim Aufbau persönlicher und sozialer Kompetenz zu unterstützen.

In den Ländern gibt es vielfältige Erfahrungen mit Demokratiepädagogik. Insbesondere der im Rahmen des BLK-Programms „Demokratie lernen & leben" entwickelte „Qualitätsrahmen Demokratiepädagogik" bietet eine gute Orientierung für die weitere Arbeit.

Auch aus dem internationalen Kontext können sich Impulse für die weitere Stärkung der Demokratieerziehung ergeben. So stellt das seit 1997 bestehende Projekt des Europarats „Education for Democratic Citizenship and Human Rights Education" (EDC/HRE) gelebte Demokratie in den Mittelpunkt. Aus diesem Projekt, in dessen Rahmen auch das „Europäische Jahr der Demokratieerziehung 2005" mit großer Resonanz in allen Mitgliedsstaaten des Europarats umgesetzt wurde, ist eine Fülle von Materialien hervorgegangen, die insbesondere für Schulen von Bedeutung sind (z.B. Handreichungen zur demokratischen Schulgestaltung sowie zur Lehrerbildung, Qualitätssicherung und zum Kompetenzerwerb im Bereich der Demokratieerziehung/politischen Bildung). Die Kultusministerkonferenz will alle in der Schule Mitwirkenden, ganz besonders die Kinder und Jugendlichen, zu Verantwortungsübernahme und Mitgestaltung in Schule und Zivilgesellschaft ermutigen. Inwieweit wir die Möglichkeiten der Demokratie verwirklichen, hängt nicht zuletzt von uns selbst ab.

Um die Demokratieerziehung zu stärken, werden die Länder nach Möglichkeit folgende Maßnahmen umsetzen:

Zur Weiterentwicklung des Unterrichts

• Förderung eines fachübergreifenden und fächerverbindenden Unterrichts zur Stärkung der Demokratieerziehung in der Primar- und Sekundarstufe

• beginnend in der frühen Sekundarstufe I Auseinandersetzung mit der jüngsten deutschen Geschichte einschließlich der Zeit des Nationalsozialismus sowie mit der SED-Diktatur; verstärkte Vermittlung von Kenntnissen des Grundgesetzes und der Länderverfassungen, des demokratischen Systems, der Institutionen und Partizipationsmöglichkeiten; Kennenlernen von demokratischen Institutionen und ihrer Aufgaben, Funktionsweisen und täglichen Arbeit; Entwicklung von Fähigkeiten zur Analyse und Beurteilung diktatorischer Systeme und der ihnen zugrunde liegenden Ideologien

• verstärkte Integration der Demokratiepädagogik und der unterrichtlichen Auseinandersetzung mit diktatorischen Systemen in beide Phasen der Ausbildung und Fortbildung der Lehrkräfte

• Förderung einer verstärkten Auseinandersetzung mit der Geschichte, den gesellschaftlichen und politischen Systemen unserer osteuropäischen Nachbarn – aktuell insbesondere Entwicklung eines deutsch-polnischen Geschichtsbuches

• verstärkte Nutzung außerschulischer Lernorte wie Gedenkstätten, Museen, Orte von Menschenrechtsverletzungen und staatlichen Gewaltverbrechen; Stärkung der Gedenkstättenpädagogik, Einbeziehung von Zeitzeugen

• Förderung einer fundierten Auseinandersetzung mit allen Formen des Extremismus, mit Fremdenfeindlichkeit, Fundamentalismus, Gewalt und Intoleranz, beginnend in der Grundschule

• Unterstützung der Schulen bei der Verankerung von demokratiepädagogischen Aspekten in schulinternen Curricula

• Wahrnehmung und Realisierung von Demokratieerziehung und demokratischer Schulkultur als Kriterium von Schulentwicklung, Stärkung der Unterstützung-sangebote für Schulen

- Förderung von unterrichtsnahen Vorhaben zur Verantwortungsübernahme von Kindern und Jugendlichen für ihr unmittelbares Lebensumfeld
- Ausweitung von Initiativen wie „Schule ohne Rassismus"

Im Rahmen der Schülerbeteiligung

- Motivierung von Schülerinnen und Schülern, bestehende Mitwirkungsmöglichkeiten tatsächlich wahrzunehmen, wirksame Unterstützung der Gremienarbeit und weiterer Beteiligungsformen (z.B. Klassenräte)
- Auszeichnung von besonderem Engagement in den Schulen und Hinweise auf den Zeugnissen
- Aufzeigen bestehender und Ausweitung der Mitwirkungsrechte und Mitgestaltungsmöglichkeiten für Schülerinnen und Schüler (z.B. Einführung von Kreis- und Landesschülerräten mit entsprechenden Befugnissen, Einführung von Feedback-Kulturen)

- systematische Verankerung einer Anerkennungs- und Beteiligungskultur im Rahmen schulischer Qualitätsentwicklung, Mitwirkung von Schülerinnen und Schülern an schulinterner Evaluation

Auftaktveranstaltung

- Durchführung einer bundesweiten Fachtagung im Jahr 2009 zu den Themen Demokratiepädagogik im Unterricht und Stärkung von Schülerbeteiligung sowie zur Auseinandersetzung mit der deutschen Geschichte

Quelle: http://www.kmk.org/fileadmin/ veroeffentlichungen_beschluesse/ 2009/2009_03_06-Staerkung_Demokratie-erziehung.pdf, Zugriff v. 30.10.2011.

Reform der Erziehung – Reformen für Kinder. Eine Jenaer Erklärung

1. Seit März 2010 sind zahlreiche Fälle sexuellen Missbrauchs von Kindern und Jugendlichen vor allem in katholischen Internaten und in der privaten Odenwald-Schule bekannt geworden. Opfer durchbrechen ihr oft jahrelanges Schweigen trotz Angst und qualvoller Schamgefühle. Es ist gut, dass dies endlich geschieht und gesellschaftliche Aufmerksamkeit findet. Die Betroffenen haben Anspruch auf bestmöglichen menschlichen, rechtlichen und fachlichen Beistand. Aufklärung, Hilfe und Vorbeugung müssen mit Entschiedenheit vorangebracht werden. Sexueller Missbrauch ist eine besonders verwerfliche Form der Gewalt und der Verletzung der Menschenrechte von Kindern. Er verletzt ihr Grundrecht auf körperliche und seelische Unversehrtheit und missbraucht ihr natürliches Bedürfnis nach Nähe und Geborgenheit. Das beschädigt ihr Grundvertrauen und ihre Bindungsfähigkeit – die wichtigsten Quellen gesunden Aufwachsens und zuversichtlichen Lebensmuts.

2. Wenn Heranwachsende sexuellem Missbrauch ausgesetzt sind, wenn ihnen Gewalt angetan wird und sie unter Verwahrlosung leiden, weil sie allein gelassen werden, so bedeutet das ein extremes Versagen der Erziehung und der Verantwortung Erwachsener. Besonders in pädagogischen Einrichtungen ist dies in mehrfacher Hinsicht zu verurteilen: als Gewalt gegen Kinder und Jugendliche, als Vertrauensbruch gegenüber der Familie, als Verrat berufsethischer Prinzipien, als Abfallen von den Grundsätzen der Nächstenliebe und Seelsorge. Ausmaß und Häufigkeit dieses Versagens in Familien wie in kirchlichen oder weltlichen pädagogischen

Einrichtungen müssen uns beschämen und wachrütteln. Es wird deutlich, dass Gesellschaft, Staat und Kirchen dauerhaft mehr für Kinder tun und für Erziehungsverhältnisse sorgen müssen, die ihrem Lernen und Aufwachsen förderlich sind und die auch ihre Eltern wirksam unterstützen. Durch den immer schnelleren Wandel verlieren viele junge Eltern die Sicherheit und unterstützende Umgebung, die sie selbst brauchen, um ihre Kinder mit Liebe, Geborgenheit und Zuversicht ins Leben zu begleiten. Hier sind Schule, Jugendhilfe und ihr Zusammenwirken mehr denn je gefordert.

3. Die derzeitige öffentliche und mediale Debatte über sexuellen Missbrauch in kirchlichen und anderen pädagogischen Einrichtungen ist in vieler Hinsicht zu begrüßen. Sie gibt den Betroffenen eine Stimme, beendet das Beschweigen und trägt dazu bei, dass es trotz rechtlicher Verjährung keine moralische Verjährung geben wird. Es ist gut, wenn auf diese Weise auch die Beteiligung von Verantwortungsträgern zum Thema wird, die durch Mitwissen, Vertuschen und Leugnen den Missbrauch begünstigt oder gedeckt haben. Aber diese Debatte birgt auch problematische Tendenzen und die Gefahr, dass die öffentliche Aufmerksamkeit von den Verbrechen an Kindern und Jugendlichen auf andere Themen verschoben wird. Es geht dann nicht mehr in erster Linie um Opfer und Täter, um Missbrauch begünstigende Einzelstrukturen, Konstellationen und Situationen, sondern um ganze Geistesrichtungen und Kultureinrichtungen, Organisationen und Instanzen, um „die" katholische Kirche, um „die" Landerziehungsheime oder um „die" Reformpädagogik. Manche Stimmen erwecken den Eindruck, sie hätten nur auf eine willkommene Gelegenheit für breite moralische Aggression gewartet. Mitunter werden ganze Verschwörungstheorien über gegenwärtige und historische Bildungszu-sammenhänge aufgebracht. Verbrechen einzelner werden auf Konzepte, Ideen und Milieus zurückgeführt. An die Stelle der Aufklärung tritt eine ideologische Kampagne, die den Opfern nicht hilft, die ihr Schicksal instrumentalisiert, die den Schaden, den die Täter angerichtet haben, noch vergrößert.

4. Wir alle dürfen uns von solchen Kampagnen nicht ablenken lassen. Die Verantwortungsträger in Staat und Zivilgesellschaft, Wissenschaft und Kirchen, in Schulen, Kommunen und Bildungspolitik müssen ihre Aufmerksamkeit darauf richten, worum es wirklicht geht. Es geht um Hilfe für die Opfer. Es geht darum, konkrete Straftaten Einzelner aufzuklären und zu ahnden. Neben der Hilfe für Betroffene und der Bestrafung Schuldiger kommt es jetzt und künftig auf wirksame Vorbeugung an. Es muss institutionell gewährleistet werden, dass Kinder und Jugendliche ihren Anliegen, ihren Interessen und ihren Kümmernissen Gehör verschaffen können. Begleitende Aufmerksamkeit, Hinwendung und pädagogische Nähe sind dafür unerlässlich. Dazu ist es notwendig, generell in Schulen und überhaupt in pädagogischen Einrichtungen durch wirksame Instrumente professioneller Kontrolle und Selbstkontrolle, durch demokratische Öffnung und öffentliche Rechenschaft dafür zu sorgen, dass Überwältigung und Missbrauch in welcher Form auch immer, ob durch Erwachsene oder Gleichaltrige, verhindert werden können. Dafür geeignete und fachlich seit langem geforderte Maßnahmen in Schule und Lehrerbildung müssen endlich realisiert werden. Beispiele dafür sind: altersgemäße Aufklärung und Trainingsangebote für Kinder und Jugendliche; Gesprächsformen, in denen Kinder sich geschützt und verstanden wissen; Patenschaften von Älteren für Jüngere; ein erheblicher Ausbau der Elternarbeit; Eignungstests, Trainingsprogramme,

studien- und berufsbegleitende Supervision sowie ein berufsethisches Regelwerk für Pädagogen.

5. Die neuen Richtlinien des Europarates fordern die Staaten auf, effektive Maßnahmen zur Überwindung der Gewalt aller Art gegen Kinder zu entwickeln und durchzusetzen und der Pädagogik entsprechende Aufgaben zu stellen. Es geht um das Wohl aller Heranwachsenden, um ihr „best interest", wie es in der Kinderrechtskonvention der Vereinten Nationen heißt. In ihrem Interesse brauchen wir zukunftsweisende Erfahrungen, Erfindungen und Erkenntnisse all derjenigen, die unsere Schulen kindgerechter, fähigkeitsentfaltender, verantwortungsfördernder gestalten und in diesem Sinne reformieren wollen. Vieles davon knüpft an die verschiedenen Richtungen, Ideen und Modelle der historischen Reformpädagogik an, die bei aller Problematik mancher Ideen und bei aller Ungenauigkeit dieses Sammelbegriffes zumindest eines gemeinsam hatten und haben – dass sie mit großer Entschiedenheit die eigenen Perspektiven, die Entwicklung, die Rechte und Bedürfnisse von Kindern zur Grundlage und zum Ausgangspunkt pädagogischen Denkens und Handelns gemacht haben. Wir brauchen eine Pädagogik der Reformen gerade jetzt – als Qualitäts-Initiative, die sich an Fachlichkeit orientiert, also am Stand der pädagogischen Entwicklung in Wissenschaft und Praxis und an der Aufgabe, allen Kindern und Jugendlichen, jedem einzelnen, die bestmögliche Bildung zu gewähren. Dazu gehören Expertise, Transparenz, Öffentlichkeit, beispielgebende Einrichtungen und Personen.

6. Jena versteht sich als ein Ort, für dessen Geschichte und Gegenwart pädagogische Reformen in Praxis und Wissenschaft von prägender Bedeutung sind. Stadt und Universität haben seit der friedlichen Revolution besondere Anstrengungen unternommen, Erziehung und Bildung demokratisch zu erneuern. Qualität, Vielfalt und Dynamik der heutigen pädagogischen Landschaft Jenas verdanken sich ganz wesentlich der entschiedenen Hinwendung zum Lernen und Leben der Kinder und Jugendlichen und der befreienden Ablösung von ideologisch bestimmten politischen und bürokratischen Zwängen sowie von überholten Unterrichts- und Belehrungsmustern. Es war und ist für diesen Prozess der Erneuerung sehr wichtig, sich aktiv an neuen Debatten und Entwicklungen zu beteiligen. Und es war ebenso wichtig, dass auch Konzepte und Modelle der während der DDR-Zeit teilweise verdrängten reformpädagogischen Tradition zugänglich gemacht und kritisch angeeignet werden konnten.

Stadt und Universität, pädagogische Einrichtungen und Öffentlichkeit Jenas wollen mit dieser gemeinsamen Erklärung ihre Entschlossenheit öffentlich bekräftigen, sich für eine Reform der Erziehung einzusetzen, die Heranwachsende stark macht, der Gewalt entgegenwirkt und Familien, pädagogischen Berufen und Einrichtungen geeignete Mittel dafür an die Hand gibt.

Jena im April 2010

Erstunterzeichner: Klaus Dicke (Rektor der Friedrich-Schiller-Universität Jena), Peter Fauser (Lehrstuhl für Schulpädagogik/Schulentwicklung), Michaela Gläser-Zikuda (Institut für Erziehungswissenschaft), Jürgen John (Historiker), Frank Schenker (Bürgermeister und Dezernent für Familie und Soziales), Albrecht Schröter (Oberbürgermeister der Stadt Jena)

Sie können diese Erklärung und ihre Forderungen unterstützen, indem Sie mit unterzeichnen. Schicken Sie dazu eine entsprechende Mail an jenaererklaerung@ imaginata.de . Die Mitunterzeichner/innen werden unter http://www.imaginata.de/

jenaer-erklaerung.html genannt. Auch auf dieser Seite besteht die Möglichkeit, die Erklärung mitzuzeichnen.

Liste der Mitunterzeichner der Jenaer Erklärung

Günther Ahrendt, Weimar; Frank Albrecht, Weimar, Vorsitzender AWO Jena-Weimar; Christiane Alt, Erfurt, Gutenberg-Gymnasium; Ute Altenburg, Markus Althoff, Langerwisch; Thomas Anderseck, Jena; Reinhold Arne, Erfurt; Jörg Auweiler, Jena; Udo Balasch, Aktiv-Schule Emleben; Matthias Bangert, Überlingen, Schule Schloss Salem; Josefine Bär, Jena; Carina Barczewski, Jenaplan-Schule, Jena; Raimund Barth, Waldstetten; Marc Bartuschka, Jena; Marcus Basler, Kaleidoskop Jena – Staatliche Gemeinschaftsschule; Johannes Bastian, Universität Hamburg; Michael Baumgartl, Jena; Holger Becker, Jena; Susann Becker, Jena; Udo Beckmann, Berlin, Verband Bildung und Erziehung (VBE); Dagmar Berger, Überlingen, Schule Schloss Salem; Matthias Bergmann-Listing, Berlin; Lutz Bessel, Schlehdorf; Silvia-Iris Beutel, Technische Universität Dortmund; Wolfgang Beutel, Dortmund, Demokratisch Handeln, Jena; Bärbel Bitterlich, Schwarzenberg, Vizepräsidentin der Jenaplangesellschaft Deutschland; Werner Bleher, Reutlingen, PH Ludwigsburg; Regina Blume, Schulleiterin, Jena; Anke Böhnhardt, Mihla, Elisabeth-Gymnasium; Christof Bosch, Königsdorf; Johanna Bosch-Brasacchio; Willi Brand, Jena, MPI; I. Braunschweig-Dresler, Jena, Diakonie-Sozialstation; Hans Brügelmann, Netphen, Universität Siegen; Käthe Brunner, Jugendamt Jena; Monika Buhl, Konstanz; Cathrin Burkhardt, Jena; Manfred Busch, Celle; Rolf Busch, Erfurt, Landesvorsitzender Thüringer Lehrerverband tlv; Sabine Busch, Lehrerin an der Staatlichen Grundschule „Ziolkowski" in Ilmenau; Torsten Carl, Vierquadrat-Architekten, Weimar; Ursula Carle, Universität Bremen; Jörg Casper, Förderverein Wielandschule Oßmannstedt, KEM Kommunalentwicklung

Mitteldeutschland GmbH, Jena; Norbert Comouth, Stadtrat, CDA Kreisvorsitzender Jena; StR Grit Conrad, Goethegymnasium Weimar; Mathias Conrad, Institut für Erziehungswissenschaft, FSU Jena; Manuela Conzelmann, PH Weingarten; Benno Dalhoff, Soest, Bio-AG Conrad-von-Soest-Gymnasium; Peter Daschner, Direktor Landesinstitut für Lehrerbildung und Schulentwicklung (LI); Rainer Deimal, Datteln, ABA Fachverband Offene Arbeit mit Kindern und Jugendlichen e.V.; Jaqueline Devrient, Jena; Jan Dickmann, SBBS Rudolstadt; Stefanie Dolling, Weimar, BÜNDNIS 90/DIE GRÜNEN; Sabine Domhardt, Stützerbach, Schulleiterin GS „Ziolkowski" Ilmenau; Hartmut Draeger, Berlin, Gesellschaft für Jenaplan-Pädagogik; Elke Dubslaff, Jena; Denisa-Felicia Dudas, Dortmund, Institut für Schulentwicklungsforschung; Petra Duske, Fachbereich Biologie, PH Weingarten; René Eberhardt, Vogtsburg; Wolfgang Edelstein, Berlin, MPI für Bildungsforschung; Brünnhild Egge, CDU Jena; Heiko Eichner; Birgit Elias, Werkstattschule Bremerhaven; Dieter Elsner, Jena, Vorschulteil Jenaplan-Schule; Tamara Endter, Rotterode; Thomas Engel; Bärbel Falke, Studienseminar für das Lehramt an Gymnasien, Jena; Hannelore Faulstich-Wieland, Hann. Münden, Universität Hamburg; Bernhard Fauser, Schwäbisch-Gmünd; Bettina Fauser, Karlsruhe; Ulrike Feine; Christel Fenk, Jena; Siegfried Ferge, Jena, Ortsteilbürgermeister; Arila Feurich, Demokratisch Handeln, Jena; Manfred Fiege, SBBS Arnstadt; Dietlind Fischer, Münster, Comenius-Institut; Kathrin Förste; Jana Förster, Gera; Mario Förster, Georg-August-Universität Göttingen; Sabrina Förster, Studentin der Universität Erlangen-Nürnberg; Christina Franzheld, Jena, Fachdienst Jugendhilfe; Matthias Frommann, Stadtrat, Vorsitzender der MIT Jena; Stefanie Frommann, Jena, Zentrum für Familie und Alleinerziehende e.V.; Helmut Frommer, Bodman; Jens Fuchs, Schulelternsprecher Jenaplan-Schule, Jena; Angelika Fürstenberg, Chemnitz, engagierte Bürgerin u.a.; Jan Gaber, Rudolstadt; Karsten Gäbler, FSU Jena; Holger Gabriel, Lehrstuhl für Sportmedizin, FSU Jena; Franz Gebhardt, Jena; Friedrich-Wilhelm Gebhardt, Gewerkschaft ver.di, Jena; Birgit Gehre, Vierquadrat Architekten, Weimar; Iris Geithner, Freier Waldorfkindergarten Gera; Barbara Glasser, Jena; Karlheinz Goetsch, Regionalberater „Demokratisch Handeln" für Hamburg; Dagmar Gottschall, Jenaplan-Schule, Jena; Grit Götze, Gera; Julia Grebe; Christoph Grießhaber; Janett Grosser, Institut für Soziologie, FSU Jena; Karen Gruhn, Jena; Helmut Grün, Jena-Burgau; Ute Grün, Ortsteilbürgermeisterin Jena-Burgau; Matthias Günkel, Wirtschaftsjournalist, Cotta-Magazin; Wolfgang Haak, Schulleiter, Musikgymnasium Schloss Belvedere Weimar; Kai Haase, Jena; Matthias Haberland, Jena, Lobdeburgschule; Rüdiger Hachtmann, Berlin, Historiker; Alfred Hansel; Simone Hansen, Hermsdorf/ Frankfurt/a.M., Holzland-Gymnasium Hermsdorf; Gerjet Harms; Leonie Harms; Christian Hascher, Jena; Elviera Hecker, Gleichstellungs- und Frauenbeauftragte der Stadt Jena; Ulrich Hecker, Moers, Grundschulverband, Stellv. Vorsitzender; Irmgard Heinemann, Jena; Klaus Heinemann, Jena; Martin Heinrich, Bad Münder, Universität Hannover; Bernhard Helbing, Bad Langensalza, TMP Fenster + Türen GmbH; Joachim Hendel, FSU Jena; Joachim Hennig, Redaktionsleiter der Straßenzeitung „NOTausgang", Jena; Martina Hense, Institut für Pharmazie, FSU Jena Ralph Hepp, FSU Jena, Institut für Erziehungswissenschaft; Kerstin Herrmann, Reichmannsdorf, Staatliche Grundschule Gräfenthal; Gabriele Heusing, Mühlhausen, BfH-Bildungszentrum für Heilberufe GmbH; Peter Heyer, Berlin, Grundschulverband; Herbert Hieber, Ellwangen/Jagst; Martina Hielscher-Fastabend, PH Ludwigsburg; Sandra Hillesheim, Jena; Sabine Hoffmann, Bad Sachsa, Grundschule Nordhausen KKS; Jan Hofmann, Lisum Berlin-Brandenburg; Katrin Höhmann, PH Ludwigsburg; Alfred Holz-

brecher, PH Freiburg; Anne Höfer, Netphen, Friedrich von Bodelschwingh-Schule; Griseldis Höppner, Radebeul, Praxis für Familientherapie / Supervision / Coaching; Brigitte Hörmann, Fischen; Prof.(em.) Marianne Horstkemper, Universität Potsdam; Uwe Hossfeld, AG Biologiedidaktik, FSU Jena; Prof.(em.) h.c. Ludwig Huber, Bielefeld; Hiltrun Hütsch-Seide, Berlin, Senatsverwaltung für Bildung, Wissenschaft und Forschung; Konstanze Ilmer, Kinderdemokratieprojekte – Findet Demo; Kerstin Immerthal, Bad Frankenhausen; Andreas Irmert, Bielefeld; Erwin Irmert, Melle; Gundela Irmert-Müller, Jena, IMAGINATA; Christine Jäger, Dresden, Kunsthistorikerin; Christine Jagusch, Jena; Martin Jagusch, Musik- und Kunstschule Jena; Franz Jentschke, Schulleiter der Gesamtschule Bremen-Ost; Gisela John, Jenaplan-Schule, Jena; Helga Jung-Paarmann, Bielefeld; Mario Kalina, Jena, IMAGINATA; Katja Kansteiner-Schänzlin, PH Weingarten; Petra Kathke, Berlin, Pädagogische Hochschule Schwäbisch Gmünd; Torsten Kettritz, Fachstelle Ausweg Magdeburg – Beratung und Therapie für sexuell übergriffige Kinder und Jugendliche; Rolf Kielblock, Frankfurt/M.; Andreas Kieselbach, www.jenapolis.de, Erfurt; Anja Kirschner, Jena, Uniklinikum; Julia Klein, Köln, Grundschule Harmonie; PD Karin Kleinespel, Wiss. Geschäftsführerin des Zentrums für Lehrerbildung und Didaktikforschung (ZLD) an der FSU Jena; Christina Kleinschmidt, Berlin, OSZ Bürowirtschaft und Verwaltung; Doris Knab, Stuttgart; Lydia Knöpfel, Jena; OStD Hannelore Köhler, Schulleiterin des Roman-Herzog-Gymnasiums Schmölln; Franz-Michael Konrad, Katholische Universität Eichstaett-Ingolstadt; Nicole Kotkamp-Mothes, Jena, Kinder-, Jugend- und Familienberatungsstelle der Stadt Jena; Lothar Krappmann, Berlin, UN Ausschuss für die Rechte des Kindes; Horst Kraußlach, Schulleiter der Regelschule „Geratal" Geraberg; Hildegard Kremers, Moers; Manuela Kübler, Nordhausen; Katrin Kühn, Jena; Stefan Kurth,

Neuburg a.d. Donau; Frank Laemers, Dortmund; Gregor Lang-Wojtasik, Erziehungswissenschaft, PH Weingarten; Katrin Lange, Leinatal; Uta Lange, Jena, Jugendamt; Silke Langenhan, Hausarztpraxis, Elgersburg; Maresi Lassek, Stuhr, Vorsitzende des Grundschulverbandes; Ralph Leipold, Steinach, Staatliches Gymnasium Neuhaus am Rennweg; Dorothea Leischnig, Jena, Freiberufler; Reinhart Lempp, Stuttgart; Tino Liebeskind, Jena; Klaus Lindauer, Niedernhausen; Uta Lindemann, Nordhausen, Gymnasium „Wilhelm v. Humboldt"; Heidrun Linke, Greiz, Diplomsozialpädagogin; Urban Lissmann, Zentrum für Empirische pädagogische Forschung, Universität Landau; Wolfram Loch, Jena; Simone Löffel, Universität Siegen; Hans Löffler, Rechtsanwalt; Philipp Löffler, Karlsruhe, Universität Heidelberg; Dörte Antje Loth, Jena, Regenbogenschule; Ines Ludolph, Weimar; Jürgen Ludwig, Sondershausen, Hardenberg-Gymnasium Greußen; Franziska Lumm, Jena; Will Lütgert, ehemaliger Inhaber des Lehrstuhls für Schulpädagogik/Didaktik an der FSU Jena; Cornelia Lüttgau, Landesinstitut für Lehrerbildung und Schulentwicklung, Hamburg; Jochen Lutze, Kooperative Gesamtschule Erfurt; Eva Madelung, München; Kaoru Maeno, FSU Jena; Christine Mallon, Belm; Michael Mann, Jena; Dieter Markert, Denzlingen, methodos Freiburg; Katrin Martin, Schulpsychologin, Jena; Christoph Matschie, Thüringer Minister für Bildung, Wissenschaft und Kultur; Laura Mega, Tübingen; Gottfried Meinhold, Sprachwissenschaftler; Wolfgang Melzer, Geschäftsführender Direktor Institut für Schulpädagogik und Grundschulpädagogik, TU Dresden; Staatssekretär Roland Merten; Barbara Mertens-Löffler, Buchhändlerin; Bernhard Messerschmidt, Jena; Antje Meurers, Dresden, Lehrerin; Manuela Meuters, Jena, Institut für Photonische Technologien; Frau Michael, Magdala; Thomas Michel, Jena; Ulrike Michel, Jena; Matias Mieth, Städtische Museen Jena; Michael Miller, Frankfurt; Johanna

Mittner, Tübingen; Uschi Mlynski, Jena; Christina Möbius, Rothenstein, Faszination Begabung e.V.; Petra Möbius, Jena; Hans-Martin Moderow, sachkundiger Bürger im Kulturausschuss der Stadt Jena; Birke Möhring, Jena; Peter Moldt, Jena; Olaf Möller, Rödingen, Freie Waldorfschule Jena; Verena Momberg, Regelschule Ellrich; Ines Morgenstern, ORBIT, Jena; Anette Morhard, Bildungswerk der Thüringer Wirtschaft e.V., Erfurt; Barbara Moschner, Universität Oldenburg; Dietmar Mothes, Jena; Britta Müller, Jenaplan-Schule, Jena; Carsten Müller, Jena, Carl-Zeiss-Gymnasium; Marie-Christine Müller, Ludwig-Maximilians-Universität München; Olaf Müller, Jena; Sr. Theresita M. Müller SMMP, Bergschule St. Elisabeth, Kath. Berufsbildende Schule; Frank Nebel, Milda; Christian Neumann, Jena, IMAGINATA; Andreas Niessen, Köln, Geschwister-Scholl-Gymnasium Pulheim; Thomas Nitsche, Jena, Vorsitzender des Jugendhilfeausschusses der Stadt Jena; Irene Nitschke-Felkel, Jena, Waldkindergarten; Kurt Ohmann, Rektor i.R. Friesenheim; Almut Ortlam, Bad Lobenstein; Hans-Günter Ostmann, AOR i.R.; Erich Ott, Heidenheim; Grit Ott, Jena, Kastanienschule; Margaret Pardo-Puhlmann, Jena; Burkhardt Paul, Halberstadt, Evangelische Jugendarbeit; Esther Pawliczek; Nico Pawliczek; Angela Pawlik, Berlin; Bernd Peter, Jena, Gymnasialschulleiter i.R.; Nicole Peter, Bad Liebenstein, Lehrerin; Andreas Petrich, Jena; Kathrin Pöge-Alder, Jena/Leipzig, Erzählforscherin; Erhard Poggemeier; Margret Poggemeier; Teresa Popp, Jena; Maik Prinz, Ortsteilbürgermeister Münchenroda und Remderoda; Anke Protze, Gesundheitsamt Chemnitz; Sebastian Prüfer, Coaching Center Jena GbR; Sebastian Pulfrich, Schule am Budenberg (Haiger); Hermann Rademacker; Martin Ratzmann, Albstadt; Volker Ratzmann, Hilfe für die Kinder von Tschernobyl in Jena e.V.; Heidi Rauschelbach, Jena, Integrative Kindertagesstätte Kochstraße; Luise Reethen, Jena; Susanne Reichelt, Jena; Sylvia Reinisch,

Friedrichsdorf, Grundschulverband e.V.; Ellen Relius, Jena; Michael Retzar, FSU Jena; Stephanie Richter, Bernburg; Jens Rißmann, Weimar, FSU Jena; Anna-Christine Rhode-Jüchtern, Bielefeld; Tilman Rhode-Jüchtern, FSU Jena; Ulrike Rögner, Erfurt, von-Bülow-GymnasiumMarion Röher, Jena, Regenbogenschule, Montessori-Ganztagsgrundschule; Thomas Röher, Lehrer, Übungsleiter Bogensport; Carsten Rohlfs, Lehrstuhl für Schulpädagogik und Schulentwicklung, FSU Jena; Kirsten Röhrich, Jena, Zahnärztin; Prof.(em.) Hans-Günter Rolff, Dortmund; Eva-Maria Römer; Astrid Rothe-Beinlich, Erfurt, Vizepräsidentin des Thüringer Landtages, MdL und Bundesvorstand BÜNDNIS 90/DIE GRÜNEN; Katia Saalfrank, Berlin; Zoltán Samu, FSU Jena; Ada Sasse, Thüringer Forschungs- und Arbeitsstelle für Gemeinsamen Unterricht, Humboldt-Universität zu Berlin; Carola Schache, FSU Jena; Jens Schade, Jena, Fachdienst Jugendhilfe; Eckhard Schäfer, PH Ludwigsburg; Frau Schaffert, Arbeitsstelle Bildungsforschung Primarstufe, FU Berlin; André Schallenberg, Institut für Theaterforschung, Universität Hamburg; Peter G. Scharffenberg, Jena, BiW BAU Hessen Thüringen e.V.; Christoph Scheilke, PTZ der Evangelischen Landeskirche in Württemberg; Jutta Schenker, Familienberatung Stadtverwaltung Jena; Ralf Schieferdecker, PH Weingarten; Manuel Schiffer, Schule Schloss Salem; Ulrike Schleier, Jena; Sabine Schlemmer, Jena; Peggy Schloß, Jena; Arno Schmidt, Jena, Psychologische Praxis & Psychotherapie; Hagen Schmidt, Jena; Maria Schmidt, Georg-August-Universität Göttingen; Philipp Schmidt, Jena; Tobias Schmidt, Schulleiter, Berufsbildungswerk Leipzig; Stefanie Schnebel, Bad Saulgau, PH Weingarten; Antje Schneider, FSU Jena; Stephan Schnurre, Jena; Uta Schramm, Bad Klosterlausnitz, Holzland-Gymnasium Hermsdorf; Andrea Schreiber, Jenaplan-Schule, Jena; Anja Schreiter, Jena; Uwe Schreiter, Jena; Werner Schuch, Albstadt; Stephanie Schuler, PH Freiburg; Karla Schul-

ze, Kraftsdorf; Eva Schumacher, PH Schwäbisch Gmünd; Holger Schumann, Jena; Ute Schuster, Jena, Jenarbeit; Myriam Schwarzer, Jena, E.U.LE.; Lothar Schweim, M.A., Weinheim, Verleger i.R.; Jörg Seiler, Berufener Bürger, Mitglied des Vorstandes Bündnis 90/Grüne, KV Jena; Heike Seise, Stadträtin Jena und Bundesvorsitzende der Partei „Allianz für Bürgerrechte – AfB"; Kristin Senge, Jena; Annett Siebert, Jenaplan-Schule, Jena; Rainer K. Silbereisen, FSU Jena; Detlev Sommer; Dagmar Sommerfeld, TU Dortmund; Cora Sonnenberg; Marcel Spittel, Ohrdruf; Dietmar Stadermann, Stadtrat Jena; Henrick Stahr, Berlin; Elke Starkloff; Eugen Steeb, Göppingen, Fachschule für Sozialpädagogik GP/Hochschule Esslingen; Melanie Steffens, Jena; Wolfgang Steiner, Landesinstitut für Lehrerbildung und Schulentwicklung, Hamburg; Martin Steinhäuser, Leipzig, Fachhochschule für Religionspädagogik und Gemeindediakonie Moritzburg; Guido Stelzle, BUND Bund für Umwelt und Naturschutz in Deutschland, Kreisverband Jena; Heike Stötzner, Jena; Günter Straßburg, Schulleiter des Ernst-Abbe-Gymnasiums Eisenach; Isabell Straub, Tambach-Dietharz; Juliane Stutz, Jenaplan-Schule, Jena; Rüdiger Stutz, Stadt Jena; Beate Sühnel, Klinikum Jena; Saskia Taeger-Heinzelmann, Theaterhaus Jena; Viola Tamás, Jena; Stefanie Teichmann, Bildungskoordinatorin Stadt Jena; Jana Thiele, Jena; Thomas Thieme, Regionalberater in Thüringen für das „Förderprogramm Demokratisch Handeln"; Prof.(em.) Klaus-Jürgen Tillmann, Universität Bielefeld; Arne Treff, Jena; Christian Tunger, FSU Jena; Hans Tutschku, Harvard-University; Petra Uhlig, Grundschule Halle/Saale; Björn Uhrig, Demokratischer Jugendring Jena e.V.; Justus H. Ulbricht, Dresden, Historiker; Heiner Ullrich, Universität Mainz; Alexander Urban, Stuttgart, Heidehof Stiftung GmbH; Fabian van Essen, TU Dortmund; Hermann Veith, Pädagogisches Seminar der Universität Göttingen; Christian Velinger, Jena; Caroline

Villiger Hugo, PH Freiburg/Schweiz; Jörg Vogel, Stadtrat der Stadt Jena; Franziska Voigt, Plauen, FSU Jena; Marlies Voigt, Henfling-Gymnasium Meiningen; Doris Voll, Jena; Friedrun Vollmer, Musik- und Kunstschule Jena; Michael von Hintzenstern, Leiter der Klangprojekte Weimar e.V. und des Ensembles für Intuitive Musik Weimar (EFIM); Henry Völkel, Jena; Ramona Völkel, Jena; Ronny Völkel, Jena; Reinhard Vorwerg, Jena, Freiberuflicher Diplompsychologe; Anita Wagner; Hans-Jochen Wagner, Fachschule für Sozialpädagogik Göppingen, Hochschule Esslingen; Marco Wagner, Jena; Lisa Waldenburger, FSU Jena; Ute Waldenburger, Gera, E.U.LE.; Christina Walther, Dorndorf; Jürgen Walther; Renate Walthes, TU Dortmund; Carsten Weber, Jena, Carl-Zeiss-Jena; Susanne Wehrhan, Leipzig; René Weidl, Hainspitz; Angelika Weidlich, Jena; Ingolf Weidlich, Jena; Astrid Weiß, Schulleiterin DUALINGO-bilinguale Ganztagsgrundschule, Jena; Michaela Weiß, Georg-August-Universität Göttingen; Andreas Wenig, Karlsruhe, Goethe Gymnasium Germersheim; Frank Wenzel, Jena, Landeselternvertretung Thüringen; Hans-Joachim Wenzel, Bad Salzungen, Erste Stadtschule; Silvia Wermann, Dietz; Axel Weyrauch, Weimar; Klaus Wenzel, München, Präsident des BLLV; Andreas Wiese, Jena, FDP-Stadtratsfraktionsvorsitzender; Marina Wiesner, Lehrerin, Ilmenau; Meike Wiesner, Bremerhaven, Werkstattschule Projekt Känguru; Anja Wiesner-Belau, Erfurt; Wolfgang Wildfeuer, Machern; Ray Wille, Serviceagentur „Ganztägig Lernen", Thüringen; Lorenz Wittich, Jena; Angelika Wolf, Schwäbisch-Gmünd; Jürgen Wolf, Kreiselternvertretung Regelschulen; Christine Wolfer, Fachdienstleiterin Jugend und Bildung, Stadt Jena; Angelika Wolters, Magdeburg; Barbara Wrede, Jena, Lobdeburgschule; Andrea Wulke, Jena; Harald Zeil, Jenaplan-Schule Jena; Lilia Zitzer, Förderzentrum Jena.

Kurt Edler: Die Deutsche Gesellschaft für Demokratiepädagogik (DeGeDe) – Ein Portrait

Die Deutsche Gesellschaft für Demokratiepädagogik (DeGeDe) ist ein gemeinnütziger Verein, der demokratische Bildung und Erziehung in Schulen und anderen Einrichtungen für Kinder und Jugendliche fördern will. Das Engagement des Vereins richtet sich auf die Förderung der Demokratie als Thema und als Prinzip schulischen und außerschulischen Lernens und als Ziel der Schulentwicklung. Wesentliche Aufgaben sind die Entwicklung demokratischer Handlungskompetenz und die Verwirklichung demokratischer Lebensformen bei Kindern und Jugendlichen. Im Mittelpunkt steht dabei das Wohl jedes einzelnen Kindes und Jugendlichen und seine Fähigkeit zu Selbstbestimmung in sozialer Verantwortung in allen Bereichen der Gesellschaft. Entscheidende Bedeutung misst die DeGeDe in diesem Zusammenhang den Menschen- und Kinderrechten bei – im Bildungssystem, in der Schulkultur und im Lebensalltag.

Die DeGeDe hat den Anspruch, einen Beitrag zur Wahrung und zur Entwicklung der Demokratie in Gesellschaft und Staat zu leisten. Demokratie hat nur Bestand und kann sich nur weiterentwickeln, wenn in der jungen Generation Interesse für das Gemeinwesen und demokratisches Engagement selbstverständlich werden. Nicht nur die Schule, alle Einrichtungen des Staates und der Gesellschaft, mit denen die junge Generation zu tun hat, haben daher die Verantwortung, sie zu demokratischer Mitwirkung zu ermutigen. Das setzt voraus, dass Staat und Gesellschaft die Rechte von Kindern und Jugendlichen respektieren, schützen und dabei helfen, sie auszugestalten.

Die Mitglieder der DeGeDe verbindet die Überzeugung, dass sich bürgerschaftliches Engagement nur durch frühe Erfahrungen demokratischer Lebensformen – von Hort, Kita über Grundschule bis zur Sekundarschule und darüber hinaus – entwickeln kann. Demokratie muss für Kinder und Jugendliche durch Praxis erfahrbar sein: Das ist der Grundgedanke der Demokratiepädagogik. In der Konzentration auf dieses Ziel unterscheidet sich die DeGeDe von anderen Verbänden und Organisationen.

In der DeGeDe arbeiten Fachleute aus Wissenschaft, Schulforschung und Schulpraxis, Verlagswesen und Bildungspolitik mit Eltern, Schülerinnen und Schülern sowie Studierenden zusammen. Die Zugehörigkeit zu einer Berufsgruppe ist keine Voraussetzung für die Mitgliedschaft: Die Tätigkeit des Vereins wird durch den Erfahrungsaustausch mit Akteurinnen und Akteuren aus unterschiedlichen gesellschaftlichen Feldern bereichert. Die korporative Mitgliedschaft von Schulen und anderen Bildungs- und Erziehungseinrichtungen und -initiativen ist erwünscht.

Die DeGeDe betrachtet es als ihre Aufgabe, öffentlich, insbesondere gegenüber politischen Entscheidungsträgern und Verwaltungen, für Kinderrechte, Jugendpartizipation, die Verwirklichung von Formen demokratischen Lernens und die Entwicklung einer demokratischen Kultur in Jugendarbeit, Schulen und Kindereinrichtungen einzutreten. Maßgebend sind für die DeGeDe dabei die Kinderrechtskonvention der Vereinten Nationen und die Selbstverpflichtung von Ländern und Kommunen zu einer demokratischen Beteiligung von Kindern und Jugendlichen, wie sie teilweise bereits in Schulgesetzen

und Verwaltungsordnungen vorgesehen ist. Das schließt Engagement gegen die Diskriminierung von Menschen aufgrund ihrer Herkunft oder ihres Aufenthaltsstatus ein. In der Einwanderungsgesellschaft hat die Demokratiepädagogik die besondere Verpflichtung, Inklusion zu fördern. Sie ist daher sensibel für alle Formen der Ungleichheit und Benachteiligung, und setzt sich für Gleichwertigkeit und Gleichbehandlung aller Menschen ein.

Die DeGeDe versteht sich als Verbündete aller Akteure, die sich für eine Pädagogik der Anerkennung, der Inklusion, Partizipation und Verantwortung engagieren und demokratisches Engagement fördern und entwickeln. Sie tritt für Bildungsgerechtigkeit ein. Sie arbeitet konzeptionell und praktisch an der Entwicklung demokratiepädagogischer Organisationsformen und Strukturen in allen Bildungsbereichen. Sie vermittelt gute Beispiele aus der Praxis. Sie trägt zur internationalen Zusammenarbeit an demokratiepädagogischen Vorhaben bei und unterstützt Projekte der Citizenship Education.

Die Entwicklung demokratischer Handlungskompetenzen begünstigt auch die Fähigkeit zu Selbstbestimmung und sozialer Verantwortung der Jugendlichen im Bereich der Wirtschaft. Die DeGeDe fördert deshalb die sektorübergreifende Zusammenarbeit zur Entwicklung und Umsetzung partizipativer und kooperativer Formen der Arbeit. Sie kooperiert hierbei mit Partnern, die an der Schnittstelle zwischen Ökonomie und Ehrenamtlichkeit innovativ tätig sind. Zur Verwirklichung ihrer Ziele arbeitet die DeGeDe mit Stiftungen, Bildungswerken und Sponsoren zusammen. Die DeGeDe ist Netzwerk, Forum und politischer Impulsgeber. Sie ist kein berufsständischer Fachverband und keine wirtschaftliche Interessenvereinigung.

Die Schule steht als gesellschaftliche Institution und als kinder- und jugendkulturelle Lebensumgebung im Mittelpunkt demokratischer Erziehung und Bildung. Die demokratiepädagogische Schulentwicklung ist für die DeGeDe deshalb ein besonders wichtiger Schwerpunkt. Im Dialog mit der Kultusministerkonferenz und den Lehrerbildungseinrichtungen der Bundesländer setzt sich die DeGeDe dafür ein, dass Schülerinnen und Schüler größeren Einfluss als bisher auf die Gestaltung von Unterricht und Schulkultur gewinnen und dafür – nicht zuletzt durch Klassenrat, Aushandlungsrunden und Schülerfeedback – entsprechende Mitwirkungsgelegenheiten zur Verfügung stehen. Demokratie darf in der Schule nicht nur zitiert, sie muss gelebt werden.

Die DeGeDe unterstützt prioritär die Entwicklung des Klassenrats als verbindliches Merkmal demokratiepädagogischer Schulqualität. Wenn der Klassenrat angemessen praktiziert wird, ist er ein wesentliches Beratungs- und Aushandlungsforum, das nicht nur der basisdemokratischen Selbstregulation dient, sondern zum Träger sozialer und ökologischer Projekte und zum Medium bürgerschaftlichen Engagements werden kann.

Solche Lernarrangements setzen eine Kultur der Anerkennung, der Selbstwirksamkeit und der Verantwortungsübernahme voraus. Für viele deutsche Schulen bedeutet dies einen epochalen Umbruch – im Blick auf Schülerinnen und Schüler als Mitgestaltende, hinsichtlich der Lehrerrolle sowie im Umgang mit Differenzen und Konflikten. Nicht nur Lehrende und Lernende, die gesamte Organisation der Schule muss dialog- und konfliktfähig werden; und nur, wenn sie dies wird, ist sie friedensfähig in einer stets heterogener werdenden gesellschaftlichen Umwelt. Demokratiepädagogik ist eine Aufgabe der gesamten Schule.

Eine demokratische Schule kann die Demokratieerziehung nicht einem einzelnen Fach als Aufgabe zuweisen. Sie muss sie zu einer Angelegenheit für alle machen. Das stellt die Politische Bildung keineswegs in Frage. Politikdidaktik und Demokratieerziehung ergänzen sich gegenseitig. Als Ziel der Unterrichtsgestaltung hat sich längst das Leitbild des Kompetenzerwerbs durchgesetzt; Kompetenz schließt Wissen ein, umfasst indessen auch Handlungsfertigkeiten, Anstrengung des Willens und Motivation zum Handeln.

Politiklehrerinnen und Politklehrer kennen die Begrenztheit bloßer Institutionenkunde. Die Institutionen der demokratischen Republik müssen sich deshalb für die Schülerinnen und Schüler als reale Handlungsräume erschließen, in denen sich demokratische Handlungskompetenz entfalten kann. Ihren Erwerb durch selbstständiges Lernen und aktive Teilhabe an Unterrichtsgestaltung und Schulleben zu ermöglichen, sollte Aufgabe sowohl von Demokratiepädagogik als auch von Politikdidaktik sein. Die DeGeDe will daher auch auf Verbandsebene die Zusammenarbeit zwischen beiden Seiten stärken.

Zu den gesellschaftlichen Herausforderungen der Gegenwart gehören die Globalisierung und die darauf mit Abwehr reagierenden Bewegungen. Mit Besorgnis sehen wir, wie erneut extreme, menschenfeindliche und totalitäre Ideologien in Deutschland und in Europa Fuß fassen. Demokratiepädagogik steht daher für uns immer auch im Dienste der Prävention gegen Gewalt und Extremismus.

Zur Erreichung ihrer Ziele will die Deutsche Gesellschaft für Demokratiepädagogik e.V. ihre Öffentlichkeitsarbeit intensivieren. Dazu ist der Umbau der regionalen Vereinsstruktur unerlässlich. Wir rufen alle auf, denen Demokratiepädagogik ein wichtiges Anliegen ist, dazu beizutragen und aktiv in der DeGeDe mitzuwirken!

Autorinnen und Autoren

Hans Berkessel, Lehrer und Historiker, Mitglied im Vorstand der DVpB und im Verband der Geschichtslehrer Deutschlands. Regionalberater des „Förderprogramms Demokratisch Handeln" für Rheinland-Pfalz, Gründungsmitglied der DeGeDe-RLP und des Demokratietages Rheinland-Pfalz. Jurymitglied „Demokratisch Handeln". Mail: hansberkessel@aol.com

Wolfgang Beutel, Dr. phil., Geschäftsführer des „Förderprogramms Demokratisch Handeln", Mitarbeit in der Multiplikatorenfortbildung am BLK-Modellprogramm „Demokratie lernen & leben". Mitglied im Vorstand der Deutschen Gesellschaft für Demokratiepädagogik und päd. Experte beim Deutschen Schulpreis. Mail: beutel@demokratisch-handeln.de

Josef Blank, geschäftsführender Gesellschafter von beta – Die Beteiligungsagentur GbR in Mainz. Mitglied im Vorstand der Deutschen Gesellschaft für Demokratiepädagogik. Mail: j.blank@ beteiligungsagentur.de

Monika Buhl, Dr. phil., apl. Professorin für Schulpädagogik am Institut für Bildungswissenschaft der Universität Heidelberg und assoziierte Mitarbeiterin der AE Bildungsqualität und Evaluation des DIPF Ffm. Jurymitglied „Demokratisch Handeln" und pädagogische Expertin beim Deutschen Schulpreis. Mail: buhl@ibw.uni-heidelberg.de

Wolfgang Edelstein, Dr. phil., Professor und Direktor em. am Max-Planck-Institut für Bildungsforschung in Berlin. Gutachter des BLK-Programms „Demokratie lernen & leben". Bis 2009 Vorsitzender der DeGeDe. Mail: edelstein@mpib-berlin.mpg.de

Kurt Edler, Referatsleiter Gesellschaft am Landesinstitut für Lehrerbildung und Schulentwicklung in Hamburg. Vorsitzender der Deutschen Gesellschaft für Demokratiepädagogik (DeGeDe) und deutscher Koordinator für Education for Democratic Citizenship and Human Rights beim Council of Europe. Mail: Kurt.Edler@li-hamburg.de

Michaela Gläser-Zikuda, Dr. paed., Professorin für Schulpädagogik/Allgemeine Didaktik an der Friedrich-Schiller-Universität Jena. Mail: michaela.glaeser-zikuda@uni-jena.de

Peter Faulstich, Dr. phil., Professor für Erwachsenenbildung/Weiterbildung an der Universität Hamburg. Mail: Peter.Faulstich@uni-hamburg.de

Hannelore Faulstich-Wieland, Dr. phil, Professorin für Erziehungswissenschaft mit Schwerpunkt Schulpädagogik unter besonderer Berücksichtigung von Sozialisationsforschung an der Universität Hamburg. Mitglied in der Jury des Deutschen Schulpreises (2006-11), Fachkollegiatin Erziehungswissenschaft in der DFG (2008-2012). Mail: H.Faulstich-Wieland@uni-hamburg.de

Peter Fauser, Dr. rer. soc., Universitätsprofessor für Schulpädagogik und Schulentwicklung an der Friedrich-Schiller-Universität Jena. Vorsitzender der Akademie für Bildungsreform, wissenschaftlicher Leiter des Wettbewerbs „Förderprogramm Demokratisch Handeln", des Entwicklungsprogramms für Unterricht und Lernqualität (E.U.LE) und Initiator der IMAGINATA in Jena. Gutachter des BLK-Programms „Demokratie lernen & leben". Mitbegründer des Deutschen Schulpreises. Mail: P.Fauser@imaginata.de

Constance A. Flanagan, Ph. D., Professor in the Department of Interdisciplinary Studies in the School of Human Ecology at the University of Wisconsin, Madison, USA. Mail: caflanagan@wisc.edu

Mario Förster, M.A. Erziehungswissenschaft, Politikwissenschaft; Wiss. Mitarbeiter und Promovent zum Thema „Demokratische Handlungskompetenzen" an der Universität Göttingen. Seit 2010 Regionalberater des Förderprogramms für Niedersachsen, Jurymitglied „Demokratisch Handeln", Mail: mario.foerster@sowi.uni-goettingen.de

Susanne Frank, M.A., Ethnologin, Diplomvolkswirtin, wissenschaftliche Mitarbeiterin an der Pädagogischen Hochschule Heidelberg, Leiterin des Projekts „familY: Eltern bilden – Kinder stärken: Die formative Evaluation eines Elternqualifizierungsansatzes". Mail: frank@ph-heidelberg.de

Hans-Peter Füssel, Dr. jur., Professor und stellv. Leiter der Arbeitseinheit Steuerung und Finanzierung am DIPF und Professor für Steuerungsprobleme moderner Bildungssysteme an der Humboldt-Universität zu Berlin. Mail: fuessel@dipf.de

Ingrid Gogolin, Dipl. Päd., Dr. phil., Professorin für International und Interkulturell Vergleichende Erziehungswissenschaft an der Universität Hamburg, Leitung der wissenschaftlichen Begleitung des BLK-Modellprogramms ‚Förderung von Kindern und Jugendlichen mit Migrationshintergrund FörMig' und des ‚FörMig-Kompetenzzentrums' der Universität Hamburg. Mail: gogolin@uni-hamburg.de

Marcia Hermann, Wiss. Mitarbeiterin an der Päd. Hochschule Zentralschweiz in Luzern. Mail: marcia.hermann@phz.ch

Gerhard Himmelmann, Dr. rer. pol., em. Professor für Politische Wissenschaft und Politische Bildung. Bis 2009 Vorstandsmitglied in der DeGeDe, Jurymitglied „Demokratisch Handeln", Mail: g.himmelmann@tu-bs.de

Jan Hofmann, Dipl.Päd., Dr. rer.soc., 1989 bildungspolitischer Sprecher des Zentralen Runden Tisches der DDR, langjähriger Leiter des LISUM Berlin-Brandenburg, Vorstandsmitglied der Akademie für Bildungsreform und des „Fördervereins Demokratisch Handeln", derzeit Staatssekretär im Kultusministeriums des Landes Sachsen-Anhalt. Mail: staatssekretaer@mk.sachsen-anhalt.de

Christa Kaletsch, M.A., Trainerin, Beraterin und Autorin im Bereich Konfliktbearbeitung, Partizipation, Zivilcourage, Frankfurt/Main, Mail: kaletsch@ck-p-k.de

Lothar Krappmann, Dr. rer. soc., Professor em. am Max-Planck-Institut für Bildungsforschung in Berlin und Honorarprofessor für Soziologie der Erziehung an der Freien Universität Berlin. 2003 bis 2011 Mitglied im UN-Ausschuss für die Rechte des Kindes. Mail: krappmann@mpib-berlin.mpg.de

Norbert Maritzen, Lehrer, Gymnasialleiter und Abteilungsleiter in den Schulbehörden Bremen und Hamburg. Seit 2007 Direktor des Institut für Bildungsmonitoring Hamburg, Mail: norbert.maritzen@ifbm.hamburg.de

Thomas Olk, Dr. phil. habil., Professor für Sozialpädagogik und Sozialpolitik am Institut für Pädagogik der Martin-Luther-Universität Halle-Wittenberg, Mail: thomas.olk@paedagogik.uni-halle.de

Helmolt Rademacher, Lehrer, Dipl.Päd., Projektleiter des HKM-Projekts Gewaltprävention und Demokratielernen (GuD), Vorstandsmitglied der DeGeDe und Jurymitglied „Demokratisch Handeln". Mail: helmolt.rademacher@afl.hessen.de

Stefan Rech, M.A., Kulturanthropologe, Mediator, Freier Trainer und Berater für Konfliktmanagement, interkulturelles Lernen und Demokratiepädagogik, Mail: stefanrech@gmx.de

Fritz Reheis, PD Dr. phil., langjährig Gymnasiallehrer in Neustadt bei Coburg, Akademischer Direktor am Lehrstuhl Politische Theorie und selbstständiger Fachvertreter für Didaktik der Sozialkunde an der Universität Bamberg. Jurymitglied „Demokratisch Handeln". Mail: fritz. reheis@uni-bamberg.de

Volker Reinhardt, Dr. paed., Professor für Politikwissenschaft und Politikdidaktik an der Pädagogischen Hochschule Weingarten und Gastprofessor für Bildungswissenschaft an der Steinbeis-Hochschule Berlin, Jurymitglied „Demokratisch Handeln" und päd. Experte beim Deutschen Schulpreis. Mail: reinhardt@ph-weingarten.de

Carsten Rohlfs, Dr. phil., Professor für Schulpädagogik und Methoden der Bildungsforschung am Institut für Erziehungswissenschaft der Pädagogischen Hochschule Heidelberg. Mail: rohlfs@ ph-heidelberg.de

Michael Rump-Räuber, Lehrer und Historiker, Referent im Aufgabenfeld Gewaltprävention, Demokratiepädagogik, Antisemitismus, Politischer Extremismus am LISUM Berlin-Brandenburg. Jurymitglied „Demokratisch Handeln". Mail: Michael.Rump-Raeuber@lisum.berlin-brandenburg.de

Hans-Wolfram Stein, bis 2010 Lehrer für Politik und Wirtschaft in Bremen und bis 2011 Regionalberater Bremens und Jurymitglied „Demokratisch Handeln". Mail: stein-bremen@nordcom.net

Thomas Stimpel, M.A., wiss. Mitarbeiter am Institut für Pädagogik der Martin-Luther-Universität Halle-Wittenberg. Mail: thomas.stimpel@paedagogik.uni-halle.de

Michael Stout, Ph. D., Assistant Professor of Sociology at the Department of Sociology and Anthropology at Missouri State University, Missouri, USA. Mail: MStout@MissouriState.edu

Sonja Student, Journalistin und Geschäftsführerin der Kommunikationsagentur Kiko, Vorsitzende des Vereins „Macht Kinder stark für Demokratie", Aufbau von Schulnetzwerken für Kinderrechte und Demokratielernen, Engagement in der DeGeDe und im Integralen Forum. Mail: student@kiko.de

Sven Tetzlaff, M.A., Historiker, seit 1997 Mitarbeiter, seit 2001 Projektleiter des „Geschichtswettbewerbs des Bundespräsidenten" und seit 2010 Bereichsleiter Bildung in der Körber-Stiftung Hamburg. Jurymitglied „Demokratisch Handeln". Mail: tetzlaff@koerber-stiftung.de

Hermann Veith, Dr. phil., 2006 – 2008 Professor für Schulpädagogik und Schulentwicklung am Institut für Erziehungswissenschaft der Friedrich-Schiller-Universität Jena, seit 2008 Universitätsprofessor für Pädagogik mit dem Schwerpunkt Sozialisationsforschung an der Georg-August-Universität Göttingen, päd. Experte beim Deutschen Schulpreis, Jurymitglied „Demokratisch Handeln". Mail: hveith@gwdg.de

Michaela Weiß, M.A. Erziehungswissenschaft, Politikwissenschaft, Psychologie; Seit 2009 wiss. Mitarbeiterin und Promovendin zum Thema „Demokratische Handlungskompetenzen" an der Georg-August-Universität Göttingen (Dorothea-Schlözer-Stipendium). Seit 2010 Regionalberaterin des „Förderprogramms Demokratisch Handeln" für Niedersachsen, Jurymitglied „Demokratisch Handeln". Mail: michaela.weiss@sowi.uni-goettingen.de

Werner Wintersteiner, Mag. Dr., Universitätsprofessor an der Alpen-Adria-Universität Klagenfurt. Deutschdidaktiker und Friedenspädagoge, Leiter des Österreichischen Kompetenzzentrums für Deutschdidaktik und Gründer des Zentrums für Friedensforschung und Friedenspädagogik. Mail: Werner.Wintersteiner@uni-klu.ac.at

WOCHEN SCHAU VERLAG

... ein Begriff für politische Bildung

Demokratie-pädagogik

Silvia-Iris Beutel, Wolfgang Beutel (Hrsg.)

Beteiligt oder bewertet?

Leistungsbeurteilung und Demokratiepädagogik

An vielen Lernbiografien lässt sich die Verknüpfung von Tests, Noten, Zensuren und Schullaufbahnentscheidungen mit der Wahrnehmung von Druck, partiellem Versagen, möglicherweise von Diskriminierung und Ausgrenzung aufzeigen. Der mit Leistungsbeurteilung verbundene Umgang mit Kriterien der Gerechtigkeit und Anerkennung hat Einfluss darauf, wie Schülerinnen und Schüler selbst in Blick auf Gerechtigkeit, auf Anerkennung, auf Toleranz, aber auch auf Handlungsfähigkeit und Handlungsbereitschaft mit sich und mit anderen umgehen. Er ist daher Beitrag und Element des Lernens von und für die Demokratie.

Der Band möchte diese fundamentale Dimension von Schule aufnehmen und unter dem Spannungsfeld von „Bewertung und Beteiligung" diskutieren. Er verbindet die Debatte um die Leistungsbeurteilung mit der Frage der Demokratiepädagogik. In drei Teilen werden Grundfragen erörtert, Praxiserfahrungen erkundet und schulische Kontexte diskutiert.

ISBN 978-3-89974584-9, 368 S., € 32,80

Autorinnen und Autoren: Ingrid Ahlring, Horst Bartnitzky, Matthias Bergmann-Listing, Silvia-Iris Beutel, Wolfgang Beutel, Birgit Beyer, Benno Dalhoff, Ulrich Dellbrügger, Kurt Edler, Peter Fauser, Helmut Frommer, Jan von der Gathen, Thomas Goll, Thomas Häcker, Renate Hinz, Jan Hofmann, Hartmut Köhler, Cornelia Michaelis, Tanja Pütz, Manuel Schiffer, Wolfgang Schönig, Rolf Schwarz, Reinhard Stähling, Winfried Steinert, Annette Textor, Felix Winter

INFOSERVICE: Neuheiten für Ihr Fachgebiet unter **www.wochenschau-verlag.de** | Jetzt anmelden!

Adolf-Damaschke-Str. 10, 65824 Schwalbach/Ts., Tel.: 06196/86065, Fax: 06196/86060, info@wochenschau-verlag.de

Wolfgang Beutel, Peter Fauser (Hrsg.)

Demokratie, Lernqualität und Schulentwicklung

Wie kann Demokratie in der Schule zu größerer Wirksamkeit verholfen werden? Der Band bietet Anregungen und greift Grundfragen demokratiepädagogischer Schulentwicklung auf: Verständnisintensives Lernen, Fachlichkeit, Schulverfassung, Zeitkultur, Unterricht.

Mit Beiträgen von: Wolfgang Beutel, Monika Buhl, Peter Fauser, Helmut Frommer, Hans-Peter Füssel, Dirk Lange, Fritz Reheis, Volker Reinhardt, Hans-Wolfram Stein, Hermann Veith.

„Dieser Band ist originell, anregend und weiterführend für Theorie, Forschung und Praxis politischer Bildung und demokratischer Schulentwicklung"
POLIS 2/2009

ISBN 978-3-89974500-9,
224 S., € 19,80

Wolfgang Beutel, Peter Fauser (Hrsg.)

Demokratiepädagogik
Lernen für die Zivilgesellschaft

Was bedeutet es, Demokratie nicht nur als Staatsform, sondern als Lebens- und als Gesellschaftsform zu praktizieren, zu begreifen und täglich zu erneuern? Die darüber teilweise sehr kontrovers geführte Diskussion in Pädagogik, Politikwissenschaft und Didaktik, die dieses Buch aufgreift, zeigt, dass eine richtungs- und begriffsklärende Debatte notwendig ist.

Mit Beiträgen von: Wolfgang Beutel, Peter Fauser, Peter Henkenborg, Gerhard Himmelmann, Volker Reinhardt, Enja Riegel, Wolfgang Sander, Hans-Wolfram Stein.

ISBN 978-3-89974227-5,
224 S., € 19,80

...OSERVICE: Neuheiten für Ihr Fachgebiet unter **www.wochenschau-verlag.de** I Jetzt anmelden!

...amaschke-Str.10, 65824 Schwalbach/Ts., Tel.:06196/86065, Fax:06196/86060, info@wochenschau-verlag.de